Fische Europas

Von Horst Müller
unter Mitarbeit von Petra Müller

Mit 344 Farbabbildungen
65 Schwarzweiß-Zeichnungen
121 Umrißzeichnungen
und 250 Verbreitungskarten
von Jürgen Scholz

Ferdinand Enke Verlag Stuttgart 1983

Dr. Horst Müller
DDR – 1162 Berlin
Werlseestr. 48

CIP-Kurztitelaufnahme der Deutschen Bibliothek

Müller, Horst:
Fische Europas / Horst Müller. Mit 344 Farbabb.,
65 Schwarzweiß-Zeichn. u. 250 Verbreitungskt. von
Jürgen Scholz. – Stuttgart : Enke, 1983.
  (Beobachten und bestimmen)
  ISBN 3-432-93541-2 (geb.)
  ISBN 3-432-93531-5 (kart.)
NE: Scholz, Jürgen:

© 1983 Neumann Verlag, Leipzig · Radebeul, DDR –
7010 Leipzig, Salomonstr. 26/28
Printed in the German Democratic Republic
Lichtsatz: INTERDRUCK
Graphischer Großbetrieb Leipzig
Reproduktion, Druck und Buchbinderei:
GG Sachsendruck Plauen
Lizenzausgabe für den
Ferdinand Enke Verlag Stuttgart
gebundene Ausgabe ISBN 3-432-93541-2
kartonierte Ausgabe ISBN 3-432-93531-5
dtv-Ausgabe ISBN 3-423-03262-6

Inhalt

Vorwort

Dieser Naturführer über Fische der Binnen- und Küstengewässer Europas entstand in dem Bestreben, Naturfreunden und Freizeitforschern, aber auch Fischern, Anglern, Sporttauchern, Aquarianern und Fachwissenschaftlern eine Anleitung zum Beobachten und Bestimmen in die Hand zu geben. Gelegenheiten, Fische der Seen, Teiche, Flüsse und Bäche und der küstennahen Meere kennenzulernen, gibt es noch immer zur Genüge, sei es während der naturkundlichen Freizeitbetätigung, bei fachbezogener beruflicher Tätigkeit, auf Reisen, im Urlaub oder beim Besuch eines Schauaquariums oder Fischmarktes.

Es erschien deshalb zweckmäßig, alle die Arten in einem Buch zu vereinen, die nicht als ausgesprochene Hochseebewohner anzusehen sind. Da in vielen brackigen Küstengewässern sowohl Süßwasserfische als auch marine Arten vorkommen, und darüber hinaus Wanderfische während ihres Lebens oft mehrfach zwischen Binnengewässern und Meeren pendeln, ist die scharfe Abgrenzung der in den beiden unterschiedlichen Lebensbereichen auftretenden Fische ohnehin schwierig.

Es ist Anliegen des Buches, umfassend über die Artenvielfalt zu informieren, aber die Artenfülle zwang zur Auswahl. Vollständigkeit ist wegen noch mancher bestehender Unklarheiten bezüglich der Unterarten und Lokalformen nicht erreichbar. Es werden vor allem häufigere und gut zu beobachtende Fischarten und Rundmäuler berücksichtigt. Der Leser wird außerdem über Körperbau und Lebensweise europäischer Fische, über ihre wirtschaftliche Bedeutung, ihren Fang sowie über Möglichkeiten der Haltung ausführlich informiert.

Nach dieser ersten Einführung muß weiterer Wissensdurst in spezieller Fachliteratur gestillt werden. Mit der Erweiterung und Vertiefung wissenschaftlicher Erkenntnisse ändern sich die Namen, und die Artenzahl wächst ständig. In vieler Beziehung wichtiger sind deshalb die höheren Systemkategorien, die ein lebendiger Ausdruck unseres Wissens vom Werden der Organismen sind. Auf ihre Charakterisierung und die ständige Wiederholung der Verwandtschaftsbeziehungen wurde deshalb großer Wert gelegt, erleichtert doch das Erfassen des typischen Grundbauplanes das Einordnen in die richtige Familie und schließlich das Erkennen der Art ganz wesentlich. Diesem Zweck dienen auch die dem Bestimmungsteil vorangestellten Umrißschlüssel. Da der Naturführer kein Lehrbuch über Fische sein soll, werden morphologische, anatomische und physiologische Angaben nur in dem Maße und in einer Reihenfolge angeführt, wie sie zum Verständnis des mannigfaltig variierenden Grundbauplans der Fische, dem Wechselverhältnis zwischen Bau und Funktion und damit auch zum Bestimmen notwendig sind.

Das Beschreiben der Lebensräume soll die ungeheure Vielfalt der Umweltverhältnisse auch unter Wasser veranschaulichen und das Verständnis für die Bewahrung und den Schutz dieser Quelle des Lebens wecken und vertiefen. Besonderer Wert wurde auf biologische und ökologische Angaben gelegt, lassen sich doch gezielte Schutzmaßnahmen nur dann erfolgversprechend durchführen, wenn wir nicht nur wissen, um welche Fischart es sich handelt, sondern auch welche biologischen Besonderheiten ihr eigen sind und welche Anforderungen sie an ihre Umwelt stellt. Das betrifft vor allem auch die kleineren, „wirtschaftlich unwichtigen" Arten, über deren Verbreitung und Lebensweise viel zu wenig bekannt ist. Hier wartet ein weites Betätigungsfeld auf die gegenwärtig noch

8

kleine Schar von Freizeitforschern, die ichthyologisch arbeiten. Sie können durch systematische Erfassung und Kartierung der noch vorhandenen Bestände wertvolle Beiträge zur Faunistik der europäischen Fische leisten.

Die von Herrn Jürgen Scholz gemalten farbigen Abbildungen sprechen für sich. Für seine mühevolle und mit größter Sorgfalt meisterhaft durchgeführte Arbeit gilt ihm mein besonderer Dank, zumal oft nur unzulängliche Vorlagen zur Verfügung standen oder Lebendmaterial schwer zu beschaffen war. Den Herren Prof. Dr. D. Scheer und Prof. Dr. K. Deckert bin ich für die Durchsicht des Manuskriptes und fachliche Hinweise verpflichtet. Dank schulde ich auch den Kollegen Dr. habil. G. Merla, D. habil. W. Steffens und Dr. H. Jähnichen vom Institut für Binnenfischerei in Berlin-Friedrichshagen sowie Dr. H.-J. Paepke vom Museum für Naturkunde der Humboldt-Universität zu Berlin für die Beratung in Detailfragen. Meiner Frau danke ich für das Schreiben des Manuskriptes und vielfältige Unterstützung, meiner Tochter Dipl.-Fischereiing. Petra Müller für ihre Mitarbeit sowie dem Lektor Dr. P. Sacher für seine Betreuung besonders bei der endgültigen Fertigstellung des vorliegenden Naturführers.

Berlin-Friedrichshagen
im Winter 1982/83

Dr. Horst Müller

Zur Einführung

Fische bewohnten die Gewässer unseres Planeten schon lange vor dem Auftreten von Lurchen, Kriechtieren, Vögeln und Säugern. Geologische und paläontologische Forschungen ergaben, daß schon im Obersilur vor etwa 400 Millionen Jahren primitive Fische auftraten. Aus ihnen entwickelten sich durch Anpassung an die ständig wechselnden Verhältnisse der unbelebten und belebten Umwelt stammbaumartig immer neue Formen. Viele der Äste und Zweige starben im Laufe der Erdgeschichte wieder aus, weil ihre Vertreter sich den veränderten Bedingungen nicht anpassen konnten. Aus anderen Zweigen entstanden neue und erfolgreichere Typen, die letztlich zu den jetzt noch in Salz- und Süßwasser verbreiteten Fischarten hinführten. Die heute vorkommenden Fische stellen also nur einen Bruchteil der Arten dar, die während der ungeheuer langen Zeiträume die Gewässer unserer Erde besiedelt haben.

Zu den am Ende der Kreidezeit vor 60 bis 70 Millionen Jahren vermeintlich ausgestorbenen Quastenflossern gehören die Hohlstachler *(Coelacanthidae)*. Es war deshalb eine echte zoologische Sensation, als im Dezember 1938 vor der südafrikanischen Küste im Indischen Ozean ein lebender Vertreter dieser Familie gefangen und der wissenschaftlichen Untersuchung zugänglich gemacht wurde. Das 1,5 m lange „lebende Fossil" wurde zufällig von der Zoologin Courtenay-Latimer auf dem Fischmarkt von East London als etwas ganz Besonderes erkannt und von Prof. J. L. D. Smith ihr zu Ehren *Latimeria chalumnae* genannt. Dieser Fisch entsprach in überraschender Weise den Rekonstruktionen, die von Paläontologen nach aufgefundenen Versteinerungen aus dem Jura angefertigt worden waren. Eine Jahre andauernde fieberhafte Suche brachte 1952 endlich Erfolg, als bei Madagaskar ein zweites Exemplar gefangen wurde. Inzwischen sind weitere dieser urtümlichen Fische (bis 1976 wurden rund 80 Exemplare bekannt!) anatomisch und histologisch genauer untersucht worden. Manche aus der Entwicklungsgeschichte abgeleiteten hypothetischen Annahmen der vergleichenden Anatomen erwiesen sich dabei als zutreffend. Endlich war es möglich geworden, durch die Untersuchung der Weichteile zu ergänzen, was bis dahin nur als fossiles Skelett bekannt war. Über die Lebensweise von *Latimeria* ist dennoch nicht viel bekannt, weil die bisher gefangenen Exemplare immer nur wenige Stunden am Leben blieben. Auf Grund des Körperbaus wird angenommen, daß sich die Quastenflosser in wenigstens 50 m Tiefe schwimmend und mit ihren armartigen Flossenstielen auf Felsgrund stelzend bewegen.

Die dem Zugriff des Menschen auch heute noch weitgehend entrückten Wesen der Tiefsee bergen sicher noch manche weitere Überraschung. Die Existenz vieler monströser bzw. bizarrer Fischformen wurde durch Expeditionen oft genug bewiesen. Das Leben in dieser außerhalb unserer normalen Wahrnehmungsmöglichkeiten liegenden Welt muß sich dort Bedingungen anpassen, die uns fast ebenso fremd sind wie die auf einem anderen Planeten.

Da $^3/_4$ unserer Erde von Wasser bedeckt sind, leuchtet es ein, daß die Fische nicht nur die artenreichste Wirbeltiergruppe bilden, sondern auch hinsichtlich der Individuenzahl die anderen Klassen übertreffen. Weitverbreitete Arten in riesigen Lebensräumen sind in fast unvorstellbarer Menge vorhanden. Ein amerikanischer Wissenschaftler hat die Schwärme des Blaufisches *(Pomatomus)* mit einem riesigen Rudel von Wölfen verglichen, das auf seiner Spur alles zerreißt, was ihm in den Weg kommt. Es wird geschätzt, daß etwa 1 Milliarde von Blaufischen jährlich an den

Atlantikküsten Nordamerikas entlangzieht. Wenn jeder dieser Räuber täglich 10 andere Fische vernichtet, so sind das in einer Saison von etwa 120 Sommertagen 1 200 000 000 000 (in Worten: mehr als eine Billion!) Exemplare, die allein von den erwachsenen Blaufischen buchstäblich zerfetzt, aber nur z.T. verkonsumiert werden. Da die jungen Blaufische nicht minder zerstörerisch sind, ist die Zahl der vernichteten Fische sicher noch viel größer. Allein im Atlantik und den angrenzenden Meeren werden jährlich schätzungsweise 400 Millionen Exemplare vom Kabeljau und 3 Milliarden Heringe gefangen. Da trotz intensiver Fangmethoden nur ein Bruchteil der zu einer bestimmten Zeit lebenden Individuen erbeutet wird, vermitteln diese Zahlen ungefähr einen Eindruck von der Fülle des Lebens, die noch in den Gewässern der Erde herrscht.

Kaum eine Wasseransammlung ist völlig frei von Fischen. Die Meere in allen Schichten von der Oberfläche bis in abgründige Tiefen, die Seen und Tümpel, die Ströme, Flüsse und Bäche von der Ebene bis in große Höhenlagen sind von Fischen besiedelt, die sich den jeweils vorherrschenden Lebensbedingungen angepaßt haben. Das kommt u. a. in der unterschiedlichen Körpergröße zum Ausdruck. Die größten lebenden Fische sind der Walhai *(Rhinodon typicus)* mit 15 m und der Riesenhai *(Cetorhinus maximus)* mit 10 bis 12 m Länge. Mit zu den kleinsten Arten gehören die jedem Aquarianer bekannten Guppys. Sie werden noch unterboten von einer auf den Philippinen vorkommenden Grundel *(Mistichthys luzonensis)* von nur 1,3 cm Länge, die dort in nur einem See in großen Mengen auftritt und sogar gefangen und gegessen wird. Augen- und pigmentlose kleine Fische bewohnen sogar unterirdische Gewässer in Höhlen und Brunnen. Selbst warme Quellen mit Wassertemperaturen bis über 50 °C werden von Fischen besiedelt. Umgekehrt vertragen andere Fische auch extrem niedrige Temperaturen. In arktischen und antarktischen Meeren leben sie lange Zeit in Wasser, dessen Temperatur nur wenig über dem Gefrierpunkt liegt. Fische kleiner, flacher Gewässer (Karausche, Zwergwels, Hundsfisch) überstehen zuweilen das Einfrieren im Eis. In

solchen Fällen können sie jedoch nur umfroren gewesen sein; denn sobald die Gewebe einfrieren, ist auch Fischen ein Weiterleben nicht möglich.

Über das erreichbare Endalter von Fischen gibt es viele Spekulationen und unrichtige Angaben, die z.T. seit Jahrhunderten von Buch zu Buch weiterverbreitet werden. Genaue Aufschlüsse liefern jedoch nur die kontrollierbare Haltung in Aquarien, Individualmarkierung freilebender Exemplare oder Altersuntersuchungen mit Hilfe von Hartgebilden (Knochen, Schuppen, Otolithen), auf denen sich Wachstumszonen abzeichnen. Alle Methoden sind mit gewissen Unzulänglichkeiten behaftet. Aquarienfische leben ohne Feinde unter z.T. unnatürlichen Umweltverhältnissen, gekennzeichnete Fische werden evtl. von der Markierung behindert, und Jahresmarken sind besonders in höherem Alter nur noch schwer feststellbar. Zusammengefaßt haben Erfahrungen und Untersuchungen ergeben, daß es sehr kurzlebige Fischarten gibt, die schon in einem Jahr ihren Lebenslauf beenden, die überwiegende Zahl der Fische 5 bis 15 Jahre alt wird und auch Arten mit einem Endalter von 60 bis 80 Jahren vorkommen.

Körperbau, Färbung und Lebensweise sind je nach Aufenthaltsort extrem unterschiedlich. Unter den meist hell gefärbten Freiwasserfischen gibt es spindelförmige Schwimmer, die in dem dichten Medium Wasser Dauergeschwindigkeiten bis zu 18 km/h erreichten (Haie, Lachse, Bonitos). Die Schnelligkeit der Bewegung ist sowohl zum Erbeuten der Nahrung wie zum Schutz vor dem Gefressenwerden notwendig. Wenn das Erreichen hoher Geschwindigkeiten zum Überleben nicht nötig ist, weichen die Fischgestalten von der idealen Spindelform ab. Panzerung mit Warzen und Dornen, Schutzformen und -färbungen, Waffen in Gestalt von Stacheln bis hin zu elektrischen Organen sind Beispiele hierfür.

Ausdauernde Schwimmleistungen erzielen vor allem die Wanderfische Lachs und Aal. Beide Arten erreichen ihre Laichplätze nur nach Zurücklegen großer Entfernungen. Die Spindelform der Lachse ermöglicht sogar ein gegen die oft beträchtliche Strömung der

Flüsse und Bäche gerichtetes Dauerschwimmen. Hinzu kommen Hindernisse in Form von Stromschnellen und Wasserfällen, die von den großen Salmoniden durch Sprünge von 2 bis 3 m überwunden werden (s. Abb. 1). Das zielstrebige Aufsteigen ohne weitere Nahrungsaufnahme in Flüssen von oft über 1 000 km Länge ist eine gewaltige Kraftleistung, die deshalb von den pazifischen Lachsen auch nur einmal im Leben und beim atlantischen Lachs nur selten mehrmals aufgebracht werden kann. Der schlangenförmige Aal bewältigt seine 6 000 bis 8 000 km lange Wanderung zu den Laichplätzen im Sargassomeer durch die wellenförmigen Bewegungen des ganzen Körpers.

In der Regel soll die Färbung der Fische sie vor ihrer Beute oder ihren Feinden verbergen. Bei Bewohnern des freien Wassers wird dies dadurch erreicht, daß die Farben von silbrigem oder gelblichem Weiß an der Bauchseite bis zu einem dunkleren Blau, Grün oder Braun auf dem Rücken abgestuft sind. Von oben ist der Fisch gegen den dunklen Untergrund

1 Männlicher Lachs *(Salmo salar)* überspringt auf dem Weg zu den Laichgewässern ein Hindernis

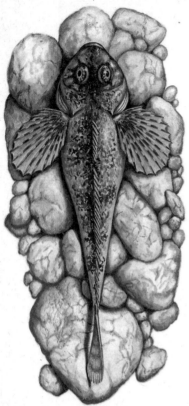

2 Manche Fischarten sind durch Färbung oder Körperform in ihrem Lebensraum nur schwer zu erkennen – hier eine dem Untergrund aufliegende sehr gut getarnte Westgroppe *(Cottius gobio)*

kaum zu erkennen, und für Feinde von unten verschwimmen seine Konturen gegen die helle Wasseroberfläche. Das Glitzern der (außer den Farbstoffzellen in der Haut) unter den Schuppen befindlichen Guaninkristalle ist von den Reflexen einer vom Sonnenlicht getroffenen bewegten Wasserfläche nur schwer zu unterscheiden, besonders dann, wenn es sich nicht um Einzelfische, sondern um ganze Schwärme handelt. Raubfischen fällt es erwiesenermaßen schwer, Einzelexemplare aus einem sich bewegenden Schwarm herauszufangen, da viele Fische schnell nacheinander an ihnen vorüberziehen und sie deshalb die Beute nicht genau fixieren können. Zur Schwarmbildung regen vor allem auch optische Reize an. Das Aufblitzen der silbrigen Bauch- und Seitenflächen wird leicht wahrgenommen und koordiniert die Schwarmbewegungen. Auch akustische Signale und arteigene Duftstoffe halten den Schwarm zusammen. Oft lösen sich bei einbrechender Dunkelheit die Schwärme wegen Ausfall des optischen Schlüsselreizes auf.

Uferbewohner des Meeres und der Binnengewässer haben alle erdenklichen Färbungsarten. Muster aus Flecken und Tupfen, Streifen und Bänder haben das Ziel, die Umrisse des Fischkörpers möglichst aufzulösen. Besonders direkt am Boden aufliegende Arten ahmen in der Färbung den Untergrund täuschend nach (z. B. Westgroppe vgl. Abb. 2). Plattfische sind in dieser Beziehung kaum zu übertreffen. Sie können sich der jeweiligen Umgebung sehr schnell vollkom-

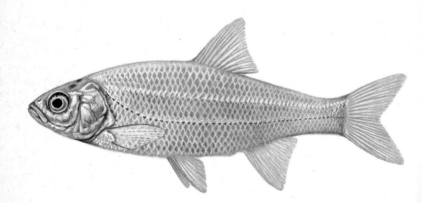

men anpassen, so daß sie in Ruhe fast unsichtbar sind.

Außer zur Tarnung dient die Färbung auch dem Erkennen von Angehörigen der eigenen Art und des anderen Geschlechts. Bei manchen Fischen ist sie ein Warnzeichen für Räuber, denen damit Gefährlichkeit oder Ungenießbarkeit signalisiert wird. Schließlich kann der Intensitätsgrad der Farben auch ein Zeichen für das Befinden ihrer Träger sein. Bei kranken Fischen verblassen die Farben. Auch Erschrecken ruft zuweilen die gleiche

3 Beispiele für Xanthorismus bzw. Gestaltveränderungen durch Zucht: Goldorfe (linke Seite; vgl. 73 Aland), Goldfisch (oben; vgl. 116 Giebel), Schleierschwanz (unten)

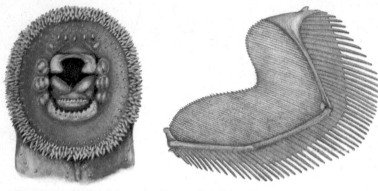

4 links: Mundscheibe eines Flußneunauges *(Lampetra fluviatilis)* zum Festsaugen am Beutetier; rechts: Kiemenbogen eines Maifisches *(Alosa alosa)* mit Kiemenblättchen und dichtstehenden, langen Kiemenreusendornen; unten: Am Kopf des Störs *(Acipenser sturio)* fallen das ausstülpbare röhrenförmige Maul und die 4 geschmacksknospentragenden Bärtel auf

Wirkung hervor. Die gut erkennbaren schwarzen Streifen des Barsches verschwinden z. B. bei plötzlicher Beunruhigung fast vollständig, um nach einer kurzen Erholungspause wieder deutlich hervorzutreten.

Als Xanthorismus wird ein Zustand bezeichnet, bei dem durch das Fehlen schwarzer Pigmente die roten und gelben Farbstoffe vorherrschen, wodurch die sogenannten Goldvarietäten entstehen. Wenn außerdem noch die roten und orangen Chromatophoren fehlen, entstehen Fische mit einheitlich silbriger Färbung. In der freien Natur haben solche Tiere (z. B. Goldschleien, Goldaale, Goldlachse) nur geringe Überlebenschancen. Einige Arten werden ihres Schauwertes wegen für Aquarien und Zierteiche gezüchtet. Goldfisch und Goldorfe sind am häufigsten (s.

Abb. 3). Werden durch die Zucht zusätzlich noch Knochen- und Flossenmißbildungen gefördert, so entstehen die sogenannten Schleierschwänze (s. Abb. 3), Teleskopschleierfische und Löwenköpfe. Außer in Höhlengewässern kommen gelegentlich auch im Salz- und Süßwasser Albinos vor. Die weißen, oft rosa durchscheinenden Tiere sind allerdings meist zu auffällig, um bis zur Geschlechtsreife zu überleben.

Die Art der Nahrungsaufnahme spiegelt sich in der Form des Kopfes und des Maules wider. Das kieferlose Rundmaul der Neunaugen ist ein Saugorgan, mit dem sich Lampreten am Beutefisch festheften, Blut saugen und mit den Hornzähnen Fleisch abraspeln (s. Abb. 4). Das Saugmaul ermöglicht den Neunaugen außerdem ein Festhalten an Steinen des Ge-

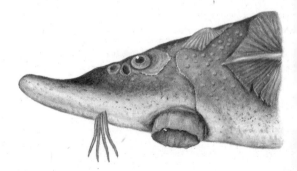

wässerbodens, worauf auch der wissenschaftliche Name *Lampetra* (von *lambere* = lecken und *petra* = Stein) hinweist. Die den Mund umgebenden Zirren wirken beim Zusammenklappen der runden Öffnung zur schmalen Spalte als Filter, um Fremdkörper von den empfindlichen Kiemen abzuhalten. Die gleiche Funktion haben die auf den Kiemenbögen der Knochenfische sitzenden Kiemenreusendornen (s. Abb. 4), deren Zahl und Beschaffenheit Planktonfresser und Bodentierfresser unterscheiden läßt. Im Sand oder Schlamm verborgene Nährtiere werden von Fischen mit Hilfe von Geschmacksknospen aufgespürt, die besonders am Mundrand und auf den sogenannten Bärteln konzentriert sind (s. Abb. 4). Indem die Mundöffnung mehr oder weniger weit vorgestülpt wird (s. Abb. 5), nimmt der Fisch Schlick und Sand mit der Beute zusammen auf und spült diese erst in der Mundhöhle frei. So entstehen die unverkennbaren Fraßtrichter, die am flachen Ufer bei ausreichend klarem Wasser leicht bemerkt werden können und ein Zeichen für die Anwesenheit weidender Bodenfische sind.

5 Oben: Kopf vom Blei *(Abramis brama)* mit vorgestülptem Maul und grießkörnchenähnlichem Laichausschlag; unten: Auch Sandaale (oben *Ammodytes lanceolatus*, unten *Ammodytes tobianus*) können ihr Maul weit vorstülpen (nach Muus-Dahlström)

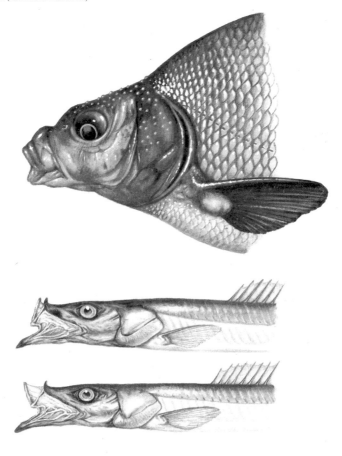

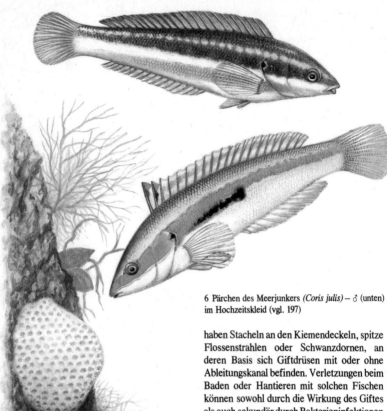

6 Pärchen des Meerjunkers *(Coris julis)* – ♂ (unten) im Hochzeitskleid (vgl. 197)

Bei den im Sand eingegrabenen Petermännchen und Himmelsguckern befinden sich Maul und Augen auf der Oberseite des Kopfes. Als Lauerer warten sie auf vorüberschwimmende Beute und locken diese mit ihren glänzenden beweglichen Augen oder mit einem vorstreckbaren häutigen Läppchen an. Solche in Ufernähe verborgen in Sand und Schlick liegenden Fische können wie die Stechrochen dem watenden Menschen gefährlich werden. Sie und manche Angehörige anderer Fischfamilien (Drachenköpfe, Welse, Seekatzen) haben Stacheln an den Kiemendeckeln, spitze Flossenstrahlen oder Schwanzdornen, an deren Basis sich Giftdrüsen mit oder ohne Ableitungskanal befinden. Verletzungen beim Baden oder Hantieren mit solchen Fischen können sowohl durch die Wirkung des Giftes als auch sekundär durch Bakterieninfektionen schwere Krankheitserscheinungen hervorrufen, die unbedingt ärztlicher Behandlung bedürfen, denn ihre toxische Wirkung auf Blut und Nervensystem kann zu gefährlichen Lähmungen und sogar zu Herzstillstand führen. Zur ersten Hilfe bei solchen Unfällen gehören Schmerzlinderungsmittel, Aussaugen oder Auswaschen der Wunde mit kaltem Salzwasser und Desinfektion.

Auch der Verzehr mancher Fische oder Fischorgane ist für Menschen gefährlich. So stellen sich z. B. nach dem Genuß des Rogens der Barbe Übelkeit, Erbrechen, in schweren Fällen sogar Krämpfe, Blutdruckabfall und eine Abkühlung der Körperoberfläche ein. Bei einem hohen Reifegrad der weiblichen Geschlechtsprodukte sind die toxischen Effekte am stärksten. Auch das Blut von Aalen, Meeraalen und Muränen enthält einen

Giftstoff (Ichthyotoxin), der allerdings durch Erhitzen zerstört wird. Frisches Blut dieser Fische sollte nicht mit offenen Wunden oder mit Schleimhäuten des Menschen in Berührung kommen.

Schließlich soll in diesem Zusammenhang auf eine leider häufiger werdende Möglichkeit der Vergiftung beim Fischverzehr hingewiesen werden, die dadurch entsteht, daß Fische in ihren Organen Toxine speichern, die sie mit der Nahrung oder beim Aufenthalt in verunreinigtem Wasser aufgenommen haben.

Hierher gehören noch unbekannte Giftstoffe, die in den Tropen von den Ciguatera-Fischen gespeichert werden, sowie radioaktive und chemische Substanzen in Binnen- und Küstengewässern. Bekannt wurden solche Erkrankungen unter den Namen Haffkrankheit (Antithiamin-) und Minamata-Krankheit (Quecksilbervergiftung).

Viele der oben beschriebenen Vergiftungen treten nur dann auf, wenn Speisefische nicht ausreichend lange erhitzt werden. Der nur mancherorts übliche Verzehr von rohem oder

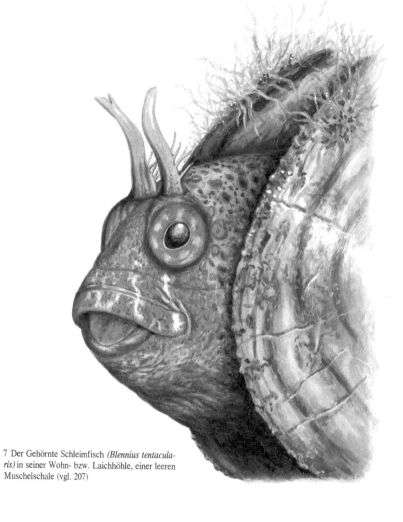

7 Der Gehörnte Schleimfisch *(Blennius tentacularis)* in seiner Wohn- bzw. Laichhöhle, einer leeren Muschelschale (vgl. 207)

nur schwach gegartem Fischfleisch kann auch zur Infektion mit nicht abgetöteten Wurmlarven führen. Der Breite- oder Grubenkopfbandwurm *(Diphyllobotrium latum)* entwikkelt sich im menschlichen Darm aus den Finnen, die beim Genuß von rohem Hecht- oder Quappenfleisch aufgenommen wurden. In der Leibeshöhle von Heringen und Makrelen lebende roßhaarähnliche Fadenwurmlarven (Gattung *Anisakis*) führen unter Umständen beim Menschen zu Magen- und Darmbeschwerden, die ernste Formen annehmen können und eine Operation notwendig machen. Richtig zubereitete Fische schließen derartige Gefahren mit Sicherheit aus.

Große räuberische Fischarten werden dem Menschen nur in besonderen Situationen gefährlich. In europäischen Binnen- bzw. Küstengewässern kommen dafür nur der Wels und einige Haie (Blau-, Menschen- oder Weißhai und Hammerhai) in Betracht. Extrem große Welse sind in den letzten Jahrzehnten immer seltener geworden. Am ehesten treten sie noch in südosteuropäischen Gewässern auf. In den Abendstunden badende Menschen sollen gelegentlich von solchen 2 bis 5 m langen Exemplaren angegriffen und in die Tiefe gezogen worden sein.

Obwohl die Gefährlichkeit von Haien leider oft in sensationslüsterner Absicht verallgemeinert und übertrieben wird, ist im Mittelmeer und bis zur Biscaya beim Baden und Tauchen im tiefen Wasser Vorsicht geboten. Bei der Unterwasserjagd verletzte oder zappelnde und blutende Fische können Haie auch aus großen Entfernungen herbeilocken und zu Angriffen auf den Menschen veranlassen. Die weitaus meisten registrierten Haiopfer sind nach Schiffs- und Flugzeugkatastrophen im offenen Meer zu beklagen.

Fortpflanzungsbiologisch sind bei Fischen viele interessante Besonderheiten entwickelt. Manche Karpfenfische bilden während der Laichzeit am Kopf, auf dem Rücken und an den Seiten warzenartige Höckerchen aus, den sogenannten Laichausschlag (s. Abb. 5). Bei vielen Arten tragen die Männchen ein farbenprächtiges Hochzeitskleid (Zahnkarpfen, Lippfische − s. Abb. 6, Stichlinge). Brutpflegebetreibende Fische zeigen während dieser Zeit ein ausgeprägtes Revierverhalten

(s. Abb. 7). Imponierstellungen durch Abspreizen von Flossen oder Aufblähen der Kiemendeckel halten mögliche Gegner von dem gewählten Brutrevier fern (s. Abb. 8). Ein zeitlicher Vorsprung beim Einrichten des Brutplatzes begünstigt bei Auseinandersetzungen selbst körperlich schwächere Männchen, die dann durch leuchtendere Farben als Sieger zu erkennen sind. Manche Kämpfe zwischen den Rivalen führen sogar zum Tod des Unterlegenen. Alle diese Bemühungen haben das Ziel, den Bestand der Art zu erhalten, zumal von den Weibchen nur relativ wenige Eier abgelegt werden. Andere Fischarten laichen in Schwärmen und geben die Geschlechtsprodukte ohne jede weitere Fürsorge ins Wasser ab. Je geringer die Wahrscheinlichkeit des Überlebens von Eiern und Brut ist, um so mehr Laich wird produziert. Die Vernichtungsrate ist besonders bei pelagisch treibenden Eiern riesengroß. Zählungen ergaben bei einem Kabeljau von 10 kg Gewicht 6,6 Millionen Eier. Eine Flunder legt im Durchschnitt 1 Million und ein Heringsweibchen zwischen 20 000 und 50 000 Stück. Der Mondfisch soll sogar bis zu 300 Millionen Eier produzieren.

Lebendgebärende Fische, z. B. der Dornhai, bilden dagegen nur 6 bis 8 Embryonen aus. Eierlegende Haie und Rochen geben ihren Eiern eine feste Hülle und viel Dottersubstanz mit (s. Abb. 9) und kommen deshalb ebenfalls mit einer geringen Eizahl aus. Die Eier der in Ufernähe laichenden Fische haften mittels eines Klebstoffes an Unterwasserpflanzen und Steinen, oder sie sind wie beim Hornhecht mit Haftfäden ausgerüstet (s. Abb. 10). Auf diese Weise wird ein Absinken in schlammige, sauerstoffarme Bodenpartien vermieden.

Fischlarven sehen zunächst oft ganz anders aus als ihre Eltern. Aus den Eiern der Plattfische entwickeln sich symmetrische Larven, die wie fast alle Fische mit dem Rücken nach oben schwimmen. Nach einiger Zeit bewegt sich ein Auge um die Oberkante des Kopfes herum auf die andere Körperseite. Gleichzeitig wandert das Nasenloch mit, und die Mundöffnung wird verdreht. Der kleine Fisch geht unterdessen zum Leben am Boden über. Bei dem nunmehr asymmetrisch gebauten Tier ist die Augenseite pigmentiert, die andere

Seite fast weiß gefärbt (vgl. Abb. 11). Beim Aal sind die Unterschiede zwischen Larve und erwachsenem Tier so groß, daß die Larve noch 1856 von den Zoologen zunächst einen eigenen Artnamen erhielt *(Leptocephalus brevirostris).* Erst in unserem Jahrhundert wurden die Zusammenhänge erkannt und nach langwierigen Forschungsfahrten auf dem Atlantik die Laichplätze der Aale entdeckt. Die kleinsten Larvenstadien *(Praeleptocephali)* wurden in der Sargassosee im Westatlantik südwestlich der Bermudas angetroffen. Zu diesem von treibendem Tang *(Sargassum)* erfüllten Meeresgebiet wandern die *Laichaale,* und von dort kehren die Larven im Verlauf von 3 Jahren mit dem Golfstrom an die europäischen Küsten zurück (vgl. Abb. 12). Nach einer Metamorphose zum *Glasaal* be-

ginnen sie den Aufstieg ins Süßwasser. Die Aufwärtswanderung der sogenannten *Steigaale* ist ein bemerkenswertes Naturereignis, das schon seit Jahrhunderten von Anwohnern, Fischern und Naturforschern beobachtet wird. In den Strömen und Flüssen Frankreichs, Großbritanniens, Irlands und in Rhein, Weser und Elbe zogen die Aale in Form eines aus Millionen von Individuen bestehenden Bandes von mehreren Kilometern Länge, etwa 1 m Breite und 0,5 m Tiefe in Ufernähe entlang, solange es die Wasserqualität zuließ. Bis zu einem Zeitraum von über 2 Wochen bewegten sich solche Züge in den Unterläufen der Ströme an einem Orte vorbei und verteilten sich schließlich in alle Verästelungen des Flußsystems. Mit Zähigkeit überwinden die zart wirkenden Fischchen alle Hindernisse

8 Ein männlicher Seeschmetterling *(Blennius ocellaris)* in Imponierstellung – durch Flossenspreizen wird Rivalen das bereits besetzte Brutrevier angezeigt (vgl. 205)

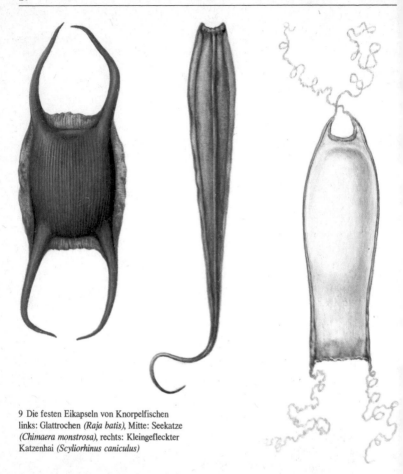

9 Die festen Eikapseln von Knorpelfischen
links: Glattrochen *(Raja batis)*, Mitte: Seekatze
(Chimaera monstrosa), rechts: Kleingefleckter
Katzenhai *(Scyliorhinus caniculus)*

und klettern selbst an senkrechten Wänden
empor, wenn Unebenheiten, Moose und Algen
Stützpunkte bieten. Leitfaden ist das ent-
gegenkommende Wasser, auch wenn es nur
ein kaum spürbares Rinnsal ist. Auf diese
Weise geraten sie manchmal auf Abwege. Ihr
Auftreten in Dachrinnen, in Grundwasser-
adern und Wasserleitungen hat mit zum Entstehen von allerlei Fabeln um diesen lange
rätselhaft gebliebenen Fisch beigetragen.

Verblüffende Leistungen der Sinnesorgane
ermöglichen den Wanderfischen die Orientierung in dem doch so gleichförmig scheinenden
Medium Wasser. So können Fische z. B. feinste Veränderungen der Temperatur (bis

0,03 °C) und des Salzgehaltes (bis 0,02 ‰)
wahrnehmen. Das Heimfinden der Lachse
wird mit vom Geruch gelenkt. Markierungen
von Junglachsen ergaben, daß die im Meer
herangewachsenen Fische zum Laichen in
den Fluß ihrer Geburt zurückkehren. Der
charakteristische Geruch ihres Heimatflusses
hat sich vermutlich ihrem „Gedächtnis“ ein-
geprägt. Selbst zwischenzeitlich evtl. angelegte Wehre oder Staumauern hindern sie
nicht, den Aufstieg um jeden Preis zu versuchen.

Von verletzten Fischen ausgeschiedene Duftstoffe wirken z. B. bei Ellritzen als Alarmsignal. Durch den Geruchssinn gewarnt su-

chen die Einzeltiere eines Schwarmes umgehend Deckung oder fliehen.

Jeder Fischer und Angler kennt das außerordentlich feine Geruchsempfinden der Aale. Sie verschmähen die Annahme jeden Köders, der mit Händen auf den Haken gespießt wurde, die vorher mit Tabak, Teer, Dieselöl oder anderen abstoßenden Chemikalien in Berührung gekommen waren. Große Aale können mit ihrer Riechschleimhaut Duftstoffe noch in einer Verdünnung von 1:2 bis 3 Trillionen wahrnehmen.

Obwohl bei Fischen kein äußeres Ohr vorhanden ist, nehmen sie mit ihrem inneren Ohr, das zugleich der Sitz des Gleichgewichtsorganes ist, Schallwellen wahr. Die Angehörigen der Karpfenfamilie haben den am besten entwickelten Gehörsinn. Ellritzen registrieren Schallwellen bis zu 7000 Schwingungen pro Sekunde. Sie wurden bereits erfolgreich auf Töne dressiert. Infolgedessen ist auch die Redensart ,,Stumm wie ein Fisch im Wasser" nicht absolut richtig, denn Fische nehmen Geräusche nicht nur wahr, sondern können auch welche erzeugen. Schallerzeugende Organe sind z. B. mit der Schwimmblase, den Flossenstrahlen und den Wirbelknochen verbunden. Vor allem die Adlerfische *(Sciaenidae)* (engl. drums oder croaker = Trommler oder Krächzer) sind wegen ihrer Lautäußerungen bekannt. Mit Hilfe der Kontraktion besonderer Muskeln vibrieren die Wände der Schwimmblase, die als Resonanzboden wirkt. Das als Trommeln, Knurren, Summen und Schnurren bezeichnete Geräusch ist für Menschen noch hörbar, wenn sich die Fische bis zu 18 m unter Wasser und der Lauscher 2 m über Wasser befindet. Die Knurrhähne *(Triglidae)* erzeugen mit der Schwimmblase nicht so anhaltende, sondern kurze scharfe Töne, die als Grunzen oder Schnarchen bezeichnet werden. Da Lautäußerungen bei Fischen besonders während der Laichzeit registriert werden, dienen sie höchstwahrscheinlich der Verständigung der Geschlechter und dem Zusammenfinden von Laichschwärmen.

Unter der meist gut sichtbaren Seitenlinie verbirgt sich ein für Fische spezifisches Sinnesorgan, mit dem sie feinste Druckunterschiede im Wasser, Strömungen und Tur-

bulenzen empfinden können. Alle Bewegungen eines Fisches rufen im Wasser Druckwellen hervor, die von anderen wahrgenommen werden. Räuber können so ihre Beute anpeilen, Beutefische werden bei der Annäherung eines Feindes gewarnt. Die Mitglieder eines Schwarmes halten mit Hilfe der von den Nachbarn ausgehenden Turbulenzen untereinander Kontakt und gleichzeitig den arteigenen Abstand. Das Registrieren der von festen Gegenständen zurückgeworfenen eigenen Druckwellen ermöglicht es den Fischen, auch in der Dunkelheit nicht gegen Hindernisse zu stoßen. Sie prallen auch nicht gegen die schwer sichtbaren Wände eines Aquariums. Es leuchtet ein, daß augenlose Höhlenfische oder Bewohner der Tiefe besonders gut entwickelte Seitenlinienorgane haben.

Viele Fische verbringen einen Teil des Tages oder der Nacht in einem schlafähnlichen Zustand. Die Schlafstellung ist sehr unterschiedlich. Lippfische ruhen in Seitenlage auf dem Boden, andere in senkrechter Haltung am

10 Die mit fadenförmigen Anhängen versehenen Eier des Hornhechts *(Belone belone)*, aneinander und an einem Seegrasblatt angeheftet

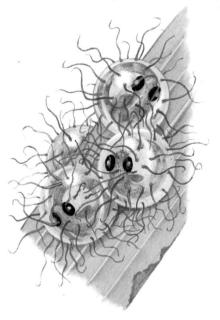

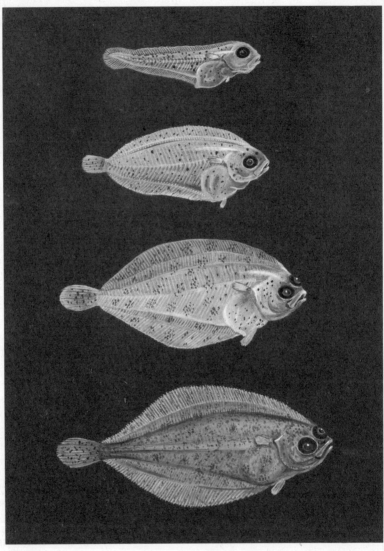

11 Entwicklung der Scholle *(Pleuronectes platessa)* von den pelagischen Stadien (grün) 7 mm (8–12 d alt), 8,5 mm (20–25 d alt) und 11 mm (35–40 d alt) zum Bodenstadium (braun) von 12,5 mm Länge (45–50 d alt)

Grund, oder sie stützen sich in verschiedenen Wassertiefen an Steinen und Pflanzen. Im Freiwasser lebende Schwarmfische schweben fast unbeweglich waagerecht, schwimmen jedoch bei der geringsten Störung sofort wieder los. Dagegen benötigen Barsche und Buntbarsche einige Minuten zwischen dem Erwachen und dem Erreichen ihrer vollen Beweglichkeit.

Als Winter- bzw. Sommerruhe werden

Dauerschlafzustände bei Süßwasserfischen bezeichnet. Von manchen Weißfischen (z. B. Karpfen, Blei, Schleie) und Aalen ist bekannt, daß sie die kalte Jahreszeit dicht zusammengedrängt am Boden der Gewässer oder sogar im Schlamm eingewühlt verbringen. Sie stellen die Nahrungsaufnahme ein. Ihre Atmung ist verlangsamt, und Bewegungen der Kiemendeckel sind kaum bemerkbar. Eine lang anhaltende Schneedecke auf zugefrorenen Gewässern kann den Sauerstoffgehalt des Wassers so absinken lassen, daß er selbst für einen stark gedrosselten Stoffwechsel nicht mehr ausreicht. Viele Arten empfinden das als Alarmsignal und „stehen auf", d. h., sie suchen Löcher an der Oberfläche zur sogenannten Notatmung oder schwimmen in evtl. vorhandene Zuflüsse. Aale bleiben im Boden eingegraben und sterben deshalb in strengen Wintern oft in großen Mengen. Tropische Lungenfische überstehen das Austrocknen ihrer Gewässer, indem sie sich im Schlamm eingraben und in einer selbstproduzierten Schleimkugel einrollen. Diese als Kokon bezeichnete Umhüllung schützt sie vor dem Austrocknen und löst sich erst mit Beginn der Regenzeit wieder auf.

Obwohl sich auf solche und andere Weise auch unter extremen Verhältnissen lebende Fische vor drohender Vernichtung zu schützen versuchen, sind sie doch wie alle Lebewesen den Angriffen nicht nur räuberischer, sondern auch parasitärer Pflanzen und Tiere ausgesetzt. „Gesund wie ein Fisch im Wasser" ist deshalb ein Sprichwort, das nur durch oberflächliche Beobachtung der „munter spielenden Fischlein" entstehen konnte. Fische leiden erfahrungsgemäß unter einer Vielzahl von durch Viren (Virosen), Bakterien (Bakteriosen), Pilzen (Mykosen), Einzellern (Protozoosen), Würmern (Helminthosen) und parasitischen Krebsen hervorgerufenen Krankheiten. Ebenso wie bei Menschen und Haustieren wird deren Ausbreitung zu Seuchen durch schlechte Lebensbedingungen gefördert. Vor allem bei der Massentierhaltung in Teichen und Behältern kommt deshalb dem vorbeugenden Gesundheitsschutz – auch durch Vermeidung ernährungsbedingter Erkrankungen – und therapeutischen Maßnahmen große Bedeutung zu.

Die in Binnen- und Küstengewässern durch Zivilisationseinflüsse vielerorts sinkende Wasserqualität fördert leider nicht nur das Umsichgreifen von Infektionen in natürlichen Fischbeständen, sondern ruft früher kaum gekannte umweltbedingte Krankheiten hervor. Als häufigste Schadensverursacher sind hier zu nennen: Sauerstoffmangel durch Fäulnis, Temperatur- und pH-Wertveränderungen sowie das weite Spektrum der Vergiftungen, besonders durch Schwermetalle, Arsen, Cyanide, Phenole, Mineralöle und die verschiedenen Schädlingsbekämpfungsmittel.

Der sorgfältige Umgang mit den der Menschheit zur Verfügung stehenden Wasservorräten in den Oberflächengewässern dient deshalb dem Schutz der Fische ebenso wie die Hege- und Pflegemaßnahmen der Fischbestände durch die verschiedenen Zweige der Fischerei. Diese finden ihren Ausdruck nicht nur in örtlich geltenden gesetzlichen Vorschriften, sondern auch in zahlreichen internationalen Vereinbarungen, die von Unterorganisationen der UNO, dem Internationalen Rat für Meeresforschung (ICES), dem Internationalen Ozeanischen Komitee und zahlreichen Fischereiorganisationen (z. B. NEAFC) ausgearbeitet werden.

Obwohl im Hinblick auf das Nahrungsmittel Fisch ökonomische Erwägungen bei den Schutzbestrebungen für die Fische im Vordergrund stehen, dürfen andere Gesichtspunkte nicht unberücksichtigt bleiben. Als Endglieder in der Nahrungskette der Wasserbewohner stellen Fische einen empfindlichen Indikator für den Reinheits- bzw. Verschmutzungsgrad der von ihnen bewohnten Gewässer dar. Deshalb gilt es, die Artenvielfalt in den natürlichen Gewässern zu erhalten, denn auch die vermeintlich wirtschaftlich wertlosen Fische sind oft wichtige Glieder in den komplizierten, schwer durchschaubaren Ökosystemen. Erst ein Aussterben einer oder mehrerer Arten zeigt deren Bedeutung dadurch an, daß die eingespielten Wechselwirkungen plötzlich nicht mehr geregelt ablaufen. Umgekehrt können auch durch zwar wohlgemeintes, aber unbedachtes Aussetzen neuer Arten die harmonischen Verhältnisse empfindlich gestört werden. Hechtbesatz in eine von Forellen

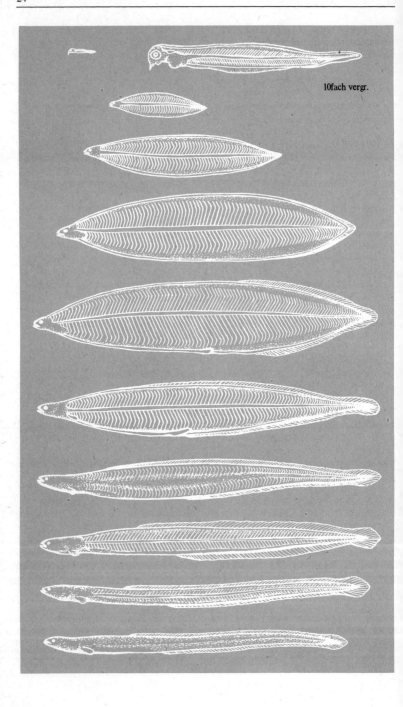

10fach vergr.

12 Entwicklung des Aals *(Anguilla anguilla)* vom Praeleptocephalus (oben) über die verschiedenen Leptocephalus-Stadien zum Glasaal (unten)

bewohnte Talsperre ist ein Beispiel für einen hauptsächlich fischereiwirtschaftlichen Mißgriff. Umfassender kann sich der Schaden bei der Einbürgerung von Fischen aus weit entfernten Ländern oder gar Erdteilen auswirken, wenn Parasiten zusammen mit den Fremdfischen eingeschleppt werden. Unter den gegenüber unbekannten Parasiten nicht resistenten einheimischen Fischen können solche Krankheitserreger große Verheerungen anrichten.

Wird das allmähliche Verschwinden der auf bestimmte Wasserqualitäten angewiesenen Fischarten zunächst nur von den unmittelbar Betroffenen oder von interessierten Fachleuten registriert, so ruft das Auftreten von größeren Fischsterben durch den deprimierenden Eindruck auch bei einem größeren Kreis von Menschen Abscheu oder Unbehagen hervor, auch wenn sie keinen unmittelbaren Nutzen aus dem Vorhandensein der Fische gezogen haben. Sie empfinden diesen Eingriff in die Unberührtheit der Natur auch als einen Rückgang des Erholungs- oder Freizeitwertes, also als einen Verlust an Harmonie und Schönheit. Die vielfältige Verwendung von Fischsymbolen in Kunst und Kunsthandwerk ist ein Zeichen dafür, daß Fischgestalten als etwas Vollkommenes empfunden werden, nicht zuletzt vielleicht auch ihrer Ursprünglichkeit wegen. Das Bedürfnis des Menschen, in Kontakt mit den Gewässern und

ihren Lebewesen seine Freizeit zu verbringen und neue Kräfte zu schöpfen, sollte mit einer der Gründe sein, Wasser und Fischbestände in größtmöglicher Natürlichkeit zu erhalten. Die noch vorhandenen gemischten Fischgesellschaften stellen mit Pflanzen und Kleintieren ihrer Wohngewässer in sich stabile Ökosysteme dar. Sie müssen im Interesse des Menschen vor dem Schicksal vieler der sie umgebenden Kulturlandschaften, der Felder, Wiesen und Wälder bewahrt werden, allmählich in unstabile Monokulturen überzugehen, die nur noch aus wenigen anpassungsfähigen oder vom Menschen geförderten Arten bestehen. Fisch- und Gewässerschutz sind also – umfassend betrachtet – sowohl aus ethischen als auch aus hygienischen und wirtschaftlichen Gründen vielfach zu rechtfertigen und letztlich lebensnotwendig. Wenn die strikte Anwendung der vorhandenen beispielhaften gesetzlichen Möglichkeiten durchgesetzt wird, könnte auf diesen Gebieten viel erreicht werden.

Wichtige internationale Vereinbarungen sind beispielsweise:

Konvention über die Fischerei und den Schutz der lebenden Ressourcen in der Ostsee und den Belten vom 25. 6. 1974

Konvention über den Schutz der Meeresumwelt des Ostseegebietes vom 16. 2. 1977

Konvention über die Fischerei im Nordostatlantik vom 3. 2. 1975

Konvention über die Verhütung der Meeresverschmutzung durch das Einbringen von Abfällen und anderen Stoffen vom 29. 12. 1972

Bau und Funktion des Fischkörpers

Fische sind kiemenatmende, flossentragende Wirbeltiere des Wassers. Um der Bewegung in diesem dichten Medium möglichst wenig Widerstand entgegenzusetzen, gehen die Abschnitte Kopf, Rumpf und Schwanzstiel fließend ineinander über (s. Abb. 13). Der typische Fischkörper ist deshalb spindel- oder torpedoförmig und von einer glatten, schleimigen Haut eingehüllt. Zu deren Schutz sind meist Hartgebilde wie Schuppen oder Knochenplatten eingelagert. Die Flossen sind Ruder- bzw. Steuerorgane und können wie Segel oder Schirme mit Hilfe stützender Knochenstrahlen aufgespannt oder niedergelegt werden.

Durch Anpassung an die sehr unterschiedlichen Lebensräume wurde die Idealform des Fischkörpers auf mannigfaltige Weise verändert (vgl. Abb. 14). Aus dem Gesamteindruck eines Fisches kann deshalb geschlossen werden, welchen Lebensraum er bewohnt, wie er sich darin fortbewegt, welche Nahrung und wie er sie aufnimmt, ob und wie er sich vor der Verfolgung durch Feinde schützt und manches andere mehr. Da näher miteinander verwandte Fischarten bezüglich der eben aufgeführten Eigenschaften große Ähnlichkeiten zeigen, ist es fast immer möglich, aus dem allgemeinen Habitus zumindest auf die Familienzugehörigkeit dieser Arten zu schließen.

Für eine sichere Bestimmung bis zur Art reichen habituelle Unterschiede meist nicht aus. Dafür müssen Merkmale herangezogen werden, die den äußeren und inneren Bau des Fischkörpers betreffen. Unter diesen sind die Feststellung der Zahl der Flossenstrahlen, der Schuppen, der Kiemenreusendornen und die Schlundzahnformel allerdings nur noch manchmal nötig, um letzte Zweifel auszuräumen.

Dem Verständnis der Besonderheiten des Fischkörpers und dem Auffinden der für die Bestimmung nötigen Merkmale soll der im

13 Gliederung des Fischkörpers
Kopf: Schnauzenspitze bis Ende Kiemendeckel, Rumpf: Ende Kiemendeckel bis Afteröffnung, Schwanz: Afteröffnung bis Ende Schwanzflosse
D Rückenflosse (Dorsale), F Fettflosse, C Schwanzflosse (Caudale), A Afterflosse (Anale), V Bauchflossen (Ventrale), P Brustflossen (Pectorale), Aö Afteröffnung, Ll Seitenlinie (Linea lateralis), K Kiemendeckel (verschiedene Teile)

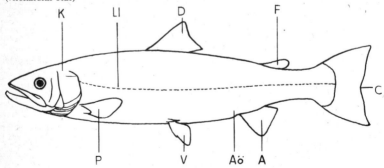

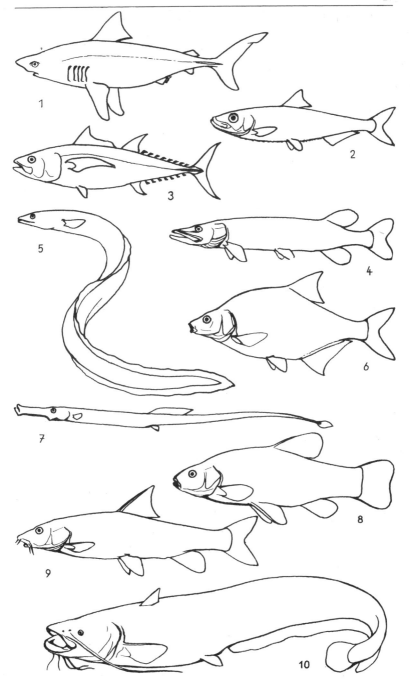

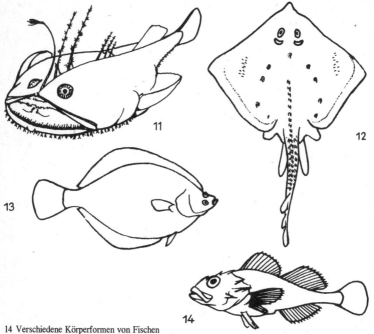

14 Verschiedene Körperformen von Fischen
1 Hai, 2 Hering, 3 Thunfisch, 4 Hecht, 5 Aal, 6 Blei, 7 Seenadel, 8 Schleie, 9 Barbe, 10 Wels, 11 Seeteufel, 12 Rochen, 13 Flunder, 14 Seeskorpion

folgenden angeführte und erläuterte äußere (Morphologie) und innere Bau (Anatomie) der Fische dienen.

Allgemeine Körperform

Die vorwiegend im freien Wasser lebenden guten Schwimmer unter den Fischen haben als Idealgestalt die energiesparende Spindel- oder Torpedoform. Besondere Geschwindigkeiten erreichen sie durch einen kräftigen Schwanzstiel und eine tief gespaltene Schwanzflosse. Kommt es weniger auf ausdauerndes Schwimmen als vielmehr auf eine hohe Anfangsgeschwindigkeit an, dann wird die Fläche des Ruderblattes durch Zurückverlegen von Rücken- und Afterflosse vergrößert wie beim Hecht, der als Lauerer blitzschnell zustoßen muß, eine längere Verfolgung der Beute aber meidet. Besondere Ausdauer, gepaart mit dem Vermögen, Hindernisse zu überwinden,

Durchschlüpfe zu benutzen und sich im Untergrund einzubohren ermöglicht die Schlangenform der Aale, bei denen fast alle Muskeln des langgestreckten Körpers an der schlängelnden Fortbewegung dicht über dem Boden beteiligt sind.

Auch Fische fließender Gewässer weisen bevorzugt die langgestreckte Spindelform auf, um dem Wasser keine großen Angriffsflächen zu bieten. Eine Stellung senkrecht zur Strömung ermöglicht es ihnen, ohne großen Energieaufwand durch abwechselnde seitliche Ausschläge des Schwanzstieles auch in starker Strömung nahezu auf der Stelle zu stehen.

In langsam fließenden oder stehenden Gewässern leben Fische mit seitlich stark abgeflachtem (kompressem) Körper. Häufig sind es Schwarmfische, die von der Seite zwar leicht zu sehen, aus anderen Richtungen aber schwer zu erkennen sind. Eine besondere

Anpassung an das Leben zwischen langgestreckten Pflanzen zeigen Seenadeln.

Bodenfische haben einen mehr oder weniger abgeplatteten (depressen) Körper. Liegen sie dem Untergrund nur auf und ernähren sie sich vorwiegend von Kleintieren, die sie mit Hilfe der Barteln finden, dann ist im Gegensatz zur gewölbten Rückenlinie die Bauchkante ziemlich gerade wie bei der Schleie oder der Barbe. Leben sie dagegen räuberisch, dann wird ihr Körper durch einen unverhältnismäßig großen Kopf mit weiter Maulöffnung keulenförmig wie beim Wels oder Seeteufel. Ausgesprochene Bodenbewohner sind schließlich völlig abgeplattet. Ihr Körper ist entweder depreß wie bei den Rochen oder kompreß wie bei den auf einer Seite liegenden Plattfischen, die dadurch noch Zeichen der Asymmetrie (schiefes Maul, Augenstellung) aufweisen. Träge Grundbewohner ohne Versteckmöglichkeiten schützen ihren oft plumpen Körper noch zusätzlich durch Knochenplatten oder Stacheln vor dem Verschlungenwerden.

Der ohne Halseinschnitt starr mit dem übrigen Körper verbundene Fischkopf ist als Träger des Mundes zur Nahrungsaufnahme, der Kiemen zur Atmung und der verschiedenen Sinnesorgane zum Sehen, Riechen, Tasten, Hören und zum Halten des Gleichgewichts zwar nach einem gemeinsamen Grundbauplan (s. Abb. 15) angelegt, äußerlich und im Inneren jedoch bei den einzelnen Fischgruppen recht verschieden gestaltet. Diese Unterschiede sind meist leicht feststellbar und daher wertvolle Bestimmungsmerkmale.

Kopf

Entsprechend der Ernährungsweise kann der Kopf im Verhältnis zum Körper sehr verschieden groß sein. Raubfische mit großer Maulspalte haben wesentlich größere Köpfe (Seeteufel 60%, Kabeljau 22% der Gesamtkörperlänge) als Kleintier- oder Planktonfresser (Hering 15%, Flunder 12%). Beide Ernährungstypen unterscheiden sich auch hinsichtlich der Bezahnung stark voneinander.

Außer auf Ober- (Maxillare), Zwischen- (Praemaxillare) und Unterkiefer (Dentale) können bei Fischen auch auf dem Pflugscharbein (Vomer), dem Zungenbein (Hyoid), den Gaumenbeinen (Palatinum) und den oberen und unteren Schlundknochen *Zähne* sitzen. Diese können lang und spitz die übrigen Zähne überragen (Fang-, Hundszähne) oder kurz und dicht beieinander stehen (Bürsten-, Samt- oder Hechelzähne, s. Abb. 16). Auch scharfe Schneidezähne oder pflasterartig angeordnete Mahlzähne kommen vor. Sie sind entweder ständig, bei anderen Fischen jedoch auch nur vorübergehend vorhanden, fast immer aber einem mehr oder weniger häufigen Wechsel unterworfen. Zahnartige Gebilde auf den 5. Kiemenbögen der Karpfenfamilie werden zum Zerquetschen, Zerreißen und Trockenpressen der Nahrung benutzt, indem sie gegen eine hornige Kauplatte (Karpfenstein) am Dach der Mundhöhle arbeiten. Je nach Art der Nahrung sind diese Schlundzähne breitflächig, löffelförmig, gesägt oder messerförmig gestaltet (s. Abb. 17). Sie stehen jederseits in

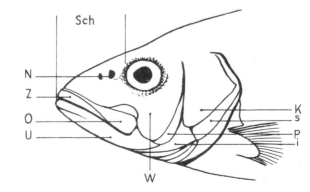

15 Fischkopf
Sch Schnauze,
N Nasenlöcher,
O Oberkiefer,
Z Zwischenkiefer,
U Unterkiefer,
W Wange,
K Kiemendeckel
   (Operculum),
s Suboperculum,
p Praeoperculum,
i Interoperculum

16 Fang- oder Hundszähne (unten) und Bürsten- oder Hechelzähne (oben) im Maul eines Hechtes

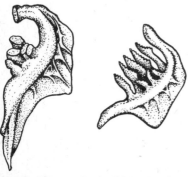

17 Schlundzähne vom Karpfen (links) und von der Rotfeder (rechts)

18 Verschiedene Mundstellungen
endständig: Ober- und Unterkiefer gleichlang (1),
unterständig: Oberkiefer länger als Unterkiefer (2),
oberständig: Unterkiefer länger als Oberkiefer (3)

1 bis 3 Reihen. Zahl und Anordnung ergeben die sogenannte Schlundzahnformel (z. B. beim Karpfen 1.1.3–3.1.1 oder bei der Rotfeder 3.5–5.3).

Die *Mundstellung* ist je nach Bau von Ober- und Unterkiefer ober-, end- oder unterständig (s. Abb. 18). Bei manchen Fischen können ein oder auch beide Kiefer extrem verlängert werden, es entstehen dann schwert- oder schnabelartige Gebilde (z. B. Hornhecht, Schwertfisch).

Grundfische haben in den Mundwinkeln, an Ober- und Unterlippe fleischige, fadenförmige, zuweilen gefranste Anhänge von unterschiedlicher Länge und Stärke. Diese Barteln, Bärtel oder Bartfäden sind dicht mit Tastsinneszellen besetzt und helfen dem Fisch beim Auffinden der Nahrung (s. Abb. 19).

Im Unterschied zu den kieferlosen Rundmäulern mit taschenförmigen *Kiemen* befinden sich die Kiemenblättchen der Fische auf

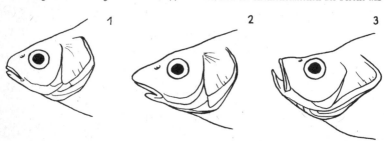

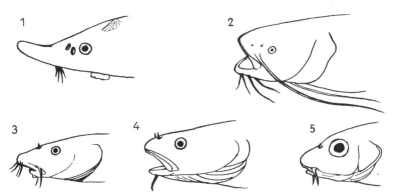

19 Bärtel (Barteln, Bartfäden) sind fadenförmige, zuweilen gefranste Anhänge unterschiedlicher Länge auf den Kiefern von Angehörigen der Familien *Acipenseridae* (1), *Siluridae* (2), *Cobitidae* (3), *Gadidae* (4), *Cyprinidae* (5)

Bögen, die auf beiden Seiten der mit der Mundhöhle verbundenen Kiemenhöhle liegen. Sie stehen mit der Außenwelt entweder einzeln durch mehrere Kiemenspalten in Verbindung (Haie und Rochen), oder sie haben eine gemeinsame große Öffnung (vgl. Abb. 20), die nach außen vom Kiemendeckel (Operculum) abgeschlossen wird, der aus verschiedenen Knochen besteht. Fische öffnen das Maul, füllen die Mundhöhle mit Wasser und lassen nach Schließen des Maules und Öffnen des Kiemendeckels das Wasser an den Kiemenblättchen vorbei wieder nach außen fließen. Je nach dem Sauerstoffgehalt des Wassers und dem Sauerstoffbedarf des Fisches, der in Abhängigkeit von der Stoffwechselintensität sehr verschieden sein kann (Sommer bzw. Winter), öffnen und schließen sich Mund und Kiemendeckel abwechselnd unterschiedlich häufig. Um die zarten Kiemenblättchen durch in die Mundhöhle mit der Nahrung aufgenommene Bestandteile nicht zu verletzen bzw. feine Nahrungspartikel zurückzuhalten, sitzen an der dem Schlund zugekehrten Seite der Kiemenbögen die Sieb- oder Reusenfortsätze, auch Reusenzähne oder *Reusendornen* genannt (s. Abb. 21). Neben Mund und Kiemendeckeln sind die *Augen* am Kopf der Fische am auffälligsten.

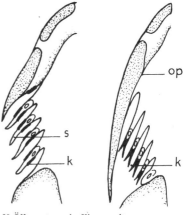

20 Öffnungstypen der Kiemenspalten
links: getrennt (Haie und Rochen); rechts: gemeinsam und bedeckt vom Kiemendeckel (Knochenfische); op Kiemendeckel, s Scheidewände zwischen den Kiementaschen, k Kiemenblättchen (schwarz) (nach Rauther)

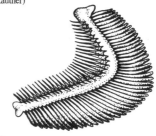

21 Kiemenbogen mit Kiemenblättchen (rechts) und Kiemenreusendornen (links)

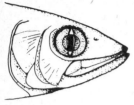

22 Fischauge mit sogenanntem Fettlid (vgl. Text)

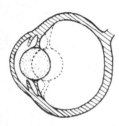

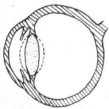

23 Zur Scharfeinstellung auf entferntere Objekte wird die Linse des Fischauges zurückgenommen (oben), dagegen erfolgt bei Säugetieren eine Formveränderung (unten)

Sie haben in den meisten Fällen keine Lider. Nur bei Haien bilden sich Lidfalten; gelegentlich findet sich im unteren Augenteil noch eine Nickhaut. Rochen haben keine Lider. Sie ziehen die Augen beim Schließen nach innen, so daß sich die ventral liegende Haut vor den Augapfel legt. Angehörige mancher Knochenfischfamilien (Heringe, Lachse, Makrelen) haben ein äußerlich gut erkennbares sogenanntes Fettlid (s. Abb. 22). Es handelt sich dabei um durchsichtige Hornhautpartien ohne Fetteinlagerung. Da sie leicht vorragen, bilden ihre Ausläufer eine „falsche Nickhaut". Das Fischauge ist für das Sehen in der Nähe eingerichtet. Da seine Linse nicht wie die der Säuger ihre Form ändern kann, wird beim Einstellen des Auges auf entferntere Ziele die

kugelförmige Linse insgesamt zurückgenommen und so die Entfernung zur Netzhaut verkürzt (s. Abb. 23). Durch die Kugelform der Linse wird ein Maximum an Lichtstrahlen aufgenommen, die im Wasser spärlich vorhandene Lichtmenge also besser ausgenutzt. Hierin liegt auch der Grund für die unterschiedliche Gesamtgröße der Augen bei Fischen der oberen und der tieferen Wasserschichten. Eine Einrichtung zum Abblenden des Lichtes, die Iris oder Regenbogenhaut, ist nicht bei allen Fischen ausgebildet. Sie fehlt den in der Tiefe lebenden Arten (z. B. Kaulbarsch), weil die Lichtintensität dort ohnehin gering ist.

Der Kopfabschnitt zwischen Mundöffnung und Auge wird Schnauze genannt (vgl. Abb. 15). Auf diesem Teil befindet sich bei Knochenfischen die paarige *Nasenöffnung*. Eine mehr oder weniger lange Hautbrücke unterteilt jede Öffnung, so daß Wasser vorn ein- und hinten austreten kann. In der durchströmten Riechgrube liegt die rosettenartig gefaltete Riechschleimhaut mit zahlreichen Sinneszellen (s. Abb. 24). Die Anzahl der Riechfalten wächst mit Alter und Größe der Fische. Große Aale z. B. haben ein so feines Riechvermögen, daß sie Duftstoffe selbst in nahezu unvorstellbar geringen Konzentrationen (vgl. Einführung) wahrnehmen können.

Im Kopf verborgen und von außen nicht sichtbar befindet sich das innere *Ohr* der Fische, verbunden mit den Bogengängen des statischen Organs (Labyrinth) (vgl. Abb. 25). Bestimmte Hartgebilde, die Gehörknöchelchen oder Statolithen (auch Otolithen) dieses Organs können zur Altersbestimmung der Fische herangezogen werden (s. Abb. 26). Durch das jahreszeitlich unterschiedliche Wachstum der Fische entstehen – wie auf den

24 Riechgrube mit Riechschleimhaut (unten) und Hautfalte (oben), die das Wasser beim Schwimmen in die vordere Nasenöffnung lenkt

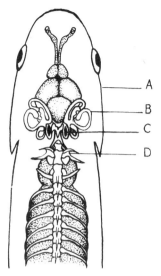

25 Rückenansicht des Gehirns (A), des inneren
Ohres mit den Bogengängen (B) und den Statolithen
(C) des statischen Organs sowie des Weberschen
Apparates (D) eines Karpfenfisches

Schuppen – auch in diesen Statolithen Zonen
verschiedener Dichte, die sich nach Erhitzen,
Brechen oder Schleifen unter der Lupe als
mehr oder weniger durchsichtige Ringe zu
erkennen geben und dadurch Rückschlüsse
auf das Alter zulassen, die oft genauer als die
Altersbestimmung anhand der Schuppen sein
dürften, da die Gehörknöchelchen von Geburt
an vorhanden sind.

Das *Hörvermögen* der Fische ist sehr unterschiedlich entwickelt. Bei den Karpfenartigen
ist das innere Ohr durch den sogenannten
Weberschen Apparat (s. Abb. 25), bei den
Heringsartigen durch kleine Kanälchen mit

26 Statolith eines Aales mit 6 Wachstumszonen

der Schwimmblase als Schall- bzw. Druck-
empfänger verbunden, deshalb haben die
Angehörigen dieser Fischordnungen ein besonders gutes Geräuschempfinden. Dementsprechend können viele Fische auch
knurrende, trommelnde oder pfeifende Laute
hervorbringen, die zur gegenseitigen Verständigung im Schwarm, beim Laichen und
zum Vertreiben von Feinden angewandt
werden.

Rumpf und Schwanz

Folgt am Fischkörper nach dem Kopf der
Rumpf schon ohne deutlich erkennbaren
Absatz, so sind die Übergänge von der Rumpf-
zur Schwanzregion noch fließender. Als
Grenze sieht man in der Regel das hintere
Ende der Leibeshöhle und – von außen sichtbar – die Lage des Afters an. Beide Kör-
perabschnitte werden deshalb hier gemeinsam
abgehandelt, wobei vorwiegend die der Bestimmung einer Fischart dienenden Besonderheiten Berücksichtigung finden sollen. Von
den äußerlich erkennbaren Merkmalen sind
das die Flossen, die Schuppen und die Färbung. In manchen Fällen kann auch die Lage
der After- und Geschlechtsöffnung charakteristisch sein. Augenfällige anatomische
Unterschiede ergeben sich nach Öffnen der
Leibeshöhle beim Betrachten des Bauchfel-
les, der Schwimmblase, der Geschlechtsorgane und des Darmes und seiner Anhänge.

Die *Flossen* bestehen aus Hautfalten, harten
oder weichen Strahlen als Stützelementen und
Flossenstrahlträgern als Verankerung in der
Muskulatur. Von dem fast allen Fischlarven
eigenen umlaufenden Flossensaum verbleiben
beim Heranwachsen des Fisches nur die unpaaren oder medianen Flossen: Rücken-,
Schwanz- und Afterflosse. Rücken- und Afterflosse dienen vorwiegend als Stabilisie-
rungselemente. In manchen Fällen können sie
durch wellenförmige Bewegungen (Seenadeln, Seepferdchen) oder in Form eines Flossensaumes (Plattfische) auch der Fortbewegung dienen. Bei einigen Familien (Lachse,
Zwergwelse) tritt zwischen Rücken- und
Schwanzflosse noch eine strahlenlose kleine
Hautfalte, die Fettflosse auf. Mehrere Flössel

27 Flössel am Schwanzstiel eines Thunfisches

oder Flößchen sowohl an der oberen wie an der unteren Kante des Schwanzstieles zur Vermeidung von Wirbelbildung haben z. B. die Familien der Makrelen, Thunfische und Pelamiden (s. Abb. 27). Rücken- und Afterflosse können einfach oder mehrfach geteilt sein (s. Abb. 28).

Die Schwanzflosse ist zusammen mit der Körper- und Schwanzmuskulatur das Haupt-

antriebsorgan und deshalb besonders fest mit dem Achsenskelett verbunden. Nach der Gestalt der Schwanzflossenlappen werden äußerlich symmetrische (homocerke) und asymmetrische (heterocerke) Formen unterschieden (s. Abb. 29). Bei Heterocerkie setzt sich sogar die Wirbelsäule im oberen Lappen der Schwanzflosse fort.

Die paarigen Brust- und Bauchflossen ent-

28 Flossen auf dem Rücken von Lachs (1), Barsch (2), Makrele (3), Kabeljau (4) und Hering (5)

29 Schwanzflossenform von Stör (1), Thunfisch (2), Hering (3), Kabeljau (4) und Seezunge (5)

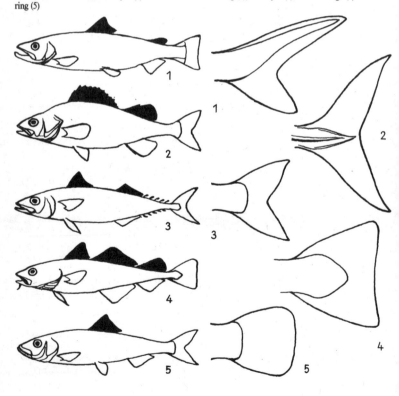

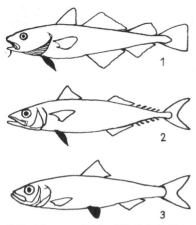

30 Bauchflossen von Kabeljau (1) kehlständig, Makrele (2) brustständig und Hering (3) bauchständig

sprechen den Vorder- und Hintergliedmaßen der übrigen Wirbeltiere. Während die Brustflossen über Skelettelemente mit dem Kopf verbunden sind und sich demzufolge dicht hinter dem Kiemendeckel befinden, ist die Lage der Bauchflossen unterschiedlich; sie kann bauch-, brust- oder kehlständig sein (s. Abb. 30). Brustflossen sind Ruder- und Steuerorgane und werden auch als Bremse eingesetzt. Die Bauchflossen dienen der Stabilisierung und können je nach Lebensweise und Körpergestalt auch völlig fehlen (Aal, Seewolf) oder für andere Funktionen umgebildet werden (Saugscheibe bei See-

hasen und Grundeln, Begattungshilfsorgane [Gonopodium] bei Haien, Zahnkarpfen).
Als versteifende Hartgebilde wirken die Flossenstrahlen, die bei den Knorpelfischen hornig, bei Knochenfischen knöchern sind. Letztere können unterschiedlich gestaltet sein. Ihre Form und Anzahl sind Bestimmungsmerkmale, die bei einander sehr ähnlichen Fischarten letzte Unsicherheiten beheben können. Es werden Hart- oder Stachelstrahlen von Weichstrahlen unterschieden (s. Abb. 31). Stachelstrahlen sind glatt, zugespitzt und ungegliedert, sie kommen nur bei Stachelflossern vor. Bei Weichstrahlen werden 3 Formen unterschieden (vgl. Abb. 31):
1. ungeteilte und ungegliederte Weichstrahlen (die vielfach auch irreführend als Hartstrahlen bezeichnet werden)
2. ungeteilte, gegliederte Weichstrahlen
3. fächerartig geteilte, vollständig gegliederte Weichstrahlen

Stachelstrahlen und ungeteilte Weichstrahlen stehen immer am Flossenanfang, geteilte Weichstrahlen immer im hinteren Flossenabschnitt. Leider wird die Bezeichnung Hart-(Stachel-) und Weichstrahl dadurch zuweilen schwer verständlich, daß einerseits biegsame und ziemlich weiche Stachelstrahlen vorkommen und es andererseits stark verkalkte, feste, ungeteilte Weichstrahlen gibt (die dann oft als Hartstrahlen bezeichnet werden).
Schuppen und andere Hartgebilde der Haut sind wertvolle systematische Merkmale der

31 Die verschiedenen Formen von Flossenstrahlen
1 Stachelstrahl,
2 ungeteilter und ungegliederter Weichstrahl,
3 ungeteilter, gegliederter Weichstrahl,
4 fächerartig geteilter, vollständig gegliederter Weichstrahl

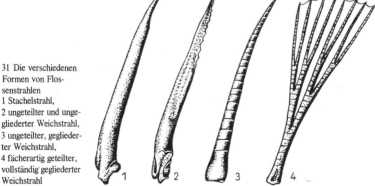

 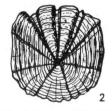 

1   **2**   **3**

32 Kammschuppe vom Zander (1), Rundschuppen von Plötze (2) und Aal (3)

Fische und auch dann noch brauchbar, wenn ihre Träger schon längere Zeit tot sind, möglicherweise konserviert wurden oder auch nur in Teilen zur Untersuchung gelangen, evtl. sogar als angedaute Beute im Darm von Freßfeinden. Aus Form und Zeichnung der Schuppen kann nicht nur auf die Artzugehörigkeit, sondern auch auf Alter, Wachstum, Aufenthaltsort und Geschlechtsleben ihres Trägers geschlossen werden.

Manche Fische haben entweder eine völlig nackte Haut, oder es sind nur vereinzelte Knochenschilder oder Knochenplatten vorhanden. In der Regel ist der Körper jedoch von einem bestimmten Entwicklungsstadium an ganz oder teilweise beschuppt. Je nach der systematischen Stellung der Fischart ist der Feinbau der Schuppen verschieden. Es können folgende Schuppentypen unterschieden werden:

Plakoidschuppen (Hautzähne, bestehend aus einer Platte in der Haut und einem nach oben ragenden Dorn) bei Haien und Rochen

Ganoidschuppen (Schmelzschuppen) nur bei einigen altertümlichen Fischgruppen, z. B. Flösselhechten

33 Schuppe einer Quappe mit 6 Wachstumszonen

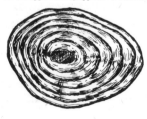

Cycloidschuppen (Rund-schuppen) ⎫
⎪
Ctenoidschuppen (Kamm-schuppen) ⎬ bei den Echten Knochenfischen
⎭

Obwohl die Schuppen Bildungen der Lederhaut (Corium) sind und von der schleimabsondernden Oberhaut (Epidermis) überlagert werden, kann beim Streichen über den Fischkörper deutlich die sehr rauhe Haut (wie grobes Sandpapier) der Haie und die rauhe Haut der Kammschupper von der weichen Oberfläche bei Rundschuppern unterschieden werden (s. Abb. 32). Bei manchen Fischen sind bestimmte Körperregionen von Rund-, andere von Kammschuppen bedeckt. Die Rauheiten der Kammschuppen werden durch kleine warzen- bis stachelförmige, rückwärts gerichtete Gebilde des hinteren Teils der Schuppendeckschicht (Epilepis) hervorgerufen.

Im durchscheinenden Licht werden außerdem die beim Wachsen der Fische am Schuppenrand immer neu angelegten Ringleisten (Sklerite) sichtbar, die in Zeiten schnellen Wachstums weiter auseinanderliegen als bei langsamer Größenzunahme (s. Abb. 33). Sie werden deshalb zur Altersbestimmung herangezogen, obwohl dabei berücksichtigt werden muß, daß die Schuppen der Fische nicht von Geburt an vorhanden sind und danach auch in den verschiedenen Körperregionen nicht überall gleichzeitig angelegt werden. Die Entnahme der am besten geeigneten „Normalschuppen" für die Alters- und Wachstumsanalyse der Fische erfordert deshalb Überlegung und Sorgfalt.

Radiärstreifen sind rillenartige Strukturen vom Kern der Schuppe zum Außenrand. Sie

34 Seitenlinienorgan
SK Seitenlinienkanal, Ö Öffnung, S Schuppe, Si Sinneszelle,
N Nerv

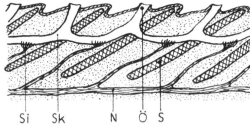

35 Farbwechsel durch Ausbreiten oder Zusammenziehen der Chromatophoren und Melanophoren

sind nicht bei allen Fischarten vorhanden und für die Altersbestimmung unbrauchbar. Dagegen kann aus der unterschiedlichen Breite der „Jahresringe" auf das Wachstum der Fische auch in zurückliegenden Lebensjahren geschlossen werden (Altersrückberechnung). Dabei fallen neben der Zahl der Jahresmarken bei manchen Arten auch noch die sogenannten Laichmarken auf, die anzeigen, wie oft der Fisch im Leben abgelaicht hat. Form und Bau der Schuppen sind also sehr unterschiedlich, so daß jede Fischart ihr besonderes Schuppenbild besitzt.

Darüber hinaus ist auch die Anzahl der Schuppen artspezifisch. Da sie meistens in Längs- und Querreihen angeordnet sind und sich gegenseitig dachziegelartig überdecken, können die in einer Längs- oder Querreihe stehenden Schuppen bei allen Fischen leicht gezählt werden (vgl. Abb. 64), wenn sie nicht

36 Anatomie eines Karpfenfisches
N Niere, Hb Blase, S Schwimmblase mit Ductus pneumaticus, L Leber, G Geschlechtsorgan, D Darm,
K Kieme, H Herz

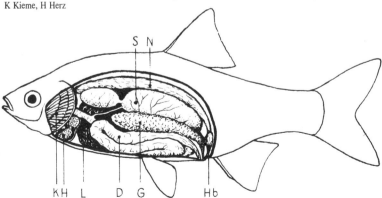

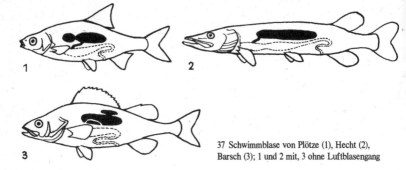

37 Schwimmblase von Plötze (1), Hecht (2), Barsch (3); 1 und 2 mit, 3 ohne Luftblasengang

zu kleine Schuppen besitzen (z. B. Quappe, Aal, Grundeln). In der Regel wird eine mittlere Längsreihe zum Zählen benutzt, deren Schuppen durch meist dunkel gefärbte Striche oder Punkte gekennzeichnet sind. Unter diesen Schuppen verläuft der Seitenlinienkanal, dessen Sinnesknospen durch Einschnitte oder Kanälchen in den betreffenden Schuppen mit der Außenwelt in Verbindung stehen (s. Abb. 34). Auch feinste Wasserströmungen und Druckunterschiede werden so dem Fisch vermittelt und erleichtern seine Orientierung im Raum auch bei völliger Dunkelheit.

Die *Färbung* der Fische beruht sowohl auf dem Vorhandensein von Farbstoff- oder Pigmentzellen als auch auf der Wirkung lichtreflektierender Substanzen in der Lederhaut. Bei den Farbstoffzellen werden Melanophoren (von Melanin, einem schwarzbraunen festen Farbstoff) von Chromatophoren (meist fettlösliche rote, orange oder gelbe Farbstoffe) und Iridozyten = Guanophoren (kristalline, silberne Farbstoffe) unterschieden. Während die letzteren festliegende Pigmente enthalten, kann der Inhalt der beiden erstgenannten durch Nervenreize oder Hormone zusammengezogen oder über die ganze Zelle verbreitet werden (s. Abb. 35). Auf diese Weise und durch unterschiedliche Kombinationen der Farbstoffzellen über der reflektierenden Guaninschicht kommen der oft plötzliche Farbwechsel und generell die verschiedenen Färbungen der Fische zustande.

Durch Wegfall eines Typs von Farbstoffzellen können Goldvarietäten (Xanthorismus, vgl. S. 14), dunkle Formen (Melanismus) und sogar fast weiße Exemplare (Albinismus) auftreten.

Geblendete Fische verlieren die Fähigkeit zur Anpassung der Färbung an den Lebensraum; sie sind meist dunkel. Kranke, gefangene oder verendete Fische nehmen oft schnell eine andere Farbe an. Die einzelnen Arten verhalten sich in dieser Hinsicht sehr verschieden.

Vor der Laichzeit werden vor allem bei den ♂ die Farben intensiver, oder sie verändern sich grundlegend (Hochzeitskleid). Die Angehörigen mancher Familien (Coregoniden, Cypriniden) entwickeln außerdem noch einen griesigen bis körnigen Laichausschlag am Kopf und den vorderen Körperpartien, der die gegenseitige Reibung bei den Laichspielen erhöht (vgl. Abb. 5).

Nur in seltenen Fällen wird es nötig sein, zur endgültigen Bestimmung der Art noch Kennzeichen der Anatomie zu Hilfe zu nehmen.

38 Fischembryo in der durchsichtigen Eihülle (Augenpunktstadium)

39 Fischlarve mit Dottersack

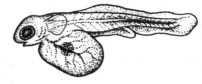

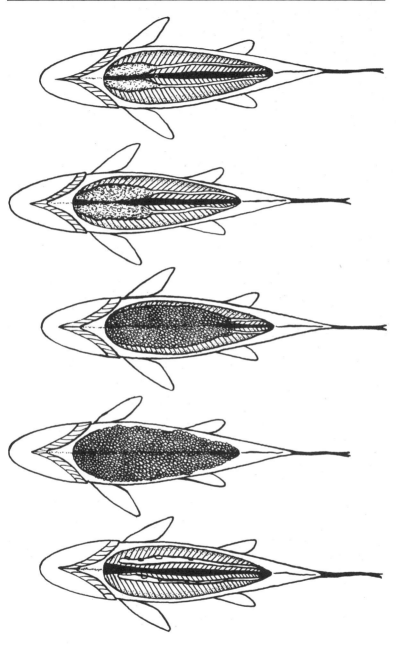

40 Die Entwicklung der Eier im Eierstock eines Fisches im Jahresverlauf (untere Zeichnung: nach dem Ablaichen)

Das Töten der Fische erfolgt meist durch Schlag auf den Kopf und (oder) Stich in die Kehle. Dort wird das in der Nähe der Kiemen liegende zweikammrige *Herz* getroffen, so daß der Fisch stärker blutet als an allen anderen Stellen seines Körpers. Da in den feinen Gefäßen der Kiemen der Druck des einfachen Blutkreislaufes gemindert wird, fehlen den Fischen stark blutende Schlagadern in anderen Körperregionen. Nach dem Öffnen der Leibeshöhle fällt bei einigen Arten (Giebel, Nase) ein dunkles, nahezu schwarz gefärbtes Bauchfell auf, das die Leibeshöhle auskleidet. Nach dem Entfernen einer Körperwand sind von den inneren Organen die Schwimmblase, die je nach der Jahreszeit mehr oder weniger stark entwickelten Geschlechtsorgane und der Darm mit seinen Anhangsdrüsen am auffälligsten (s. Abb. 36).

Die *Schwimmblase* ist in erster Linie ein hydrostatisches Organ, das der Anpassung der Körperdichte des Fisches an die Wasserdichte dient. Ihr unterschiedlicher Füllungsgrad ermöglicht dem Fisch auch das Angleichen des Körperinnendrucks an den Wasseraußendruck. Daneben ist sie Resonanzboden für das Empfangen und Aussenden von Schallwellen. Sie fehlt den Haien und Rochen und manchen Knochenfischarten. Bau und Lage in der Leibeshöhle sind artspezifisch. Sie kann entweder durch einen Luftblasengang (Ductus pneumaticus) mit dem Darm verbunden (Physostomen) oder auch von ihm getrennt sein (Physoclisten). Diese Unterschiede sind ein wichtiges Kriterium bei der systematischen Einteilung und der Bestimmung der Fische (s. Abb. 37).

Das in der Schwimmblase befindliche Gasgemisch gelangt bei Jungfischen durch Luftschlucken (später durch Gasabscheidung aus dem Blut) hinein. Fische mit Luftblasengang können beim plötzlichen Heraufholen aus größeren Tiefen, z. B. beim Fang, das überschüssige Gas durch Darm und Mund „ausspucken" (z. B. Blei); bei den Vertretern ohne diesen Gang bläht die dann unter geringerem Außendruck stehende und sich deshalb ausdehnende Schwimmblase die Fische auf, treibt unter Umständen die Eingeweide

aus dem Maule heraus oder platzt (z. B. typisches Erscheinungsbild bei der sogenannten Trommelsucht der Barsche).

Der *Darm* ist je nach Ernährungsweise der Fische unterschiedlich lang. Bei reinen Pflanzenfressern (z. B. Silberkarpfen) kann er die 15fache Körperlänge ausmachen, bei räuberisch lebenden Arten ist er oft nur körperlang. Manche Fischfamilien (z. B. Gadiden, Coregoniden) weisen hinter dem Magen, der oft nur eine wenig auffällige Erweiterung des Darmrohres ist, eine mehr oder weniger große Zahl von Blindsäcken (Appendices pyloricae) auf, drüsige Anhänge, deren Bedeutung nicht genau bekannt ist. Die größte Darmanhangsdrüse ist die braunrot gefärbte Leber.

Die *Geschlechtsprodukte* Milch und Rogen nehmen in den Hoden bzw. Eierstöcken schon lange vor der Laichzeit einen beträchtlichen Raum der Leibeshöhle ein (s. Abb. 40). In unmittelbarer Nähe des Afters münden sowohl die Harnleiter wie auch die Geschlechtsöffnungen. Aus dem abgelegten Laich entwickeln sich nach der meist äußeren Befruchtung die Embryonen in einer von der Fischart und der Wassertemperatur abhängigen Schnelligkeit. Die Addition der täglichen Durchschnittswassertemperatur ergibt die sogenannte Tagesgradzahl, die Aufschluß über den Schlupftermin der Larven gibt. Einige Zeit vor dem Ausschlüpfen können die in der meist durchsichtigen Eihülle aufgerollten Embryonen und besonders ihre schwarzpigmentierten Augen (s. Abb. 38) gut erkannt werden (Augenpunktstadium).

Fischlarven werden in der Regel mit einem mehr oder weniger großen, am Bauche befindlichen Dottersack (s. Abb. 39) geboren, von dessen Nährstoffen sie sich in den ersten Lebenstagen ernähren. In ihrer Gestalt weichen sie zunächst noch deutlich von der ihrer Eltern ab und nehmen erst allmählich ihre endgültige Form an. Zudem dauert es bei manchen Arten Monate und Jahre, ehe das andersfarbige Jugendkleid abgelegt wird. In solchen Fällen ähneln sich Jungfische verwandter Arten (z. B. Salmoniden) in Zeichnung und Färbung lange Zeit sehr und machen das Bestimmen schwierig.

Wo und wie Fische leben

Dem Menschen als einem Bewohner des festen Landes ist die Vielfalt der ihn täglich umgebenden Kulturlandschaften, der Wälder, Wiesen und Steppen in der Ebene und im Gebirge wohlbewußt. Es leuchtet ihm auch ein, daß so unterschiedliche Lebensräume von den vielgestaltigsten Tierformen besiedelt sein müssen. Die Welt unter Wasser ist ihm dank Unterwasserfotografie aus Film und Fernsehen zwar nicht mehr ganz unbekannt, aber naturgemäß fremder, weniger zugänglich und erscheint ihm möglicherweise recht gleichförmig. Das trifft für die Masse des Wassers in den Weiten und Tiefen der Weltmeere auch weitgehend zu, bedecken diese doch 71 % der Erdoberfläche und machen über 95 % aller Wasservorräte der Erde aus. In den schwer vorstellbaren weiten Räumen (1 338 000 000 km³) sind die Lebensbedingungen verhältnismäßig gleichförmig. Die Küsten- und Binnengewässer als Wohnstätten der in diesem Buch behandelten Fische bieten dagegen so mannigfaltige Besonderheiten, daß es nicht verwunderlich ist, wenn dieses Lebensraumangebot von der Evolution mit einer enormen Formenvielfalt ausgeschöpft wurde, und deshalb die Zahl der bekannten Fischarten (etwa 20 600) fast der aller übrigen Wirbeltiere der Erde zusammengenommen entspricht (Lurche 2 800, Kriechtiere 5 900, Vögel 8 600, Säugetiere 6 000 Arten).

Bereits die Möglichkeit, entweder im Salz- oder im Süßwasser zu leben und manchmal diese den Stoffkreislauf extrem unterschiedlich beanspruchenden Medien zu wechseln, verlangt von den Wasserlebewesen Reaktionen, die Bau und Funktion der Gewebe und Organe stark beeinflussen. Die Körperflüssigkeit der Süßwasserfische hat gegenüber dem umgebenden Wasser eine höhere Salzkonzentration. Sie laufen also ständig Gefahr, durch Nahrungsaufnahme, Atmung und durch die Haut die Flüssigkeitsmenge zu vermehren und damit ihre Gewebe zu schädigen. Ihre Organe, mit denen das überschüssige Wasser ständig aus dem Körper befördert wird, sind die Nieren, die bei Landwirbeltieren vorwiegend die gelösten Exkrete abgeben und dabei mit dem Wasser möglichst sparsam umgehen. Umgekehrt besteht für die marinen Fische die Gefahr des „Austrocknens", da in ihrem Gewebe weniger Salz gelöst ist als im umgebenden Meerwasser, das den Zellen durch Osmose Wasser entzieht. Sie müssen also laufend „trinken" und durch ihre Nieren das überschüssige Salz wieder ausscheiden.

Zu diesen grundsätzlichen Unterschieden des Lebenselementes Wasser kommen dann noch die tausendfältigen Möglichkeiten der Gestaltung des Lebensraumes hinzu, die hier nur kurz durch einige Stichworte gekennzeichnet sein sollen: Brandungszone an der Felsenküste, Sandstrand, Seegrasregion, Gezeitenzone, Wattfläche, Flußmündung, Gebirgsbach, Strom, Schiffahrtskanal, Hochgebirgssee, Talsperre, trüber Flachlandsee, saurer Moortümpel, Wiesengraben und andere mehr.

In dem Bestreben, Ordnung in diese Vielfalt zu bringen, weil Fische eben auch Nutztiere für den Menschen sind, wurden die Gewässer in fischereiliche Regionen, Typen, Klassen usw. eingeteilt, die veranschaulichen sollen, daß bestimmte Lebensräume nur jeweils von einer charakteristischen Tier- und Pflanzengesellschaft besiedelt werden. Mit diesen Kenntnissen ausgestattet und nach einiger Übung ist es dann schließlich dem Naturfreund, Fischer oder Angler möglich, beim Betrachten einer Wasserfläche nicht nur lakonisch zu vermuten, daß sich darunter möglicherweise auch Fische aufhalten könnten, sondern es läßt sich aus der Umgebung, der Form und Größe des Gewässers, der

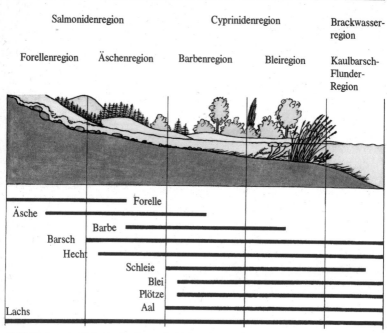

Salmonidenregion		Cyprinidenregion		Brackwasser-region
Forellenregion	Äschenregion	Barbenregion	Bleiregion	Kaulbarsch-Flunder-Region

41 Die Regionen der fließenden Gewässer und wichtige in ihnen lebende Wirtschaftsfische

Pflanzenbesiedlung, aus Wassertemperatur, -bewegung, -tiefe und -färbung sowie der Bodenbeschaffenheit und dem Kleintiervorkommen recht genau vorhersagen, welche Fische in welcher Größe und Menge in dem betreffenden Gewässer leben oder evtl. eingesetzt und auch wieder herausgefangen werden könnten. Dazu soll die folgende Charakteristik der Lebensräume beitragen, wobei betont werden muß, daß jede vom Menschen vorgenommene Klassifizierung der Natur den Makel der Unvollkommenheit in sich birgt, weil ihm zwar vieles, aber nicht alles bekannt ist. Außerdem kann ein Schema die zwischen den einzelnen Kategorien immer vorhandenen fließenden Übergänge kaum miterfassen.

Fließgewässer

Das von Natur aus ungeteilte, aus einer Quelle entspringende und dann meerwärts fließende Wasserband kann entsprechend seiner Was-serführung und seinem Gefälle in verschiedene Regionen eingeteilt werden (s. Abb. 41). Die aus diesen beiden Komponenten resultierende Strömungskraft sowie die dem Einzugsgebiet entstammenden Nährstoffe prägen durch die chemisch-physikalischen und ökologisch-biologischen Eigenschaften seinen Charakter als Fischgewässer.

In der Regel sind die oberen Fließgewässerabschnitte, die Bäche und Flüßchen, durch stark wechselnde, aber insgesamt geringe Wasserführung, starkes Gefälle, kühles, stark sauerstoffhaltiges Wasser und kiesig-sandigen Untergrund gekennzeichnet: Umweltverhältnisse, die den Anforderungen der Lachsfische

42 Pflanzen der Salmonidenregion
1 Kanadische Wasserpest (Elodea canadensis), 2 Brunnenkresse (Nasturtium officinale), 3 Bachbunge (Veronica beccabunga), 4 Flutender Hahnenfuß (Ranunculus fluitans), 5 Quellmoos (Fontinalis antipyretica), 6 Gemeiner Wasserstern (Callitriche palustris),

44

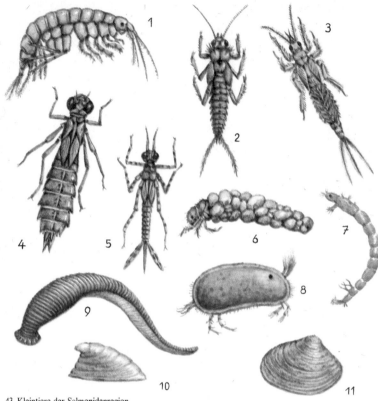

43 Kleintiere der Salmonidenregion
1 Flohkrebs (*Gammarus* spec.) bis 24 mm, 2 Steinfliegenlarve (*Chloroperla* spec.) etwa 20 mm, 3 Eintagsfliegenlarve (*Ephemera* spec.) 25 mm, 4 Großlibellenlarve (*Anax* spec.) 50 mm, 5 Kleinlibellenlarve *(Calopteryx splendens)* bis 30 mm, 6 Köcherfliegenlarve (*Stenophylax* spec.) 20–40 mm, 7 Zuckmückenlarve (*Chironomus* spec.) 12 mm, 8 Muschelkrebs (*Candona* spec.) 1 mm, 9 Pferdeegel *(Haemopis sanguisuga)* bis 100 mm, 10 Mützenschnecke *(Ancylus fluviatilis)* 7 mm, 11 Erbsenmuschel (*Pisidium* spec.) 8 mm

(Salmoniden) am besten entsprechen. Breitere Flüsse und Ströme fließen langsamer; ihr Wasser hat sich erwärmt. Sinkstoffe lagern sich ab, die wärmebedürftigeren Weißfische (Cypriniden) finden hier gute Lebensbedingungen. Diese Grobeinteilung in *Salmoniden-* und *Cyprinidenregion* kann in Europa fast überall angewandt werden, wenn die Fließe genügend lang sind bzw. durch unterschiedlich gestaltetes Gelände fließen. Typische Pflanzen und Fischnährtiere dieser Regionen zeigen die Abb. 42 bis 45.
Für Mitteleuropa wurden die beiden Haupt-

abschnitte weiter unterteilt, d. h., es werden in der Fachliteratur nach den sogenannten Leitfischen Forellen-, Äschen-, Barben-, Bleiregion und die Kaulbarsch-Flunder-Region un-

44 Pflanzen der Cyprinidenregion
1 Weiße Seerose *(Nymphaea alba)*, 2 Große Mummel *(Nuphar luteum)*, 3 Schwimmendes Laichkraut *(Potamogeton natans)*, 4 Durchwachsenes Laichkraut *(Potamogeton perfoliatus)*, 5 Spiegelndes Laichkraut *(Potamogeton lucens)*, 6 Tausendblatt (*Myriophyllum* spec.), 7 Gemeines Hornkraut *(Ceratophyllum demersum)*

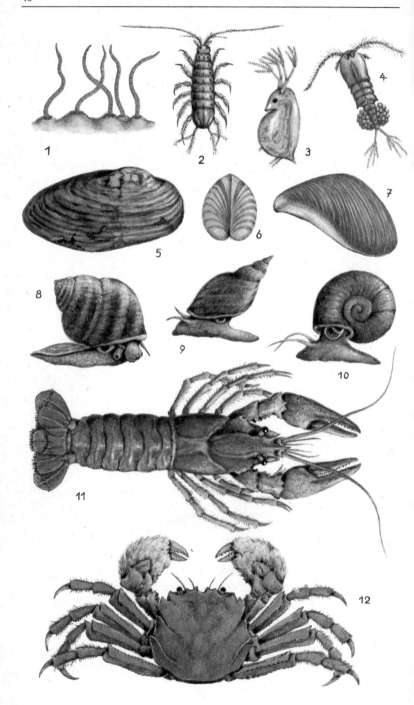

terschieden (vgl. Abb. 41). Um von diesen möglicherweise nicht überall auftretenden Leitfischen unabhängig zu sein, unterscheidet der Limnologe (Gewässerkundler) das *Rithron* vom *Potamon* und unterteilt diese Hauptabschnitte jeweils dreifach, so daß 6 Fließgewässerabschnitte entstehen, die in etwa den gegenübergestellten fischereilichen Regionen entsprechen:

Epirithron	obere Forellen- region	
Metarithron	untere Forellen- region	Salmoniden- region
Hyporithron	Äschen- region	
Epipotamon	Barben- region	
Metapotamon	Blei- region	Cypriniden- region
Hypopotamon	Kaulbarsch- Flunder- Region	Brackwasser- region

Es versteht sich von selbst, daß nicht jedes Fließgewässer alle diese Regionen aufweisen muß und daß auch die Reihenfolge (z. B. bedingt durch geographische Besonderheiten oder ein von Menschenhand geschaffenes Staubecken) durcheinandergeraten kann bzw. Wiederholungen auftreten. So kann ein skandinavischer oder schottischer Fluß durchaus vom Quellbach bis zur Mündung ins Meer nur Forellenregion sein, ebenso wie ein aus einer Sumpfquelle entspringender Flachlandstrom bis zur Mündung ins Meer u. U. durchgängig der Brackwasserregion zugerechnet werden muß.

Die jeweiligen Charakteristika des betreffenden Abschnitts bestimmen dessen Artenbestand; sie sollen im folgenden stichwortartig aufgeführt und durch Skizzen veranschaulicht werden.

Forellenregion

Während des ganzen Jahres herrschen ausgeglichene, niedrige Wassertemperaturen. Das strömende Wasser hat hohen Sauerstoffgehalt. Im gewundenen, unebenen, flachen Bachbett herrschen nahe beieinander extrem unterschiedliche Strömungsverhältnisse. Der Untergrund ist steinig – kiesig – sandig, abhängig von der Lage des Baches im Gebirge oder in der Niederung. Das Licht dringt bis auf den Grund, es entwickeln sich Algen auf den Steinen und nur in Buchten höhere Pflanzen. Unter den Steinen und zwischen den Pflanzen leben Flohkrebse und Insektenlarven (Abb. 43), deren Körperbau den Aufenthalt auch in starker Strömung ermöglicht. Neben der Bachforelle als Leitform kommen Bachsaibling, Ellritze, Schmerle und Koppe vor. In stärker erwärmten Bächen der Ebene können Quappe, Döbel, Hasel, Gründling, Plötze, Aal und Bachneunauge hinzukommen. Für viele Arten, auch für aufwandernde Lachsfische, befinden sich in dieser Region die Laichplätze.

Äschenregion

Die Wassertemperaturen sind bereits höher. Trotz geringerer Strömung und größerer Tiefe ist das Wasser noch sauerstoffreich. Der Boden ist vorwiegend sandig, an ruhigen Stellen bereits weich und schlammig. Höhere Pflanzen sind häufiger und bilden große Polster, die eine reiche Kleintierfauna beherbergen. Leitfisch ist die allerdings nicht überall vorkommende Äsche. Alle Fische der Forellenregion (außer Bachsaibling) sind hier noch vertreten, dazu bereits Karpfenfische wie Nasen, Gründlinge, Schneider, Döbel und Barben. Vom Meer aufsteigende Laichfische finden auch in der Äschenregion noch zusagende Laichplätze.

45 Kleintiere der Cyprinidenregion
1 Schlammröhrenwurm (*Tubifex* spec.) bis 40 mm, 2 Wasserassel (*Asellus aquaticus*) bis 12 mm, 3 Wasserfloh (*Daphnia* spec.) bis 3 mm, 4 Hüpferling (*Cyclops* spec.) etwa 2 mm, 5 Flußmuschel (*Unio* spec.) bis 90 mm lang, 6 Kugelmuschel (*Sphaerium corneum*) 15–20 mm, 7 Wander- oder Dreikantmuschel (*Dreissena polymorpha*) bis 40 mm lang, 8 Sumpfdeckelschnecke (*Vivparus* spec.) bis 40 mm hoch, 9 Spitzhornschnecke (*Lymnaea stagnalis*) bis 50 mm hoch, 10 Posthornschnecke (*Planorbis corneus*) bis 15 mm, 11 Amerikanischer Krebs (*Orconectes limosus*) Körper bis 12 cm lang, 12 Wollhandkrabbe (*Eriocheir sinensis*) Panzerbreite bis 9 cm

48

Barbenregion

Im Mittellauf der Flüsse sind Wassermenge und Gefälle noch bedeutend, die daraus resultierende Strömungskraft läßt nur an ruhigen Plätzen Schlammablagerungen zu. Der sandig-kiesige Untergrund ist in rieselnder Bewegung, wenn auch das Flußbett und der Wasserstand nicht mehr so starken Veränderungen unterworfen sind wie in der Salmonidenregion. Das Nährtierangebot ist oft nicht so reich wie in anderen Flußabschnitten. Die Wassertemperaturen sind höher, das Wasser trüber und der Sauerstoffgehalt bereits Schwankungen unterworfen, zumal Siedlungen und Industrieanlagen zur Verunreinigung beitragen. Die Barbe als Leitfisch ist vielerorts selten geworden. Nasen, Döbel, Rapfen, Hasel, Aland, Barsch – im Donaugebiet die Spindelbarsche – besiedeln diesen Abschnitt. Es kommen auch schon Blei, Güster, Plötze, Hecht, Schleie und Aal vor.

Bleiregion

In den träge fließenden Strömen des Flachlandes ähneln die Verhältnisse dank der großen Wassermasse, der fruchtbaren Schlammablagerungen (vor allem in den zahlreichen Nebengewässern und Altarmen) denen der Flachseen. Das Wasser ist stärker erwärmt, zuweilen bereits geschichtet und weist dann auch deutliche Unterschiede im Sauerstoffgehalt auf. Ruhige Seitengewässer und Buhnenfelder ermöglichen einen üppigen Pflanzenwuchs. Diese Besonderheiten und der Schlammboden bedingen eine reiche Kleintierwelt. Blei, Güster, Schleie, Hecht, Aal, Wels und fast alle in Flachseen anzutreffenden Fische treten hier auf. Hinzu kommen in den noch nicht stark verunreinigten Strömen zahlreiche Wanderfische, die zu ihren Laichplätzen ziehen und sich als Jungfische zeitweilig hier aufhalten. Dazu gehören Zährte, Zope und Angehörige der Familien der Störe sowie Heringe, Maränen und Neunaugen.

Kaulbarsch-Flunder-Region

Im Mündungsgebiet der Ströme vermischt sich durch wechselnden Wasserdruck von oben oder unten das Süß- mit dem Meerwasser. In dieser unbeständigen Brackwasserregion bildet sich durch das Absterben der nicht an die wechselnden Verhältnisse angepaßten Pflanzen und Kleintiere ein nährstoffreicher Bodenschlamm, der anderen (euryhalinen) Arten ein gutes Fortkommen gewährleistet. Neben den Leitfischen gedeihen hier Zander, Maränen, Blei, Hecht und viele andere Arten, vor allem auch Stichlinge. Infolge des insgesamt brackigen Wassers der Ostsee und ihrer schwach salzhaltigen Bodden und Haffe ist der Übergang von Süß- und Salzwasser an ihren Küsten sehr allmählich und nicht so ausgeprägt wie an Nordsee, Atlantik, Mittel- oder Schwarzem Meer. Dort dringen auch viele Heringsfische, Seebarsche, Meeräschen, Ährenfische und andere Arten in die Mündungsgebiete ein.

Gräben und Kanäle, Flußseen und die in neuester Zeit angelegten Flußstaue bilden wegen ihrer oft sehr geringen Strömung den Übergang zu den stehenden Gewässern. Befinden sie sich in einem noch weitgehend natürlichen Zustand, dann beherbergen auch sie eine reiche Pflanzen- und Tierwelt. Oft bieten sie als Kunstgewässer, durch Begradigung und Verbauungen den Lebewesen nur noch geringe Ansiedlungs- und Ernährungsmöglichkeiten und werden dann nur von Irrgästen aus angrenzenden Gewässern aufgesucht.

Stehende Gewässer

Unter den von Fischen besiedelten stehenden Gewässern können die natürlich entstandenen Seen, Weiher und Tümpel von den künstlich geschaffenen Talsperren, Staubecken, Teichen und Restgewässern (Kiesgruben, Steinbrüche, Braunkohlentagebaue u. a.) unterschieden werden. Wie die Fließgewässer sind auch sie hinsichtlich ihrer Lage, Form, Flächen- und Tiefenausdehnung und damit auch ihrer chemisch-physikalischen und schließlich biologischen Gegebenheiten untereinander so wenig übereinstimmend, daß jeweils ein anderes Artenspektrum anzutreffen ist.

46 Fischereiliche Typen der Gebirgsseen
oben: Bachforellensee, Mitte: Saiblingssee, unten: Seeforellen- oder Renkensee

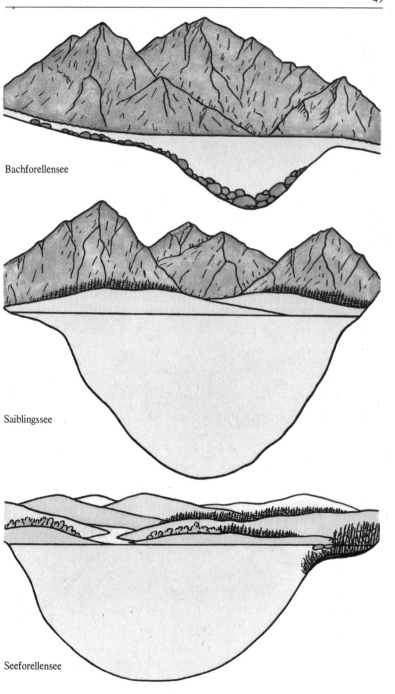

Bachforellensee

Saiblingssee

Seeforellensee

Seen beleben das Landschaftsbild im Hoch- und Vorgebirge sowie in der Ebene. Mäßig tiefe, meist nicht sehr ausgedehnte, von Bächen durchflossene Hochgebirgsseen haben entsprechend ihrer Höhenlage sehr kaltes Wasser und eine nur spärlich entwickelte Pflanzen- und Kleintierwelt. Unter diesen harten Existenzbedingungen gedeihen nur die oft aus Bächen zugewanderten Arten Forelle (daher auch *Bachforellensee*, s. Abb. 46), Ellritze und Westgroppe.

Größere tiefe Gebirgsseen mit steilen Ufern und nur stellenweise vorhandener Ufervegetation werden als *Saiblingsseen* (s. Abb. 46) bezeichnet. Im klaren, sauerstoffreichen Wasser leben außer den Vertretern der Bachforellenseen noch Mairenke, Perlfisch und seltener bereits Renken (*Coregonus*-Arten).

Die tiefer liegenden großen und tiefen Vorgebirgsseen haben zwar noch kühles Wasser und steile Ufer und dementsprechend sauerstoffhaltiges Wasser auch in großen Tiefen. Es kommen aber schon flache Buchten mit Pflanzenwuchs und Schlammablagerungen vor, die bereits die Besiedlung mit Barsch, Hecht und manchen Weißfischen möglich machen. Die große Freiwasserregion und die Tiefe werden dagegen von der Seeforelle (daher *Seeforellensee* s. Abb. 46) und verschiedenen Maränenarten (daher auch *Renkensee*) bewohnt, die entweder als Räuber oder von tierischem Plankton leben.

Obwohl entsprechend den niedrigen Temperaturen und der Nährstoffarmut (Oligotrophie) die Gesamterträge an Fischen nicht so groß sind wie in den erwärmten Gewässern der Ebene, sind die Gebirgsseen meist wertvolle Fischereiobjekte, weil sie vorwiegend von begehrten Qualitätsfischen bevölkert werden.

Trotz der gemeinsamen Entstehung der meisten Flachlandseen Nord-, Mittel- und Osteuropas während der Eiszeit gibt es auch unter ihnen große morphologische Verschiedenheiten mit entsprechenden Auswirkungen auf

47 Lebensbereiche der Seen

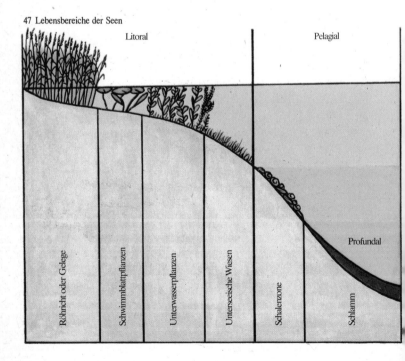

Litoral Pelagial

Röhricht oder Gelege · Schwimmblattpflanzen · Unterwasserpflanzen · Unterseeische Wiesen · Schalenzone · Schlamm · Profundal

die Flora und Fauna, so daß es zweckmäßig ist, eine Aufgliederung in wenigstens 3 Hauptklassen vorzunehmen. Allen gemeinsam ist – wie den tiefen Gebirgsseen auch – das Vorhandensein dreier großer Lebensbereiche (vgl. Abb. 47): Freiwasserzone (Pelagial), Uferzone (Litoral) und Tiefenzone (Profundal). Die beiden letzteren können noch zur Bodenzone (Benthal) zusammengefaßt werden. Während Pelagial und Profundal verhältnismäßig gleichförmige Verhältnisse aufweisen, ist das Litoral vielfach gegliedert: Wenn es sich nicht um ein felsiges oder durch Brandungswellen steiniges bzw. sandiges Ufer handelt, folgt in der Regel der oft feuchten, von Erlen und Weiden gesäumten Uferwiese ein Gürtel von Überwasserpflanzen, das sogenannte Röhricht oder Gelege. Aufgelockerte Bestände der in diesem Bereich hauptsächlich verbreiteten Rohr-, Schilf- und Simsen-Arten lassen Licht und Wärme ins Wasser und bieten vielen Fischen willkommene Weide- und Laichplätze. Dichte Bestände hingegen beschatten das Wasser, tragen nicht zur Erwärmung und Sauerstoffproduktion bei, verwehren den Fischen den Zutritt und führen schließlich zur Verlandung.

An das Gelege schließt sich an wenig windexponierten Stellen eine Zone von Schwimmblattpflanzen an, deren Hauptvertreter die Seerosen *(Nymphaea)*, Mummeln *(Nuphar)* und das Schwimmende Laichkraut *(Potamogeton natans)* sind. Auch in dieser Region behindert zu üppiges Wachstum den Lichtzutritt. Die folgende Zone der Unterwasserpflanzen, vorwiegend besiedelt von verschiedenen Laichkrautarten, von Tausendblatt, Hornkraut und Wasserpest, bietet für Fische und Kleinlebewesen optimale Lebensbedingungen. Ähnlich verhält es sich noch bei den sich in Klarwasserseen anschließenden – oft schon jenseits der eigentlichen Uferbank liegenden – unterseeischen Wiesen, die von nicht mehr bis zur Oberfläche emporstrebenden, polsterartig wachsenden Pflanzen (Armleuchteralgen, Moose) gebildet werden. Den Übergang zur Faulschlammzone des Profundals bildet an vielen Uferstrecken unterhalb der sogenannten Scharkante die Zone der toten Muscheln – Bänke von Schnecken- und Muschelschalen, zwischen deren Bruchstücken ebenfalls noch ein reiches Nährtierangebot auf Fische wartet.

Je nach der räumlichen Ausdehnung von Pelagial, Litoral und Profundal und ihren Verhältnissen zueinander kommen tiefe, mitteltiefe und flache Seen vor (vgl. Abb. 48), in denen während des Jahresablaufes die Lebensbedingungen in unterschiedlicher Weise wechseln. Die Wassermassen eines Sees werden durch Sonneneinstrahlung und Kontakt mit der warmen Luft im Sommer an der Oberfläche erwärmt und dadurch spezifisch leichter. Diese mehrere Meter (5 bis 10 m) mächtige durchlichtete und daher pflanzliches Plankton produzierende Schicht (Epilimnion) liegt über den kälteren dunklen Tiefenschichten (Hypolimnion). Zwischen beiden befindet sich in je nach See und Dauer des Sommers wechselnder Tiefe (7 bis 15 m) die nur wenige Meter mächtige Sprungschicht (Metalimnion). In ihrem Bereich nehmen Temperatur und Sauerstoffgehalt mehr oder weniger sprunghaft ab, weil sich die Erwärmung von oben, begünstigt durch Windeinwirkung und räumlich begrenzte Teilzirkulationen des Epilimnions infolge der Temperaturunterschiede zwischen Tag und Nacht oder zwischen sonnigen und regnerischen Tagen, nur bis zu eben dieser Tiefe auswirken kann.

Die Fäulnisprozesse der von oben ständig herabsinkenden abgestorbenen Kleinstlebewesen und des Bodenschlammes verringern im stagnierenden Hypolimnion den Sauerstoffgehalt allmählich. Das kann je nach der Morphologie des Sees, seines Nährstoffreichtums (Eutrophie) und der Witterung unterschiedlich schnell verlaufen und bis zum völligen Sauerstoffschwund und dann einsetzender Bildung von giftigem Schwefelwasserstoffgas führen.

In den mitteltiefen, eutrophen Seen spielt sich das Leben der Freiwasserfische daher im Sommer vorwiegend im Epilimnion ab, während in den tiefen, oligotrophen, meist im Gebirge liegenden Seen das gesamte Pelagial und Profundal zur Verfügung stehen. Entsprechende Lebensverhältnisse bietet die erwärmte, durchlichtete Uferzone (Litoral) mit ihrem Reichtum an Nährtieren und dem durch

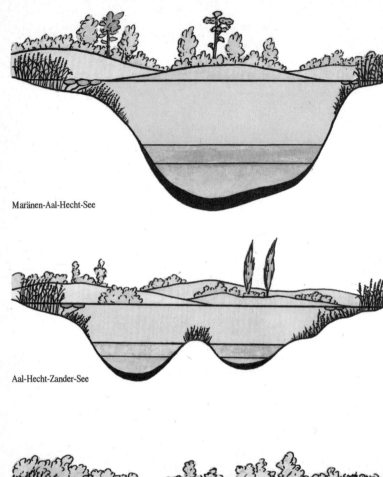

Maränen-Aal-Hecht-See

Aal-Hecht-Zander-See

Aal-Hecht-Schlei-See

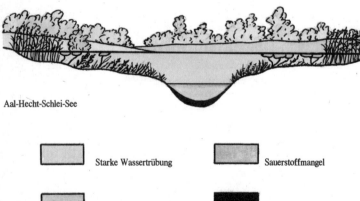

Starke Wassertrübung

Sauerstoffmangel

Schwefelwasserstoff

Faulschlamm

Assimilation der Pflanzen und Kontakt mit der Atmosphäre laufend neu produzierten Sauerstoff. Umgekehrt herrschen auf dem von Schlamm bedeckten Boden in der dunklen Tiefe (Profundal) während der Sommerstagnation so schlechte Sauerstoffverhältnisse, daß trotz des vorhandenen Reichtums an Nährstoffen nur wenige besonders angepaßte Organismen dort überleben können, die den Fischen aber während dieser Zeit kaum zugänglich sind. Erst die Abkühlung der Oberflächenschichten im Herbst bewirkt eine völlige Durchmischung des gesamten Wasserkörpers (Herbstvollzirkulation).

Lange Winter und schneebedecktes Eis können — wenn auch wegen der niedrigen Temperaturen langsamer — zu ähnlichen Sauerstoffmangelerscheinungen führen (Winterstagnation) und in besonders nährstoffreichen flachen Seen die gefürchtete Ausstickung der Fische bewirken. Erst die im Frühling auf Grund der Anomalie des Wassers (größte Dichte bei +4 °C) stattfindende Frühjahrsvollzirkulation setzt diesem bedrohlichen Zustand ein Ende, und der Jahreskreislauf beginnt von vorn.

Aus dem geschilderten Ablauf ergibt sich die stark differenzierte Fischbestandszusammensetzung in Flachlandseen unterschiedlicher Tiefe. Nach ihren Hauptwirtschaftsfischen werden größere Klarwasserseen von mehr als 15 m Tiefe *Maränen-Aal-Hecht-See* genannt (s. Abb. 48), weil sie durch das Vorhandensein aller 3 Hauptbiotope und eine auch im Sommer nicht unter 2 m zurückgehende Sichttiefe den 3 Leitfischarten gute Entwicklungsmöglichkeiten bieten. Daneben kommen selbstverständlich noch Barsche, meist gutwüchsige Bleie und Plötzen sowie zahlreiche andere Weißfischarten vor.

Die Mehrzahl der Flachlandseen ist von mittlerer Tiefe (< 15 m) und im Sommer durch üppige Entwicklung von Phytoplankton vegetationsgetrübt (Sichttiefe < 2 m). In diesen *Aal-Hecht-Zander-Seen* (s. Abb. 48) vertritt der Zander im Pelagial die Maränen, die

48 Fischereiliche Typen der Flachlandseen
Namensgebend sind die jeweiligen
Leitfischarten

in dem warmen, trüben Wasser des oft nur wenige Meter mächtigen Epilimnions nicht mehr gedeihen. Das Profundal ist häufig sauerstoffleer. Die weiten Uferbezirke bieten jedoch Aal, Hecht und vielen Weißfischarten gute Existenzbedingungen, was dazu führen kann, daß Blei, Güster, Plötze und auch Barsch sich so reich vermehren, daß ihre Bestände zu Übervölkerung und Schlechtwüchsigkeit neigen.

In den extrem flachen *Aal-Hecht-Schlei-Seen* (s. Abb. 48) schließlich ist die durchlichtete, von höheren Pflanzen bewachsene Litoralzone so vorherrschend, daß in dem gut durchwärmten Wasser alle Leitfisch- und zahlreiche Weißfischarten gut heranwachsen. Gefahren drohen durch langanhaltende schneereiche Winter, die dem Licht den Zutritt verwehren und den Ersatz des verbrauchten Sauerstoffs durch Assimilation der Algen ganz unmöglich machen. Dann leiden vor allem die wertvollen Aal- und Hechtbestände unter Ausstickung, während Schleien und Karauschen leichter überleben.

Noch gefährdeter sind in dieser Hinsicht die Gewässer ohne eigentliche Tiefenregion. Deshalb bieten die auf der ganzen Fläche von Pflanzen besiedelten *Weiher* und die temporären, von Austrocknung und Ausfrieren bedrohten *Tümpel* zwar reiche Nahrung, die aber — wenn überhaupt — nur von den widerstandsfähigsten Fischarten wie Karausche, Giebel, Schleie, Zwergwels und Schlammpeitzger genutzt werden kann.

Vom Menschen angelegte *Talsperren* und *Staubecken* haben entsprechend ihrer Lage und Tiefe ein ähnliches Artenspektrum wie die eben geschilderten Seen. Hinzu kommen noch Fischarten der in sie einmündenden Fließgewässer, wie das übrigens auch bei den im Verlaufe von Flüssen liegenden natürlichen Flußseen (z. B. in der DDR das Spree-Havel-Gebiet) der Fall ist. Der Fischbesatz anderer künstlich entstandener *Baggerseen* und *Tagebaurestgewässer* sollte erst nach gründlicher Untersuchung der jeweiligen chemischen und biologischen Wasserverhältnisse vorgenommen werden, denn abhängig von Untergrund und Alter solcher Gewässer können die Lebensbedingungen dort extrem unterschiedlich sein. Mancher wertvolle Fischbesatz wurde in

Unkenntnis der Sachlage voreilig und völlig umsonst vorgenommen. Andererseits kann durch unbedachtes Einbringen wenig wertvoller, sich aber ungehemmt entwickelnder Arten (z. B. Stichling) die angestrebte Bewirtschaftung mit Qualitätsfischen durch Nahrungskonkurrenz oder Parasitenbefall erschwert oder gar unmöglich gemacht werden.

Ausschließlich für die Bewirtschaftung mit bestimmten Speisefischen angelegte Kunstgewässer sind die *Teiche*, deren Hauptkennzeichen ihre vollständige Ablaßbarkeit ist. Die dadurch gewährleistete Kenntnis des jeweiligen Gesamtfischbestandes ermöglicht viel besser gezielte Bewirtschaftungsmaßnahmen (Düngung, Sortierung nach der Größe, Fütterung, Krankheitsbekämpfung u. a. m.). Das sind auch die Gründe für die wesentlich höheren Erträge pro Flächeneinheit und den immer weiter zunehmenden Anteil der in Teichen oder noch intensiveren Anlagen (Becken, Netzkäfige) herangezogenen Fische am Gesamtfischaufkommen. Während sich der Mensch als Sammler oder Bewirtschafter von Fischbeständen in allen anderen Fällen nach den Gegebenheiten des jeweiligen Gewässers orientieren muß, richtet er die Teiche nach den Bedürfnissen der in ihnen zu produzierenden Fische optimal her. Karpfenteiche sind deshalb ganz anders angelegt als Forellenteiche, um nur die beiden in Europa verbreitetsten Teichtypen zu nennen.

Küstengewässer

An der Kontaktzone zwischen Land und Meer sind infolge des jeweiligen geologischen Aufbaus und der geographischen Lage unterschiedliche Voraussetzungen für die Gestaltung der Küste gegeben. Vor allem das vom Wind bewegte Wasser arbeitet als Brandung oder als Strömung an Steilküsten einerseits und Flachküsten andererseits mannigfaltige Küstenformen heraus. Harte Urgesteine an den skandinavischen Küsten setzen der Brandung einen anderen Widerstand entgegen als die Glazialschuttküsten am südlichen Ostseerand (s. Abb. 49). An den starken Stürmen ausgesetzten, vorwiegend felsigen Küsten Schottlands, der Bretagne oder Nordspaniens

entstehen durch die Klippenbrandung Nischen, Höhlen und Tunnel. Überall aber bilden die ausgewaschenen, abgesprengten und schließlich herabstürzenden Teile unterhalb der Küste eine Fußhalde, die je nach Gesteinsart mehr oder weniger schnell zerrieben und weggeräumt wird.

Durch tektonische Vorgänge oder Gletscherwirkungen entstanden grabenartige Vertiefungen, die beim Absinken des Landes zu langen, trichterförmigen Flußmündungen wie in Südwestfrankreich oder zu Fjorden in Norwegen führten. Umgekehrt transportieren große Ströme aus dem Binnenland Materialien heran, die Aufschüttungs- und Schwemmlandküsten, auch Deltagebiete (Donau, Po, Rhein, Rhône) genannt, entstehen lassen.

Die aus Sand und Schlick bestehenden Flachküsten lassen die senkrecht anrollenden Brandungswellen verhältnismäßig wirkungslos auslaufen, werden aber durch von den Seiten kommende Brandung und dabei entstehende Strömungen verformt. Bodden, Haffe, Haken, Nehrungen, Strandwälle und Strandseen nehmen so ständig andere Gestalt an. Unter dem Einfluß der vorherrschenden Westwinde wird an der südlichen Ostseeküste durch die Verlagerung des Sandes ein immer glatterer Uferverlauf geschaffen. Die so entstandene Ausgleichsküste reicht von der Odermündung mit kurzen Unterbrechungen bis zum Rigaer Meerbusen. Schließlich spielt auch die an den Küsten Europas sehr unterschiedliche Gezeitenwirkung eine nicht unerhebliche Rolle bei der Gestaltung der Küste.

Wie in den Binnenseen wird die Uferzone als Litoral bezeichnet. Die größere Ausdehnung und vor allem die meist bessere Durchsichtigkeit des Wassers lassen eine Unterteilung dieses großen Lebensraumes zweckmäßig erscheinen, in dem ein Teil der in diesem Naturführer aufgeführten Fische entweder ständig lebt oder Laich- bzw. Weidegründe zeitweilig aufsucht oder aber diesen Lebensraum wenigstens durchwandert. Von der Tiefenverteilung ausgehend ergeben sich:

1. die *Gezeitenzone* (Eulitoral) zwischen dem höchsten Wasserstand der Flut und dem niedrigsten der Ebbe
2. die eigentliche *Litoral*- oder *Algenzone* von

0 m bis zur Tiefengrenze der großen Braunalgen (Laminarien) bis etwa 40 m
3. die *Sublitoralzone* zwischen 40 und 100 m, in der noch Rotalgen gedeihen.

Daran schließt sich die *Schelfzone* bis zum Beginn des Tiefenschlammes an (200 m), die in die Zone des *Kontinentalabfalls* bis 2000 m übergeht, dem schließlich das *Abyssal* unterhalb von 2000 m folgt. Hier interessieren vor allem die Zonen 1 und 2.

Die bestimmenden Faktoren in den von Fischen besiedelten Küstenzonen sind in erster Linie der Untergrund, bestehend aus Fels, Sand oder Schlick und die auf diesen Substraten sich entwickelnde Pflanzen- und Kleintierwelt (s. Abb. 50). Entsprechend dem Trübungsgrad des Wassers, den Licht- und Temperaturverhältnissen - sowie dem Salzgehalt und der Wasserbewegung entwickelt sich eine jeweils andersartige Lebensgemeinschaft. Dieser nahezu unbegrenzten Vielfalt der Lebensbedingungen im Litoral entspricht der große Artenreichtum, der durch verblüffend variable Anpassungen erreicht wird. Die verhältnismäßig gleichförmige Hochsee, das Pelagial, ist dagegen artenärmer, dafür aber in Gebieten reicher Planktonproduktion ungeheuer individuenreich.

Während der Gezeitenunterschied in der Ostsee und im Schwarzen Meer kaum bemerkbar ist (westliche Ostsee 20 cm), beträgt er im Mittelmeer 30 bis 80 cm und an den atlantischen Küsten oft mehrere Meter (Nordfrankreich 6 bis 10 m). Infolgedessen bedek-

49 Steile (oben) und flache (unten)
Glazialschuttküste an der Ostsee (nach Arndt)

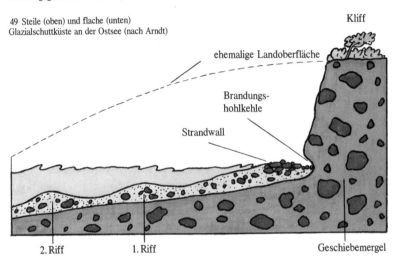

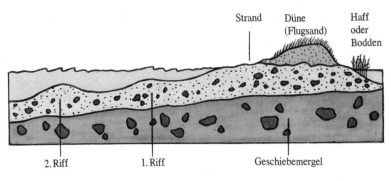

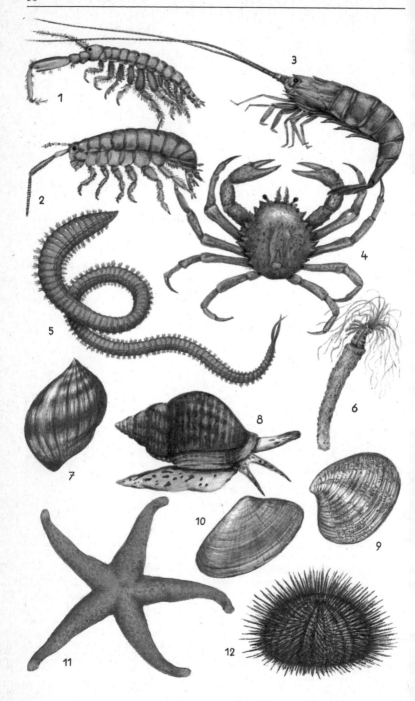

ken auch die Gezeitenzonen an den Felsküsten Norwegens, Großbritanniens, Frankreichs, Spaniens und Portugals oft weite Areale. In ihrer nach der Tiefe gestaffelten Algenbesiedlung beherbergen sie neben einer gewaltigen Fülle von Wirbellosen auch bereits Fische (z. B. Meergrundeln).

Das immer von Wasser bedeckte eigentliche Litoral ist wiederum zoniert, sowohl hinsichtlich der Tiefe als auch nach Licht- und Schattenseiten der Wände, Überhänge und Grotten. Es ist dementsprechend von Grün-, Braun- oder Rotalgen bewachsen und dicht von ortsgebundenen Kleintieren besiedelt. Die hier sehr zahlreich auftretenden Fische halten sich trotz ihrer freien Beweglichkeit ebenfalls weitgehend an die Zoneneinteilung. Jungfische bevorzugen die flachen Gebiete, weil sie dort vor größeren Raubfischen sicherer sind. Lippfische, Meerbrassen und Schnauzenbrassen treten in durchlichteten Gebieten auf, während Zackenbarsche und Muränen an schattigen dunklen Plätzen anzutreffen sind. Bei Gefahr suchen Lippfische, Schleimfische, Drachenköpfe und alle Bodenfische unter Algen oder in Felsspalten Zuflucht. Meeräschen und Brassen flüchten sich dagegen ins offene Wasser.

Vor den Felsen, noch zwischen den herabgestürzten Blöcken beginnen die Seegraswiesen, die sowohl vor Fels- wie an Sandküsten große Flächen bedecken können. Die wichtigsten Arten sind das gewöhnliche Seegras (Zostera marina), das Tanggras (Cymodocea nodosa) und das Neptungras (Posidonia oceanica). Die beiden letzteren Arten sind vorwiegend an wärmeren Küsten

50 Kleintiere der Küstengewässer
1 Schlickkrebs (Corophium volutator) bis 10 mm, 2 Strandfloh (Talitrus saltator) 15 mm, 3 Sandgarnele, Granat (Crangon crangon) 40–50 mm, 4 Seespinne (Krabbe) (Maia squinado) Rumpf bis 18 cm lang, 5 Borstenwurm (Scoloplos armiger) bis 150 mm, 6 Borstenwurm (Terebellides stroemi) 30–60 mm, 7 Purpurschnecke (Nucella lapillus) bis 45 mm hoch, 8 Wellhornschnecke (Buccinum undatum) bis 110 mm hoch, 9 Venusmuschel (Venus gallina) bis 30 mm lang, 10 Sägezähnchen (Donax trunculus) bis 30 mm lang, 11 Roter Mittelmeerseestern (Echinaster sepositus) bis 20 cm, 12 Seeigel (Echinus esculentus) bis 16 cm

anzutreffen. Während das Neptungras klares Wasser und lockeren Sand verlangt und in Tiefen von 0,5 bis 30 m wächst, kommen Tanggras und gewöhnliches Seegras auch in trüberem Wasser und auf schlickigem Grund von 0,5 bis 6 m Tiefe vor. In und über den Seegraswiesen leben wiederum viele Fischarten, so Seeskorpione, Lippfische, Seestichling und – besonders gut angepaßt – Seenadeln und Seepferdchen.

Der küstennahe Sandstrand ist arm an Nährstoffen und deshalb nicht so dicht von Kleintieren besiedelt. Charakterfische dieser Zone sind die Plattfische und Rochen, aber auch Sandaal, Meerbarben, Knurrhähne, Goldbrassen und Seehecht kommen hier vor.

An ruhigen Flachküstenabschnitten, in der Nähe von Flußmündungen oder in etwas größerer Tiefe ist der Sand mit feinen tonigen und organischen Schlickteilchen durchsetzt und infolgedessen reich von Kleintieren besiedelt. Knurrhähne, Seebarben, Himmelsgucker, Petermännchen, See- und Lammzunge, Glattbutt und viele andere bodenbewohnende Fischarten finden hier einen reich gedeckten Tisch. Besonders bekannt durch ihren Reichtum an Muscheln, Schnekken, Würmern und Krebsen (vgl. Abb. 50) sind die weiten, schlickig-sandigen Wattflächen der Nordseeküsten.

Schlammigen Boden weisen auch die mit dem offenen Meer nur noch wenig in Verbindung stehenden Haffe und Bodden der Ostsee, die Lagunen und Strandseen des Atlantiks und des Mittelmeeres sowie die Limane des Schwarzen und Kaspischen Meeres auf. Infolge ihres brackigen Wassers werden sie von einer Fischfauna bewohnt, die, zusammengesetzt aus euryhalinen Arten, große Salzgehaltsschwankungen erträgt und oft auch in reinem Süß- oder Meerwasser vorkommen kann.

Gewässerschutz

In den vorigen Abschnitten wurde mehrfach auf die ungeheure Mannigfaltigkeit der den Wasserorganismen zur Verfügung stehenden Lebensräume in Binnengewässern und an Meeresküsten hingewiesen. Diese Lebewesen und auch Pflanzen, Tiere und Menschen auf dem festen Land sind auf das Urelement Wasser angewiesen. Es kann daher zu Recht als das „Blut der Erde" bezeichnet werden, das alles Leben erst ermöglicht.

Als Schuljunge konnte der Verfasser dieses Naturführers in einem Fluß seiner Heimatstadt noch Fische und in dessen Nebenarmen noch Wasserflöhe für sein Aquarium fangen. Später, als Student, fand er weder Fische noch Wasserflöhe vor, konnte jedoch noch Boot fahren und Wasservögel beobachten. Als ausgebildeter Biologe müßte er Bakteriologe sein, wenn er sich noch mit Lebewesen dieses Flußwassers hätte beschäftigen wollen. Außerdem wäre er dabei von unangenehmem Geruch, treibendem Schaum und dem schwarzklebrigen Uferschlamm behindert worden. Leider ist das kein Einzelfall, denn es wird heute kaum einen Bewohner eines dichtbesiedelten Industriestaates in Europa geben, der nicht schon nach einer oder wenigen Autostunden an ein Gewässer gelangen kann, an dem er ähnliche Verhältnisse antreffen könnte. Wenn nach neuesten Untersuchungen von 48 in den Gewässern der DDR lebenden (oder zumindest früher nachweislich vorhandenen) Rundmäulern und Fischarten gegenwärtig bereits ein Drittel als ausgestorben bzw. stark gefährdet gilt, so muß uns das sehr zu denken geben.

Es ist ein biologisches Gesetz, daß eine zunehmend extreme Verhältnisse aufweisende Umwelt immer artenärmer, dafür aber individuenreicher wird. Einzeller, Bakterien und Viren wird es am Ende einer solchen Entwicklung noch immer in ungeheuren Mengen geben, aber höherorganisierte Lebewesen, Fische oder andere Wirbeltiere ...? Wir sollten das allmähliche Verschwinden von Arten als ernste Warnung empfinden: Wo keine Fische mehr zu leben vermögen, wird auch das Überleben des Menschen problematisch werden. Je intensiver eine anwachsende Bevölkerung das zur Verfügung stehende Wasser zu nutzen gezwungen sein wird, um so verantwortungsvoller und bewußter muß sich deshalb jeder diesem Lebenselement gegenüber verhalten. Bekenntnisse allein werden dabei nicht zum Erfolg führen, sondern staatliches und persönliches Engagement beim Bekämpfen von Gleichgültigkeit und Gedankenlosigkeit, harte Arbeit und materielle Opfer sind hier künftig verstärkt gefragt! Ernsthafte Bemühungen und auch Teilerfolge auf unterschiedlichen Ebenen sind zwar unübersehbar, doch wird es verstärkter Anstrengungen bedürfen, damit künftige Generationen das heutige Artenspektrum in den Gewässern noch vorfinden, beobachten und auch wirtschaftlich nutzen können.

Beobachtungshinweise

Das *Beobachten* der im Wasser lebenden Fische ist in vieler Hinsicht schwieriger als das Studium von Landtieren. In diesem Kapitel sollen vorwiegend Möglichkeiten erörtert werden, auf welche Weise Aufschlüsse über das Verhalten der Fische in ihrem natürlichen Lebensraum zu gewinnen sind. Dieses Wissen, vereint mit dem Erkennen ihrer Form und Färbung, kann schließlich auch zu ihrer möglichst genauen Identifizierung führen. Während die Freiwasserfische des Meeres (oft aber auch der Binnengewässer!) entsprechend der Größe und Weite der von ihnen besiedelten Räume ein direktes Beobachten fast unmöglich machen, sind die Bewohner der ufernahen Gewässerteile, des Litorals, unseren Blicken schon eher ausgesetzt. Unter ihnen gibt es sowohl im Meer wie im Süßwasser viele interessante und lohnende Studienobjekte, die das Kennenlernen der normalerweise verborgenen Unterwasserwelt erleichtern.

Der vom Lande, einer Brücke oder einem Boote aus ins Wasser Schauende wird von der Oberflächenspiegelung, der Lichtbrechung, der Wellenbewegung und dem Trübungsgrad des Wassers stark behindert. Wer sich als Taucher den Fischen nähert, kann schon wesentlich mehr erkennen. Wenn es schließlich gelingt, einen Fisch wohlbehalten in ein Gefäß zu bringen und für längere Zeit zu betrachten, ist die Artbestimmung in den meisten Fällen möglich. Nur selten wird es nötig sein, einen Fisch töten zu müssen, um mit Hilfe morphologischer und anatomischer Merkmale letzte Klarheit über die Artzugehörigkeit zu gewinnen.

Sollen tote Fische einige Zeit aufbewahrt oder befördert werden, um die Bestimmung erst später vorzunehmen oder zu ergänzen, dann empfiehlt sich ihre Konservierung entweder durch Einfrieren mit etwas Wasser in Kunststoffbeuteln (vorteilhaft, da Farben weitgehend erhalten bleiben!) oder durch Einlegen in eine 4%ige Formaldehydlösung. Größere Fische (über 35 cm Länge) werden besser durchfixiert, wenn man sie an der Bauchseite leicht aufschlitzt oder Formaldehyd in die Körperhöhle injiziert. Die unverwechselbare und haltbare Beschriftung der konservierten Objekte darf nicht vergessen werden und sollte Fundort und Fangdatum enthalten.

Da Fische auf Druckwellen und Beschattung sehr empfindlich reagieren, muß der vom Lande oder aus dem Boote Beobachtende alle Geräusche, Erschütterungen und plötzliche Bewegungen vermeiden. Behutsames Anpirschen aus einer Uferdeckung, geduldiges Ansitzen oder ruhiges Treibenlassen im Boote versprechen am ehesten Erfolg. Um die lästigen Oberflächenreflexe und die Brechung auszuschalten, kann man sich eines einfach zu bauenden Guckkastens bedienen. Am zweckmäßigsten ist eine sich nach oben verjüngende Röhre, die am unteren Ende von einer Glasscheibe dicht verschlossen ist. Von einem Steg oder aus dem Boot heraus aufs oder teilweise ins Wasser gesetzt, ermöglicht diese Vorrichtung unbehinderte Sicht in die Welt unter Wasser. Auch Boote mit teilweiser Verglasung des Bodens sind hier und da in Gebrauch. Sie gewähren gleichzeitig einer größeren Personenzahl Einblick in die Tiefe. Mit solchen Hilfsmitteln können selbst kleinere Arten bemerkt werden, die oft nur deshalb als selten gelten, weil sie mit den herkömmlichen Geräten der Fischer und Angler selten oder nie gefangen werden. Voraussetzung ist allerdings ausreichende Durchsichtigkeit des Wassers, die in der Regel nur im Meer und in tieferen Klarwasserseen gegeben ist, es sei denn, man beschränkt sich auf die flachsten Uferbezirke. Auch dann hat der von oben oder schräg oben Blickende den Nachteil, die Fi-

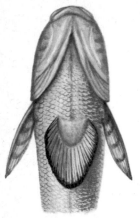

51 Die zu einem nach vorn offenen Saugtrichter verwachsenen Bauchflossen einer Meergrundel

sche vom Rücken her und nur gelegentlich bei Wendungen und Drehungen auch von der Seite zu sehen. Der geübte Beobachter kann jedoch aus der Bewegung, der Größe und den Körperproportionen durchaus richtige Schlüsse ziehen. Die häufig im selben Lebensraum vorkommenden und von oben oft schwer unterscheidbaren Schleimfische (Blenniidae) und Meergrundeln (Gobiidae) können z. B. leicht an ihrer Fortbewegungsart unterschieden werden. Während sich die Schleimfische langsam mit dem ganzen Körper schlängelnd dicht über dem Grunde bewegen, rutschen die Meergrundeln mit Hilfe kräftiger Schwanz- und Brustflossenschläge ruckartig immer nur wenige Meter auf dem Boden vorwärts und heften sich dann mit den verwachsenen Bauchflossen (s. Abb. 51) fest.

Von der Färbung der Fische sind dunkle Streifen, Binden, Flecken und andere markante Zeichnungen sowie silberglänzende und rote Farbtöne noch am ehesten zu erkennen. Das Einprägen der Umrißskizzen (S. 89ff.) und Vergleiche mit den Farbabbildungen im Abschnitt Artbeschreibungen sind zur Information sehr hilfreich.

Die günstige Gelegenheit, lebende Fische in Schauaquarien von Tiergärten oder Instituten sowie gefangene Exemplare der betreffenden Region auf Fischmärkten, in Fischhandlungen, bei Fischern oder Anglern ausgiebig zu betrachten, sollte man unbedingt wahrnehmen, obwohl an toten Exemplaren Form und vor allem Färbung schon weit von der des lebenden Objekts abweichen können.

Das erst in den letzten Jahrzehnten weitverbreitete Sporttauchen hat vielen Tauchern die Schönheiten der Unterwasserwelt unmittelbar zugänglich gemacht. Durch die dabei entstandenen Fotos und Filme haben davon auch die „Landratten" einen früher nicht für möglich gehaltenen Einblick gewonnen. Leider begnügen sich nicht alle Taucher mit Anschauen und Fotografieren. Vielen scheint die Unterwasserjagd wichtiger zu sein, obwohl die wenigsten Taucher das Nahrungsmittel Fisch erbeuten wollen. Das Überhandnehmen solcher „Aasjägerei" hat vor allem an manchen Mittelmeerküsten viele Fischarten seltener werden lassen, indem sie entweder übermäßig bejagt und dezimiert oder scheuer und vorsichtiger wurden und sich in unzugänglichere Gebiete zurückzogen. Das betrifft vor allem Angehörige der Familien der Sägebarsche (Serranidae) und der Meerbrassen (Sparidae).

Zum Beobachten genügt oft schon ein Treibenlassen an der Oberfläche und der Blick durch die Tauchmaske. Größere Erfahrung und die Ausstattung mit anspruchsvollerer Ausrüstung erschließen auch tiefere Bezirke. Möglichst langsame Bewegungen und das Vermeiden von Geräuschen erlauben ein sehr nahes Herankommen an die Beobachtungsobjekte. Auge und Verstand müssen auf die Perspektiven unter Wasser umgestellt werden. Die Größe der Gegenstände, Entfernungen und Farben wirken unter Wasser anders. Alles ist um etwa $1/3$ größer und näher, und je nach der Tauchtiefe verändern sich die Farben, so daß schon mancher Anfänger über seine nach oben gebrachte Beute sehr verwundert war, wenn er das vermeintliche kapitale Prachtstück bei Tageslicht betrachtete. Auch der Blick für die scheinbaren Nebensächlichkeiten muß erst geschult werden, um auf Grund kleiner Anzeichen auf nicht vermutete Überraschungen zu stoßen: Leicht aufgestrudelter Sand, unscheinbare Fäden oder Stacheln, ein sich nicht recht „pflanzenmäßig" bewegendes Tangstück oder Seegras-

52 Pärchen des farbenprächtigen Leierfisches
(Callionymus festivus) beim Laichspiel (vgl. 211)

blatt, ein unscheinbares Algenbüschel können sich bei näherem Hinsehen als Platt- oder Schleimfisch entpuppen bzw. eine Seenadel oder ein getarnter Drachenkopf sein. Auch das wechselnde Verhalten vieler Fische während der Tages- und Jahreszeiten will bedacht sein. Eine im hellen Mittagslicht scheinbar fischleere Bucht kann am Morgen oder in der Abenddämmerung ein reiches Grundfischleben offenbaren. Oftmals tauchen hier zur Laichzeit auch Fische küstenfernerer Gebiete auf. Die Unterschiede in der Färbung der Geschlechter sind während dieser Zeit bei vielen Arten besonders deutlich ausgeprägt.

Zahlreiche Arten verhalten sich während der Balzspiele oder beim Ablaichen ganz anders als gewohnt. Oft sind sie dabei wesentlich weniger scheu. Der in fast allen stehenden Binnengewässern vorkommende Ukelei (87) hält sich während des ganzen Jahres als schnell beweglicher Schwarmfisch vorwiegend in der Freiwasserregion auf. Nur zur Laichzeit kommt er in riesigen Schwärmen bis ans Ufer heran, um hier an Pflanzen, Wurzeln oder zwischen Steinen abzulaichen. Dabei werden die Fische von den Uferwellen zuweilen bis aufs trockene Land geworfen oder bleiben in kleinen wassergefüllten Vertiefungen zurück, so daß sie leicht ergriffen werden können. Das ♀ der auf feinem Sand in 1 bis 3 m Tiefe lebenden Leierfische (z. B. 221 *Callionymus festivus* s. Abb. 52) lockt mit der Rückenflosse das ♂ an. Eng aneinandergeschmiegt steigen die Geschlechtspartner nach oben, wobei das Ablaichen erfolgt.

Wichtig für den watenden und tauchenden Beobachter und Sammler sind an felsigen Küsten Schuhe mit fester Sohle und eventuell auch Handschuhe, wenn Stachelflosser mitgenommen werden sollen. Unbedachtes Hineingreifen in Spalten und Löcher verleitet im Mittelmeer die Muränen leicht zum Biß. Auch an sandigen Stränden verhindern Schuhe manchen Unglücksfall, wenn mit Stechrochen, Petermännchen und ihren Verwandten zu rechnen ist. Zum Sitzen oder Aufstützen verlockende Felsbrocken sind oft schon durch die ungerührt liegenbleibenden giftstacheligen „Drachenköpfe" oder von Seeigeln besetzt, sollten also vorher genau untersucht werden. Zertretene Seeigel locken andererseits Scharen von Lippfischen, Schleimfischen, Meerbrassen und anderen Fischen an, die sich gern vom schmackhaften Inhalt dieser Stachelhäuter ernähren. Der Unterwasserfotograf hat dann Gelegenheit, die sonst versteckten oder am Boden liegenden Fische freischwimmend aufzunehmen.

Zum Überführen der Fische in ein Gefäß sind Kescher oder Beutel nötig, deren Material und Bauart Verletzungen der meist empfindlichen Tiere vermeiden helfen sollten. Für längere Lebendtransporte eignen sich Plastbeutel, die nur 5 bis 10 cm hoch mit Wasser gefüllt werden und darüber einen möglichst großen Raum (3 bis 4 l) mit reinem Sauerstoff enthalten (in jeder Werkstatt zu erhalten, die mit Schweißbrennern arbeitet!). Viele Fische vertragen auch ein vorübergehendes Herausnehmen aus dem Wasser. Auf einer weichen, feuchten und möglichst hellen Unterlage ist das Zählen ihrer Flossenstrahlen und auch der Schuppen leicht möglich; anschließend können sie dann ihrem Lebenselement Wasser unversehrt zurückgegeben werden.

Für längere Zeit in *Aquarien* gehaltene Fische ermöglichen nicht nur eine genaue Bestimmung, sondern erlauben nach einer gewissen Eingewöhnungszeit auch aufschlußreiche Beobachtungen über die Futteraufnahme, das Schwarm-, Revier- und Paarungsverhalten und, unter günstigen Umständen, über das Ablaichen sowie die Pflege und Aufzucht der Nachkommenschaft. Dabei muß berücksichtigt werden, daß sich nicht alle europäischen Binnengewässer- und Küstenfische in Aquarien halten lassen, denn viele Arten sind auch schon in ihren Jugendstadien an große Bewegungsräume gewöhnt. Ähnlich wie bei den exotischen Aquarienfischen, die meist Bewohner kleiner stagnierender Gewässer sind, gibt es auch unter den einheimischen Fischen Arten, die in ihrer natürlichen Umgebung an kleinste Lebensräume gebunden sind und deshalb im Aquarium gut aushalten. Sie haben den Exoten gegenüber noch den Vorteil, Kaltwasserfische zu sein.

Besonders gut geeignet für das *Süßwasseraquarium* sind Goldfisch (116), Zwergwels (122), Schlammpeitzker (124), Bitterling (114), Hundsfisch (66) und die Stichlinge (273, 274). Alle diese Arten stellen keine besonderen

Ansprüche an den Sauerstoffgehalt des Wassers und kommen deshalb bei nicht zu starkem Besatz auch ohne künstliche Belüftung aus. Während Goldfische ihrer auffallenden Färbung wegen auch für Garten- und Zierteiche gut geeignet sind, kommen die lebhafte Zeichnung des Schlammpeitzkers und die schillernde Schönheit des Bitterlings im Aquarium viel besser zur Geltung. Dieser kleinste karpfenartige Fisch ist auf Grund seiner Lebhaftigkeit und seiner außergewöhnlichen Fortpflanzung ein interessantes und sehr zu empfehlendes Studienobjekt. In gut bepflanzten Becken mit einer Mulmschicht halten Bitterlinge auch ohne Belüftung bis zu 22 °C aus und laichen nach kühler Überwinterung bei Vorhandensein von Teich- oder Flußmuscheln.

Bei den während der Laichzeit prächtig gefärbten Männchen der Stichlinge ist vor allem das Beobachten des Revierverhaltens und der hochentwickelten Brutpflege gerade im Aquarium besonders gut möglich.

Empfindlichere Arten sind Sonnenbarsch (167), Moderlieschen (86), Schmerle (123), Steinbeißer (125) und Ellritze (83), die zu ihrem Gedeihen in den meisten Fällen eine zusätzliche Sauerstoffzufuhr benötigen. Die aus Nordamerika stammenden farbenprächtigen Sonnenbarsche werden hier und da in Teichen vermehrt und in Aquarien gehalten. Hier können sie Größen von 10 bis 12 cm erreichen. Moderlieschen vertragen auch höhere Temperaturen, wenn das Wasser in reich von Pflanzen bewachsenen größeren Becken mit dunklem Bodenmulm gut durchlüftet wird. Nach kühler Überwinterung kann das interessante Laichverhalten der munteren Fische beobachtet werden.

Hinsichtlich des Sauerstoffgehaltes und niedriger Wassertemperaturen wesentlich anspruchsvoller als ihr größerer Verwandter, der Schlammpeitzker, sind die in Fließgewässern und an feinsandigen Seeufern lebenden, lebhaft gezeichneten Schmerlen und Steinbeißer. Die ebenfalls vorwiegend in Fließen vorkommenden Ellritzen sind für gut belüftete Kaltwasseraquarien vorzüglich geeignet. In wissenschaftlichen Dressurversuchen wurde festgestellt, daß sie ein feines Tonunterschei-

dungsvermögen besitzen, wozu sie als Karpfenartige mit dem sogenannten Weberschen Apparat zwischen Labyrinth und Schwimmblase (vgl. S. 33) besonders befähigt sind.

Über die hier genannten Arten hinaus können die Jugendstadien vieler anderer Süßwasserfische vorübergehend ebenfalls in Aquarien gehalten werden. In der im Literaturverzeichnis aufgeführten Aquarienliteratur können darüber Informationen eingeholt werden.

Seewasseraquarien verlangen einen höheren Einrichtungs- und Pflegeaufwand und sind deshalb nicht so verbreitet. Gut geeignete Fische europäischer Küstengewässer für solche Becken sind u. a. die Lippfische (194 Augenlippfisch, 195 Grauer Lippfisch, 196 Fünffleckiger Lippfisch), die allesamt eine interessante Brutpflege in schüsselförmigen Nestern betreiben. Auch der Meerjunker (197) und der Mönchsfisch (188), ein Angehöriger der in den Korallenriffen weitverbreiteten Familie der Riffbarsche sind dankbare Pflegeobjekte in Aquarien.

Von der artenreichen Familie der Schleimfische werden nur die farbenprächtige Seeschmetterling (205) und der Pfauenschleimfisch (210) in Seewasseraquarien häufiger gehalten. Schließlich sind die mit den Seenadeln zur Familie der Büschelkiemer gehörigen Seepferdchen (287, 288) als besonders bizarre Fischgestalten beliebte Aquarientiere.

Auch für Meerwasseraquarien gilt, daß Transport und Haltung pelagischer Fischarten außerordentlich schwierig sind, während die genannten Vertreter der Bodenlitoralfische am wenigsten empfindlich auf Temperatur- und Salzgehaltsschwankungen reagieren.

Die Aquaristik ist seit den Anregungen Roßmäßlers vor über hundert Jahren nicht nur zu einer weitverbreiteten Freizeitbeschäftigung geworden, sondern hat auch viel zur Erforschung des Lebens im Wasser beigetragen. Ihr erzieherischer Wert ist unbestritten, können doch an diesem „See im Glas" eine ganze Reihe biologischer Grundtatsachen demonstriert werden, die geeignet sind, Verständnis für ökologische Zusammenhänge, für den Schutz der Gewässer und ihrer Lebewesen zu wecken und zu vertiefen.

Fischwirtschaft

Das Sammeln und Fangen von Wasserlebewesen zum Nahrungserwerb gehört wie die Jagd zweifellos zu den ursprünglichsten Tätigkeiten des Menschen. Besonders Küstengebiete mit durch die Gezeiten kontinuierlich wechselnden Wasserständen erleichtern nach dem Ablaufen des Wassers das Einsammeln der in Vertiefungen zurückbleibenden Tiere. Durch Aufstellen von Sperrzäunen aus Rohr oder Reisig wurden die Sammelerträge im fließenden Wasser schon frühzeitig erhöht. Aus solchen mancherorts auch heute noch bestehenden Einrichtungen entwickelte sich sehr wahrscheinlich der Fischfang mit Hilfe von Fischfallen unterschiedlicher Bauart, z. B. der reusenartigen Geräte. Reste geknüpfter Netze wurden bereits in Pfahlbausiedlungen aus der jüngeren Steinzeit gefunden, ein Anzeichen dafür, daß Faserstoffe auch zum Anfertigen von Fischfanggeräten schon seit Jahrtausenden gebraucht werden. Die zur Jagd auf Landtiere üblichen Pfeile und Speere wurden in Abwandlungen auch beim Fang von Fischen angewendet. Aus Stein- und Bronzezeit sind Funde urtümlicher Fanggeräte aus Feuerstein, Knochen, später aus Bronze und Eisen bekannt, die zum Angeln und Stechen von Fischen dienten.

Aus primitiven Einbäumen entwickelte Boote erlaubten den Fischfang auch vom Wasser aus. Fische dienten bald nicht nur der Eigenversorgung, sondern wurden zur Ware. Das Haltbarmachen zur Aufbewahrung und zum Transport durch Trocknen, Räuchern und Salzen spielte dabei eine wichtige Rolle.

Mit dem Fortschreiten des Entwicklungsstandes der Zivilisation wurden die Fischfangmethoden zunehmend verfeinert und damit auch wirkungsvoller. Immer seetüchtigere Fahrzeuge machten es schließlich möglich, daß nahezu alle von nutzbaren Tieren besiedelten Gewässer der Erde für den Fischfang erschlossen wurden. Neben den traditionellen Zweigen der Binnen- und Küstenfischerei entstand die Hochseefischerei, die einen rasch wachsenden Anteil des Nahrungsmittels Fisch aufbrachte (in den zurückliegenden Jahrzehnten betrug dieser etwa 90%).

Während in der Hochseefischerei bis heute im Prinzip die ursprüngliche Sammelwirtschaft beibehalten wurde, veranlaßten die Fortschritte in der Fangtechnik und die damit verbundene immer stärkere Ausnutzung der natürlich vorhandenen Vorräte besonders in stark befischten Meeresteilen, in Küstengewässern und den am leichtesten zugänglichen Seen und Flüssen des Festlandes den Menschen zu anderen Wirtschaftsmethoden, um einem Rückgang der Erträge entgegenzuwirken. Schon vor Jahrhunderten waren in dichtbesiedelten Ländern die Fischer gezwungen, für die Erhaltung und den Fortbestand der von ihnen genutzten Wasserlebewesen zu sorgen. Wie in der Land- und Forstwirtschaft bereits üblich, begann damit auch eine *Bewirtschaftung* der Wasserflächen. Zunächst wurde versucht, durch geregelte Aufsichtsführung und gesetzliche Schonvorschriften die wertvollen Fischbestände zu erhalten.

Mit dem Bau von Anlagen zur intensiveren Haltung von Fischen und den künstlich angelegten Teichen entwickelte sich die *Fischzucht*. In ablaßbaren Teichen und in Behältern konnten die Lebensbedingungen für die einzelnen Fischarten wesentlich besser beobachtet und beeinflußt werden als in den sogenannten Wildgewässern. Die Grundregeln der Fischereiwirtschaftslehre entstanden auf diese Weise in der seit dem Mittelalter bestehenden europäischen Karpfenteichwirtschaft und konnten vor allem in den vergangenen 50 Jahren durch Wissenschaft und Praxis vervollkommnet und auch auf andere Teilgebiete der Fischerei ausgedehnt werden.

In bewirtschafteten Gewässern versucht der Mensch, durch Regulierung der Fischbestände nach Art, Alter und Menge optimale Dauererträge zu erzielen. Diese Beeinflussung gelingt am ehesten in verhältnismäßig kleinen, jederzeit überprüfbaren Behältern, in denen die intensivste Produktion von Fischfleisch möglich ist. Sie ist auch noch verhältnismäßig leicht in den künstlich angelegten, ablaßbaren Teichen, die in Europa vor allem zur Aufzucht von Karpfen oder Forellen dienen. Sie wird aber zunehmend schwieriger in Seen, Flüssen und Meeresteilen mit einer naturgegebenen Pflanzen- und Tierwelt, deren Entwicklung nur bruchstückhaft überprüft werden kann. Mittel zur Regulierung der Fischbestände sind hauptsächlich *Besatz-* und *Fangmaßnahmen.* Während die Anlagen zur sogenannten industriemäßigen Fischproduktion (IFP) mit ihren Behältern oder Netzkäfigen und die Teiche zur Aufzucht von Karpfen oder Forellen so hergerichtet werden, daß sie den Anforderungen der für sie vorgesehenen Fischarten am besten entsprechen, bestimmen umgekehrt die Lebensverhältnisse in den Seen, Flüssen und Küstengebieten die Auswahl der für sie geeigneten Besatzfische. Gründliche Untersuchungen der zu besetzenden Gewässer sind deshalb nötig (vgl. Kapitel „Wo und wie Fische leben", S. 41 ff.), bevor die in Fischbrutanstalten und Teichen oft unter großem Aufwand herangezogenen Satzfische dem bereits vorhandenen natürlichen Fischbestand eines Wildgewässers zugesellt werden können.

Unter der Obhut von Fischzüchtern und Teichwirten werden wirtschaftlich wertvolle Fischarten herangezogen, die sich entweder unter natürlichen Verhältnissen nicht mehr ausreichend fortpflanzen oder neu in geeigneten Gewässern eingebürgert werden sollen (s. Tabelle S. 75). Dabei können manche Gefahren ausgeschaltet werden, denen die Eier und Larven in der freien Natur ausgesetzt sind. So kann der abgelegte Laich z. B. abgeschwemmt, verschüttet, von Laichräubern gefressen oder von Schimmelpilzen befallen werden. Auch die anfangs noch mit einem Dottersack versehenen unbeholfenen Larven fallen in Mengen räuberischen Insekten und Fischen zum Opfer. Um die in Bruthäusern herangezogenen Fischchen noch besser für den Lebenskampf zu rüsten, werden die Brütlinge in Behältern oder Kleinteichen „vorgestreckt", d. h. je nach Fischart mehr oder weniger lange Zeit gefüttert und sortiert, so daß sie schließlich erst als etwa 5 bis 15 cm lange Setzlinge oder Fingerlinge für die von Berufs- oder Sportfischern bewirtschafteten Gewässer ausgeliefert werden (vgl. dazu Abb. 53).

Besonders begehrte Qualitätsfische, die sich für die Aufzucht in Lagunen, Teichen und Behältern eignen, verbleiben lebenslang unter der Hege und Pflege des Menschen und stehen dann nach 1 bis 3 Jahren dem Verbraucher zur Verfügung (s. Tabelle S. 75). Die verhältnismäßig schnelle Produktion von marktfähigen Speisefischen in solchen künstlich geschaffenen Anlagen ist deshalb möglich, weil die Spezialisierung auf wenige Arten einen wesentlich höheren Intensitätsgrad bedingt. Infolge der Ablaßbarkeit der Teiche und Behälter ist eine vollständige „Beherrschung" des Fischbestandes möglich. Die ständige Überwachung des Wachstums und des Gesundheitszustandes der Fische, das Düngen des Wassers zur Förderung des natürlichen Nährtierangebots und zusätzliche Fütterung bewirken Erträge von bis zu 3 000 kg Karpfen oder 5 000 kg Forellen auf einem Hektar Wasserfläche, während in mitteleuropäischen Seen und Flüssen nur mit Durchschnittserträgen von 40 bis 60 kg auf der gleichen Fläche gerechnet werden kann. Es läßt sich also ein natürliches Gewässer etwa mit dem Wildaufkommen eines Waldes, ein Karpfenteich mit einer Rinderweide und ein Forellenteich mit einem Viehstall vergleichen. Wie Stalltiere wären Forellen in Teich oder Behältern ohne ständige Versorgung mit Frischwasser und Futter nicht lebensfähig. Das gleiche gilt für Fische, die nach den modernen Methoden der *industriemäßigen Fischproduktion* (IFP) in Netzkäfigen gehalten werden, die – an Schwimmstegen befestigt – in natürliche Gewässer gehängt werden. Um von den klimabedingten Außentemperaturen unabhängiger zu sein, werden für diese Art der Fischhaltung verstärkt die warmen Kühlwässer von Industriebetrieben genutzt. Die an Gewächshäuser erinnernden Anlagen bieten den Fischen über einen größeren Zeitraum optimale Wassertemperaturen. Sie fördern damit das Wachstum und verkürzen so den Produktionszeitraum.

Alle Besatzmaßnahmen werden nach der Devise „Den richtigen Fisch ins richtige Wasser" vorgenommen, um die erste bestandskundliche Grundregel – Regulierung der Fischbestände nach der Art – zu erfüllen.

Die zweite Grundregel – Regulierung der Fischbestände nach dem Alter – geht von der Erwägung aus, die in einem Gewässer enthaltene Naturnahrungsmenge möglichst rationell in Fischfleisch umzusetzen. Mit dem geringsten energetischen Aufwand ist das nur von Fischen in den ersten Lebensjahren zu erwarten. Nach dem artspezifischen Überschreiten der maximalen Zuwachsleistung sollten Fische gefangen werden, denn große und alte Exemplare sind schlechtere Futterverwerter. Dabei müssen selbstverständlich auch die Probleme der Bestandserneuerung mit beachtet werden. Die Vielfalt der Lebensbedingungen in den Gewässern und ihrer Ökosysteme macht es erforderlich, daß derartigen fischereiwirtschaftlichen Maßnahmen Untersuchungen des Nährtierangebots, des Alters und des Wachstums der Fische vorangehen müssen. Die gleichen Voraussetzungen erfordert die dritte Grundregel: Regulierung der Fischbestände nach der Menge. Gutwüchsige Populationen sind nur dann zu erwarten, wenn die Menge der in den Gewässern vorhandenen Fische der zur Verfügung stehenden Nahrung angepaßt ist. Anders als Nutztiere aus den Klassen der Säugetiere oder Vögel reagieren die wechselwarmen Fische auf Nahrungsmangel durch Schlechtwüchsigkeit. Es entspricht also nicht wie bei Rind, Schwein oder Huhn einem bestimmten Lebensalter eine bestimmte Größe, sondern Fische bleiben bei schlechter Ernährung einfach klein und wirken dann noch nicht einmal mager. Bei ihnen sind unabhängig vom Lebensalter Länge und Stückmasse in der Regel miteinander gekoppelt. Es wäre also ein Trugschluß, alle gefangenen kleinen Plötzen, Barsche oder Schollen für jung zu halten. Sie können in einem Gewässer auch kleinwüchsig sein, weil ihre Bestände im Verhältnis zur vorhandenen Nahrung viel zu groß sind. Die Ergebnisse der Alters- und Wachstums-

untersuchungen müssen deshalb gemeinsam mit den vorliegenden durchschnittlichen Zuwachsleistungen der einzelnen Fischarten verglichen werden. Über- oder Unterschreitungen dieser Durchschnittswerte können dann Anzeichen von zu geringer oder zu hoher Bestandsdichte sein. Beeinflußt von den Umweltbedingungen leiden manche Fischarten, wie z.B. Aal, Hecht, Kleine Maräne, Forelle oder Zander, an Rekrutierungsdefiziten. Schon- und Besatzmaßnahmen können in solchen Fällen Abhilfe schaffen. Andere Arten, wie z.B. Blei, Güster, Plötze und Barsch, neigen zu Rekrutierungsüberschuß; es entstehen dann die sogenannten verbutteten Bestände. Neben einer Dezimierung von Laich- und Jungfischbeständen oder der Förderung von natürlichen Feinden ist ein verstärkter Fang die beste Abhilfe.

Die überaus große Zahl der in Europa gebrauchten *Fanggeräte* in Binnen- und Küstenfischerei kann in verschiedene Kategorien eingeteilt werden, wobei hier nur eine Auswahl der wichtigsten Fangmethoden aufgeführt werden soll. Hinsichtlich des Fangprinzips können unterschieden werden:

Betäubende Geräte	(Elektrofischerei)
Angelfischerei	(Reihen-, Einzel-, Sportangelei)
Fischfallen	(Fischwehre, Reusen, Aalfänge, Hamen)
Stellnetze	(Kiemen-, verwikkelnde Netze)
Zugnetze	(Wade, Zugnetz)
Schleppnetze	(Trawl, Elektrozeese)
Umschließungsnetze	(Beutelnetz = Ringwade)
Senk- und Hebenetze	(Senke, Wurfnetz)
Verwundende Geräte	(Speere, Harpunen).

Zum Fischfang mit *betäubenden Geräten* gehört die erst seit wenigen Jahrzehnten in Binnengewässern angewandte *Elektrofischerei*. Sie hat gegenüber fast allen anderen Methoden den Vorteil, die Fische nicht zu verletzen, weil richtig dosierter Strom sie nur in eine kurzanhaltende Elektronarkose versetzt. In diesem Zustand der Bewegungslosigkeit können auch große Fische schonend aus dem Wasser genommen werden. Das ist von großer Bedeutung, weil außer Speisefischen

53 Entwicklung des Hechtes *(Esox lucius)* vom Ei
im Augenpunktstadium über die Larvenstadien mit
Dottersack (1–2 cm), die schwimm- und freßfähige
Hechtbrut (2 cm), den sogenannten vorgestreckten
Hecht (Hv) von 3–5 cm zum vollausgebildeten
Tier

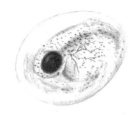

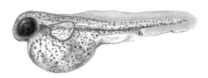

auch Laichfische oder Satzfische für andere Gewässer mit der sogenannten Tauchelektrode gefangen werden. Die begrenzte Wirkung des elektrischen Feldes ermöglicht den Einsatz des Gerätes nur in Ufernähe und in kleineren, flachen Fließgewässern. Bestandsregulierung und Laichfischfang in Bächen und Flüssen (Bachforelle, Regenbogenforelle, Döbel, Quappe) und Fang von Speisefischen im und vor dem Gelege von Seen (Aal, Hecht, Wels, Karpfen) sind mit Hilfe der Elektrofischerei besonders gut möglich.

Die *Angelfischerei* wird von Berufs- und Sportfischern in Binnen- und Küstengewässern ausgeübt. Dabei werden dem Fisch natürliche oder künstliche Köder an Haken angeboten, die mit einer Leine verbunden sind. Berufsfischer verwenden meist Reihenangeln, die auch als Legangeln, Langleinen oder Aalschnüre bezeichnet werden (s. Abb. 54). An einer oft mehrere 100 m langen Leine befinden sich kurze Mundschnüre mit Haken und Köder, die entweder dem Grund aufliegen oder im freien Wasser hängen. Solche meist über Nacht gelegten Geräte werden verankert und durch Bojen gekennzeichnet. Im Meer lassen sich auf diese Weise Dornhai, Glattrochen, Lachs, Meerforelle, Kabeljau, Schellfisch, Köhler, Steinbutt und Scholle mit Hering, Sprotte, Sandaal, Krebsen oder Muscheln als Köder fangen. In den Binnengewässern gehen vorwiegend Aal, zuweilen auch Zander und Quappe an die mit Uckelei, Plötze, Gründling oder auch Kaulbarsch beköderten Haken. Da der Köderfischfang sowie das Legen und Aufnehmen von Reihenangeln einen hohen Arbeitsaufwand erfordern, geht die Bedeutung der Angelfischerei im gewerblichen Fischfang zurück. Dagegen breitet sich die Sportfischerei mit der Einzelangel als Freizeitbeschäftigung immer weiter aus. Die zahlreichen Angelmethoden lassen sich in 3 Hauptgruppen zusammenfassen: Grundangelei, Spinnangelei und Flugangelei.

Beim *Grundangeln* sollen Fische gefangen werden, die ihre Nahrung am Boden des Gewässers suchen. Deshalb werden die pflanzlichen (Kartoffeln, Teig, Erbsen, Getreide) oder tierischen (Würmer, Insekten, Weichtiere, Krebse, Fische oder Stücke davon) Köder auf oder dicht über dem Grunde angeboten. Da zur Ausrüstung des Grundanglers meist auch ein sogenanntes Floß (auch Pose genannt) gehört, spricht man auch von Floßangelei. Die sehr unterschiedliche Zusammensetzung des Angelgeräts richtet sich nach der angestrebten Beute und dem Angelplatz. In den Küstengewässern können mit der Grundangel u. a. Makrele, Wolfsbarsch, Meeräschen, Steinbutt, Scholle und Flunder gefangen werden. In Seen und Flüssen ist das Floßangeln die am häufigsten angewandte Methode. Ein leichtes Floß genügt bei Plötze, Rotfeder und Nase; es empfiehlt sich ein schneller Anhieb. Vorheriges Anfüttern verspricht besseren Erfolg bei Karpfen, Blei und Barbe. Wie Karpfen und Blei nimmt auch die Schleie den Köder nur langsam, das Anhauen sollte deshalb später erfolgen. Große und lebhafte Fische wie Wels, Rapfen, Karpfen, Aal, Zander, Quappe und Döbel erfordern zum sicheren Landen unbedingt einen Unterfangkescher oder ein Gaff. Äsche und Quappe gehen auch in der kalten Jahreszeit an die Grundangel.

Beim *Spinnangeln* wird dem zu überlistenden Raubfisch ein sich drehender Köder angeboten (engl. to spinn = drehen), der mit Schnur und Rolle durchs Wasser gezogen wird. Die Vielzahl der Kunstköder soll nur durch die Sammelbegriffe Spinner, Blinker, Löffel, Wobbler und Turbler angedeutet werden. Auch tote Fische oder Fischstücke (Fetzenköder), Frösche, Mäuse und Wurmbündel sind geeignet, wenn sie in sogenannte Hakensysteme gehängt werden. Das Schleppangeln ist eine Variante der Spinnangelei aus dem fahrenden Boot. Vor allem beim Angeln auf dem Meer können an schweren Spinnruten und kräftigen Haken mit künstlichen und natürlichen (Hering, Makrele, Sardine, Sandaal, Krebse und Muscheln) Ködern große Raubfische, wie Hundshai, Katzenhai, Rochen und Kabeljau, erbeutet werden. Im Süßwasser sind Lachs, Seeforelle, Huchen, Saiblinge, Hecht, Wels, Barsch, Zander, Rapfen und Döbel bevorzugte Zielobjekte dieser Angelmethode. Bach- und Regenbogenforelle sowie Bachsaiblinge werden im allgemeinen nur außerhalb der Flugzeit der Insekten gedrillt.

Für diese auch die sogenannte Anflugnahrung aufnehmenden Fischarten gilt das *Flugangeln* als sportlicher. Als Köder werden Insekten nachgeahmt, die dicht über der Wasseroberfläche fliegen oder darauf ablaichen. Mit dieser reizvollen und viel Geschick erfordernden Fliegenangelei werden alle Salmoniden, die Äsche und Oberflächenfische aus der Familie der Cypriniden wie Rapfen, Döbel und Rotfeder zum Anbiß verlockt.

Eine im Winter von der Eisfläche oder in Küstengewässern auch aus dem Boot heraus praktizierte Angelart ist das *Tunkfischen* oder *Pilken*. Dabei werden mit Drillingshaken versehene künstliche Köder oder auch Köderfische mit dem Kopf nach unten ins Wasser gehängt. Abwechselndes Heben und Senken des Tunkfischs reizt Dorsch, Barsch, Zander und Hecht zum Anbiß.

In aufgestellte *Fallen* geraten Fische infolge ihrer Eigenschaft, an Hindernissen solange entlang zu schwimmen, bis sie eine Öffnung finden. Ein Entkommen wird durch sinnvolle Bauart sehr erschwert oder unmöglich gemacht. Weltweit sind nach diesem Prinzip gebaute Fanggeräte aus Stein, Holz, Metall, Plasten und Faserstoffen in Gebrauch. Zu den wichtigsten unter ihnen zählen in Europa altertümliche *Fischwehre* und die in der Binnen- und Küstenfischerei in einer Vielzahl von Typen eingesetzten *Reusen*. Auch die meist am Abfluß von Seen in das fließende Wasser gebauten stationären *Aalfänge* (s. Abb. 55) und die in Flüssen und Strömen beweglich eingehängten *Hamen* (s. Abb. 56) gehören hierher. Während in letztere vorwiegend die abwandernden Aale, aber auch Lachs, Meerforelle, Barbe, Aland und Quappe mit der Strömung hineingeraten, versperren mehr oder weniger lange Wände aus Flechtwerk oder Netzen bei Fischwehren und Reusen den hin- und herziehenden Fischen den Weg und leiten diese schließlich in die Fangkammer (s. Abb. 57). Schwer auffindbare Öffnungen („Kehlen") verhindern ein Zurückschwimmen. Die Einsatzmöglichkeiten von Reusen haben nach der Einführung synthetischer, nicht faulender Faserstoffe stark zugenom-

54 Legangeln (Aalschnüre)

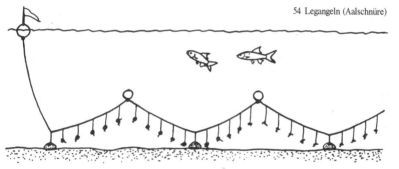

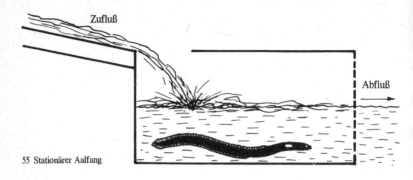

55 Stationärer Aalfang

men. An der Küste werden damit Hering, Sardine, Wolfsbarsch, Steinbutt, Scholle und Flunder gefangen (in Spezialreusen des Mittelmeeres, den Tonnaren, sogar große Thunfische!). Frühling und Sommer sind die Haupteinsatzzeiten der Reusen in den Binnengewässern. Gefangen werden vorwiegend Aal, Hecht, Wels, Quappe, Barsch und viele Arten aus der Familie der Weißfische.

den Kiemendeckeln beim Zurückweichen hängenbleiben. Die Maschenweiten werden nach den zu fangenden Fischarten und -größen gewählt.

Die dreiwandigen *Spiegel-* oder *Ledderingnetze* haben außen große Spiegelmaschen, zwischen denen ein engmaschiges loses Inngarn hängt. Die anschwimmenden Fische ziehen das Inngarn durch eine Spiegelmasche und verfangen sich in dem so entstehenden Beutel (s. Abb. 59). Vor allem Freiwasserfische, wie Hering, Sprotte, Makrele, Kilka, Dorsch, aber auch Scholle und Flunder im Meer sowie Kleine Maräne, Blaufelchen,

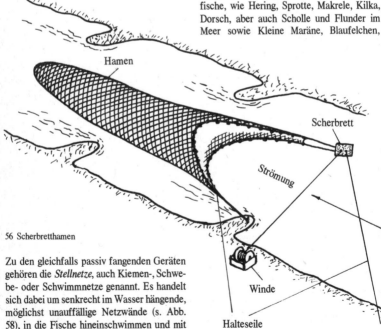

56 Scherbretthamen

Zu den gleichfalls passiv fangenden Geräten gehören die *Stellnetze,* auch Kiemen-, Schwebe- oder Schwimmnetze genannt. Es handelt sich dabei um senkrecht im Wasser hängende, möglichst unauffällige Netzwände (s. Abb. 58), in die Fische hineinschwimmen und mit

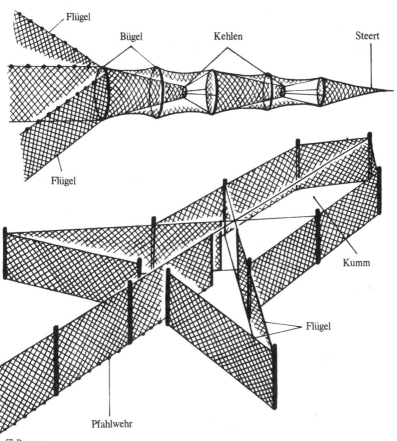

Flügel
Bügel
Kehlen
Steert
Flügel
Kumm
Flügel
Pfahlwehr

57 Reusen
oben: Bügelreuse, unten: Kummreuse

58 Kiemennetz

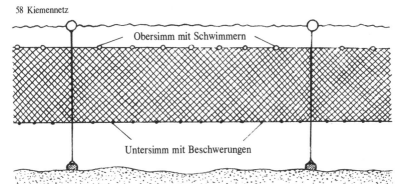

Obersimm mit Schwimmern
Untersimm mit Beschwerungen

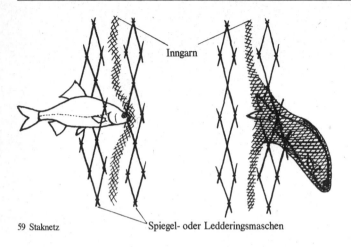

59 Staknetz
Inngarn
Spiegel- oder Ledderingsmaschen

Barsch, Zander und manche Karpfenfische im Süßwasser werden mit Stellnetzen gefangen.

Zu den bewegten Fanggeräten gehören die *Zugnetze*, die zum Land oder zu einem verankerten Boot hingezogen werden. Zwei senkrecht stehende Netzwände, die Flügel, mit einem am Ende befindlichen Sack werden im Halbkreis durchs Wasser bewegt. Die Ober-leine der Flügel schwimmt, die Unterleine ist beschwert und hält guten Kontakt mit dem Boden (s. Abb. 62). Je nach Gewässer sind Zugnetze verschieden gebaut, infolge ihrer Größe aber immer nur von mehreren Arbeitskräften zu bewältigen. Motorwinden erleichtern die schwere, vorwiegend in der kalten Jahreszeit durchgeführte Arbeit. Da mit Zugnetzen die Fische oft im Ruhe- und

60 Grundschleppnetz
Schleppfahrzeug
Kurrleinen

Winterlager überrascht werden, können die mit diesen aufwendigen Geräten erzielten Fangausbeuten sehr groß sein. Auch die sogenannten *Strandwaden* an der Küste (zum Köderfischfang) und die *Teichwaden* (zum Abfischen von Karpfenteichen, s. Abb. 61) gehören zu den Zugnetzen, mit denen in den Binnengewässern fast alle vorkommenden Fischarten gefangen werden können.

Schleppnetze sind im Prinzip ähnlich gebaut wie Zugnetze. Die Fischerei wird jedoch vom bewegten Fahrzeug aus betrieben. Neben den ursprünglicheren Grundschleppnetzen (s. Abb. 60) sind moderne pelagische Schlepp-netze in Gebrauch, so daß heute in der Meeresfischerei außer den wichtigen Grundfischarten Dornhai, Kabeljau, Köhler, Pollack, Wittling, Steinbutt, Scholle, Flunder und Seezunge auch Freiwasserfische wie Hering,

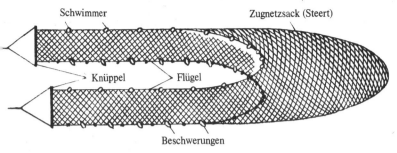

61 Wade

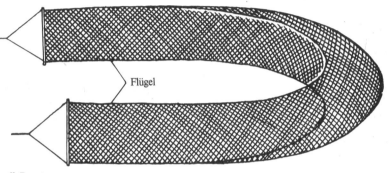

62 Zugnetz

Sardine, Sprotte und Makrele mit dem Trawl gefangen werden. Die Zusammensetzung der Fänge ist weitgehend von der Netzform, den Maschenweiten und der Schleppgeschwindigkeit abhängig. Kombiniert mit elektrischem Strom hat das als *Zeese* in der Küstenfischerei bezeichnete Schleppnetz auch Eingang in die Binnenfischerei gefunden und wird vor allem zum Aalfang eingesezt.

Pelagische Schwarmfische werden im Meer außerdem in *Beutelnetzen* (Ringwaden) eingeschlossen. Die Schwärme werden von hohen Netzwänden (50 bis 100 m) eingekreist, die mit Hilfe einer durch Ringe geführten Leine am unteren Ende (Untersimm) zu einem Beutel geschlossen werden.

Da manche Fische positiv auf Licht reagieren, werden Lichtquellen zum Anlocken benutzt

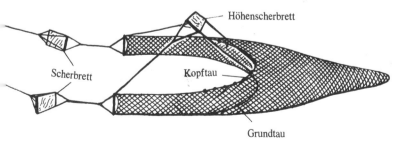

74

(z. B. von Sardinen). Die im Kaspischen Meer in Schwärmen lebende Kilka kann durch Unterwasserlichtquellen so konzentriert werden, daß die Massenansammlungen mit Hilfe von *Hebenetzen* an Bord der Fangschiffe gebracht werden können.

Andere Methoden der Hebe-, Deck-, Schlingen- und Stechfischerei haben nur örtlich Bedeutung und zielen vielfach nur darauf ab, Einzelfische zu erbeuten. *Senken* zum Köderfischfang, *Wurfnetze* zur Entnahme von Fischproben in der Teichwirtschaft sowie die verwundenden *Fischspeere, Stecheisen* und *-gabeln* sowie die *Harpunen* gehören in diese Kategorie z. T. verbotener Fanggeräte, da sie oft von Unberechtigten angewendet werden und zur Dezimierung wertvoller Fischbestände durch Verletzung nichtgefangener Exemplare beitragen.

Mit Hilfe der aufgeführten Methoden und Geräte werden von europäischen Ländern jährlich etwa 12,5 Millionen Tonnen, einschließlich der Sowjetunion 21 Millionen Tonnen Fische produziert und gefangen. Die wichtigsten Fangobjekte der Binnen- und Küstengewässer sind in den Tabellen auf S. 76 zusammengestellt. Bei einigen Meeresfischen lassen sich allerdings die Erträge der Küstenfischerei kaum von denen der Hochseefischerei trennen.

Der größte Teil der Erträge dient frisch oder verarbeitet der menschlichen Ernährung (s. Tabelle S. 77). Darüber hinaus wird aus Kleinfischen (Industriefische) und Verarbeitungsrückständen (s. Abb. 64) Fischmehl, vorwiegend als wertvolles Ergänzungsfutter für die Tiererernährung, gewonnen. Außerdem fällt bei der Verarbeitung mancher Fische Fischmilch und Fischrogen (z. B. Kaviar), Gelatine und Fischleim (aus Häuten, Flossen und Schwimmblasen), Fischleder (aus der Haut von Haien, Rochen, Kabeljau) und das „Fischsilber" (aus Fischschuppen von Uckelei, Ziege u. a.) an. Aus Fischlebern stammt das für Medizin und Technik wertvolle Fischleberöl.

Je nach dem Rohfettgehalt im Fleisch werden Fische in 3 Gruppen eingeteilt:
Magerfische 1%
Mittelfette Fische 1 bis 5%
Fettfische 5%

63 Anteile des tiefgefrorenen Filets bei Kabeljau und Köhler (hellblau), die übrigen Teile werden zu Fischmehl verarbeitet

Fischfleisch ist ernährungsphysiologisch besonders wertvoll (s. Tabelle S. 78). Es besitzt einen hohen Anteil an biologisch vollwertigem Eiweiß, ist schmackhaft und leicht verdaulich, hat einen hohen Nährwert, Vitamin- und Mineralstoffgehalt und kann zu den verschiedensten Produkten verarbeitet werden.

In den vergangenen Jahrhunderten war der Verzehr von frischen Fischen nur in unmittelbarer Nähe der Fang- oder Anlandeplätze möglich. Von den Verfahren des Haltbarmachens erlaubten nur das Trocknen (Klippfisch, Stockfisch), Salzen und Räuchern auch einen Transport von Speisefischen in gewässerarme Gebiete. Die modernen Methoden des Fischfangs mit Fabrikschiffen, der Verarbeitung zu Tiefkühlware, Marinaden und Konserven und des Transports in Kühlwagen haben viel dazu beigetragen, den Fischverzehr fast überall zu ermöglichen.

Um auch gefährlich oder unansehnlich wirkende Fische für den Verbraucher attraktiv zu machen, sind im Fischhandel Veredelungsnamen gebräuchlich, die bei Vergleich mit dem deutschen Namen der Fische zu Irrtümern Anlaß geben. So werden z. B. die geräucherten Mittelstücke des Dornhais als „Seeaal" und die sich beim Räuchern einrollenden Bauchlappen als „Schillerlocken" angeboten. Das Fleisch vom Heringshai wird im Handel „Kalbfisch" oder „Seestör" genannt. Vom Glattrochen kommen nur die großen Flossen mit den Flossenträgern als „Rochenflügel", der Schwanzrücken als „Seeforelle" zum Verkauf. Die zoologische

Verwirrung ist kaum noch zu übertreffen beim sogenannten „Forellenstör", dem eßbaren Anteil des abstoßend wirkenden Seeteufels, nachdem Kopf und Haut entfernt wurden. Auch den Seewölfen wird der abschreckende Kopf abgeschlagen, sie werden als „Steinbeißer" oder „Karbonadenfisch" verkauft. Harmloser sind die aufwertenden Bezeichnungen „Mairenke" für einen Uckeleiverwandten aus der Weißfischfamilie und „Seelachs" für den Köhler, der auch das Fleisch für die gefärbten „Seelachsschnitzel in Öl" liefert. Ebenfalls gefärbt wird der Rogen des Seehasen und dann als „Deutscher Kaviar", „Limfjordskaviar" (Dänemark) oder „Perles du Nord" (Island) verkauft.

Weiterführende Literatur über Probleme der Fischwirtschaft, Fischzucht, Teichwirtschaft, Fischkrankheiten und Sportfischerei ist im Literaturverzeichnis angegeben.

In Europa als Objekte der Fischzucht und Teichwirtschaft verwendete Fischarten

Nr.	Art	Verwendungszweck			
		Brutanstalt	IFP	Teiche	natürl. Gewässer
27	Hausen	×	×	×	×
28	Stör	×			×
31	Sterlet	×	×	×	×
46	Lachs	×			×
47	Forelle	×			×
48	Regenbogenforelle	×	×	×	
52	Wandersaibling	×			×
53	Bachsaibling	×			×
54	Buckellachs				×
55	Ketalachs				×
58	Kleine Maräne	×			×
62	Blaufelchen	×		×	×
64	Peledmaräne	×		×	×
65	Äsche	×			×
68	Hecht	×			×
73	Goldorfe			×	
80	Schwarzer Amur	×		×	
81	Graskarpfen	×			×
97	Schleie			×	×
116	Goldfisch			×	
117	Karpfen	×	×	×	×
118	Silberkarpfen	×		×	×
119	Marmorkarpfen	×		×	×
120	Wels	×	×	×	
130	Aal		×		×
156	Zander			×	×
165	Forellenbarsch			×	
167	Sonnenbarsch			×	
267	Scholle				×
292ff.	Meeräschen				×

Die Erträge der wirtschaftlich wichtigsten Fische der Binnengewässer Europas (in 1000 t)
(nach Jahrbuch FAO, Bd. 48, 1980)

Nr.	Art	1977	1978	1979
27 ff.	Störe	29,4	25,8	26,8
42	Kilka	342,7	396,1	399,6
48	Regenbogenforelle	43,0	48,0	55,0
58	Kleine Maräne	6,8	8,9	8,7
60 ff.	Große Maränen	32,4	29,7	32,2
68	Hecht	25,2	22,2	25,3
74 ff.	Plötzen	23,3	18,3	14,8
91	Blei	54,7	49,7	44,8
117	Karpfen	310,0	290,0	306,0
69 ff.	sonst. Weißfische	60,0	62,9	69,8
120	Wels	15,2	15,1	13,5
130	Aal	14,1	14,5	14,2
155	Barsch	11,6	11,5	11,4
156	Zander	21,8	19,6	17,5

Die Erträge der wirtschaftlich wichtigsten Meeresfische Europas (in 1000 t)
(nach Jahrbuch FAO, Bd. 48, 1980)

Nr.	Art	1977	1978	1979
13	Dornhai	37,6	46,7	40,0
34	Hering	708,4	643,5	632,1
35	Sprotte	642,3	685,8	660,6
36	Sardine	334,0	365,5	344,8
43	Sardelle	402,1	397,7	423,2
46/47	Lachs, Meerforelle	9,9	7,7	8,7
129	Meeraal	13,1	11,7	10,1
136	Hornhecht	4,8	5,9	4,4
140	Kabeljau	2030,0	1760,0	1690,0
141	Schellfisch	360,0	280,0	290,0
143	Pollack	9,4	14,5	16,5
144	Köhler	467,1	362,4	348,5
145	Wittling	193,0	202,0	223,0
168	Schildmakrele	285,0	199,0	202,0
173 ff.	Meerbarben	21,0	19,1	20,2
175 ff.	Schnauzenbrassen	17,3	15,6	16,8
186	Gelbstriemen	26,2	26,8	28,7
213 ff.	Seewölfe	28,3	32,2	38,5
216 ff.	Sandaale	802,8	812,0	639,3
222	Atlant. Makrele	665,0	685,0	729,0
223	Thunmakrele	175,0	81,0	108,0
226	Roter Thun	12,1	10,2	16,8
250 ff.	Knurrhähne	11,0	11,6	11,5
260	Seehase	8,9	7,7	6,1

263	Steinbutt	9,0	8,4	9,6
266	Kliesche	14,2	13,6	16,5
267	Scholle	168,8	144,9	158,0
268	Flunder	13,0	11,6	10,3
269	Seezunge	32,6	27,0	34,0
290ff.	Meeräschen	18,8	17,2	18,6
299	Seeteufel	39,2	43,3	33,4

Die wichtigsten Seefische und ihre Verarbeitungsarten

Nr.	Art	Frisch-fisch	tief-gefr. Filet	Räu-cher-fisch	Salz-fisch	Kon-serve	Leber-öl	Indu-strie-fisch	Rogen
13	Dornhai		×	×			×		
18ff.	Rochen	×		×				×	
34	Hering	×	×	×	×	×		×	
35	Sprotte			×	×	×		×	
36	Sardine	×	×		×	×			
43	Sardelle				×	×			
46/47	Lachs, Meerforelle	×		×		×			×
129	Meeraal	×		×					
136	Hornhecht	×		×					
140	Kabeljau	×	×	×	×		×		
141	Schellfisch	×	×	×			×		
143	Pollack	×	×						
144	Köhler	×	×	×	×	×	×		
145	Wittling	×	×						
168	Schildmakrele	×	×	×		×		×	
173ff.	Meerbarben	×		×	×				
177ff.	Meerbrassen	×	×						
213	Seewölfe	×	×	×					
222	Atlant. Makrele	×		×	×	×		×	
223	Thunmakrele	×		×	×	×			
226	Roter Thun	×		×		×			
250ff.	Knurrhähne	×						×	
260	Seehase	×		×	×				×
263	Steinbutt	×		×					
266	Kliesche	×	×					×	
267	Scholle	×	×	×					
268	Flunder	×	×	×					
269	Seezunge	×							
299	Seeteufel	×	×						

Anmerkung: Vorwiegend zur Verwendung als Industriefische werden Kilka, Stint, Lodde und Sandaale in großen Mengen gefangen. Süßwasserfische kommen vorwiegend frisch zum Verkauf. Einige Arten werden auch geräuchert angeboten (Störe, Regenbogenforelle, Maränen, Blei, Zährte, Karpfen, Wels, Aal und Quappe).

Rohprotein-, Rohfett- und Energiegehalt des Fleisches einiger Fischarten und Warmblüter (nach Anwand)

Fleischart	100 g Fleisch enthalten im Mittel			
	Rohprotein g	Rohfett g	Energie kcal	davon Eiweiß %
Karpfen	17,0	9,2	153,4	45,4
Regenbogenforelle	21,5	2,5	111,4	79,2
Aal	16,0	26,0	307,4	21,3
Hecht	17,0	0,5	74,3	93,9
Zander	18,5	0,5	80,4	94,3
Graskarpfen	18,5	4,0	113,0	67,1
Blei	19,0	1,5	91,9	84,8
Makrele	20,0	5,0	128,5	63,8
Hering	18,0	15,0	213,3	34,6
Kabeljau	16,0	0,5	70,2	93,4
Rindfleisch mager	17,5	3,0	99,7	72,0
Rindfleisch fett	15,0	19,5	242,9	25,3
Schweinefleisch mager	18,5	10,5	168,8	44,9
Schweinefleisch fett	8,5	30,0	313,8	11,1
Kalbfleisch	17,0	7,5	139,5	50,0

Wir bestimmen Fische Europas

Neben den Fischen (Stamm: Kiefermäuler) werden in diesem Naturführer auch die wenigen Vertreter der sogenannten Rundmäuler (Inger und Neunaugen) berücksichtigt. Dies geschieht aus rein praktischen Erwägungen, sind diese Tiere doch sehr fischähnlich und kommen zudem im gleichen Lebensmilieu vor. Auch wenn sie fischwirtschaftlich so behandelt werden – sie sind keine Fische, sondern gehören im Unterschied zu diesen zum Stamm der Kieferlosen! Insgesamt werden 300 Arten vorgestellt. Unterarten bzw. Arten nur lokaler Bedeutung sind oft nicht abgebildet, doch ermöglichen die im Text angegebenen Merkmale die Unterscheidung von nächstverwandten Formen.

Systematische Übersicht

Die folgende Aufstellung enthält alle im Naturführer behandelten Arten, Unterarten und Formen. Im Gegensatz zum Abschnitt „Artbeschreibungen" (ab S. 107) werden hier den lateinischen Bezeichnungen der Name des Erstbeschreibers und die Jahreszahl der Namensgebung angefügt, um für den Fachmann nomenklatorisch eindeutig zu sein.
Die Übersicht basiert auf dem System von Nikolski (1957). Eingebürgerte Fremdfische sind mit ●, nicht abgebildete Arten mit ▽ gekennzeichnet. Die Zahlen vor den Namen entsprechen der Reihenfolge der Arten in den Artbeschreibungen.

Stamm   *Agnatha* Kieferlose
   Klasse   *Cyclostomata* Rundmäuler
      Familie   *Myxinidae* Inger
         1   *Myxine glutinosa* Linnaeus, 1758 Inger
      Familie   *Petromyzonidae* Neunaugen
         2   *Petromyzon marinus* Linnaeus, 1758 Meerneunauge
         3   *Caspiomyzon wagneri* (Kessler, 1870) Kaspisches Neunauge
         4   *Lampetra fluviatilis* (Linnaeus, 1758) Flußneunauge
         5   *Lampetra planeri* (Bloch, 1784) Bachneunauge
         6   *Eudontomyzon mariae* (Berg, 1931) Ukrainisches Bachneunauge
       ▽ 7   *Eudontomyzon danfordi* Regan, 1911 Donauneunauge
Stamm   *Gnathostomata* Kiefermäuler
   Klasse   *Pisces* Fische
      Zweig   *Chondrichthyes* Knorpelfische
         Ordnung   *Selachiformes* Haiartige
         8   *Mustelus mustelus* (Linnaeus, 1758) Glatthai
         9   *Galeorhinus galeus* (Linnaeus, 1758) Hundshai
       10   *Lamna nasus* (Bonnaterre, 1788) Heringshai
       11   *Scyliorhinus caniculus* (Linnaeus, 1758) Kleingefleckter Katzenhai
     ▽ 12   *Scyliorhinus stellaris* (Linnaeus, 1758) Großgefleckter Katzenhai
       13   *Squalus acanthias* Linnaeus, 1758 Dornhai
       14   *Rhina squatina* (Linnaeus, 1758) Meerengel
         Ordnung   *Rajiformes* Rochenartige

Familie *Torpedinidae* Zitterrochen
15 *Torpedo torpedo* (Linnaeus, 1758) Marmorzitterrochen
▽ 16 *Torpedo narke* Risso, 1810 Augenfleckzitterrochen
▽ 17 *Torpedo nobiliana* Bonaparte, 1835 Schwarzer Zitterrochen
Familie *Rajidae* Echte Rochen
18 *Raja clavata* Linnaeus, 1758 Nagelrochen
19 *Raja radiata* Donovan, 1806 Sternrochen
20 *Raja batis* Linnaeus, 1758 Glattrochen
▽ 21 *Raja fullonica* Linnaeus, 1758 Schnabelrochen
▽ 22 *Raja oxyrhynchus* Linnaeus, 1758 Spitzrochen
▽ 23 *Raja marginata* Lacépède, 1803 Weißrochen
Familie *Dasyatidae* Stachelrochen
24 *Dasyatis pastinaca* (Linnaeus, 1758) Stachelrochen
▽ 25 *Myliobatis aquila* (Linnaeus, 1758) Adlerrochen
Ordnung *Chimaeriformes* Seedrachenartige
Familie *Chimaeridae* Seekatzen
26 *Chimaera monstrosa* Linnaeus, 1758 Seekatze
Zweig *Osteichthyes* Knochenfische
Überordnung *Chondrostei* Knorpelganoiden
Familie *Acipenseridae* Störe
27 *Huso huso* (Linnaeus, 1758) Hausen
28 *Acipenser sturio* Linnaeus, 1758 Stör
29 *Acipenser gueldenstaedti* Brandt, 1833 Waxdick
30 *Acipenser stellatus* Pallas, 1811 Sternhausen
31 *Acipenser ruthenus* Linnaeus, 1758 Sterlet
32 *Acipenser nudiventris* Lovetsky, 1828 Glattdick
33 *Acipenser naccari* Bonaparte, 1836 Adriastör
Überordnung *Teleostei* Echte Knochenfische
Ordnung *Clupeiformes* Heringsartige
Familie *Clupeidae* Heringe
34 *Clupea harengus* Linnaeus, 1758 Hering
35 *Sprattus sprattus* (Linnaeus, 1758) Sprotte
36 *Sardina pilchardus* Walbaum, 1792 Sardine
37 *Alosa alosa* (Linnaeus, 1758) Maifisch
38 *Alosa fallax* Lacépède, 1800 Finte
39 *Alosa caspia* (Eichwald, 1838) Kaspischer Dickwanst
39a *Alosa caspia* nordmanni (Antipa, 1905) Donaudickwanst
39b *Alosa caspia* tanaica (Grimm, 1901) Asowscher Dickwanst
40 *Alosa maeotica* (Grimm, 1901) Asowscher Hering
41 *Alosa pontica* (Eichwald, 1838) Schwarzmeerhering
41a *Alosa pontica kessleri* (Grimm, 1897) Kaspischer Schwarzrücken
41b *Alosa pontica volgensis* (Berg, 1912) Wolgaschwarzrücken
42 *Clupeonella cultiventris* (Nordmann, 1840) Kilka
Familie *Engraulidae* Sardellen
43 *Engraulis encrasicholus* (Linnaeus, 1758) Sardelle
Familie *Gonostomidae* Borstenmäuler
44 *Maurolicus muelleri* (Gmelin, 1789) Lachshering
Familie *Sternoptychidae* Beilfische
45 Argyropelecus olfersi (Cuvier, 1829) Silberbeil
Familie *Salmonidae* Lachse
46 *Salmo salar* Linnaeus, 1758 Lachs

47   *Salmo trutta* Linnaeus, 1758 Forelle
∇ 47a *Salmo trutta* f. *lacustris* Linnaeus, 1758 Seeforelle
  47b *Salmo trutta* f. *fario* Linnaeus, 1758 Bachforelle
∇ 47c *Salmo trutta labrax* Pallas, 1811 Schwarzmeerforelle
∇ 47d *Salmo trutta caspius* Kessler, 1877 Kaspischer Lachs
∇ 47e *Salmo trutta macrostigma* (Duméril, 1858) Mittelländische Bachforelle
● 48   *Salmo gairdneri* Richardson, 1836 Regenbogenforelle
  49   *Hucho hucho* (Linnaeus, 1758) Huchen
∇ 50   *Hucho taimen* (Pallas, 1811) Taimen
  51   *Salmothymus obtusirostris* (Heckel, 1851) Adriatischer Lachs
  52   *Salvelinus alpinus* (Linnaeus, 1758) Wandersaibling
∇ 52a *Salvelinus alpinus salvelinus* (Linnaeus, 1758) Seesaibling
∇ 52b *Salvelinus alpinus umbla* (Linnaeus, 1758) Omble chevalier
∇ 52c *Salvelinus alpinus salmerinus* (Linnaeus, 1758) Salmerino
  53   *Salvelinus fontinalis* (Mitchill, 1815) Bachsaibling
  54   *Oncorhynchus gorbuscha* (Walbaum, 1792) Buckellachs
  55   *Oncorhynchus keta* (Walbaum, 1792) Ketalachs
Familie   *Osmeridae* Stinte
  56   *Osmerus eperlanus* (Linnaeus, 1758) Stint
∇ 56a *Osmerus eperlanus* f. *spirinchus* (Pallas, 1811) Binnenstint
  57   *Mallotus villosus* Müller, 1776 Lodde
Familie   *Coregonidae* Maränen
  58   *Coregonus albula* Linnaeus, 1758 Kleine Maräne
∇ 59   *Coregonus baunti* Muchomedijarov, 1948
  60   *Coregonus pidschian* Gmelin, 1789 Kleine Bodenrenke
  61   *Coregonus nasus* (Pallas, 1776) Große Bodenrenke
  62   *Coregonus lavaretus* Linnaeus, 1758 Große Schwebrenke
  63   *Coregonus oxyrhynchus* Linnaeus, 1758 Kleine Schwebrenke
  64   *Coregonus peled* Gmelin, 1789 Peledmaräne
Familie   *Thymallidae* Äschen
  65   *Thymallus thymallus* (Linnaeus, 1758) Äsche
Ordnung   *Esociformes* Hechtartige
Familie   *Umbridae* Hundsfische
  66   *Umbra krameri* Walbaum, 1792 Hundsfisch
● 67   *Umbra pygmaea* (De Kay, 1842) Amerikanischer Hundsfisch
Familie   *Esocidae* Hechte
  68   *Esox lucius* Linnaeus, 1758 Hecht
Ordnung   *Cypriniformes* Karpfenartige
Familie   *Cyprinidae* Weißfische
  69   *Leuciscus leuciscus* (Linnaeus, 1758) Hasel
  70   *Leuciscus souffia* Risso, 1826 Strömer
  71   *Leuciscus cephalus* (Linnaeus, 1758) Döbel
  72   *Leuciscus borysthenicus* (Kessler, 1859) Bobyrez
  73   *Leuciscus idus* (Linnaeus, 1758) Aland
  74   *Rutilus rutilus* (Linnaeus, 1758) Plötze
  75   *Rutilus pigus virgo* (Heckel, 1852) Frauenfisch
  76   *Rutilus rubilio* (Bonaparte, 1837) Südeuropäische Plötze
∇ 76a *Rutilus rubilio arcasii* (Steindachner, 1892) Iberische Plötze
∇ 77   *Rutilus frisii* (Nordmann, 1840) Schwarzmeerplötze
  77a *Rutilus frisii meidingeri* (Heckel, 1852) Perlfisch

▽ 78   *Rutilus alburnoides* (Steindachner, 1866) Calandino-Plötze
▽ 79   *Rutilus lemmingii* (Steindachner, 1866) Pardilla-Plötze
● ▽ 80   *Mylopharyngodon piceus* (Richardson, 1846) Schwarzer Amur
● 81   *Ctenopharyngodon idella* (Valenciennes, 1844) Graskarpfen
82   *Scardinius erythrophthalmus* (Linnaeus, 1758) Rotfeder
83   *Phoxinus phoxinus* (Linnaeus, 1758) Ellritze
84   *Phoxinus percnurus* (Pallas, 1811) Sumpfellritze
85   *Aspius aspius* (Linnaeus, 1758) Rapfen
86   *Leucaspius delineatus* (Heckel, 1843) Moderlieschen
87   *Alburnus alburnus* (Linnaeus, 1758) Ukelei
88   *Alburnus albidus* (Costa, 1838) Weißer Ukelei
89   *Alburnoides bipunctatus* (Bloch, 1782) Schneider
▽ 90   *Chalcalburnus chalcoides* (Güldenstädt, 1772) Schemaja
90a   *Chalcalburnus chalcoides mento* (Agassiz, 1832) Mairenke
91   *Abramis brama* (Linnaeus, 1758) Blei
92   *Abramis ballerus* (Linnaeus, 1758) Zope
93   *Abramis sapa* (Pallas, 1811) Zobel
94   *Blicca bjoerkna* (Linnaeus, 1758) Güster
95   *Vimba vimba* (Linnaeus, 1758) Zährte
96   *Pelecus cultratus* (Linnaeus, 1758) Ziege
97   *Tinca tinca* (Linnaeus, 1758) Schleie
98   *Chondrostoma nasus* (Linnaeus, 1758) Nase
99   *Chondrostoma genei* Bonaparte, 1839 Lau
100   *Chondrostoma taxostoma* Vallot, 1837 Südwesteuropäischer Näsling
101   *Chondrostoma soetta* Bonaparte, 1840 Italienischer Näsling
▽ 102   *Chondrostoma kneri* Heckel, 1843 Dalmatinischer Näsling
103   *Chondrostoma phoxinus* Heckel, 1843 Ellritzennäsling
104   *Barbus barbus* (Linnaeus, 1758) Barbe
104a   *Barbus barbus plebejus* Valenciennes, 1842 Südbarbe
105   *Barbus meridionalis* Risso, 1826 Hundsbarbe
▽ 105a   *Barbus meridionalis petenyi* Heckel, 1847 Semling
▽ 106   *Barbus cyclolepis* Heckel, 1840 Türkische Barbe
▽ 107   *Barbus capito* (Güldenstädt, 1773) Großschuppige Aralbarbe
▽ 108   *Barbus brachycephalus* Berg, 1914 Kurzköpfige Barbe
109   *Gobio gobio* (Linnaeus, 1758) Gründling
110   *Gobio uranoscopus* (Agassiz, 1828) Steingreßling
111   *Gobio albipinnatus* Lukasch, 1933 Weißflossengründling
112   *Gobio kessleri* Dybowski, 1862 Kessler-Gründling
113   *Aulopyge huegeli* Heckel, 1841 Barbengründling
114   *Rhodeus sericeus amarus* (Bloch, 1782) Bitterling
115   *Carassius carassius* (Linnaeus, 1758) Karausche
116   *Carassius auratus gibelio* (Bloch, 1783) Giebel
117   *Cyprinus carpio* Linnaeus, 1758 Karpfen
● 118   *Hypophthalmichthys molitrix* Valenciennes, 1844 Silberkarpfen
● 119   *Aristichthys nobilis* (Richardson, 1845) Marmorkarpfen
Familie   *Siluridae* Welse
120   *Silurus glanis* Linnaeus, 1758 Wels
▽ 121   *Silurus aristotelis* Garman, 1890 Aristoteleswels
Familie   *Ictaluridae* Zwergwelse
● 122   *Ictalurus nebulosus* (Le Sueur, 1819) Zwergwels

Familie   *Cobitidae* Schmerlen
123   *Noemacheilus barbatulus* (Linnaeus, 1758) Schmerle
124   *Misgurnus fossilis* (Linnaeus, 1758) Schlammpeitzger
125   *Cobitis taenia* Linnaeus, 1758 Steinbeißer
126   *Cobitis elongata* Heckel & Kner, 1858 Balkansteinbeißer
127   *Cobitis aurata* (Filippi, 1865) Goldsteinbeißer
128   *Cobitis romanica* Bacescu, 1943 Rumänischer Steinbeißer

Ordnung   *Anguilliformes* Aalartige
Familie   *Congridae* Meeraale
129   *Conger conger* (Linnaeus, 1758) Meeraal
Familie   *Anguillidae* Flußaale
130   *Anguilla anguilla* (Linnaeus, 1758) Europäischer Aal
Familie   *Muraenidae* Muränen
131   *Muraena helena* Linnaeus, 1758 Mittelmeermuräne

Ordnung   *Cyprinodontiformes* Zahnkarpfenartige
Familie   *Cyprinodontidae* Zahnkarpfen
132   *Aphanias fasciatus* Cuvier & Valenciennes, 1821 Zebrakärpfling
133   *Aphanias iberus* Cuvier & Valenciennes, 1846 Spanienkärpfling
134   *Valencia hispanica* (Cuvier & Valenciennes, 1846) Valencia-
      kärpfling
● 135   *Gambusia affinis* Baird & Girard, 1853 Koboldkärpfling

Ordnung   *Beloniformes* Hornhechtartige
Familie   *Belonidae* Hornhechte
136   *Belone belone* (Pallas, 1811) Hornhecht
137   *Scomberesox saurus* (Walbaum, 1792) Makrelenhecht
Familie   *Exocoetidae* Fliegende Fische
138   *Cypselurus heterurus* (Rafinesque, 1810) Atlantischer Flugfisch
▽ 139   *Exocoetis volitans* Linnaeus, 1758 Gemeiner Flugfisch

Ordnung   *Gadiformes* Dorschartige
Familie   *Gadidae* Dorsche
140   *Gadus morrhua* Linnaeus, 1758 Kabeljau
141   *Melanogrammus aeglefinus* (Linnaeus, 1758) Schellfisch
142   *Gadus luscus* (Linnaeus, 1758) Franzosendorsch
143   *Pollachius pollachius* (Linnaeus, 1758) Pollack
144   *Pollachius virens* (Linnaeus, 1758) Köhler
145   *Merlangius merlangus* Linnaeus, 1758 Wittling
146   *Raniceps raninus* (Linnaeus, 1758) Froschdorsch
147   *Onos tricirratus* (Bloch, 1785) Dreibärtelige Seequappe
▽ 148   *Onos mediterraneus* Linnaeus, 1758 Mittelmeerseequappe
149   *Onos cimbrius* Linnaeus, 1758 Vierbärtelige Seequappe
150   *Onos mustela* Linnaeus, 1758 Fünfbärtelige Seequappe
151   *Lota lota* Linnaeus, 1758 Quappe

Ordnung   *Perciformes* Barschartige
Unterordnung   *Percoidei* Barschähnliche
Familie   *Serranidae* Sägebarsche
152   *Dicentrarchus lupus* (Linnaeus, 1758) Wolfsbarsch
153   *Serranus guaza* (Linnaeus, 1758) Brauner Zackenbarsch
154   *Serranus scriba* Linnaeus, 1758 Schriftbarsch
Familie   *Percidae* Barsche
155   *Perca fluviatilis* Linnaeus, 1758 Barsch
156   *Stizostedion lucioperca* (Linnaeus, 1758) Zander

157 *Stizostedion volgensis* Gmelin, 1788 Wolgazander
▽ 158 *Stizostedion marinum* (Cuvier & Valenciennes, 1828) Seezander
159 *Gymnocephalus cernua* (Linnaeus, 1758) Kaulbarsch
160 *Gymnocephalus schraetser* (Linnaeus, 1758) Schrätzer
▽ 161 *Gymnocephalus acerina* (Güldenstädt, 1775) Donkaulbarsch
162 *Zingel zingel* Linnaeus, 1766 Zingel
163 *Zingel streber* (Siebold, 1863) Streber
▽ 164 *Zingel asper* (Linnaeus, 1758) Rhônestreber
Familie *Centrarchidae* Sonnenbarsche
● 165 *Micropterus salmoides* (Lacèpéde, 1802) Forellenbarsch
● ▽ 166 *Micropterus dolomieu* Lacèpéde, 1802 Schwarzbarsch
● 167 *Lepomis gibbosus* (Linnaeus, 1758) Sonnenbarsch
Familie *Carangidae* Stachelmakrelen
168 *Trachurus trachurus* (Linnaeus, 1758) Schildmakrele
▽ 169 *Naucratus ductor* Linnaeus, 1758 Lotsenfisch
Familie *Sciaenidae* Adlerfische
170 *Johnius hololepidotus* Lacèpéde, 1798 Adlerfisch
171 *Umbrina cirrhosa* Linnaeus, 1758 Schattenfisch
172 *Johnius umbra* (Linnaeus, 1758) Seerabe
Familie *Mullidae* Meerbarben
173 *Mullus surmuletus* Linnaeus, 1758 Streifenbarbe
174 *Mullus barbatus* Linnaeus, 1758 Rotbarbe
Familie *Maenidae* Schnauzenbrassen
175 *Maena chryselis* Linnaeus, 1758
176 *Maena maena* Linnaeus, 1758
Familie *Sparidae* Meerbrassen
177 *Diplodus sargus* (Linnaeus, 1758) Großer Geißbrassen
178 *Diplodus vulgaris* (Geoffroy St. Hilaire, 1859) Zweibindenbrassen
179 *Diplodus annularis* (Linnaeus, 1758) Ringelbrassen
180 *Charax puntazzo* (Cetti, 1784) Spitzbrassen
181 *Oblada melanura* (Linnaeus, 1758) Brandbrassen
182 *Sparus auratus* Linnaeus, 1758 Goldbrassen
183 *Pagellus erythrinus* (Linnaeus, 1758) Rotbrassen
184 *Pagellus mormyrus* (Linnaeus, 1758) Marmorbrassen
185 *Boops salpa* Linnaeus, 1758 Goldstriemen
186 *Boops boops* (Linnaeus, 1758) Gelbstriemen
Familie *Cepolidae* Bandfische
187 *Cepola rubescens* Linnaeus, 1758 Roter Bandfisch
Familie *Pomacentridae* Riffbarsche
188 *Chromis chromis* Linnaeus, 1758 Mönchsfisch
Familie *Labridae* Lippfische
189 *Labrus berggylta* Ascanius, 1772 Gefleckter Lippfisch
190 *Labrus bimaculatus* Linnaeus, 1758 Streifenlippfisch
191 *Ctenolabrus rupestris* (Linnaeus, 1758) Klippenbarsch
192 *Crenilabrus melops* Linnaeus, 1758 Goldmaid
193 *Crenilabrus tinca* Linnaeus, 1758 Pfauenlippfisch
194 *Crenilabrus ocellatus* (Forskål, 1775) Augenlippfisch
195 *Crenilabrus cinereus* (Bonnaterre, 1788) Grauer Lippfisch
196 *Crenilabrus quinquemaculatus* (Bloch, 1792) Fünffleckiger
Lippfisch

Unterordnung *Gobioidei* Grundelähnliche
   Familie *Gobiidae* Meergrundeln
     230 *Gobius flavescens* Fabricius, 1779 Schwimmgrundel
     231 *Gobius pictus* Malm, 1863 Bändergrundel
     232 *Gobius niger* Linnaeus, 1758 Schwarzgrundel
     233 *Gobius microps* (Kroyer, 1840) Strandgrundel
     234 *Gobius minutus* Pallas, 1769 Sandgrundel
     235 *Aphia minuta* Risso, 1810 Weißgrundel
     236 *Crystallogobius linearis* Düben & Korén, 1845 Kristallgrundel
     237 *Gobius cobitis* Pallas, 1811 Große Meergrundel
     238 *Gobius ophiocephalus* Pallas, 1811 Schlangenkopfgrundel
     239 *Gobius melanostomus* Pallas, 1811 Schwarzmundgrundel
     240 *Gobius batrachocephalus* Pallas, 1811 Krötengrundel
     241 *Gobius fluviatilis* Pallas, 1811 Flußgrundel
     242 *Gobius cephalarges* Pallas, 1811 Großkopfgrundel
     243 *Gobius kessleri* Günther, 1861 Kessler-Grundel
     244 *Gobius syrman* Nordmann, 1840 Syrman-Grundel
     245 *Pomatoschistus caucasicus* (Kawrajsky, 1899) Kaukasische
         Grundel
     246 *Proterorhinus marmoratus* (Pallas, 1811) Marmorierte Grundel
     247 *Pomatoschistus canestrini* Ninni, 1882 Canestrini-Grundel
Unterordnung *Cottoidei* Panzerwangenähnliche
   Familie *Scorpaenidae* Drachenköpfe
     248 *Scorpaena porcus* Linnaeus, 1758 Brauner Drachenkopf
     249 *Scorpaena scrofa* Linnaeus, 1758 Roter Drachenkopf
   Familie *Triglidae* Knurrhähne
     250 *Trigla gurnardus* Linnaeus, 1758 Grauer Knurrhahn
     251 *Trigla hirundo* Linnaeus, 1758 Roter Knurrhahn
     252 *Trigla cuculus* Linnaeus, 1758 Seekuckuck
   Familie *Dactylopteridae* Flughähne
     253 *Dactylopterus volitans* Linnaeus, 1758 Flughahn
   Familie *Cottidae* Groppen
     254 *Cottus gobio* Linnaeus, 1758 Westgroppe
     255 *Cottus poecilopus* Heckel, 1836 Ostgroppe
     256 *Myoxocephalus quadricornis* (Linnaeus, 1758) Vierhörniger
         Seeskorpion
     257 *Myoxocephalus scorpius* (Linnaeus, 1758) Seeskorpion
  ▽ 258 *Taurulus bubalis* (Euphrasen, 1786) Seebulle
   Familie *Agonidae* Panzergroppen
     259 *Agonus cataphractus* (Linnaeus, 1758) Steinpicker
   Familie *Cyclopteridae* Lumpfische
     260 *Cyclopterus lumpus* Linnaeus, 1758 Seehase
     261 *Liparis liparis* (Linnaeus, 1758) Großer Scheibenbauch
  ▽ 262 *Liparis montagui* (Donovan, 1802) Kleiner Scheibenbauch
Ordnung *Pleuronectiformes* Plattfischartige
   Familie *Bothidae* Butte
     263 *Psetta maxima* (Linnaeus, 1758) Steinbutt
     264 *Scophthalmus rhombus* Linnaeus, 1758 Glattbutt
     265 *Arnoglossus laterna* (Walbaum, 1792) Lammzunge
   Familie *Pleuronectidae* Schollen
     266 *Limanda limanda* (Linnaeus, 1758) Kliesche

Hinweise für das Bestimmen

Die allgemeine Körperform ist der erste Eindruck beim Beobachten freilebender oder auch gefangener Fische. Es werden deshalb zunächst die für eine Gruppe untereinander verwandter Fische (zumeist die Familie) typische Umrisse in systematischer Reihenfolge dargestellt (Umrißschlüssel S. 90). Dem Leser wird es fast immer möglich sein, sich mit Hilfe dieser Skizzen für eine Familie zu entscheiden. Er wird dann entweder bei artenarmen Familien durch Angabe der Seitenzahl sofort zur genaueren Beschreibung dieser Gruppe geführt oder bei artenreichen Familien auf einen zweiten Umrißschlüssel verwiesen, der ihn wiederum durch Angabe der betreffenden Seite bis zur Unterfamilie, Gattung oder Art führt.

Die unterschiedlichen Farben der Skizzen vermitteln ihm schon in den Umrißbestimmungsschlüsseln erste Angaben über die Lebensräume, in denen sich die betreffenden Fische aufhalten. Es bedeuten dabei:

Umriß schwarz Fläche weiß	Fischgruppe, die Vertreter in allen Lebensräumen hat
Umriß schwarz Fläche blau	Fisch(gruppe) marin
Umriß schwarz Fläche rot	Fisch(gruppe) im Süßwasser
Umriß schwarz Fläche vorn blau hinten rot	Fisch(gruppe) anadrom (lebt im Meer, laicht im Süßwasser)
Umriß schwarz Fläche vorn rot hinten blau	Fisch(gruppe) katadrom (lebt im Süßwasser, laicht im Meer)
Umriß blau Fläche weiß	Fisch(gruppe) marin, auch in Brack- oder Süßwasser vorkommend
Umriß rot Fläche weiß	Fisch(gruppe) im Süßwasser, auch im Brack- oder Meerwasser vorkommend

Im Text zu den einzelnen Fischarten findet der Leser Angaben in der Reihenfolge wissenschaftlicher Name, deutscher Name, eventuelle deutsche Regionalnamen, Kennzeichen und Lebensweise. Angaben über die Verbreitung und Färbung der Arten werden nur gelegentlich als Ergänzung gebracht, da fast allen aufgeführten Arten Verbreitungskarten und farbige Abbildungen beigeordnet sind.

Auf den Verbreitungskarten sind geschlossene Verbreitungsgebiete blau gekennzeichnet, was nicht bedeutet, daß die betreffende Art in allen Gewässern dieses Gebietes vorkommen muß. Dick nachgezogene Küstenlinien oder Flußläufe zeigen die Verbreitungs- bzw. Aufstiegsgebiete von Wanderfischen an.

Die Aquarelle wurden vorzugsweise nach lebenden Vorlagen angefertigt und geben den farblichen Eindruck wieder, den frisch gefangene bzw. in Aquarien oder dicht unter der Wasseroberfläche schwimmende Fische bei Tageslicht machen. Gefangene, kranke und tote Fische verändern ihre Farben mehr oder weniger schnell. Auch die Jahreszeit und die Umgebung beeinflussen die Fischfärbung. Beim Tauchen beobachtete Fische verlieren mit zunehmender Tiefe die roten, gelben und grünen Töne und wirken schließlich nur noch blaugrün, es sei denn, sie werden von künstlichen Lichtquellen angestrahlt.

Der Abschnitt Kennzeichen beinhaltet ausführliche Angaben über Flossenstrahlen (s. S. 35), Schuppen (s. S. 36), Schlundzähne (s. S. 29), Kiemenreusendornen (s. S. 31). Von den Flossenstrahlen wird die Zahl der Stachelstrahlen immer in römischen Ziffern, die der Weichstrahlen immer in arabischen Ziffern angegeben. Da in der Regel nicht alle Strahlen einer Flosse gleichförmig sind, werden Stachelstrahlen und ungeteilte Weichstrahlen durch einen Schrägstrich von geteilten Weichstrahlen getrennt, also z. B.
Kaulbarsch D XII–XIV/11–14; A II/5–6 oder
Lachs D 3–4/9–11; A 3/7–8
wobei D für Dorsale = Rückenflosse

A für Anale = Afterflosse
P für Pectorale = Brustflosse
V für Ventrale = Bauchflosse
C für Caudale = Schwanzflosse

steht.
Sind keine Schrägstriche vermerkt, bedeutet das nicht immer, daß alle Strahlen gleichförmig aussehen — es kann auch sein, daß

64 Die Schuppenreihe entlang der Seitenlinie (L.l.) bzw. auf der Mitte der Körperseite (Sq.l.) ist für die Bestimmung wichtig, seltener müssen auch die Schuppen einer Querreihe (am höchsten Punkt der Rückenlinie beginnen!) gezählt werden

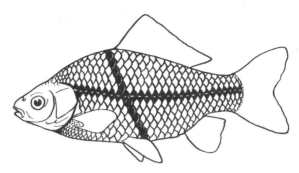

Quellenmaterial über ihre unterschiedliche Beschaffenheit nicht zur Verfügung stand.

Die Schuppenzahl in der Seitenlinie (L.l.) ist ein wichtiges Bestimmungsmerkmal, da die Seitenlinie am oberen Kiemendeckelhinterrand beginnt und bis zur Schwanzwurzel reicht. Bei Fischen mit verkürzter oder gar nicht vorhandener Seitenlinie wird eine Schuppenreihe auf der Mitte der Körperseite gezählt (Sq.l.). In Ausnahmefällen können auch noch die Schuppen einer Querreihe an der höchsten Körperstelle ermittelt werden, wobei durch Querstrich angezeigt wird, wie viele davon über bzw. unter der Seitenlinie stehen. Die sogenannte Schuppenformel lautet dann z. B. beim Giebel $27\frac{6}{6}$ (vgl. Abb. 64).

Auf der dem Schlund zugekehrten Seite der Kiemenbögen befinden sich die Kiemenreusendornen. Anordnung, Gestalt, Länge und Zahl sind sehr verschieden und können daher bei manchen Gattungen und Arten für die Bestimmung herangezogen werden. Da sie zahlenmäßig auch innerhalb einer Art variieren, lassen sie immer nur für eine größere Anzahl einer Fischpopulation nach Feststellen von Mittelwerten richtige Schlüsse zu – für das Einzeltier sind sie nicht aussagekräftig genug.

Bei den Angehörigen der Familie Weißfische *(Cyprinidae)* befinden sich auf den 5. Kiemenbögen Schlundzähne. Sie stehen jederseits in 1 bis 3 Reihen angeordnet. Zahl und Anordnung ergeben die sogenannte Schlundzahnformel, z. B. Karpfen 1.1.3–3.1.1 oder Rotfeder 3.5–5.3.

Für die Störe *(Acipenseridae)* wird die Zahl der Knochenplatten (Rücken-, Seiten- bzw. Bauchschilder) angegeben.

Angaben über die Größe (= Länge) des Fisches folgen diesen für eine exakte Bestimmung wichtigen Daten. Sofern bekannt, wird dabei neben dem durchschnittlichen Größenbereich, in dem erwachsene Vertreter einer Art differieren, auch die Maximallänge genannt. Danach werden weitere artspezifische Merkmale, oft mit Hinweisen auf Verwechslungsmöglichkeiten mit nahe verwandten Arten, gebracht.

Im Abschnitt Lebensweise wird der Leser mit Lebensraum, Ernährung, Fortpflanzung und anderen wissenswerten Fakten vertraut gemacht, die das Bild der jeweils vorgestellten Art biologisch abrunden.

Um rasch und sicher zu einem Bestimmungsergebnis zu gelangen, empfiehlt es sich daher, in folgender Weise vorzugehen:

1. Groborientierung im Umrißschlüssel ab S. 89, der (in der Regel) bis zur Familie führt; im Bedarfsfall weitere Einengung mit Hilfe des speziellen Umrißschlüssels für artenreiche Familien
2. Überprüfen der für die jeweiligen Arten angegebenen Merkmale unter Beachtung aller weiteren Angaben zur Art
3. Vergleich mit der entsprechenden Farbabbildung.

Umrißschlüssel

Die folgenden Umrißschlüssel ermöglichen eine grobe systematische Einordnung des jeweils zu bestimmenden Fisches. In der Regel wird dabei zunächst die Frage nach der Familienzugehörigkeit von Interesse sein (Schlüssel I). Für die artenreichen Familien

der Heringe *(Clupeidae)*, Lachse *(Salmonidae)*, Weißfische *(Cyprinidae)*, Dorsche *(Gadidae)* und Barsche *(Percidae)* gestatten die Schlüssel II bis VI eine tiefergehende Differenzierung bis zu Gattungen oder Arten.
Die verschiedenen Farben der Umrißskizzen

(s. Erläuterungen auf S. 88) geben Hinweise auf die Lebensweise (Lebensräume); die Verwendung von 3 Größenkategorien für die Umrisse beziehen ein weiteres wesentliches Kriterium für die Grobbestimmung eines Fisches ein. Die unterschiedlichen Größen entsprechen folgenden Längenabmessungen:

< 30 cm

30 bis 70 cm

> 70 cm

UMRISSSCHLÜSSEL I

Myxinidae
Inger (S. 107)

Petromyzonidae
Neunaugen (S. 108)

Selachiformes
Haiartige (S. 111)

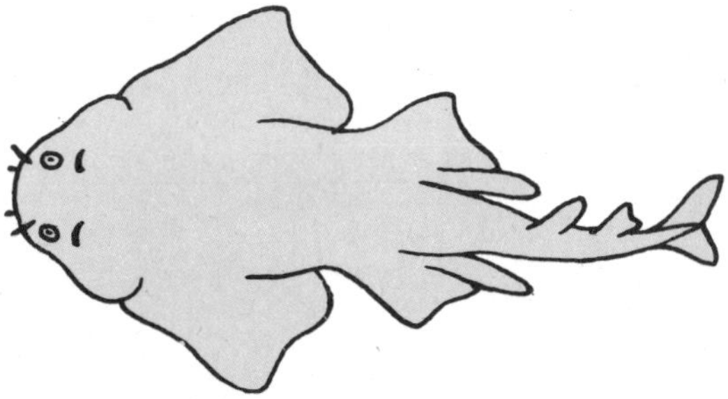

Squatinidae
Meerengel (S. 115)

Torpedinidae
Zitterrochen (S. 116)

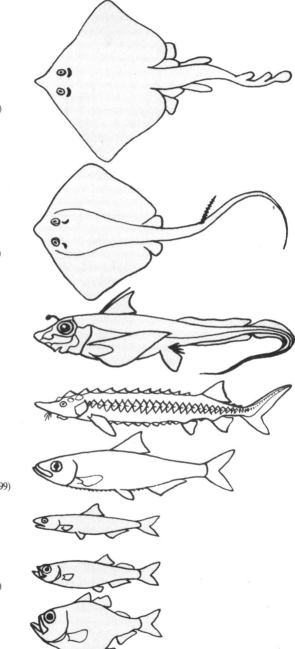

Rajidae
Echte Rochen (S. 117)

Dasyatidae
Stachelrochen (S. 120)

Chimaeridae
Seekatzen (S. 121)

Acipenseridae
Störe (S. 122)

Clupeidae
Heringe (Schlüssel S. 99)

Engraulidae
Sardellen (S. 133)

Gonostomidae
Borstenmäuler (S. 134)

Sternoptychidae
Beilfische (S. 134)

Salmonidae
Lachse (Schlüssel S. 100)

Osmeridae
Stinte (S. 144)

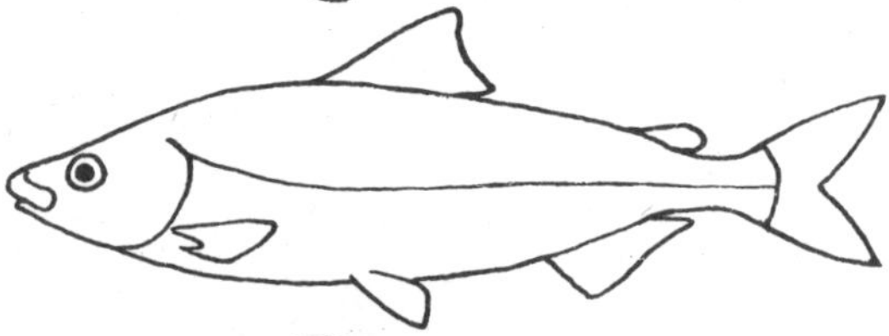

Coregonidae
Maränen (S. 146)

Thymallidae
Äschen (S. 152)

Umbridae
Hundsfische (S. 152)

Esocidae
Hechte (S. 153)

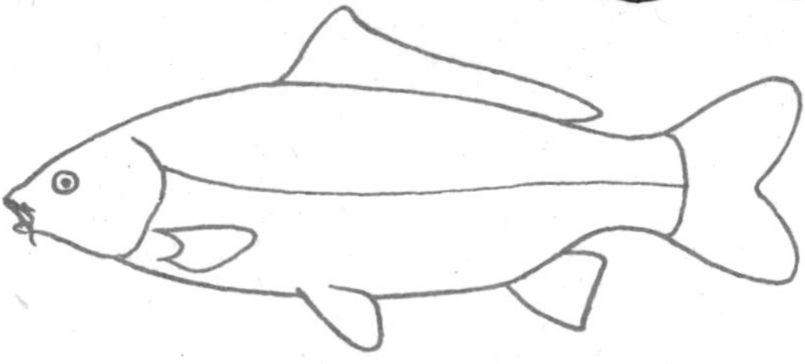

Cyprinidae
Weißfische (Schlüssel
S. 102)

Siluridae
Welse (S. 193)

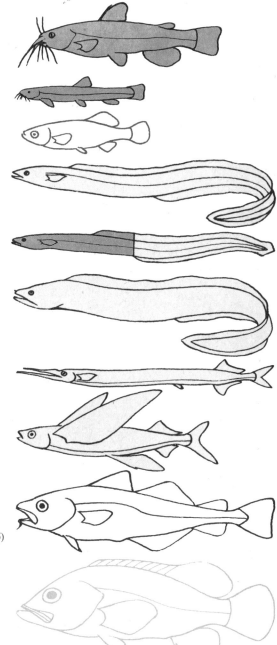

Ictaluridae
Zwergwelse (S. 194)

Cobitidae
Schmerlen (S. 194)

Cyprinodontidae
Kärpflinge (S. 203)

Congridae
Meeraale (S. 198)

Anguillidae
Flußaale (S. 199)

Muraenidae
Muränen (S. 202)

Belonidae
Hornhechte (S. 204)

Exocoetidae
Fliegende Fische (S. 206)

Gadidae
Dorsche (Schlüssel S. 105)

Serranidae
Sägebarsche (S. 213)

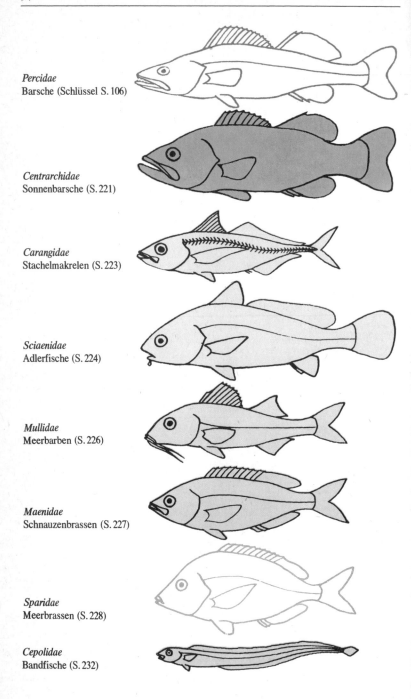

Percidae
Barsche (Schlüssel S. 106)

Centrarchidae
Sonnenbarsche (S. 221)

Carangidae
Stachelmakrelen (S. 223)

Sciaenidae
Adlerfische (S. 224)

Mullidae
Meerbarben (S. 226)

Maenidae
Schnauzenbrassen (S. 227)

Sparidae
Meerbrassen (S. 228)

Cepolidae
Bandfische (S. 232)

Pomacentridae
Riffbarsche (S. 233)

Labridae
Lippfische (S. 233)

Trachinidae
Drachenfische (S. 240)

Uranoscopidae
Sterngucker (S. 242)

Blenniidae
Schleimfische (S. 243)

Anarrhichadidae
Seewölfe (S. 248)

Pholidae
Butterfische (S. 250)

Zoarcidae
Gebärfische (S. 250)

Ammodytidae
Sandaale (S. 251)

Callionymidae
Leierfische (S. 252)

Scombridae
Makrelen (S. 254)

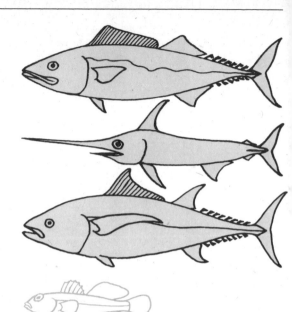

Cybiidae
Pelamiden (S. 255)

Xiphiidae
Schwertfische (S. 256)

Thunnidae
Thunfische (S. 257)

Gobiidae
Meergrundeln (S. 260)

Scorpaenidae
Drachenköpfe (S. 267)

Triglidae
Knurrhähne (S. 269)

Dactylopteridae
Flughähne (S. 270)

Cottidae
Groppen (S. 270)

Agonidae
Panzergroppen (S. 274)

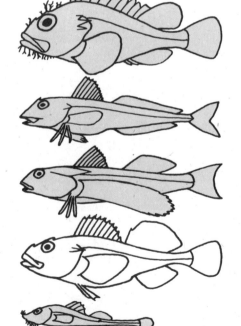

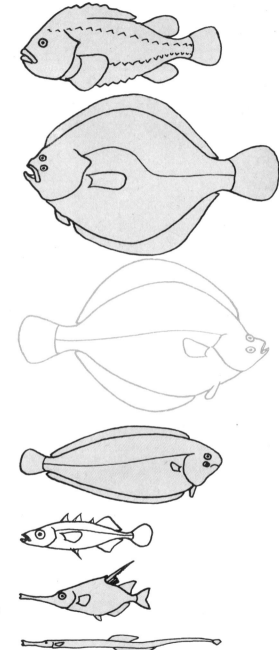

Cyclopteridae
Lumpfische (S. 274)

Bothidae
Butte (S. 277)

Pleuronectidae
Schollen (S. 278)

Soleidae
Seezungen (S. 281)

Gasterosteidae
Stichlinge (S. 282)

Macrorhamphosidae
Schnepfenfische (S. 286)

Syngnathidae
Seenadeln (S. 286)

Sphyraenidae
Pfeilhechte (S. 292)

Mugilidae
Meeräschen (S. 293)

Atherinidae
Ährenfische (S. 295)

Lophiidae
Seeteufel (S. 297)

Molidae
Mondfische (S. 298)

UMRISSSCHLÜSSEL II
Clupeidae Heringe

Clupea harengus
Hering (34) (S. 127)

Sprattus sprattus
Sprotte (35) (S. 127)

Alosa alosa
Maifisch (37) (S. 128)

Alosa fallax
Finte (38) (S. 128)

Alosa (Caspialosa) spec.
Kaspisch-pontische
Heringe (39–41) (S. 130)

Clupeonella cultiventris
Kilka (42) (S. 133)

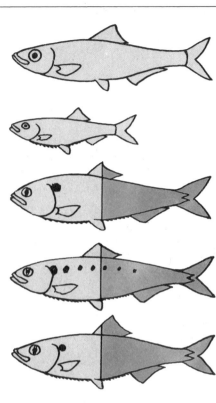

UMRISSSCHLÜSSEL III
Salmonidae Lachse

Salmo salar
Lachs (46) (S. 135)

Salmo trutta
Forelle (47) (S. 137)

Salmo gairdneri
Regenbogenforelle (48)
(S. 140)

Hucho hucho
Huchen (49) (S. 140)

*Salmothymus obtusiro-
stris*
Adriatischer Lachs (51)
(S. 142)

Salvelinus alpinus
Wandersaibling (52)
(S. 142)

Salvelinus fontinalis
Bachsaibling (53) (S. 143)

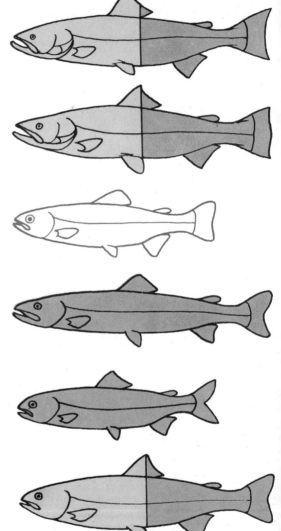

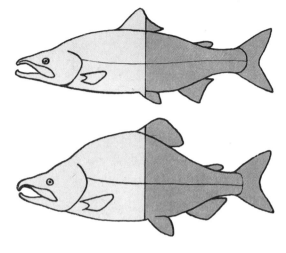

Oncorhynchus keta
Ketalachs (55) (S. 144)

Oncorhynchus gorbuscha
Buckellachs (54) (S. 143)

UMRISSSCHLÜSSEL IV
Cyprinidae Weißfische

Leuciscus spec.
Weißfische i. e. S. (69–73)
(S. 155)

Rutilus spec.
Plötzen (74–79) (S. 158)

Ctenopharyngodon idella
Graskarpfen (81) (S. 163)

Scardinius erythrophthalmus
Rotfeder (82) (S. 165)

Phoxinus spec.
Ellritzen (83, 84) (S. 165)

Leucaspius delineatus
Moderlieschen (86)
(S. 167)

Alburnus spec.
Ukeleis (87, 88) (S. 168)

Alburnoides bipunctatus
Schneider (89) (S. 168)

*Chalcalburnus chalcoides
mento*
Mairenke (90a) (S. 170)

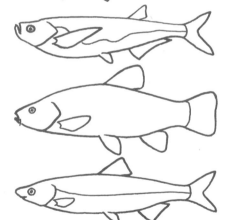

Abramis spec.
Blei, Zope, Zobel (91–93)
(S. 170)

Blicca bjoerkna
Güster (94) (S. 173)

Vimba vimba
Zährte (95) (S. 173)

Pelecus cultratus
Ziege (96) (S. 174)

Tinca tinca
Schleie (97) (S. 174)

Chondrostoma spec.
Nasen (98–103) (S. 176)

Barbus spec.
Barben (104–108) (S. 179)

Gobio spec.
Gründlinge (109–112)
(S. 180)

Rhodeus sericeus amarus
Bitterling (114) (S. 182)

Carassius spec.
Karauschen (115, 116)
(S. 185)

Cyprinus carpio
Karpfen (117) (S. 189)

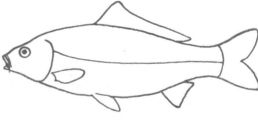

*Hypophthalmichthys
molitrix*
Silberkarpfen (118) (S. 190)

Aristichthys nobilis
Marmorkarpfen (119)
(S. 191)

UMRISSSCHLÜSSEL V
Gadidae Dorsche

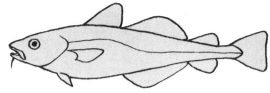

Gadus morrhua
Kabeljau (140) (S. 207)

Melanogrammus aeglefi-
nus
Schellfisch (141) (S. 208)

Gadus luscus
Franzosendorsch (142)
(S. 208)

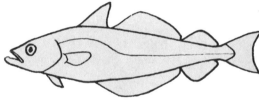

Pollachius pollachius
Pollack (143) (S. 208)

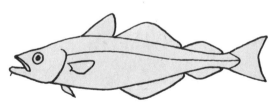

Pollachius virens
Köhler (144) (S. 210)

Merlangius merlangus
Wittling (145) (S. 210)

Raniceps raninus
Froschdorsch (146) (S. 211)

Onos spec.
Seequappen (147–150)
(S. 211)

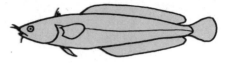

Lota lota
Quappe (151) (S. 213)

UMRISSSCHLÜSSEL VI
Percidae Barsche

Perca fluviatilis
Barsch (155) (S. 215)

Stizostedion lucioperca
Zander (156) (S. 216)

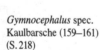

Gymnocephalus spec.
Kaulbarsche (159–161)
(S. 218)

Zingel spec.
Spindelbarsche (162–164)
(S. 220)

Artbeschreibungen

STAMM
Agnatha Kieferlose

In dieser Tiergruppe sind die ältesten aller bekannten Schädelwirbeltiere zusammengefaßt, die keine eigentlichen Kiefer besitzen. Bereits seit dem Devon bewohnen sie als kleine bis mittelgroße Wassertiere Binnengewässer und Meere. Als einzige Gruppe gehört hierzu die

KLASSE
Cyclostomata Rundmäuler

Gemeinsames Merkmal der Rundmäuler ist ein trichterförmiger Saugmund, der mit Hornzähnen bestückt ist. Der Körper ist aalartig langgestreckt und wird von einer schleimigen, schuppenlosen Haut bedeckt. Das nur dürftig entwickelte Skelett ist knorpelig; Schulter- und Beckengürtel mit paarigen Flossen und Schwimmblase fehlen. Die bekanntesten Vertreter dieser räuberisch lebenden Tiere gehören zwei verschiedenen Familien an, den Ingern und den Neunaugen.

FAMILIE
Myxinidae Inger

Diese von Linné noch zu den Würmern gestellten parasitischen Wirbeltiere haben an ihrem spitz zulaufenden Vorderende eine unpaare Nasenöffnung und darunter eine kleine, längs geschlitzte Mundspalte mit einer bezahnten Zunge, die stempelartig vor- und zurückgezogen werden kann. Beide Öffnungen sind von je 4 Bartfäden umstellt. Die Augen sind verkümmert. Die Inger nehmen im Gegensatz zu den Neunaugen das Atemwasser mit der Nasenöffnung in die Kiemenhöhle auf und führen es durch Kiemengänge ab. Alle Inger sind Meerestiere.

1 *Myxine glutinosa*
Inger Blind-, Wurm-, Schleimfisch
Kennzeichen: Länge max. 40 cm (♀) bzw. 30 cm ♂
Der langgestreckte, blaßblaue bis bräunlichweiße Körper hat lediglich am Schwanzende einen kleinen Flossensaum. An der Bauchseite befindet sich nur eine paarige Öffnung für den das Wasser aus den Kiemensäckchen abführenden Kanal.
Lebensweise: Die vorwiegend nachtaktiven Inger leben in Tiefen von 20 bis 350 m, in Ausnahmefällen auch tiefer. Sie bevorzugen Meeresgebiete mit horizontalen Wasserströmungen, weil sie dort mit ihrem hervorragend entwickelten Geruchssinn die Beutetiere besser wahrnehmen. Außer von Bodentieren ernähren sie sich von kranken oder in und an Fanggeräten befindlichen Fischen, die sie annagen und ausfressen. Sie können auf diese Weise der Fischerei schweren Schaden zufügen, denn in vielen Nutzfischen, wie Kabeljau, Schellfisch, Plattfischen und selbst in und an Stören und auch Haien wurden schmarotzende Inger gefunden, oft sogar in mehreren Exemplaren. Nach einer erst bei 24 cm Länge feststellbaren Geschlechtsdifferenzierung pflanzen sich die Inger offensichtlich während des ganzen Jahres fort. In größeren Tiefen werden 20 bis 30 länglich-ovale Eier abgelegt, die von einer hornartigen Schale bedeckt sind. Diese 17 bis 25 mm langen Eier haben an den Enden Fadenbündel mit kleinen Widerhaken, so daß sie aneinander oder an der Unterlage haften. Von IX bis V konnten solche Eibündel an den Küsten Norwegens beobachtet werden. Eine nahe verwandte Gattung (*Bdellostoma*) laicht im Gegensatz zu den Ingern an steinigen Küsten, und dies ebenfalls während des ganzen Jahres. Wie bei den Ingern geht die Entwicklung ohne Metamorphose vor sich, die Jungtiere gleichen also den Erwachsenen. Wahrscheinlich laichen die Tiere mehrmals im Laufe ihres Lebens.

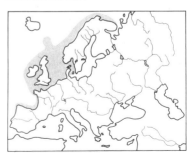

FAMILIE
Petromyzonidae Neunaugen

Rundmäuler, bei denen sich im Gegensatz zu den Ingern die 7 Kiementaschen getrennt nach außen öffnen. Mit den gut ausgebildeten Augen und der nicht an der Schnauzenspitze gelegenen Nasenöffnung sind das jederseits 9 Öffnungen – deshalb fälschlich Neunauge. Der scheibenförmige Saugmund ist von fadenartigen Fortsätzen (Zirren) umgeben und mit Hornzähnen besetzt. Auch die Zunge trägt Zähne und funktioniert als Bohrer und Kolben. Die Tiere haben eine Schwanzflosse und 2 sich manchmal vereinigende Rückenflossen.

Alle Neunaugen laichen im Süßwasser. Die zahlreichen Eier sind klein. Die Larven werden als Querder *(Ammocoetes)* bezeichnet. Sie sind augenlos (Augenanlagen unter der Haut), haben einen zweilippigen zahnlosen Mund in Form einer dreieckigen Spalte, der von gefransten Barteln umgeben ist. Der Flossensaum ist ungeteilt. Das Larvenstadium einiger Arten dauert bis zu 5 Jahren, erst dann erfolgt die Metamorphose zum erwachsenen Neunauge, der Lamprete. Manche Arten laichen mehrmalig, andere sterben nach einmaligem Laichen. Neben stationären Süßwasserformen gibt es anadrome Wanderer, die zum Laichen aus dem Meer in Binnengewässer aufsteigen und sich dabei aalähnlich bewegen. In Europa kommen 4 Gattungen mit 7 Arten vor.

2 *Petromyzon marinus*
Meerneunauge Lamprete, Meerpricke
Kennzeichen: Länge 50 bis 80 cm (max. 1 m)
Die Rückenflosse ist zweigeteilt mit einem

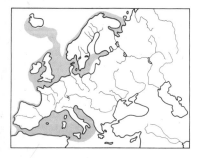

deutlich erkennbaren Zwischenraum. In der Mundscheibe stehen zahlreiche konzentrische Reihen von Hornzähnen. Am oberen Rand des Mundes befindet sich ein Hornzahn mit 2 Spitzen, am gegenüberliegenden Rand eine Leiste mit 7 bis 9 Zähnen. Der runde Körper ist hinter dem After seitlich leicht kompreß.
Lebensweise: Meerneunaugen sind anadrome Wanderfische der atlantischen Küsten Europas und Nordamerikas. Im Meer ernähren sie sich vorwiegend vom Blut und Gewebe der Fische, an denen sie sich festsaugen. Im Herbst oder im Frühjahr wandern sie die Flüsse aufwärts, stellen die Nahrungsaufnahme ein und laichen von III bis V auf kiesigen Gründen ab. Etwa 200 000 bis 300 000 Eier von 1 mm Durchmesser werden von einem Weibchen in mehreren Schüben abgelegt, während es vom angesaugten ♂ umschlungen wird. Die Tiere gehen nach dem Laichen zugrunde. In vermutlich 4 Jahren wachsen die in Schlammröhren von kleinsten Nahrungsteilchen lebenden Larven langsam auf 15 bis 20 cm Länge heran, bis sie sich in die erwachsenen Neunaugen umwandeln und flußabwärts ins Meer ziehen. Dort werden sie in wenigen Jahren als gefräßige Räuber bei einer Größe von 50 bis 75 cm geschlechtsreif.
Im Meer und während der Aufwanderung in den Flüssen gefangene Meerneunaugen sind sehr fettreich und wohlschmeckend. Da sie nur vereinzelt auftreten und immer seltener werden, ist ihre wirtschaftliche Bedeutung gering.

3 *Caspiomyzon wagneri*
Kaspisches Neunauge
Das nur bis 55 cm lang werdende graugefärbte und nicht marmorierte Tier ähnelt in seiner Lebensweise dem Meerneunauge. Es wird beim Aufstieg in den Flüssen Wolga, Ural, Terek und Kura in Reusen gefangen. Auch seine Bestände sind durch Wasserbau und Verunreinigung gefährdet.

4 *Lampetra fluviatilis*
Flußneunauge Pricke
Kennzeichen: Länge 30 bis 35 cm (max. 50 cm)
Zwischen beiden Teilen der Rückenflosse

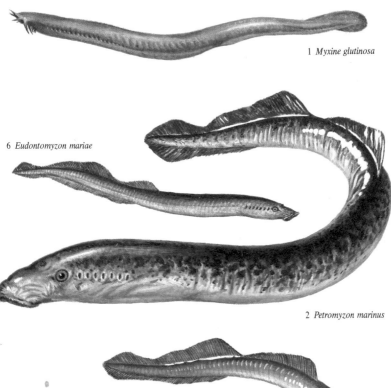

1 *Myxine glutinosa*

6 *Eudontomyzon mariae*

2 *Petromyzon marinus*

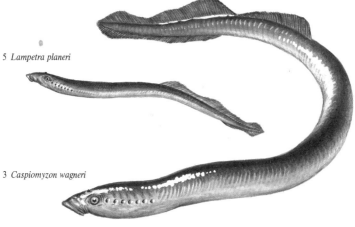

5 *Lampetra planeri*

3 *Caspiomyzon wagneri*

4 *Lampetra fluviatilis*

110

befindet sich kein Zwischenraum. Die Mundscheibe hat nur eine innere Reihe kräftiger Zähne.

Lebensweise: Die im Meere außerordentlich freßlustigen Tiere ernähren sich wie ihre großen Verwandten vom Blut und Fleisch der Fische, die sie an- und ausfressen. Im Mundtrichter produzierte Drüsensekrete verhindern dabei das Gerinnen des Blutes der Beutefische. Von IX bis XI findet die anadrome Laichwanderung bis in weit aufwärtsgelegene Flußregionen statt. Die Nahrungsaufnahme wird eingestellt, die scharfen Hornzähne werden durch stumpfe Kegel ersetzt und die Leibeshöhle füllt sich mit den Laichprodukten. Von III bis V versammeln sich die Neunaugen in Scharen an sandigkiesigen Stellen der Bäche. Dabei werden die ♀ von den ♂ wiederholt bei Umschlingungen begattet, nachdem sich bei den ♂ das Begattungsorgan verlängerte und bei den ♀ die Falten beiderseits des Afters anschwollen. Erst am Ende der Paarungsperiode legen die ♀ unter Steinen schubweise bis zu 1 500 blaßgelbe Eier ab. Die völlig erschöpften Tiere sterben nach der Paarungszeit. Die Larven graben im Schlamm eine Röhre, in der sie zwar gut geschützt sind, aber nur kärglich von den durchströmenden feinen Nahrungsteilchen leben können. Erst nach 3¹/₂ Jahren sind sie 15 cm lang und wandeln sich innerhalb von 6 bis 8 Wochen in erwachsene Neunaugen um. Im Spätsommer oder Herbst wandern sie ins Meer, wo sie nach 1 bis 2 Jahren unermüdlichen Fressens genügend Reservestoffe angehäuft haben, um die beschriebene strapaziöse Aufgabe erfüllen zu können. Die zunehmende Verunreinigung der Fließgewässer und die Anhäufung schädlicher Stoffe im

Schlamm verhindern vielerorts ein Schließen dieses Kreislaufes, denn nur in sauberen Bächen sind Neunaugen imstande, eine 3- bis 4jährige Larvenzeit zu überleben. Noch vor den meist auffälligeren Fischsterben weist das Seltenerwerden und – schließlich – Aussterben der Neunaugen auf die Verunreinigung von Binnengewässern hin.

Während besonders in Mitteleuropa um die Jahrhundertwende noch große Mengen aufwandernder Flußneunaugen gefangen und „grün", gesalzen, geräuchert und mariniert als Leckerbissen verkauft wurden, haben sie heute nur noch örtlich eine gewisse wirtschaftliche Bedeutung.

5 *Lampetra planeri*
Bachneunauge

Kennzeichen: Länge max. 17 cm

Beide Teile der Rückenflosse sind miteinander verbunden. Die stumpfen Zähne der Mundscheibe ähneln denen des Flußneunauges nach Einstellen der Nahrungsaufnahme. Zur Laichzeit ist die Mundpartie und das beim ♀ angeschwollene Gebiet hinter dem After lebhaft rostrot gefärbt.

Die Übereinstimmung der anatomischen Merkmale bei Fluß- und Bachneunauge lassen vermuten, daß der Artbildungsprozeß zwischen der anadromen Wanderform *L. fluviatilis* und der stationären Süßwasserform *L. planeri* noch nicht zum Abschluß gekommen ist.

Lebensweise: Laichperiode und Larvenzeit gleichen vollkommen den entsprechenden Lebensabschnitten beim Flußneunauge. Nach der Metamorphose in den Monaten VIII bis X wandern sie dagegen nicht flußabwärts zum Fressen ins Meer, sondern bachaufwärts zur

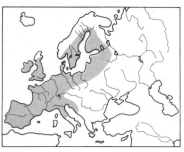
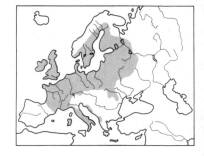

zu 6

Vorbereitung auf die Laichzeit im Frühjahr. Die Larven speichern also bereits die Reservestoffe, die eine Umwandlung zum erwachsenen Tier, die Ausbildung der Geschlechtsprodukte und das intensive Fortpflanzungsgeschäft selbst ermöglichen. Derartige ohne Nahrungsaufnahme in 10 Monaten vollbrachten stoffwechselphysiologischen Leistungen sind bei Wirbeltieren einzigartig. Die nur bleistiftstarken Rogener legen etwa 500 im Durchmesser 1,3 mm große Eier und sterben wie die ♂ nach dem Laichen ab.

6 *Eudontomyzon mariae*
  Ukrainisches Bachneunauge und
7 *Eudontomyzon danfordi*
  Donauneunauge
sind 2 stationäre Süßwasserformen in den Gewässern nördlich des Schwarzen Meeres von maximal 20 bzw. 30 cm Länge.

STAMM
Gnathostomata Kiefermäuler

Alle höheren Wirbeltiere mit Kieferbildung werden unter diesem Begriff zusammengefaßt. Nach ihrer Entstehungszeit sind die Fische davon wiederum die älteste Tiergruppe.

KLASSE
Pisces Fische

Die Vertreter dieser Klasse sind dadurch gekennzeichnet, daß sie im Wasser leben, zeitlebens durch Kiemen atmen und einen beschuppten Körper mit paarigen und unpaaren Flossen haben.

Die ältesten Funde von Fischen stammen aus dem Obersilur. Während 2 altertümliche Zweige von Fischen, die Kieferkiemen und die Panzerfische, ausgestorben und nur fossil bekannt sind, leben Vertreter zweier anderer Zweige, die Knorpelfische und die Knochenfische, bis heute in zahlreichen Formen in den Gewässern der Erde.

Zweig
Chondrichthyes Knorpelfische

Das Hauptmerkmal dieser wahrscheinlich bereits im Karbon vorherrschenden Fischgruppe ist die knorpelige Beschaffenheit des Skeletts. Obwohl sie keine eigentlichen Schuppen besitzen, ist ihre Haut rauh- oder stachelhäutig, hervorgerufen von kleinen, dichtstehenden Hautzähnen bei den Haien oder mehr oder weniger großen Dornen bei den Rochen. Deutlich sichtbar sind die unbedeckten Kiemenöffnungen jederseits des Kopfes. An dessen Unterseite befindet sich der als Querspalte ausgebildete Mund (daher auch Quermäuler = *Plagiostomata*), meist mit stark bezahnten Kiefern. Am Kopf sind weiterhin die hinter den Augen gelegenen Spritzlöcher und die paarige Nasenöffnung an der Unterseite charakteristisch. Die Flossen sind fleischig und steif, ohne echte Flossenstrahlen. Eine Schwimmblase fehlt. Es findet eine innere Befruchtung statt; viele Arten sind lebendgebärend, andere legen von Hornkapseln umhüllte Eier ab. Die weltweit verbreiteten, vorwiegend im Meer heute noch lebenden 500 Arten verteilen sich auf 3 Gruppen: Haie, Rochen und Seekatzen.

ORDNUNG
Selachiformes Haiartige

Als kräftige und ausdauernde Schwimmer haben Haie einen spindelförmigen Körper, der ohne Absatz in den muskulösen Schwanz übergeht. Die Schwanzflosse ist asymmetrisch, im kräftigeren oberen Teil setzt sich die Schwanzwirbelsäule fort. Die Bauchflossen sind bei den ♂ durch eine Einkerbung in 2 Teile geschieden, von denen der innere verlängert, versteift und mit einer Längsrinne ausgestattet ist. Diese klammerartigen Griffel dienen als Begattungsorgane.

zu 8

zu 9

Zu den Haien gehören die größten heute lebenden Fische, so z. B. der Riesenhai *(Cetorhinus maximus)* mit 15 m und der Rauhhai *(Rhinodon typicus)* mit 20 m Länge. Beide ernähren sich wie die noch größeren Bartenwale als Planktonfiltrierer von Kleinorganismen. Die meisten Haie jedoch leben räuberisch. Von den wenigstens 10 Familien zugeordneten Haien werden im folgenden nur einige Arten berücksichtigt, die gelegentlich auch in der Nähe europäischer Küsten angetroffen werden können.

8 *Mustelus mustelus*
Glatthai
Kennzeichen: Länge 1 m (max. 1,8 m)
Beide Rückenflossen sind etwa gleich groß, die erste beginnt hinter den Brustflossen, die zweite vor der kleineren Afterflosse. Die Zähne haben keine Spitze und sind pflasterartig angeordnet. Glatthaie sind grau gefärbt, am Bauch aufgehellt. Insbesondere junge Tiere haben auf dem Rücken und an den Seiten zahlreiche weißliche Flecken.
Lebensweise: Die in den Küstengewässern am Grunde lebenden Glatthaie ernähren sich ihrer Bezahnung entsprechend von hartschaligen Bodentieren, wie Krebsen, Muscheln und Schnecken, seltener von Fischen. Die lebendgebärenden ♀ werfen bis zu 20 Junge, die bei der Geburt etwa 15 cm lang sind. Trächtige Weibchen werden zu allen Jahreszeiten angetroffen. Sie ernähren ihre Jungen durch eine Dottersackplazenta, die an den Mutterkuchen der Säugetiere erinnert.

9 *Galeorhinus galeus*
Hundshai
Kennzeichen: Länge max. 2 m
Die den Glatthaien sehr ähnlichen Hundshaie sind nahe Verwandte des größeren und manchmal gefährlichen Blauhais. Ihre erste Rückenflosse ist mehr als doppelt so groß wie die zweite, die etwa so groß wie die Afterflosse ist. Die Zähne sind dreieckig, spitz und scharfkantig.

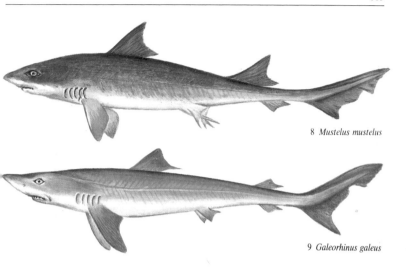

8 *Mustelus mustelus*

9 *Galeorhinus galeus*

Lebensweise: Die mittelgroßen Küstenhaie ernähren sich von Grundfischen, oft auch von Makrelen. Sie sind lebendgebärend und werfen im Sommer 20 bis 40 etwa 40 cm lange Junge. Während des ersten Winters bleiben diese noch im flachen Wasser und ziehen dann in Tiefen von 40 bis 100 m auf Schollen- und Schellfischgründe.

10 *Lamna nasus*
Heringshai
Kennzeichen: Länge 1,5 bis 2,5 m (max. 3,5 m)
Als schnelle Schwimmer haben Heringshaie einen seitlich gekielten Schwanzstiel mit einer fast symmetrischen, halbmondartigen Schwanzflosse. Die erste Rückenflosse ist viel größer als die zweite und ragt oft über die Wasseroberfläche. Die Hinterränder der beiden Rückenflossen und der Schwanzflosse sind weißgefärbt wie die Bauchseite, während Rücken und Seiten blauschwarz bis grau gefärbt sind. Der in der Körpermitte auffällig hohe Heringshai ähnelt in der Form den Thunfischen.

Lebensweise: Heringshaie verfolgen meist in Oberflächennähe Herings-, Sardinen- und Makrelenschwärme, oft in Herden von 20 bis 30 Stück. Sie fressen auch Dornhaie, Dorsche und Plattfische und geraten auf ihren Nahrungswanderungen zuweilen bis in die Ostsee. Die mit 1,5 m Länge geschlechtsreif werden- den ♀ werfen bis zu fünf 60 cm lange Junge.

10 *Lamna nasus* ♀

114

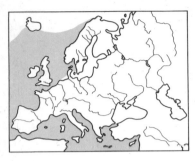

Sie erreichen diese Größe durch das Aufzehren der in der Gebärmutter befindlichen unbefruchteten Eier. Beim Verfolgen der Beutetiere geraten Heringshaie auch selbst in Heringsnetze und richten durch Zerreißen derselben oft Schaden an. Solche in Netzen, aber auch an Haiangeln gefangenen Exemplare verhalten sich dagegen auffallend ruhig, sobald sie aus dem Wasser gezogen werden.

11 *Scyliorhinus caniculus*
Kleingefleckter Katzenhai
12 *Scyliorhinus stellaris*
Großgefleckter Katzenhai
Kennzeichen: Länge jeweils 60 bis 80 cm
Katzenhaie haben 2 sehr weit hintensitzende Rückenflossen und eine kaum gegabelte, glatt abgestutzte Schwanzflosse. Der langgestreckte Körper geht mit seiner Rückenlinie fast gerade in die Schwanzflosse über. Im Gegensatz zum nicht so häufigen Großgefleckten Katzenhai sind die Bauchflossen beim Kleingefleckten Katzenhai spitz ausgezogen. Die kleinen Zähne sind mehrspitzig und stehen in mehreren Reihen. Je nach Aufenthaltsort sind Rücken und Seiten graurot

gefärbt, mit zahlreichen dunklen Flecken, die auch auf die Flossen übergreifen.
Lebensweise: Während der Kleingefleckte Katzenhai algenbewachsene Sandbänke bevorzugt, lebt die großgefleckte Art mehr auf Felsgrund. Beide machen als nachtaktive Fische Jagd auf Kleinfische, Krebse, Schnecken und Würmer. Dabei fällt die Beweglichkeit ihrer weit geöffneten Pupillen auf (Katzenhai), die am Tage zusammengezogen sind. Sie legen insgesamt 20 befruchtete Eier im Abstand von 10 bis 14 Tagen stets in Zweizahl ab. Diese sind von hornschaligen Kapseln eingehüllt, an denen 4 lange Fortsätze das Festheften an Tang oder Steinen ermöglichen, wenn das ♀ beim Laichen über den Grund streicht und diese Fäden sich spiralig verkürzen. Erst nach 8 bis 9 Monaten schlüpfen die Junghaie mit einem kleinen Dottersack.

13 *Squalius acanthias*
Dornhai
Kennzeichen: Länge 60 bis 80 cm (max. 1,2 m)
Die beiden sehr weit auseinanderstehenden Rückenflossen tragen an ihren Vorderseiten einen auffälligen Dorn (Name). Die Afterflosse fehlt. Der obere Teil der kräftigen Schwanzflosse ist sehr lang. Dornhaie werden selten mehr als 10 kg schwer.
Lebensweise: Dieser häufigste Hai des Nordatlantiks lebt als Grundfisch in Küstennähe. Er verfolgt in Schwärmen Heringsartige, Makrelen, Hornfische und Dorschartige und frißt auch Krebse und Weichtiere. Nach einer Tragzeit von mindestens 21 Monaten werden im Sommer 5 bis 15 Junge geboren, die 20 bis 26 cm lang sind.

zu 11

zu 13

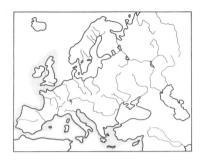

14 *Rhina squatina*
Meerengel
Kennzeichen: Länge 0,9 bis 1,2 m (max. 2 m)
Bei den rautenförmigen, abgeplatteten Knorpelfischen, die hai- und rochenartige Merkmale vereinigen, sind die großen Brustflossen nicht angewachsen wie bei den Rochen. Auf dem Schwanzstiel sitzen zwei Rückenflossen.

Die Kiemenspalten befinden sich auf der Unter-, die Augen und die großen Spritzlöcher auf der rauhen Oberseite.
Lebensweise: Entsprechend ihrer Gestalt leben Meerengel auf dem Grunde, oft in Schlamm und Sand halb verborgen. Sie ernähren sich von Grundfischen, Krebsen und Weichtieren. Im Frühjahr werfen die ♀ in Küstennähe 10 bis 20 etwa 20 cm lange Junge.

ORDNUNG
Rajiformes Rochenartige

Knorpelfische mit symmetrisch abgeflachtem Körper, der mit den stark vergrößerten, am Kopf und an den Rumpfseiten angewachsenen Brustflossen eine Scheibe bildet. Auf dem dünnen Schwanzstiel sitzen meist 2 Rückenflossen, die Afterflosse fehlt stets. Auf der Oberfläche liegen Augen und Spritzlöcher,

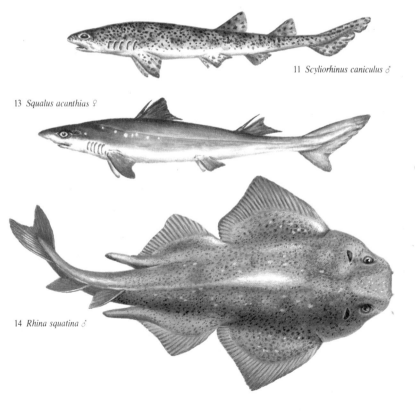

11 *Scyliorhinus caniculus* ♂

13 *Squalus acanthias* ♀

14 *Rhina squatina* ♂

durch die das Atemwasser in die Kiemen-
höhlen gelangt. Kiemenspalten und Mund
befinden sich auf der Bauchseite. Mit Hilfe
der pflastersteinartigen Zähne ernähren sie
sich von Bodentieren. Rochen können sich mit
wellenförmigen Bewegungen ihres großen
Flossensaumes sowohl leicht in lockeren Sand
eingraben wie auch flügelartig elegant
schwimmen. Die Fortpflanzung ähnelt der der
Haie. Die meisten Rochen sind ovipar und
legen ihre Eier in hornigen vierzipfeligen
Kapseln ohne lange Haftfäden ab.

zu J5

FAMILIE
Torpedinidae Zitterrochen

Rochen mit nahezu kreisrunder Körperscheibe. Sie besitzen jederseits des Kopfes
ein elektrisches Organ, das durch die Haut
hindurch erkennbar ist. Es funktioniert wie
eine Volta'sche Säule und befähigt die Fische, nacheinander 3 bis 5 Stromstöße von 45
bis 220 V zu erzeugen. Der Schwanz ist nur
kurz, auch die Brustflossen sind schwächer
entwickelt als bei anderen, besser schwimmenden Rochen. Im Gegensatz zu den meisten anderen Grundfischen ist die glatte
Oberseite der Zitterrochen auffällig gefärbt
und oft mit grellen Flecken versehen. Zitterrochen sind träge Bodenbewohner der Küstenregion warmer Meere. Sie ernähren sich
vorwiegend von Wirbellosen und kleinen
Fischen und gebären lebende Junge.
Im Mittelmeer und im Atlantik bis zum Kanal
können diese interessanten, wirtschaftlich
nicht verwertbaren Rochen in 3 Arten angetroffen werden:

15 *Torpedo torpedo*
    Marmorzitterrochen   (Länge max. 1 m)
16 *Torpedo narke*
    Augenfleckzitterrochen   (Länge max.
    0,6 m)

15 *Torpedo torpedo* ♀

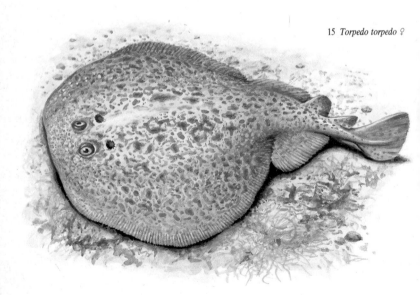

17 *Torpedo nobiliana*
Schwarzer Zitterrochen (Länge max. 1,8 m)

FAMILIE
Rajidae Echte Rochen

Kleine bis mittelgroße Rochen mit breiter rautenförmiger Körperscheibe und einem mäßig langen, unbestachelten Schwanz. Auf diesem sitzen nahe dem Hinterende 2 kleine Rückenflossen; die Schwanzflosse ist mehr oder weniger rückgebildet, die Afterflosse fehlt. Bei den ♂ sind die Innenseiten der Bauchflossen zu Kopulationsorganen umgebildet.
Rochen sind Sandbodenbewohner kühlerer Meere und ernähren sich von Fischen, Krebsen, Weichtieren und Stachelhäutern. Einige Arten sind wirtschaftlich wertvoll. Insgesamt beträgt der europäische Gesamtfang 40 000 bis 50 000 t/Jahr. Frankreich, Großbritannien und Spanien haben die höchsten Anteile.

18 *Raja clavata*
Nagelrochen Keulenrochen, Steinrochen
Kennzeichen: Länge 60 bis 70 cm (max. 1,2 m)
Auf dem Schwanz verlaufen 3 Reihen großer Dornen, die sich auf dem Rumpf bis hinter den Kopf fortsetzen, mit weiteren kleineren Dornen untermischt. Die Basis der großen Dornen besteht aus glatten Platten (wie Nagelköpfe). Die Schnauze ist stumpfwinklig.
Lebensweise: Nagelrochen leben auf Sand- und Schlammgründen bis in Strandnähe. Dort finden auch im Sommer die Begattungsspiele

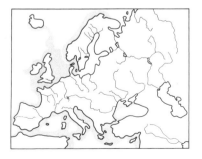

zu 19

zwischen den kleiner bleibenden ♂ und den ♀ statt. Von V ab werden in Abständen je 1 bis 2 insgesamt etwa 20 Eier abgelegt. Sie sind von einer viereckigen abgeflachten Hülle mit Spalten für das Atemwasser und hohlen hornartigen Fortsätzen an jeder Ecke umgeben. In diesen 4 × 6 cm großen Kapseln entwickeln sich die Jungen in 4 bis 5 Monaten. Sie schlüpfen im Herbst mit einer Länge von 10 bis 12 cm. Die leeren Kapseln liegen oft massenweise an Nordseestränden und werden z. B. auf Föhr als „Seemäuse" oder „Seespiegel" bezeichnet.

19 *Raja radiata*
Sternrochen
Kennzeichen: Länge 50 cm (max. 1 m)
Sowohl eine Reihe größerer Dornen auf der Mittellinie des Rumpfes und Schwanzes wie andere verstreut liegende Dornen haben radiär gerippte (sternförmige) Grundplatten. Die Schnauze ist stumpfwinklig.
Lebensweise: Die vorwiegend im Nordatlantik auf Schlamm- und Sandboden lebenden Sternrochen halten sich im Sommer im Flachwasser der Küstengebiete auf, während sie im Winter auch in Tiefen bis 800 m vorkommen. Die grünlichschwarzen, seidig behaarten Eikapseln sind kleiner als die des Nagelrochens. Sie wurden bisher nur leer gefunden.

20 *Raja batis*
Glattrochen Spiegelrochen
Kennzeichen: Länge 0,7 bis 1,6 m (max. 2,5 m; dann 100 kg schwer)
Nur auf dem Schwanzrücken befinden sich eine mittlere und bei älteren Exemplaren 2

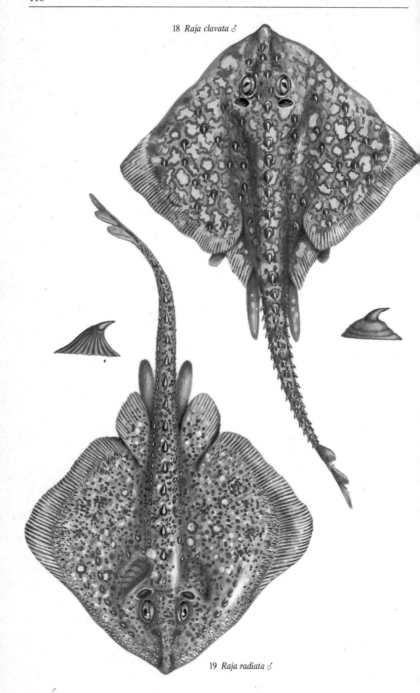

18 *Raja clavata* ♂

19 *Raja radiata* ♂

24 *Dasyatis pastinaca* ♂

20 *Raja batis* ♂

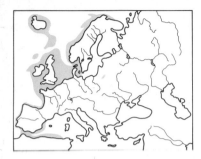
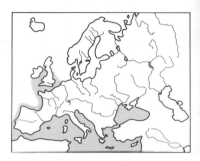

seitliche Dornenreihen. Die Rückenfläche ist glatt (außer bei Jungtieren, die in Augennähe große Dornen tragen). Die Schnauze ist spitzwinklig und 2- bis 3mal so lang wie der Augenzwischenraum. Junge Exemplare haben jederseits einen hell gesäumten Augenfleck (Spiegel, daher auch Spiegelrochen) auf den Brustflossen.

Lebensweise: Die erst bei Größen über 1,5 m geschlechtsreif werdenden Tiere legen im Spätherbst und Winter große, bis 24 cm lange, seegrüne (getrocknet braune) Eikapseln ab, die mit einer Faserschicht überzogen sind. Erst nach 5 bis 9 Monaten sollen daraus die Jungen schlüpfen. Sie halten sich im Sommer in Küstennähe auf und ernähren sich nach dem Heranwachsen von Dorschen, Plattfischen und Kopffüßern.

Weitere spitzschnauzige Verwandte, die sich jedoch in tieferen Schichten (100 bis 300 m Tiefe) aufhalten, sind:

21 *Raja fullonica*
   Schnabelrochen
22 *Raja oxyrhynchus*
   Spitzrochen
23 *Raja marginata*
   Weißrochen

FAMILIE
Dasyatidae Stachelrochen
Mittelgroße bis große Rochen mit abgerundeter rautenförmiger Körperscheibe. Der Schwanz ist lang und dünn und trägt auf der Oberseite einen langen Stachel mit Widerhaken und Giftdrüsen an der Basis. After- und Schwanzflosse fehlen. Die oft in den Sand eingegrabenen Fische sind besonders in wärmeren Meeren gefährliche und deshalb gefürchtete Küstenbewohner.

24 *Dasyatis pastinaca*
   Stachelrochen

Kennzeichen: Länge 0,5 bis 1 m (max. 2,5 m) Die rautenförmige Körperscheibe mit stumpfer Schnauze ist bis auf einige Knötchen glatt. Außer dem im ersten Drittel des Schwanzes stehenden, 8 bis 35 cm langen Sägestachel kann noch ein im Bedarfsfall nachrückender Ersatzstachel vorhanden sein.

Lebensweise: Die in Küstennähe lebenden nachtaktiven Fische sind tagsüber meist im Sande eingegraben. Sie bevorzugen seichte bis ruhige Buchten und gehen auch in Brackwasserlagunen und in Flußmündungen. Die ♀ ernähren die Embryonen mit einem von den Uteruszotten ausgeschiedenen Nährsekret. Die 4 bis 5 Jungen sind deshalb bei der Geburt schon sehr groß.

Bei gefangenen Stechrochen werden die Giftstacheln vorsichtig entfernt, weil sie sehr schmerzhafte Verletzungen hervorrufen können. Das in Furchen am Stachel entlangfließende Gift hat neurotoxische und hämatoxische Wirkung. Infolge der Widerhaken und der Gefahr des Abbrechens des Stachels sind die vom Stechrochen verursachten Wunden zuweilen tödlich. Die Stacheln wurden deshalb auch als Pfeil- und Speerspitzen benutzt.

25 *Myliobatis aquila*
   Adlerrochen

Diese 0,8 bis 1,5 m langen Rochen schwimmen gewandter und schneller als die übrigen Arten und leben deshalb vorwiegend pelagisch. Sie kommen jedoch gern in Oberflächennähe und zuweilen auch ins Flachwasser der Küsten. Ihr Kopf ist nicht von den Brustflossen eingeschlossen; ihr peitschenförmiger Schwanz trägt ebenfalls 1 bis 2 Giftstacheln.

ORDNUNG
Chimaeriformes Seedrachenartige

FAMILIE
Chimaeridae Seekatzen

Knorpelfische mit 4 Kiemenspalten. Ihre jederseits am Kopfe liegende Kiemenöffnung
ist von einer Hautfalte bedeckt, die wie ein
Kiemendeckel der Knochenfische wirkt.

26 *Chimaera monstrosa*
   Seekatze Seeratte, Spöke
Kennzeichen: Länge 70 bis 90 cm (max.
1,2 m)
Auf der schuppenlosen Haut ist eine deutliche
Seitenlinie zu erkennen. Der Schwanz ist in
einen langen Faden ausgezogen. Vor der
1. Rückenflosse sitzt ein langer, gesägter
Giftstachel. Die lange 2. Rückenflosse und die
Afterflosse sind mit der Schwanzflosse ver-
bunden. Die ♂ tragen auf der Stirn einen be-
weglichen Fortsatz.
Lebensweise: Mit ihren plattenförmigen
Zähnen zermalmt die Seekatze Krebse,
Weichtiere, Stachelhäuter und kleine Grund-
fische. Zu allen Jahreszeiten – außer im
Herbst – legen die ♀ nach erfolgter Kopula-
tion Eier in länglichen Hornkapseln ab, die
einen fadenförmigen Anhang tragen.

Zweig
Osteichthyes Knochenfische

Das Skelett aller Vertreter dieser artenreichsten Fischgruppe besteht aus echtem Kno-
chengewebe. Die Haut ist in der Regel von
Schuppen, Knochendornen oder -schildern
ganz (oder auch nur teilweise) bedeckt, sie
kann aber auch nackt sein. Am Kopfe befindet
sich jederseits eine vom Kiemendeckel ge-
schützte Kiemenöffnung. Auf allen Knochen
des Mundes können Zähne vorhanden sein.
Sowohl die unpaaren wie die paarigen Flossen
werden von gegliederten (weichen) und un-
gegliederten (weichen oder stacheligen) Flossenstrahlen gestützt. Mit Hilfe von Gelenken
zwischen diesen und den in der Muskulatur
liegenden Flossenträgern können die Flossen

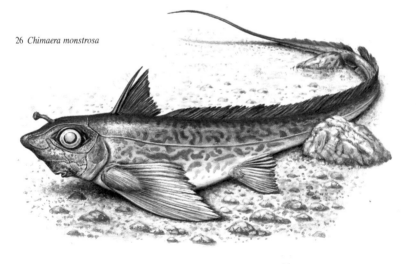

26 *Chimaera monstrosa*

zusammengefaltet und angelegt werden. Die meist vorhandene Schwimmblase ist bei manchen Familien noch mit dem Vorderdarm verbunden.

Überwiegend findet äußere Befruchtung der frei in das Wasser abgelegten Laichprodukte statt. Die ausschlüpfenden Jungen sind larvenartig, haben einen vom Nacken bis zum After um die Schwanzspitze herumlaufenden Flossensaum und werden erst allmählich den erwachsenen Stadien ähnlich.

Knochenfische kommen in verschiedener Gestalt in allen Gewässern der Erde vor und bewohnen selbst extreme Lebensräume, wie die Tiefsee, heiße Quellen und unterirdische Wasserläufe. Die im Devon erstmalig aufgetretenen Knochenfische sind heute mit annähernd 30000 Arten auf der Erde verbreitet. Davon sind etwa 80% marin; die meisten leben an den Küsten tropischer und subtropischer Meere. Sie erreichen Längen zwischen weniger als 3 cm und mehreren Metern; die Mehrzahl wird 10 bis 60 cm lang. Sie bilden den Hauptteil der aus dem Wasser geborgenen Nährtiere für den Menschen.

Überordnung
Chondrostei Knorpelganoiden

Knochenfische mit spindelförmigem Körper, deren Kopf zu einem Schnabel (Rostrum) ausgezogen ist. Die Haut ist nackt oder trägt Knochenplatten. Schädel und Skelett sind zu einem beträchtlichen Teil noch knorpelig, Wirbelkörper sind nicht vorhanden. Ganoidschuppen treten nur in der Schwanzregion auf.

FAMILIE
Acipenseridae Störe

Ganoidfische mit einer unsymmetrischen Schwanzflosse, in deren oberen längeren Lappen die Wirbelsäule hineinreicht. Der Rumpf ist mit 5 Reihen von Knochenschildern gepanzert. Alle Flossen sind gliederstrahlig, haben also keine Stacheln. Der unterständige zahnlose Mund hat an der Unterseite eine Reihe von 4 Barteln. Er kann rüsselartig vorgestülpt werden. Störe sind Süßwasser- und Wanderfische der Nordhalbkugel und haben

zu 27

bis auf die in Nordamerika beheimateten Löffelstöre ihr Hauptverbreitungsgebiet im Bereich des Schwarzen, Asowschen und Kaspischen Meeres. Die Familie ist in Europa mit 2 Gattungen und 7 Arten vertreten. Das Auftreten von Bastarden in der Natur und das Bestreben, die durch Fang und Wasserbau zurückgehenden Bestände mit Hilfe von Fischzuchtmaßnahmen zu fördern, haben in der UdSSR zur Zucht von Kreuzungen geführt, die als Besatzfische auch für Teiche und industriemäßige Fischzuchtanlagen den reinen Arten im Wachstum überlegen sind.

Der Gesamtfang beträgt etwa 30000 t/Jahr, die ganz überwiegend von der UdSSR angelandet werden (vorwiegend A. guldenstaedti und A. stellatus).

27 *Huso huso*
Hausen

Kennzeichen: D 62–73; A 28–41
Rückenschilder 11 bis 15
Seitenschilder 40 bis 60
Bauchschilder 9 bis 12
Länge 1 bis 3 m (max. 9 m, dann 1,5 t schwer)
Die an der Unterseite der kurzen, dicken Schnauze gelegene Mundöffnung ist halbmondförmig und reicht fast bis zum Schnauzenrand. Die Barteln sind abgeplattet und mit Anhängen versehen. Der oberseits aschgraue und am Bauche weißliche Hausen ist der größte im Süßwasser Europas vorkommende Fisch.

Lebensweise: Der anadrome Wanderfisch steigt weit in die Flüsse Donau, Dnepr, Dnestr, Bug, Wolga, Ural, Terek, Kura und Po (Adria) auf. Im Unter- und Mittellauf werden je nach Größe des Muttertieres bis 7,5 Millionen Eier

zu 28

an Kies und Steinen abgelegt. Die bei 12 bis 14°C nach 8 bis 10 Tagen schlüpfenden Jungen wandern bald ins Meer ab. Dort ernähren sie sich zunächst wie im Fluß von Wirbellosen aller Art, später aber vorwiegend von Fischen, wie Meergrundeln, Heringsartigen und Karpfenartigen. Erst im Alter von 12 bis 14 Jahren werden die Milchner und von 16 bis 18 die Rogner fortpflanzungsfähig. Auch danach erfolgt eine Laichwanderung nur im Abstand von 2 bis 4 Jahren.

Aus Hausenweibchen und Sterletmännchen wurden in der UdSSR die bisher wirtschaftsgünstigsten Störhybriden erzielt. Diese Bester (von den Namen Beluga und Sterljad) genannten schnellwüchsigen Kreuzungsprodukte werden bereits in verschiedenen Fischzuchtanlagen Europas aufgezogen.

28 *Acipenser sturio*
  Stör
Kennzeichen: D 31–46; A 22–33
Rückenschilder 10 bis 13
Seitenschilder 24 bis 40

Bauchschilder 11 bis 13
Länge 1,5 bis 2,5 m (max. 5 m)
Die Mundöffnung ist fast vierkantig und nimmt im vorgestülpten Zustand nur etwa $^2/_3$ der Schnauzenbreite ein. Die Barteln sind rund und nicht gefranst. Die gebuckelten Rückenschilder tragen bei jungen Tieren einen Dorn. Am Anfang der Brustflosse sitzt ein kräftiger Strahl.

Lebensweise: Nach der im Frühjahr erfolgenden anadromen Wanderung werden von VI bis VII über Geröll in starker Strömung bis zu 2,5 Millionen schwarzgraue klebrige Eier abgelegt. Die kaulquappenähnlichen, 10 mm langen Larven schlüpfen nach 3 bis 6 Tagen und bleiben 1 bis 2 Jahre im Süßwasser, wo sie sich – wie später im Meer – von wirbellosen Bodentieren ernähren. Größere Exemplare fressen auch Kleinfische. Nach langem Aufenthalt im Meer werden die Störe als ♂ mit 7 bis 9 und als ♀ mit 8 bis 14 Jahren geschlechtsreif. Der früher auch im Ostatlantik, in der Nord- und Ostsee häufige Stör hat in West- und Mitteleuropa keine wirtschaftliche Bedeutung mehr. Die Vernichtung der Laichplätze in den Flüssen durch wasserbauliche Maßnahmen und Wasserverunreinigung und

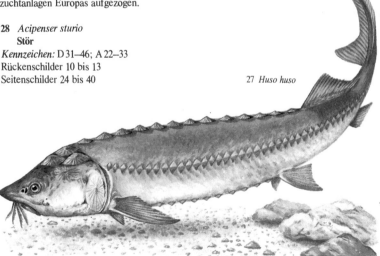

27 *Huso huso*

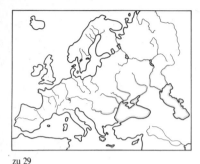

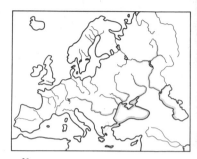

zu 29   zu 30

das schonungslose Verfolgen der erst spät
laichreif werdenden Fische, die vorwiegend
ihres kostbaren Kaviars und ihres wohlschmeckenden, grätenlosen Fleisches wegen
gefangen wurden, hat die Bestände stark dezimiert.

29 *Acipenser gueldenstaedti*
    Waxdick Dick, Russischer Stör
Kennzeichen: D 26–46; A 16–32
Rückenschilder 10 bis 13
Seitenschilder 21 bis 50
Bauchschilder 8 bis 10
Länge 1,3 bis 2,5 m (max. 3 m)
Unter der verhältnismäßig kurzen und
stumpfen Schnauze sitzt eine kleine spalt-
förmige Mundöffnung. Die kurzen, runden
Barteln haben keine Fransen.
Lebensweise: Wie die meisten seiner Verwandten wandert der Waxdick in die Flüsse
und legt dort auf kiesigen Gründen bis
800 000 Eier ab. Von den Larven bleiben
manche länger als 1 Jahr im Süßwasser,
bevor sie ins Meer abwandern. Sie ernähren
sich wie ihre größeren Artgenossen von Kleintieren, später von Fischen.

30 *Acipenser stellatus*
    Sternhausen Scherg
Kennzeichen: D 38–48; A 20–29
Rückenschilder 12 bis 16
Seitenschilder 30 bis 40
Bauchschilder 10 bis 12
Länge 1 bis 1,5 m (max. 2 m)
Der schlanke Körper endet vorn in einer ge-
bogenen sehr langen und spitzen Schnauze.
Die Rückenschilder haben eine nach hinten
gerichtete Spitze. Die Haut ist mit kleinen

gezähnten oder sternförmigen Knochenkör-
pern dicht besetzt.
Lebensweise: Abhängig von der Zeit der Aufwanderung steigen Sternhausen verschieden
weit in den Flüssen aufwärts. Meist laichen sie
in den Unterläufen und Mündungsgebieten,
manchmal sogar auf Kiesbänken im Meer.
Vereinzelt wandern sie aber auch bis in die
Flußoberläufe. Ihre Laichzeit erstreckt sich
dementsprechend von V bis IX. Dabei werden
bis zu 360 000 Eier abgelegt, aus denen in
wenigen Tagen die Larven schlüpfen, die
spätestens nach 3 Monaten mit der Strömung
ins Meer zurücktreiben. Sie ernähren sich wie
die der vorigen Art von Wirbellosen und
Kleinfischen.

31 *Acipenser ruthenus*
    Sterlet
Kennzeichen: D 38–48; A 20–29
Rückenschilder 11 bis 17
Seitenschilder 60 bis 70
Bauchschilder 10 bis 18
Länge 40 bis 60 cm (max. 1 m)
Die lange spitze Schnauze ist an der Unter-
seite gekielt. Auffällig sind die langen ge-

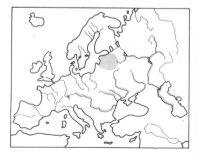

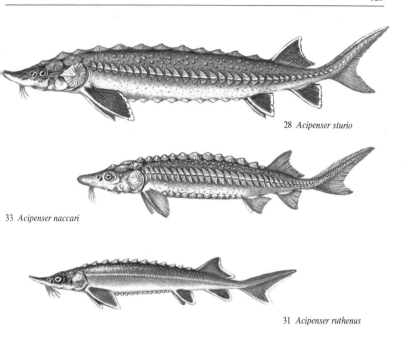

28 *Acipenser sturio*

33 *Acipenser naccari*

31 *Acipenser ruthenus*

30 *Acipenser stellatus*

29 *Acipenser gueldenstaedti*

32 *Acipenser nudiventris*

126

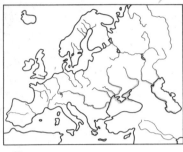

zu 32

zu 33

fransten Barteln. Auf dem Rücken stehen die Schilder eng beieinander und bilden einen scharfen Kamm mit Haken. Die Seitenschilder decken sich dachziegelartig. Die Brustflosse ist bei diesem kleinsten Angehörigen der Familie auffallend groß.

Lebensweise: Im Unterschied zu ihren Verwandten bleiben Sterlets zeitlebens im Süßwasser. Sie wandern zum Laichen flußaufwärts, in der Donau früher bis über Ulm hinaus. Aus den maximal 135 000 Eiern schlüpfen nach 4 bis 5 Tagen die Larven, die sich von Wasserinsekten, Flohkrebsen und später auch von kleinen Fischen ernähren. Den Winter verbringen die Fische an tieferen Stellen des Flußbetts fast ohne Nahrungsaufnahme.

Neben den oben beschriebenen Störarten kommen in europäischen Küsten- und Binnengewässern weit seltener noch vor:

32 *Acipenser nudiventris*
Glattdick Schip
Ein bis zu 2 m langer Stör im Schwarzen Meer, Kaspischen Meer und Aralsee sowie in deren Zuflüssen.

33 *Acipenser naccari*
Adriastör Storione
Ein bis zu 2 m langer Stör der Adria und ihrer Zuflüsse.

Überordnung
Teleostei Echte Knochenfische

Sie sind durch Verknöcherung des Skeletts, wohlentwickelte Wirbelkörper und einen verknöcherten Schädel gekennzeichnet. Die Schwanzflosse wirkt äußerlich symmetrisch. Der Körper ist meist von Rund- oder Kammschuppen bedeckt. Die ersten Vertreter dieser Fische traten in der mittleren Trias auf. Sie entwickelten sich zur artenreichsten Wirbeltiergruppe.

Die überwältigende Mehrzahl aller heute lebenden Fische gehört zu den 40 Ordnungen der Echten Knochenfische, die wiederum mehrere hundert Familien enthalten.

ORDNUNG
Clupeiformes Heringsartige

Echte Knochenfische mit von oft großen Rundschuppen bedeckter Haut und ausschließlich weichstrahligen Flossen. Die Bauchflossen sind bauchständig. Manchmal befindet sich zwischen der einfachen Rückenflosse und der Afterflosse noch eine strahlenlose Hautfalte, die sogenannte Fettflosse. Zu dieser Fischgruppe gehören sowohl rein marine wie reine Süßwasserarten, aber auch Wanderfische zwischen Meeren und Binnengewässern.

FAMILIE
Clupeidae Heringe

Der schlanke Körper der Heringe ist von leicht ausfallenden großen Rundschuppen bedeckt. Der Kopf ist nackt. An der Bauchkante befinden sich Kielschuppen; eine Seitenlinie fehlt. Die Flossen sind gliederstrahlig und haben keine Stacheln. Die Schwimmblase steht mit dem Vorderdarm in Verbindung. Die meist in Schwärmen pelagisch lebenden Heringe ernähren sich vorwiegend von Plankton. Ihr Fleisch ist deshalb fetthaltig und in den verschiedensten Zubereitungsarten wohlschmeckend. Die Familie enthält die wichtigsten Fischereiobjekte der Erde, etwa $1/3$ aller angelandeten Fische sind Heringsartige. Da sie schon früh geschlechtsreif werden, vertragen die relativ leicht zu fangenden Schwarmfische starke Befischung, wenn diese in vertretbaren Grenzen gehalten wird. Obwohl Heringe vorrangig im Meer leben, gibt es unter den etwa 150 Arten auch Wander- und Süßwasserfische.

34 *Clupea harengus*
Hering

Kennzeichen: D 17–21; A 14–20; P 15–19; V 7–10

Sq. 1. 51–60

Länge ± 30 cm (max. 42 cm)

Im Gegensatz zur Sprotte beginnen die Bauchflossen hinter dem Anfang der Rückenflosse. Die Kielschuppen vor den Bauchflossen sind stumpf. Lebende Heringe schimmern auf dem blaugrünen Rücken und der silbrigen Bauchseite in allen Regenbogenfarben. Im Tode verliert sich dieser Schimmer. Die im Höchstfalle 20 bis 25 Jahre alt werdenden Fische treten in zahlreichen Modifikationen auf, zu denen auch der wesentlich kleinere Strömling der östlichen Ostsee gehört.

Lebensweise: Abhängig von hydrographischen Verhältnissen führen die Heringe oft in riesigen Schwärmen Nahrungs- und Laichwanderungen durch. Es lassen sich zwei Hauptgruppen, die Herbst- oder Hochseeheringe und die Frühjahrs- oder Küstenheringe nach Ort und Zeit des Laichens unterscheiden. Die in der Ostsee häufigeren Frühjahrslaicher suchen dazu pflanzenbewachsene Buchten auf, z. B. den Greifswalder Bodden. Die Herbstlaicher bevorzugen sandige und steinige Riffe. Die untersinkenden, im Durchmesser 1,5 mm großen Eier haften auf dem Boden oder an Pflanzen. In 9 bis 21 Tagen (125 Tagesgrade) schlüpfen die Jungfische, die sich zu Schwärmen vereinigen und die beiden ersten Lebensjahre in Küstennähe verbringen. Im Alter von 3 bis 7 Jahren werden sie geschlechtsreif und nehmen dann an den jährlichen Laichwanderungen teil. Die wichtigsten Nährtiere der Heringe sind Hüpferlinge *(Copepoda)* und Flügelschnecken *(Pteropoda)*, auch Larven von Sandaalen werden häufig gefressen. Heringe und ihre Larven sind infolge ihrer Häufigkeit ihrerseits eine wichtige Nahrung für andere Nutzfische.

35 *Sprattus sprattus*
Sprotte

Kennzeichen: D 15–19; A 17–22; P 15–17; V 6–8

Sq. 1. 46–50

Länge ± 13 cm (max. 17 cm)

Der Körper ist höher und stärker zusammengedrückt als beim Junghering. Die Bauchflosse beginnt unter dem Rückenflossenansatz. Alle Kielschuppen sind scharf und haben nach hinten gerichtete Spitzen. Die wie Heringe gefärbten Sprotten werden 6 bis 8 Jahre alt.

Lebensweise: Die in Küstennähe lebenden, planktonfressenden Schwarmfische unternehmen nicht so ausgedehnte Laich- und Nahrungswanderungen wie der Hering. Die während der Laichzeit von IV bis VIII abgelegten freischwebenden Eier entwickeln sich in 3 bis 7 Tagen (56 Tagesgrade) zu heringsähnlichen Larven, die von den Strömungen verdriftet werden. Am Ende des 2. Lebensjahres sind die Fische mit 11 bis 14 cm

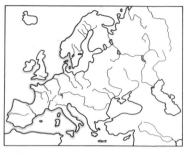

zu 36   zu 37

Länge geschlechtsreif und wachsen dann nur noch langsam. Sprotten ernähren sich zeitlebens von Plankton und sind wie die Heringe wichtige Futterfische für zahlreiche Raubfische.

36 *Sardina pilchardus*
Sardine
Kennzeichen: D 17–18; A 17–18; P 16–17;
V 8
Sq. l. 30
Länge ± 20 cm (max. 30 cm)
Erst unter dem Hinterende der Rückenflosse beginnen die Bauchflossen. Die großen Schuppen fallen sehr leicht ab. Der Kiemendeckel ist strahlenförmig gestreift. Die Bauchkante ist gesägt. Auf den hellen Körperseiten erstreckt sich ein bläuliches Längsband mit schwarzen Pünktchen. Während die 13 bis 16 cm langen Jungfische Sardinen heißen, werden die bis maximal 30 cm lang werdenden älteren Fische Pilchard genannt.
Lebensweise: Die pelagischen, planktonfressenden Schwarmfische kommen zum Laichen in Küstennähe und legen pro Weibchen bis 60 000 planktonische Eier ab. Nach 2 bis 4 Tagen (60 Tagesgrade) schlüpfen die 4 mm langen Larven. Die Jungfische bleiben in Küstennähe und werden vom 3. Lebensjahre an geschlechtsreif.

37 *Alosa alosa*
Maifisch Alse
Kennzeichen: D 4–5/13–17; A 3/17–22;
P 1/13–15; V 1/7–8
Sq. l. 70–86
Kielschuppen vor V 19–20, hinter V 15–16
Kiemenreusendornen 90 bis 130
Länge 30 bis 50 cm (max. 75 cm)

Unter dem Oberrand des Kiemendeckels befindet sich jederseits ein schwarzer Fleck, dem 1 bis 6 oft sehr verwaschene Flecken folgen können. Der erste Kiemenbogen trägt 90 bis 130 lange, haarfeine Reusendornen. Auf dem Innenteil der Schwanzflosse sitzen kleine Schuppen. Die Augen haben, wie bei fast allen Angehörigen der Gattung, unbewegliche Lider (sogenannte Fettlider).
Lebensweise: Maifische sind vorwiegend in westeuropäischen Flüssen zum Laichen weit nach oben aufsteigende anadrome Wanderfische. Sie laichen im reinen Süßwasser von V bis VI. Die nach 4 bis 5 Tagen schlüpfenden Jungen ziehen von VIII bis X ins Meer, wo sie zeitlebens vorwiegend von Plankton leben.
Während der Laichwanderung wurden früher in westeuropäischen Flüssen die wohlschmeckenden Maifische in großen Mengen gefangen. Die Wasserverunreinigung hat die Bestände stark dezimiert, so daß die Art heute außer im westlichen Mittelmeer wirtschaftlich völlig bedeutungslos ist.

38 *Alosa fallax*
Finte
Kennzeichen: D 4–5/14–16; A 3/17–22;
P 1/13–14; V 1/7–8
Sq. l. 60–70
Kielschuppen vor V 22–23, hinter V 13–16
Kiemenreusendornen 40 bis 60
Länge ± 35 cm (max. 50 cm)
Die wie Maifische gefärbten Finten haben hinter dem Kiemendeckel 4 bis 9 deutlich erkennbare schwarze Flecken. Die Kiemenreusendornen sind kürzer als die Kiemenblättchen und wesentlich stärker und weniger dichtstehend als beim Maifisch.

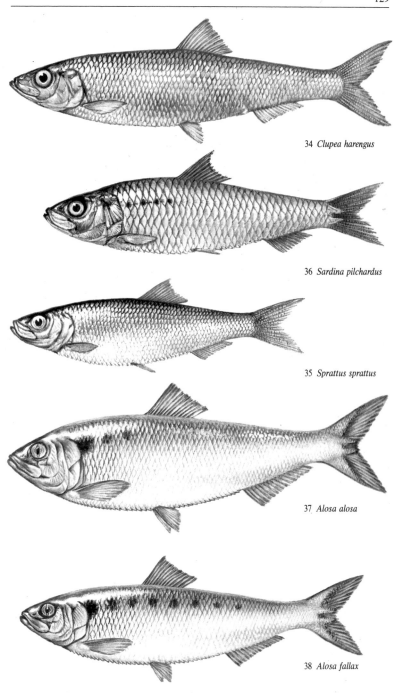

34 *Clupea harengus*

36 *Sardina pilchardus*

35 *Sprattus sprattus*

37 *Alosa alosa*

38 *Alosa fallax*

zu 38

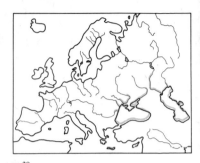

zu 39

Lebensweise: Die anadromen Wanderfische dringen nur in die Unterläufe der Flüsse ein und gehen kaum über die Gezeitenzone aufwärts. Sie ähneln im übrigen in der Lebensweise dem Maifisch, sind jedoch sowohl in der Ostsee als auch im Mittelmeer *(A. fallax nilotica)* weiter als dieser nach Osten hin verbreitet.

Die in Nordeuropa häufiger als der Maifisch vorkommende Art ist ebenfalls stark zurückgegangen.

Gattung
Alosa (Caspialosa) Kaspisch-Pontische Heringe

Angehörige der vormals selbständigen Gattung *Caspialosa* haben im Schwarzen, Asowschen und Kaspischen Meer und deren Zuflüssen eine große wirtschaftliche Bedeutung. Es handelt sich um große und mittelgroße Heringe mit einer weiten Mundöffnung und einem bezahnten Flugscharbein. Ebenso wie Maifisch und Finte haben alle Angehörigen der Gattung unbewegliche Augenlider („Fettlid"). Im Mittelteil der Schwanzflosse befinden sich kleine Schuppen, die mehr oder weniger kleine Platten bilden.

In der Lebensweise unterscheiden sich die Arten z. T. beträchtlich: Es gibt weit ins Süßwasser aufsteigende Formen mit großen Fettreserven, aber auch weniger fettreiche Arten, die ständig im Meere leben. Planktonfresser stehen neben räuberisch lebenden Arten, was sich auch in der unterschiedlichen Zahl der Kiemenreusenanhänge ausdrückt. Der Laich aller Arten ist pelagisch, er treibt in bodennahen Wasserschichten. Manche Arten gehen

nach der Laichwanderung zugrunde. Jährlich werden etwa 3 000 t Kaspisch-Pontische Heringe gefangen. Die wichtigsten Arten sind 39 Kaspischer Dickwanst, 41a Kaspischer Schwarzrücken und 41b Wolgaschwarzrücken.

39 *Alosa (C.) caspia*
   Kaspischer Dickwanst
Kennzeichen: D 16–18; A 19–23
Sq. l. 49–54
Kiemenreusendornen ± 122, dünn
Länge 15 bis 20 cm (max. 32 cm)
Hinter dem Kiemendeckel mit 4 bis 8 schwarzen Flecken.
Lebensweise: Die anadromen Wanderfische laichen meist schon im Unterlauf der Flüsse Wolga und Ural. Dem Bau ihres Kiemenreusenapparates entsprechend ernähren sie sich von Plankton. Im nördlichen Teil des Kaspischen Meeres ist der Kaspische Dickwanst einer der wichtigsten Nutzfische.

Unterarten, die auch im Schwarzen und Asowschen Meer vorkommen:
39a *Alosa (C.) caspia nordmanni*
   Donaudickwanst
Kennzeichen: D 15–19; A 18–22
Kiemenreusendornen 76 bis 90
Länge max. 20 cm
Lebensweise: Der planktonfressende Fisch steigt aus dem Schwarzen Meer in der Donau (bis Budapest), im Dnestr und Dnepr aufwärts.

39b *Alosa (C.) caspia tanaica*
   Asowscher Dickwanst
Kennzeichen: D 17–18; A 19–22
Kiemenreusendornen 59 bis 87

Länge max. 15 cm
Hinter dem Kiemendeckel mit 8 kleinen Flecken.
Lebensweise: Diese ebenfalls von Plankton lebende Unterart des Kaspischen Dickwanstes laicht in der Donmündung und im Deltagebiet des Kuban.

40 *Alosa maeotica*
Asowscher Hering
Kennzeichen: D 16–17; A 19–20
Kiemenreusendornen 26 bis 40
Länge max. 30 cm
Hinter dem Kiemendeckel haben die Fische einen schwarzen Fleck.
Lebensweise: Die auch im Schwarzen Meer vorkommenden Asowschen Heringe ernähren sich vorwiegend räuberisch. Sie sind nur gelegentlich im Mündungsgebiet von Flüssen anzutreffen, d. h. unternehmen keine anadromen Wanderungen.

zu 40

41 *Alosa (C.) pontica*
Schwarzmeerhering
Kennzeichen: D 16–19; A 18–23
Kielschuppen 30 bis 36
Kiemenreusendornen 40 bis 73
Länge 20 bis 30 cm (max. 40 cm)
Die auf Kopf und Rücken schwarz gefärbten

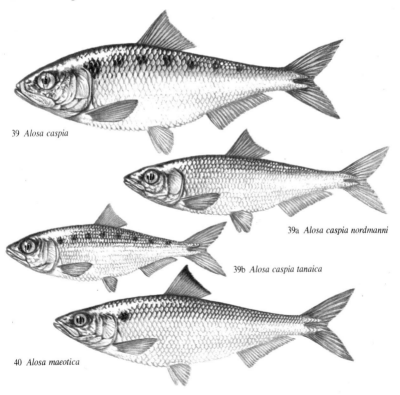

39 *Alosa caspia*

39a *Alosa caspia nordmanni*

39b *Alosa caspia tanaica*

40 *Alosa maeotica*

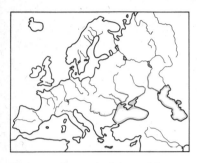

Fische werden auch Schwarzrücken genannt.

Lebensweise: Mit großen Fettreserven versehen. wandern die Schwarzrücken ohne Nahrungsaufnahme von III bis VIII in den Flüssen aufwärts. Sie legen dabei Strecken bis zu 900 km zurück, z. B. im Don. Auf sandigkiesigem Boden werden die Laichprodukte abgelegt. Darauf geht ein großer Teil der Laichfische zugrunde. Die bei 22 °C nach 40 h schlüpfenden Larven treiben mit der Strö-

mung abwärts. Sie ernähren sich von Plankton und nehmen erst nach dem Heranwachsen im Meer auch kleine Fische zu sich. Im 3. und 4. Lebensjahr werden die schnellwüchsigen Fische geschlechtsreif und beginnen bei ca. 30 cm Körperlänge die anadrome Laichwanderung.

41a *Alosa (C.) pontica kessleri*
Kaspischer Schwarzrücken
Kennzeichen: D 16–21; A 18–24
Kielschuppen 31 bis 35
Kiemenreusendornen 60 bis 93
Länge ± 30 cm (max. 52 cm)
Kopf und Schnauze sowie Brust-, Rücken- und Schwanzflosse sind schwarz, die Seiten dunkelviolett. Hinter dem Kiemendeckel befindet sich ein undeutlicher Fleck. Der Kaspische Schwarzrücken ist der größte unter den kaspisch-pontischen Heringen und wird bis zu 2 kg schwer.
Lebensweise: Die im Winter im südlichen Kaspischen Meer lebenden Fische kommen

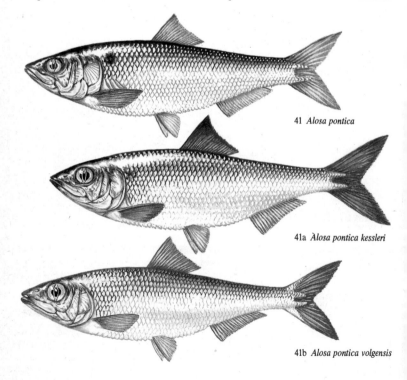

41 *Alosa pontica*

41a *Àlosa pontica kessleri*

41b *Alosa pontica volgensis*

42 *Clupeonella cultiventris*

im Frühjahr nach Norden und wandern von IV bis VI in die Wolga ein. Die Laichzeit zieht sich über 25 bis 50 Tage hin und erfolgt meist in 3 Raten. Nur ein Teil der Fische laicht zweimal im Leben. Ähnlich wie beim Schwarzmeerhering (41) gehen die Entwicklung der Larven, die Abwanderung und die weitere Entwicklung im Meer vor sich, wo sich die größeren Fische hauptsächlich vom nahe verwandten Kilka (42) ernähren.

Der Kaspische Schwarzrücken ist wegen seiner Größe und seines Fettgehaltes der wertvollste Vertreter der kaspisch-pontischen Heringe.

41b *Alosa (C.) pontica volgensis*
Wolgaschwarzrücken
Kennzeichen: D 15–19; A 18–24
Kiemenreusendornen 100 bis 140
Länge max. 40 cm
Der weniger glänzend wirkende Wolgaschwarzrücken wird maximal nur 750 g schwer.
Lebensweise: Wie der Kaspische Schwarzrücken ziehen auch die Wolgaschwarzrücken im Kaspischen Meer von Süd nach Nord, treffen jedoch erst im Mai im Wolgadelta ein. Sie wandern nicht so weit flußaufwärts. Die Geschlechtsreife tritt bereits im 2. bis 3. Jahr

zu 42

ein. Etwa 30 % der Fische laichen ein zweites Mal im Leben. Entwicklung und Freßgewohnheiten sind ähnlich wie beim Kaspischen Schwarzrücken (41a).

42 *Clupeonella cultiventris*
Kilka
Kennzeichen: D 14–17; A 17–21
Kiemenreusendornen 38 bis 64
Länge max. 17 cm
Die letzten beiden Strahlen der Afterflosse sind verlängert. Von der Kehle bis zur Afteröffnung verläuft ein scharfer Kiel. Die Mundöffnung ist oberständig und wesentlich kleiner als bei den Arten der Gattung Alosa. Augenlider fehlen. Die Unterart C. cultiventris caspia des Kaspischen Meeres wird bis 17 cm lang, die Unterart C. cultiventris cultiventris des Schwarzen und Asowschen Meeres bleibt etwas kleiner.
Lebensweise: Die bereits nach 1 Jahr reif werdenden Fische laichen in großen Schwärmen teils im Meer, teils auch auf ihren anadromen Wanderungen in den Küstengewässern und im Süßwasser der großen Flüsse (wie z. B. Wolga, Ural, Don, Dnepr, Bug, Dnestr und Donau). Die Eier werden ratenweise während der Monate IV bis VI bei Temperaturen zwischen 11 und 14 °C abgelegt. Sowohl die ausgeschlüpften Larven als auch die erwachsenen Fische ernähren sich vorwiegend von Plankton.

FAMILIE
Engraulidae Sardellen

Heringsartige mit fast rundem Körperquerschnitt und großen Schuppen. Von den Heringen unterscheidet sich diese Familie durch die viel größere unterständige Mundöffnung und eine glatte Bauchkante.
Der europäische Gesamtfang beläuft sich

jährlich auf etwa 400 000 t. Sardellen werden bis zur Genußreife längere Zeit gelagert. Sie kommen entweder gesalzen oder in einer Gewürztunke als echte Anchovis zum Verbraucher.

43 *Engraulis encrasicholus*
Sardelle Anchovis
Kennzeichen: D 14–18; A 16–20; P 15–17; V 7
Sq. l. 46–50
Länge ± 12 cm (max. 20 cm)

Die Mundöffnung der schlanken Sardellen ist bis hinter die Augen gespalten. Auf den silberweißen Seiten zieht sich ein scharf abgesetztes blaues Längsband mit schwarzer Oberkante vom Kopf bis zum Schwanz.

Lebensweise: Als pelagische Schwarmfische leben Sardellen ausschließlich im Meer und kommen nur im Sommer in Küstennähe, zuweilen bis ins Brackwasser. Die im 2. Lebensjahr laichreif werdenden Fische legen je nach Aufenthaltsgebiet von IV bis IX freischwebende Eier ab, aus denen in wenigen Tagen Larven schlüpfen, die sich wie die Erwachsenen von Plankton ernähren.

zu 43

Zwei kleinere zu den Heringsartigen gehörende Vertreter der Tiefseefauna sollen kurz Erwähnung finden, weil sie gelegentlich angespült werden oder zum Beifang von in Küstennähe gefangenen Herings- oder Sprottenschwärmen gehören. Es handelt sich dabei um

44 *Maurolicus muelleri*
Lachshering
aus der Familie der *Gonostomidae* (Borstenmäuler) und

45 *Argyropelecus olfersi*
Silberbeil

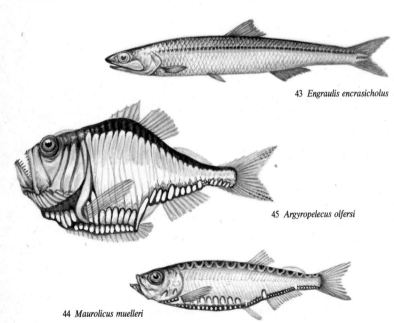

43 *Engraulis encrasicholus*

45 *Argyropelecus olfersi*

44 *Maurolicus muelleri*

zu 44

aus der Familie *Sternoptychidae* (Beilfische).

Der schlanke, bis 7 cm Körperlänge erreichende Lachshering hat hinter der Rückenflosse eine langgestreckte Fettflosse. Am Bauche befindet sich eine Reihe von Leuchtorganen (deshalb oft auch als „Leuchtsardine" bezeichnet). Die in Tiefen um 150 m lebenden Fischchen steigen nachts in die oberen Wasserschichten und geraten dabei zuweilen in Herings- und Sprottenfanggeräte der Fischereifahrzeuge. Während der Wintermonate können sie an den Küsten des Nordostatlantiks angespült werden.

Das 6 cm lange Silberbeil hat einen seitlich zusammengepreßten beilförmigen Rumpf mit einem deutlich abgesetzten schmalen Schwanz. Auffällig sind die großen schwarzen Teleskopaugen und die von schwarzen Pigmentschirmen gerahmten Leuchtorgane an der Bauchseite. Dieser weltweit verbreitete Fisch lebt in etwa 300 m Tiefe und wird von Strömungen (z. B. in der Straße von Messina) zuweilen nach oben gerissen und ans Ufer gespült.

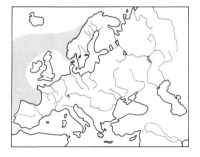

FAMILIE
Salmonidae Lachse

Als schnell und ausdauernd schwimmende Heringsartige besitzen sie eine „ideale" mäßig gestreckte, wenig kompresse, im Querschnitt breit ovale Körperform. Alle Arten der Familie zeichnen sich durch eine kleine strahlenlose Fettflosse zwischen Rücken- und Schwanzflosse aus. Weitere allgemeine Merkmale sind: kräftige Bezahnung der Mundspalte, nackter Kopf, vollständige Seitenlinie, kleine Schuppen, gut ausgebildete große Schwimmblase. Da Eileiter fehlen, fallen die reifen Eier aus dem Eierstock in die Leibeshöhle und treten aus einer hinter dem After gelegenen Öffnung aus. Die Salmoniden waren deshalb die ersten Objekte der sogenannten künstlichen Fischzucht, weil sich Milch und Rogen leicht „abstreichen" lassen. Viele Arten der Familie neigen dazu, Lokalformen zu bilden, deren systematische Wertigkeit nicht immer klar ist. Dazu verändern sich Körperform und Farbe während der Laichzeit oft beträchtlich. Auch die Jungfische verschiedener Arten sind bei gleicher Größe schwer zu unterscheiden. Die Bestimmung der Arten ist also oft nicht leicht.

Die Familie hat eine große wirtschaftliche Bedeutung. Sie umfaßt anadrome Wanderfische und Süßwasserfische der nördlichen Halbkugel. Wegen ihres wirtschaftlichen Wertes wurden einige Arten im Laufe unseres Jahrhunderts auch auf der Südhalbkugel eingebürgert. Die Gesamterträge dieser begehrten Qualitätsfische liegen im Weltmaßstab bei etwa 600 000 t jährlich. Leider sind trotz jahrzehntelanger Besatzmaßnahmen mit künstlich erbrüteten Setzlingen die Erträge in den meisten Gewässern Europas rückläufig, weil Wasserbau und -verunreinigung den Aufstieg in vielen ehemaligen Lachsflüssen erschweren oder völlig unterbinden. Nur in Norwegen, Dänemark, Schottland, Irland und Schweden werden noch nennenswerte Mengen von Lachsen gefangen.

46 *Salmo salar*
Lachs.
Kennzeichen: D 3–4/9–11; A 3/7–8; P 1/13; V 1/8
L. l. 120–130

136

Schuppen zwischen Fettflosse und Seitenlinie 11 bis 15
Länge 0,6 bis 1,0 m (max. 1,5 m ♂, 1,2 m ♀, dann 20 bis 35 kg schwer)
Im Vergleich zur sehr ähnlichen Meerforelle ist der Körper des Lachses gestreckter, der Kopf verhältnismäßig klein, die Schwanzflosse ausgebuchtet und der Schwanzstiel lang („Lachse kann man am Schwanze halten, Meerforellen nicht"). Die Fettflosse ist rötlichgrau. Die Knochen des Kiemendeckels, Operculum und Suboperculum, stoßen am Präoperculum nicht in einem Punkt zusammen. Die Reusendornen auf dem ersten Kiemenbogen sind alle gestreckt. Die Platte des Pflugscharbeins ist zahnlos; auf dem Stiel befinden sich früh ausfallende Zähne in einer Reihe. Die ♂ bilden zur Laichzeit einen knorpeligen, nach oben gebogenen Fortsatz der Unterkieferspitze aus (Hakenlachs). Die Färbung ist in den einzelnen Entwicklungsstadien unterschiedlich. Das Höchstalter beträgt 10 Jahre.
Lebensweise: Lachse sind anadrome Wanderfische des Nordatlantiks (daher auch Atlantischer Lachs) einschließlich der Nord- und Ostsee. Die im Oberlauf der Fließgewässer von IV bis V schlüpfenden Larven sind etwa 20 mm lang und ernähren sich $1\frac{1}{2}$ Monate von ihrem großen Dottersack. Später fressen sie Kleinkrebse, Insektenlarven und Kleinfische. Die Lachse verbleiben 2 bis 5 Jahre im Süßwasser, bis sie als auf dem Rücken graugrün und an den Seiten und am Bauch silbrigweiß gefärbte „Blanklachse" ins Meer wandern (Ausnahmen: Vanajanselkä in Schweden, Ladoga- und Onegasee mit nichtanadromen Lachsen sowie männliche Zwerglachse, die

ebenfalls ständig im Süßwasser bleiben). 1 bis 4 Jahre streifen die Lachse als pelagische Raubfische im Meer umher und ernähren sich ausschließlich von Fischen (z. B. Heringe, Sprotten, Spierlinge u. a.). Sie wachsen dort viel schneller als vorher im Süßwasser und speichern Fett in der Muskulatur (rötliche Farbe des Lachsfleisches). Gut genährt ziehen die Lachse in ihre Heimatgewässer, wobei sie sich höchstwahrscheinlich auch von ihrem Geruchssinn leiten lassen. Markierungen zeigten, daß sie dabei mehrere tausend Kilometer zurücklegen können. Die meisten Lachse beginnen ihren Aufstieg in den Flüssen bereits im Sommer. Sie sind dann insgesamt dunkler gefärbt. Obwohl die Nahrungsaufnahme dann bis zum Ende der Laichperiode eingestellt wird, beißen die aufwandernden Lachse noch mehrere Wochen auf Angelköder. Hindernisse in Form von Stromschnellen und Wehren werden durch Sprünge von 3 bis 4 m Weite und bis zu 1,5 m Höhe überwunden. Im Oberlauf werden im stark fließenden, kühlen klaren Wasser auf kiesigem Grunde von den ♀ flache Gruben geschlagen, in die von X bis I 8 000 bis 40 000 Eier von 4 bis 7 mm Durchmesser ratenweise abgelegt werden. Durch Schwanzschläge werden die Gruben wieder eingeebnet, so daß die klebrigen Eier zwischen den Steinen geschützt die lange Entwicklungszeit von 440 Tagesgraden überstehen können. Die Strapazen der Laichwanderung und des Ablaichens, die für die ♂ noch mit Rivalenkämpfen verbunden sind, führen zu Verletzungen und Gewichtsverlusten bis zu 40%. Die meisten ablaichenden Fische sterben deshalb anschließend, und nur 4 bis 5% der Atlantischen Lachse nehmen

zu 46

zu 47

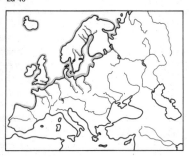

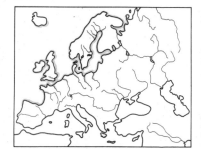

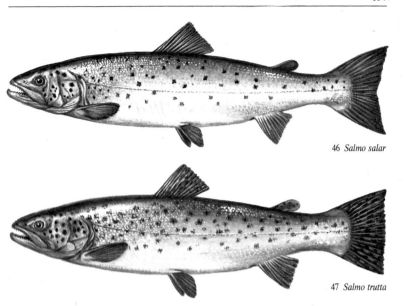

46 *Salmo salar*

47 *Salmo trutta*

zweimal und nur verschwindend wenige Tiere dreimal an einer Laichwanderung teil.

Die in das Meer zurückkehrenden Fische erholen sich aber sehr schnell und können in einer Woche bis zu 1 kg an Gewicht zurückgewinnen.

47 *Salmo trutta*
 Meerforelle Forelle, Lachsforelle
Hierzu zählen auch die Formen und Unterarten
47a Seeforelle (S. 138)
47b Bachforelle (S. 138)
47c Schwarzmeerforelle (S. 140)
47d Kaspischer Lachs (S. 140)
47e Mittelländische Bachforelle (S. 140)
Kennzeichen: D 3–4/9–11; A 3/7–8;
P 1/12–13; V 1/8
L. l. 120–130
Schuppen zwischen Fettflosse und Seitenlinie
13 bis 19
Länge 50 bis 80 cm (max. 1,1 m; dann bis zu 20 kg schwer)
Die Körperform ist etwas plumper, der Kopf größer, der Hinterrand der Schwanzflosse fast gerade und der Schwanzstiel gedrungener als beim Lachs. Die Fettflosse ist rot gerandet. Operculum und Suboperculum stoßen am

Präoperculum an einem Punkt zusammen. Von den Reusendornen des ersten Kiemenbogens sind nur die mittleren gestreckt, die 2 bis 5 oberen und unteren dagegen knopfförmig. Auf der Platte des Pflugscharbeins befindet sich eine Querreihe von Zähnen, die gebogenen Zähne des Stils fallen im Alter aus. Reife ♂ bilden ebenfalls einen Unterkieferhaken, und auch die Färbung ist wie beim Lachs in den verschiedenen Altersstufen unterschiedlich.
Lebensweise: Meerforellen sind anadrome Wanderfische mit ähnlicher Verbreitung und Lebensweise wie der Lachs. Abweichend ist das noch weitere Aufsteigen in die Oberläufe, die etwas spätere Laichablage von XII bis III und die geringere Schwächung der Elterntiere. Im Meer halten sich die Forellen in Küstennähe auf und erholen sich schnell dank großer Gefräßigkeit, so daß sie mehrere Laichwanderungen im Verlaufe ihres Lebens unternehmen. Durch Aussetzen von Setzlingen in die Ostsee, die aus Eiern von Bachforellen, Seeforellen und Regenbogenforellen herangezogen werden, wird von verschiedenen Ostsee-Anliegerstaaten versucht, den Forellenbestand dieses Binnenmeeres zu erhalten bzw. zu erhöhen.

Standortformen bzw. Unterarten der Meerforelle sind:

47a *Salmo trutta* f. *lacustris*
Seeforelle

Kennzeichen: Wie Stammform, zuweilen noch größer (bis 1,3 m) und schwerer (bis 30 kg) werdend. Neben den älteren, geschlechtsreifen, dunkel gefärbten Grundforellen kommen noch nicht reife (oder sterile?) Silber- oder Schwebforellen vor, die in den oberen Wasserschichten leben und leicht ausfallende Schuppen besitzen.

Lebensweise: Seeforellen leben in großen und tiefen Seen und ziehen zum Laichen in die einmündenden Flüsse und Bäche. Dort legen sie von IX bis XII wie Lachse ihre Eier ab. Je nach Alter und Größe nehmen die Fische Anflugnahrung, Kleintiere und Fische auf. Besonders die älteren Grundforellen sind gefräßige Räuber, die in Saiblings- und Maränenseen die Bestände anderer Arten erheblich dezimieren können.

47b *Salmo trutta* f. *fario*
Bachforelle

Kennzeichen: Als stationäre Zwergform der Stammart ist dieser Fisch nur durch die Le-

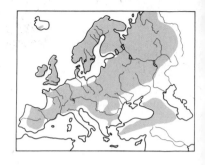

bensweise, eine geringere Größe (max. 50 cm) und die Färbung von der Stammart zu unterscheiden. Dem quergestreiften Jugendkleid folgt unter Wegfall des Silberstadiums ab etwa 10 cm Länge das farbige Laichfischkleid. Dieses ist je nach Aufenthaltsort mehr oder weniger dunkeloliv bis schwarzbraun. Immer befinden sich auf dem Rücken und den Seiten große schwärzliche Flecken, zu denen längs und unterhalb der Seitenlinie noch rote, hell umrandete Augenflecken hinzukommen. Die Schwanzflosse ist nicht gefleckt, die Fettflosse trägt oft eine zinnoberrote Spitze.

Lebensweise: Bachforellen sind standorttreue Süßwasserfische kühler, sauerstoffreicher Fließgewässer der Ebene und des Gebirges sowie kleiner, flacher, durchströmter Gebirgsseen (Bachforellenseen). Sie ernähren sich von Insektenlarven, Flohkrebsen, Würmern, Weichtieren und Anflugnahrung. Größere

47b *Salmo trutta* f. *fario*

Exemplare rauben Kleinfische (u. a. Ellritze, Schmerle). Die im 2. und 3. Lebensjahr reif werdenden Fische laichen wie ihre größeren Verwandten auf Kiesgrund von X bis I. Verunreinigung und Trübung des Wassers mit Sauerstoffzehrung sowie Begradigung der Bäche, Erwärmung des Wassers durch starke Sonneneinstrahlung und Vernichtung der Verstecke schränken den Lebensraum der Bachforelle zunehmend ein, denn sommerliche Mindestsauerstoffgehalte von 5,5 mg/l und Temperaturen unter 20 °C sind zur Bestandserhaltung notwendig. Andernfalls sind Brut- und Jungfischentwicklung nicht gewährleistet, und es ist die Gefahr der Dezimierung durch überhandnehmende Feinde wie Döbel, Barsch und Hecht gegeben.

48 *Salmo gairdneri*

47c *Salmo trutta labrax*
Schwarzmeerforelle
Anadromer Wanderfisch des Schwarzen und
Asowschen Meeres, der in Donau, Dnepr und
Küstenflüssen der Krim, Bulgariens und des
Kaukasusgebiets aufwandert. Wird bis 1,1 m
lang und max. 24 kg schwer.

47d *Salmo trutta caspius*
Kaspischer Lachs
Anadromer Wanderfisch des Kaspischen
Meeres und der Flüsse Wolga, Ural, Kama,
Terek und Kura. Von *S. t. labrax* durch
schlankeren Schwanzstiel unterscheidbar.
Dieses anatomische Merkmal, die Lebensweise und das Maximalgewicht von über 50 kg
weisen vielleicht sogar auf engere Verwandt-
schaft mit *Salmo salar* hin. Für die Fischerei
des Kaspischen Meeres und der Flüsse Kura
und Terek hat dieser Fisch wirtschaftliche
Bedeutung (Fangmenge 200 bis 500 t jährlich).

47e *Salmo trutta macrostigma*
Mittelländische Bachforelle
Der Bachforelle Nord- und Mitteleuropas sehr
ähnliche Form in den Gewässern Bulgariens,
Griechenlands, Albaniens, Jugoslawiens, Ita-
liens sowie auf Korsika und Sardinien.

48 *Salmo gairdneri*
Regenbogenforelle
Kennzeichen: D 4/10; A 3/10; P 1/12; V 1/8
L. l. 125–160
Länge ± 35 cm (max. 70 cm; Gewicht dann bis
zu 7 kg)
Die großen Unterschiede der Schuppenzahl in
der Seitenlinie rühren daher, daß es sich bei

den europäischen Regenbogenforellen um
fruchtbare Kreuzungen nordamerikanischer
Forellenformen handelt, die um 1882 ein-
geführt wurden. *Salmo gairdneri* (= *S. iri-
deus)* ist ein anadromer Wanderfisch der
Westküsten Nordamerikas und ähnelt in der
Lebensweise dem europäischen Formenkreis
Salmo trutta mit seinen verschiedenen Stand-
ortvarietäten. Abweichend von den einheimischen Bachforellen haben Regenbogenforellen ein rosa schillerndes Band auf den
Körperseiten und zahlreiche kleine dunkle
Flecken auf dem gesamten Körper, auch auf
Rücken-, Fett- und Schwanzflosse.
Lebensweise: Regenbogenforellen werden
vorwiegend in Teichwirtschaften, neuerdings
auch in Rinnenanlagen und Netzkäfigen gehalten, weil sie gegen höhere Temperaturen
und niedrigen Sauerstoffgehalt des Wassers
unempfindlicher sind und außerdem williger
Kunstfutter aufnehmen als Bachforellen. In
der Umgebung von Forellenzuchtanstalten
und durch Besatzmaßnahmen kommen auch
verwilderte Bestände in Bächen, Talsperren
und Küstengewässern vor, die je nach den
Umweltverhältnissen sehr unterschiedlich
gedeihen. In den Wildgewässern ernähren sie
sich wie die Formen von *Salmo trutta*. Ihre
Feinde sind dort Döbel, Barsch, Zander und
Hecht. Die 2- bis 3sömmrigen Fische laichen
von XI bis V (je nach den Haltungsbedingun-
gen). Nach 380 bis 400 Tagesgraden schlüpfen
die Larven mit großem Dottersack. Bis zur
Länge von 12 cm haben die Jungfische 11 bis
13 große dunkle Flecken.

49 *Hucho hucho*
Huchen Donaulachs
Kennzeichen: D 3–4/9–10;   A 4–5/7–9;

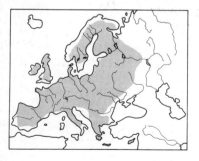

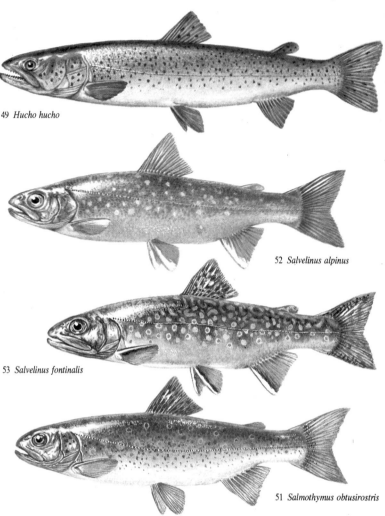

49 *Hucho hucho*

52 *Salvelinus alpinus*

53 *Salvelinus fontinalis*

51 *Salmothymus obtusirostris*

P 1/14–16; V 1/8–9
L.l. 180–200
Länge 0,5 bis 1 m (max. 1,5 m; dann bis zu 50 kg schwer)
Langgestreckter, im Querschnitt fast runder Körper mit großem, flachem Kopf und weiter Maulspalte. Die Flossen sind außer der Fettflosse relativ klein. Die kleinen schwarzen Flecke auf dem bräunlichen Rücken und den helleren Seiten greifen nur selten auch auf Rücken- und Schwanzflosse über.

Lebensweise: Als Einzelgänger und Standfisch der Donau und ihrer Nebenflüsse dort anzutreffen, wo kühles, sauerstoffreiches Wasser besonders schnell über steinigen und kiesigen Gründen fließt. Nährtiere der Jungfische sind wirbellose Bodentiere, später Kleinfische. Größere Huchen fressen Frösche und Fische, vorwiegend Nasen und Barben. Zur Laichzeit von IV bis V werden nach kurzen Laichzügen seichtere Stellen mit Kiesgrund aufgesucht. Laichablage, Ei- und Lar-

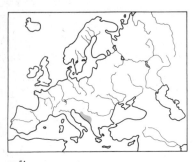

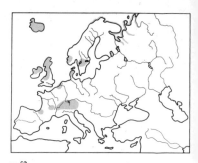

zu 51   zu 52

venentwicklung verlaufen wie bei den bisher genannten Salmonidenarten.
Die Bestände sind wie die vieler anderer Salmoniden durch Wasserbau und Verunreinigung stark zurückgegangen.

50 Hucho taimen
Taimen

In Flüssen der UdSSR von der Wolga über den Ural durch Sibirien bis zum Amur. Er wird in sibirischen Flüssen bis zu 80 kg schwer. Dem Huchen sehr ähnlich!

51 Salmothymus obtusirostris
Adriatischer Lachs

Kennzeichen: D 4/10; A 3/8–9
L. l. 101–103
Länge 25 bis 40 cm (max. 50 cm)
Der gedrungene Körper trägt einen kurzen Kopf mit einer auffallend stumpfen Schnauze. In der Farbe ähnelt der Fisch der Bachforelle.
Lebensweise: Die nur in Gewässern Jugoslawiens (Dalmatien) vorkommende Art lebt stationär und ist in mehrere Lokalformen aufgespalten. Fortpflanzung und Ernährung wie bei *Salmo* und *Hucho*.

52 Salvelinus alpinus
Wandersaibling

Kennzeichen: D 3–4/9–10;   A 3/8–10;
P 1/12–14; V 1/8
L. l. 190–240
Kiemenreusendornen 18 bis 30
Länge 50 bis 60 cm (max. 80 cm; dann bis zu 15 kg schwer)
Der mit sehr kleinen Schuppen besetzte Körper der Saiblinge ist in der Jugend schlank und

wie bei anderen Salmoniden mit 14 bis 15 Querstreifen versehen. Im Alter sind die Fische zunehmend gedrungener und vor allem während der Laichzeit prächtig bunt gefärbt.
Lebensweise: Der zirkumpolar verbreitete Wandersaibling ist der am weitesten in die Arktis vordringende anadrome Wanderfisch. Die Laichzeit liegt in der Regel in den Herbstmonaten. Die Jungen bleiben 3 bis 4 Jahre im Süßwasser. Sie wandern im Winter oft unter Eis ins Meer. Während sich die Jungfische im Süßwasser vorwiegend von Wirbellosen ernähren, bevorzugen die älteren Tiere im Meer Kleinfische, bis sie nach 6 bis 7 Jahren geschlechtsreif werden. Wandersaiblinge sind in arktischen Gewässern wichtige Nutzfische, die beim Aufsteigen in die Flüsse gefangen werden. Auch die stationären Formen der Seen sind hochgeschätzte Speisefische.

Von der anadromen Wanderform ist eine Fülle von Unterarten abzuleiten, die in geeigneten Seen stationär geworden sind und im Alter von 2 bis 3 Jahren im Uferbereich oder in der Tiefe der Seen laichen. Für Mitteleuropa sind das:

52a *Salvelinus a. salvelinus*
    Seesaibling
in den Alpenseen des Stromgebietes der oberen Donau

52b *Salvelinus a. umbla* **Omble chevalier**
in den Alpenseen des Rhein-, Meurthe- und Rhônegebiets

52c *Salvelinus a. salmerinus* **Salmerino**
in den Alpenseen im Gebiet von Adige, Avisio, Noce und Sarca.

zu 53

Besonders die beiden erstgenannten Unterarten werden in zahlreiche Lokalformen aufgespalten, die von den kleinen Tiefseesaiblingen mit nur 15 cm Länge über die Normalsaiblinge bis zu den räuberischen Wildfangsaiblingen reichen, die bis zu 75 cm lang und 5 kg schwer werden können.

53 *Salvelinus fontinalis*
Bachsaibling
Kennzeichen: D 3/9–10; A 3/9–11; P 1/10–12;
V 1/7
L.l. 160–225
Länge 20 bis 35 cm (max. 50 cm)
Im Unterschied zum Seesaibling reicht die Maulspalte bis hinter die Augen. Bachsaiblinge sind während der Laichzeit ähnlich farbenprächtig wie Wander- und Seesaiblinge. Die orangefarbigen paarigen Flossen und die Afterflosse haben nach dem weißen Vordersaum noch einen deutlichen schwarzen Streifen.
Lebensweise: Bachsaiblinge leben in stark strömenden, kalten Bächen bis in die Quellregion, in denen sie auch ohne Unterschlupfmöglichkeiten aushalten. Die im 2. und 3. Lebensjahr laichreif werdenden Fische legen von X bis III ihren Laich in flachen Kiesgruben ab. Sie ernähren sich wie die Forellen von Insektenlarven, Kleinkrebsen, Würmern, kleinen Fischen und anfliegender Nahrung.
Die 1884 aus dem Osten Nordamerikas eingeführten Bachsaiblinge wurden in für Forellen nicht geeignete Gewässer eingesetzt. Kreuzungen mit der Bachforelle liefern sterile Nachkommen, die farbenprächtigen sogenannten Tigerfische.

Gattung
Oncorhynchus Pazifische Lachse

Zwei Arten pazifischer Lachse wurden in den vergangenen Jahren mehrfach in arktischen und nordeuropäischen Meeren ausgesetzt. Sie können deshalb im Nordostatlantik oder als Einwanderer in Flüssen auftreten. Vom atlantischen Lachs und der Meerforelle können die Angehörigen der Gattung *Oncorhynchus* an der größeren Zahl der Schuppen in der Seitenlinie und an der längeren Afterflosse mit einer größeren Zahl von Flossenstrahlen erkannt werden. Die beiden pazifischen Lachse haben vor weiteren 4 verwandten Arten in den Ländern um den Nordpazifik UdSSR, Japan, Kanada und USA eine große wirtschaftliche Bedeutung. Die jährlichen Fänge belaufen sich auf etwa 350 000 t. Aus dem nördlichen Pazifik wurden 2 Arten umgesetzt:

54 *Oncorhynchus gorbuscha*
Buckellachs
Kennzeichen: D 3–4/9–12; A 2–4/12–16;
V 1/9–10
L.l. 143–175 (207) $\frac{23–33}{25–32}$
Kiemenreusendornen 28
Länge 40 bis 50 cm (max. 65 cm)
Rücken und Schwanzflosse sind schwarz gefleckt.
Lebensweise: Zum prächtig gefärbten Hochzeitskleid der ♂ gehört neben dem Haken am Unterkiefer auch ein hoher Buckel. Die Eltern sterben nach dem Ablaichen. Die Jungfische ziehen erst im Frühjahr ins Meer. Schon nach 2 Jahren werden Buckellachse geschlechtsreif und beginnen ihre Laichwanderung.

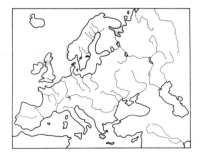

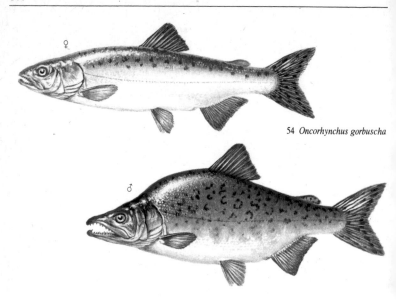

54 *Oncorhynchus gorbuscha*

55 *Oncorhynchus keta*
   Ketalachs
Kennzeichen: D 3–4/9–11; A 3/12–25;
V 1–2/8–11
L. l. 125–150 $\frac{19-25}{18-22}$
Kiemenreusendornen 24 (kurz)
Länge 50 bis 70 cm (max. 1 m)
Lebensweise: Ketalachse werden nach 3- bis 4jährigem Aufenthalt im Meer geschlechtsreif und wandern dann in den Flüssen aufwärts. Sie laichen wie die atlantischen Lachse in stark fließendem, kühlem Wasser der Fluß- oberläufe, gehen aber nach dem Ablaichen immer zugrunde. Die Jungfische wandern nach wenigen Wochen ins Meer.

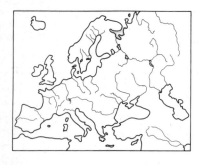

FAMILIE
Osmeridae Stinte
Heringsartige mit schlank-spindelförmigem, durchscheinend wirkendem Körper und einer Fettflosse. Die dünnen, glatten Schuppen fallen sehr leicht ab. Die Seitenlinie reicht nur bis über die Brustflossen. Das Maul ist weit gespalten und kräftig bezahnt. Der Unter- kiefer steht vor. Die nur 4 Gattungen um- fassende Familie hat eine große wirtschaft- liche Bedeutung, obwohl die Arten durchweg nur klein bleiben.

56 *Osmerus eperlanus*
   Stint Wanderstint, Seestint
Kennzeichen: D 3/7–8; A 3/10–13; P 1/9–10;
V 2/7
Sq. 1.60–65 (davon Seitenlinie 10)
Länge 20 bis 25 cm (max. 40 cm)
Der Oberkiefer reicht wenigstens bis zum hinteren Augenrand. Die matte, silbergraue Färbung der Stinte wird während der Laich- zeit durch ein metallisch schimmerndes Längsband belebt. Die ♂ tragen dann Reihen von Hautwarzen.
Lebensweise: Die anadromen Seestinte lai- chen von III bis IV im Unterlauf der Flüsse über Sandgrund. Die Eier haften lose an

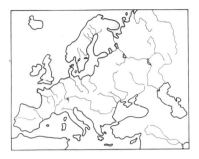

Sandkörnern und Pflanzenteilen. Nach 2 bis 3 Wochen schlüpfen die Larven, sie ähneln denen des Herings. Im ersten Jahr wachsen sie auf 4 bis 5 cm Länge heran, entwickeln dann erst Schuppen und wandern ins Meer zurück. Die Fische leben von Plankton, größere Exemplare kannibalisch.

Nach 2 Jahren bei 10 bis 15 cm Länge werden sie geschlechtsreif und wandern zum Ablaichen in die Flüsse. Sie sterben meist schon nach dem 1. Laichen ab.

Stationäre Form größerer Binnenseen:
56a *Osmerus eperlanus* f. *spirinchus*
Binnenstint

Diese Form wird nur max. 10 cm groß; sie laicht nach 2 Jahren in den Zuflüssen der Seen ab. Auch dabei wird oft ein Massensterben beobachtet, wie überhaupt das zahlenmäßige Auftreten in den einzelnen Jahren sehr unterschiedlich ist.

Die eigenartig riechenden und deshalb nicht überall beliebten Stinte werden in großen Mengen für den menschlichen Verzehr als Brat- und Backfische sowie als Viehfutter, zur Trangewinnung und als Köderfische für Aal und Zander gefangen. Bei Massenanfall wurden sie sogar als Dünger auf die Felder gefahren. Als Fischnahrung für Aal und besonders Zander haben auch die kleinbleibenden Binnenstinte große Bedeutung.

Ein zirkumpolar verbreiteter Angehöriger der Familie der Stinte ist die selten in Küstennähe vorkommende Art

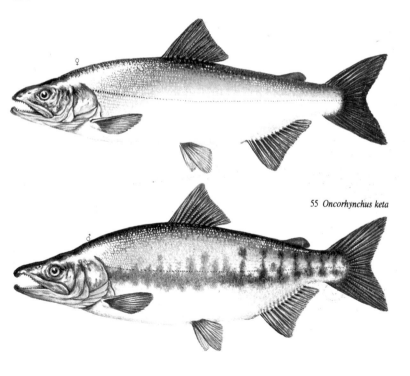

55 *Oncorhynchus keta*

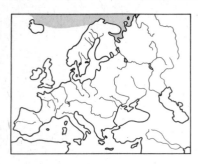

57 *Mallotus villosus*
Lodde
Kennzeichen: D 2–3/10–13; A 3–5/17–20;
V 1–7
Sq. l. > 150
Länge 16 bis 18 cm (max. 20 cm)
In den letzten Jahrzehnten hat diese Art eine
große Bedeutung als Industriefisch erlangt.
Der europäische Gesamtfang betrug 1979
etwa 3 000 000 t. Außerdem bilden die Lodden-
schwärme eine wichtige Nahrung für Kabeljau
und Köhler (Seelachs).

FAMILIE
Coregonidae Maränen

Silberglänzende Heringsartige mit Fettflosse,
im Unterschied zu den nahe verwandten
Salmoniden ohne auffallende Färbung oder
Fleckenzeichnung. Die Schuppen sind größer
als bei den Salmoniden, die Seitenlinie wohl-
ausgebildet. Die Mundspalte reicht kaum bis
an die Augen; Zähne sind nur schwach entwickelt oder fehlen ganz.
Maränen sind sauerstoffbedürftige Kaltwasserfische und bewohnen demzufolge vorwiegend tiefe, klare Seen im nördlichen
Europa, Asien und Nordamerika. Neben den
stationären Süßwasserformen kommen auch
Wanderfische in Fließ- und Küstengewässern
vor. Sie laichen im Spätherbst und Winter. Die
zu Boden sinkenden Eier haben entsprechend
der niedrigen Wassertemperatur eine lange
Entwicklungszeit. Larven, Jungfische und
Erwachsene ernähren sich von Plankton,
manche Arten nehmen auch niedere Bodentiere auf.
Noch schwieriger als bei manchen Salmoniden ist die sichere Unterscheidung der Arten,
da vor allem die Großen Maränen in ihrem
weiten Verbreitungsgebiet eine verwirrende
Formenvielfalt herausgebildet haben. Zwei
Ichthyologen der Schweiz und Schwedens,
Dortrens und Svärdson, haben in den letzten
Jahrzehnten versucht, mit Hilfe statistischer
Methoden eine Übersicht zu schaffen. Diesen
Wissenschaftlern zufolge gibt es 6 europäische *Coregonus*-Arten, auf die sich alle Formen zurückführen lassen. Das entscheidende
Merkmal dabei ist die Zahl der Kiemen-
reusendornen. Deren große Variationsbreite
erfordert es allerdings, daß immer ein größerer

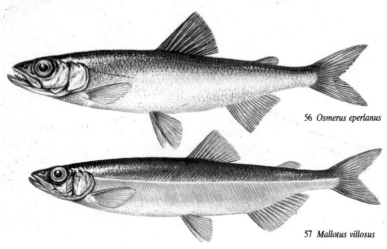

56 *Osmerus eperlanus*

57 *Mallotus villosus*

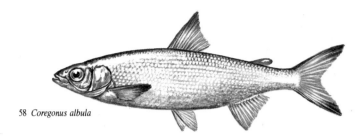

58 *Coregonus albula*

Bestand statistisch ausgewertet werden muß. Unter den Großen Maränen können auf diese Weise die planktonfressenden „Schwebrenken" mit zahlreichen zartgebauten, langen Reusendornen von vorwiegend bodentierfressenden „Bodenrenken" mit weniger zahlreichen, kräftigeren und kürzeren Fortsätzen unterschieden werden. Die Art Kleine Maräne ist dagegen eindeutiger bestimmbar.

Maränen sind örtlich von großer wirtschaftlicher Bedeutung. Ihr zartes, fetthaltiges Fleisch ist gebraten und geräuchert eine Delikatesse. Insgesamt werden weltweit jährlich etwa 50000 t gefangen. Über ihre Bedeutung als Nahrungsmittel hinaus sind sie infolge ihrer Ansprüche an den Sauerstoffgehalt des Wassers ein wertvoller Indikator für die Wasserqualität. Zunehmende Nährstoffanreicherung (Eutrophierung) in den Gewässern hat leider dazu geführt, daß viele Maränenpopulationen in Gewässern dicht besiedelter Länder zusammengebrochen sind. In den noch nicht aussichtslosen Fällen konnten sie durch ständige Besatzmaßnahmen wieder aufgebaut oder vor dem weiteren Rückgang bewahrt werden. Auch neu entstandene Wasseransammlungen, wie Talsperren oder Grubenseen (Kies, Braunkohle), eignen sich auf Grund ihrer anfänglichen Nährstoffarmut für den Neubesatz mit planktonfressenden *Coregonus*-Arten.

58 *Coregonus albula*
   Kleine Maräne
Kennzeichen: D 4/8–9; A 4/11–12; P 1/14–15; V 2/10
L.l. 70–91
Kiemenreusendornen 36 bis 52
Länge ± 20 cm (max. 37 cm)
Der heringsartige Körper hat einen etwas

vorstehenden Unterkiefer, so daß das Maul oberständig ist.

Lebensweise: Als Schwarmfisch des freien Wassers ernähren sich Kleine Maränen vorwiegend von Zooplankton, gelegentlich von Anflugnahrung. Die im Alter von 2 bis 3 Jahren geschlechtsreif werdenden Fische legen nach Eintritt der Homothermie (wenn infolge der Herbstvollzirkulation die gesamte Wassermasse eines Sees die gleiche Temperatur hat – in Mitteleuropa von XI bis XII, dann zwischen 7 und 4 °C) die 2 mm dicken Eier über Kies oder Wasserpflanzen ab. Die lange Entwicklungszeit der Eier von 100 bis 120 Tagen, die oft ungünstigen Witterungsverhältnisse (Sturm, Eisbildung) zur Zeit des Ablaichens und des Schlüpfens der Brut und die in vielen Gewässern immer ungünstiger werdenden Sauerstoffverhältnisse bringen es mit sich, daß die Populationen von Jahr zu Jahr erheblichen Schwankungen unterliegen. Auch das Wachstum und die Endgröße der Fische sind in den einzelnen Seen sehr verschieden.

Da die Kleine Maräne einer der wenigen Qualitätsfische ist, die ausschließlich das Pelagial der Binnenseen bewohnen und nutzen, werden die Bestände durch gelegentliche

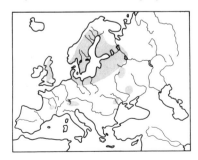

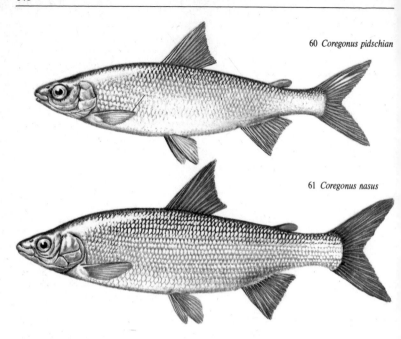

60 *Coregonus pidschian*

61 *Coregonus nasus*

oder regelmäßige Besatzmaßnahmen gefördert. In Fischbrutanstalten werden die Eier der Kleinen Maräne wie der Laich der Hechte in Brutgläsern erbrütet, nachdem sie vorher den Laichfischen entnommen und „künstlich" befruchtet wurden. Nach dem Aufzehren des kleinen Dottersacks, manchmal auch erst nach dem „Anfüttern" der Brut mit feinstem Zooplankton, werden die Jungfische in großer Zahl in geeigneten Gewässern ausgesetzt.

59 *Coregonus baunti,* eine aus schwedischen Seen und einem sibirischen Fluß beschriebene Form, unterscheidet sich von der Kleinen Maräne hauptsächlich dadurch, daß sie erst im Frühjahr (von IV bis V) in größeren Tiefen von 20 bis 30 m laicht.

Zur Gruppe der Großen Maränen gehören 5 einander sehr ähnliche Arten mit folgenden Gemeinsamkeiten:
Kennzeichen: D 3–4/10–12; A 2–4/10–12; P 1/15–17; V 1–2/9–11
Das Maul ist end- bis oberständig. Manchmal ist der Oberkiefer nasenartig verlängert. Der Schwanzstiel wirkt gedrungen. Die Unter-

scheidung erfolgt nach der Zahl der Kiemenreusenfortsätze.

60 *Coregonus pidschian*
Kleine Bodenrenke Kilch
Kennzeichen: Kiemenreusendornen 17 bis 25 (meist 20)
Länge 15 bis 20 cm (max. 30 cm)
Die Reusendornen sind kurz, das Maul unterständig.
Lebensweise: Arktische Fischart, deren Vertreter auch in der Tiefe kalter Gebirgsseen leben und sich dort von Bodentieren ernähren. Sie laichen (je nach Gewässer unterschiedlich)

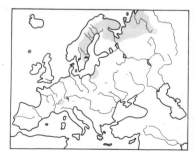

zu 61   zu 62

im Zeitraum vom Spätsommer bis Spätherbst. Das Ablaichen erfolgt in Flüssen oder im Uferbereich.

61 *Coregonus nasus*
Große Bodenrenke Sandfelchen
Kennzeichen: Kiemenreusendornen 21 bis 27 (meist 22)
Länge 50 bis 60 cm (max. 80 cm)
Der Körper ist gedrungener als bei der Kleinen Bodenrenke, sein Umfang ist größer als die halbe Körperlänge.
Lebensweise: Bei gleicher Verbreitung wie *C. pidschian* kommen beide Fische oft nebeneinander vor und haben auch die gleiche Lebensweise.

62 *Coregonus lavaretus*
Große Schwebrenke Wander-, Madümaräne, Blaufelchen, Schlei-, Ostseeschnäpel
Kennzeichen: Kiemenreusendornen 25 bis 34 (meist 30 bis 34)
Länge 15 bis 40 cm (max. 55 cm)

Infolge großer ökologischer Plastizität leben *C. lavaretus*-Formen sowohl in der Ostsee als Wanderfische wie stationär in großen und kleinen Seen. Je nach Aufenthaltsort variieren Größe und Gewicht, aber auch Färbung und Gestalt der Fische. Während Wanderformen die typische „Nase" der Schnäpel haben, sind bei den stationären Formen die Köpfe kegelförmig spitz und der Mund end- bis unterständig.
Lebensweise: Alle Formen sind Freiwasserfische, die sich überwiegend von Plankton ernähren. Diese Gruppe frißt im Alter auch größere Bodentiere und gelegentlich Kleinfische. Die Wanderfische ziehen zum Laichen in die Flüsse, die stationären Seenformen laichen über den größten Tiefen von X bis XII. Beide Geschlechter zeigen während dieser Zeit Laichausschlag. Die Eier benötigen etwa 100 Tage bis zur Entwicklung. Nach 3 bis 4 Jahren sind die Fische geschlechtsreif.
Sowohl die in der Ostsee bis zu 500 km wandernden Formen als auch die Bewohner der großen Seen Nordeuropas (z. B. Ladoga-,

62 *Coregonus lavaretus*

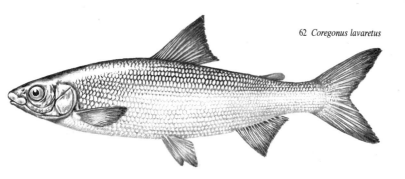

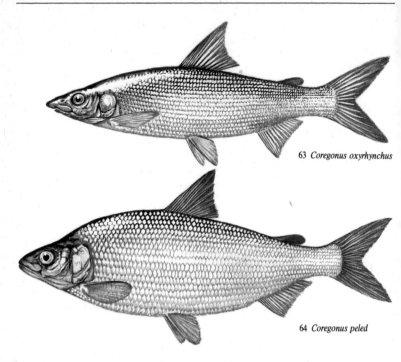

63 *Coregonus oxyrhynchus*

64 *Coregonus peled*

Onegasee, Vanajanselká) oder des Voralpen-
gebietes (z. B. Bodensee) haben wirtschaftlich große Bedeutung.

63 *Coregonus oxyrhynchus*
Kleine Schwebrenke Gangfisch, Schnä-
pel, Nordseeschnäpel, Edelmaräne, Pei-
pusmaräne
Kennzeichen: Kiemenreusendornen 36 bis 44
Länge 20 bis 35 cm (max. 50 cm)
Eine ähnlich polymorphe Art wie die Große
Schwebrenke mit Ausbildung von nasenarti-

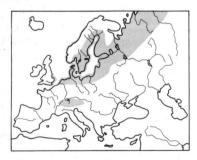

gen Verlängerungen der Schnauze bei Wan-
der- bzw. end- bis unterständigem Maul bei
stationären Formen.
Lebensweise: Nahrungs- und Fortpflanzungsgewohnheiten sind wie bei der Großen
Schwebrenke. Im Unterschied zu allen anderen Maränenarten ist bei der Kleinen
Schwebrenke die Toleranz gegenüber höheren
Temperaturen und einem etwas geringeren
Sauerstoffgehalt des Wassers größer. Sie
wurde auch deshalb mit Erfolg in Seen
außerhalb ihres Verbreitungsgebietes eingebürgert. Die Bestände des früher in großen
Zügen in den Rhein und die Elbe einwandernden Nordseeschnäpels sind allerdings stark
zurückgegangen.

64 *Coregonus peled*
Peledmaräne
Kennzeichen: Kiemenreusendornen 45 bis 68
Länge 30 bis 40 cm (max. 60 cm)
Diese ursprünglich vorwiegend in Sibirien
sowie Karelien, Zentralfinnland und Nord-
schweden verbreitete Art hat die größte Zahl

von Kiemenreusendornen unter allen Groß-
maränen.

Lebensweise: Wie bei ihren Verwandten ist die
Lebensweise der Peledmaräne je nach Aufenthaltsort unterschiedlich. Während der
Sommer in flachen, stark erwärmten Gewässern verbracht wird, findet die Überwinterung in tieferen Seen oder Fließgewässern

statt. Dementsprechend ist sie bezüglich ihrer
Ansprüche an Temperatur (0 bis 28 °C) und
Sauerstoffgehalt (1,5 bis 2,0 mg/l bei 0,2 bis
0,3 °C und 4 bis 5 mg/l bei 15 bis 20 °C) des
Wassers sehr anpassungsfähig.

Die Peledmaräne wurde mit Erfolg aus Sibirien in die nordwestlichen Gebiete der UdSSR
umgesetzt. Die dort eingeführte Art konnte im

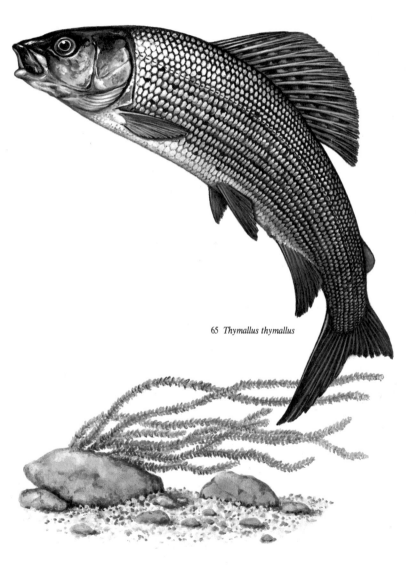

65 *Thymallus thymallus*

152

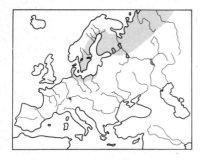 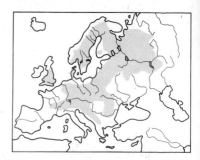

vergangenen Jahrzehnt in einigen Binnengewässern der VR Polen und der DDR eingebürgert werden. Sie wurde im 2. und 3. Jahr laichreif und zeigte gute Wachstumsergebnisse (in 2 Jahren 36 bis 40 cm lang und 550 bis 620 g schwer, in 3 Jahren 38 bis 42 cm lang und 650 bis 1 200 g schwer).

FAMILIE
Thymallida Äschen

Mäßig gestreckte Heringsartige mit Fettflosse und langer, hoher Rückenflosse, die weit vor den Bauchflossen beginnt. Der kleine Kopf endet in einer spitzen Schnauze mit kleiner Mundöffnung, die nicht bis unter die Augen reicht. Die kleinen, spitzen Zähne sind wohlentwickelt. Auf den festsitzenden kleinen Schuppen ist eine vollständige Seitenlinie zu erkennen. Äschen sind stationäre Bewohner klarer, kühler Fließgewässer, steigen aber nicht so weit wie Forellen in das Flachwasser der Quellgebiete auf (Äschenregion). Sie sind in Europa nur mit einer Gattung und einer Art vertreten.

65 *Thymallus thymallus*
Äsche
Kennzeichen: D 5–7/14–17; A 3–5/9–10; P 1/15–16; V 1/10–11
L.l.75–96
Länge ± 30 cm (max. 50 cm)
Die Rücken-, After- und Bauchflossen sind beim ♂ größer als beim ♀. Während der Laichzeit sind alle Farben des Fisches etwas dunkler und wirken rötlich überflogen.
Lebensweise: Zur Laichzeit von III bis V schlagen die ♀ wie die Salmoniden flache Gruben an kiesigen Stellen in 30 bis 60 cm

Tiefe. Die gelblichen, 3 bis 4 mm dicken, nicht klebenden Eier werden nach der Befruchtung mit Sand und Kies bedeckt. Die nach 20 bis 30 Tagen schlüpfenden Jungen halten sich in kleinen Scharen zusammen. Sie ernähren sich von Wasserinsekten und wirbellosen Bodentieren, von Anflugnahrung und auch Fischlaich. Die größeren Exemplare fressen gelegentlich Kleinfische. Im Alter von 2 bis 4 Jahren werden die Fische laichreif.

ORDNUNG
Esociformes Hechtartige

Echte Knochenfische mit gestreckter Körperform und weit hintenstehender Rückenflosse. Der Kopf ist teilweise beschuppt. Der Schultergürtel ist am Schädel befestigt. In der Regel haben die Flossen keine Hartstrahlen. Die Bauchflossen sind bauchständig. Es besteht eine Verbindung zwischen Darm und Schwimmblase.

FAMILIE
Umbridae Hundsfische

Mäßig gestreckte, kleine Hechtartige mit abgerundeten Flossen und dunkler Färbung. In Europa kommt nur eine Gattung mit 2 Arten vor, die keine wirtschaftliche Bedeutung haben.

66 *Umbra krameri*
Hundsfisch
Kennzeichen: D 15–16; A 7–8
Sq.l.33–35
Länge 5 bis 8 cm (max. 11,5 cm)
Die großen Schuppen bedecken die Kiemendeckel und auch den Kopf oben und auf

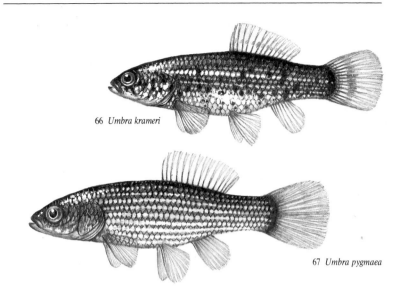

66 *Umbra krameri*

67 *Umbra pygmaea*

den Seiten. Anstelle der Seitenlinie verläuft auf den Körperseiten ein heller Streifen.

Lebensweise: Hundsfische leben stationär am Boden langsam fließender und stehender Gewässer mit reichem Pflanzenwuchs und Schlammablagerungen. Gegen hohe Wassertemperaturen und niedrige Sauerstoffgehalte des Wassers sind sie demzufolge unempfindlich. Sie ernähren sich von Wirbellosen und werden im Alter von 2 Jahren geschlechtsreif. Der von II bis IV in Nestern abgelegte Laich wird vom ♀ bewacht.

In allem sehr ähnlich ist die von Nordamerika nach Westeuropa eingeführte Art

67 *Umbra pygmaea*
Amerikanischer Hundsfisch

FAMILIE
Esocidae Hechte

Hechtartige mit langgestrecktem walzenförmigem Körper, abgeflachtem Kopf und mit entenschnabelförmigem stark bezahntem Maul. Rücken- und Afterflosse sind weit nach hinten verlagert und bilden mit der Schwanzflosse am gedrungenen Schwanzstiel ein kräftiges Ruderblatt. Sie sind in Europa nur mit einer Gattung und einer Art vertreten.

68 *Esox lucius*
Hecht

Kennzeichen: D 7–8/13–15; A 4–5/12–14; P 1/13; V 1/18
L. l. 105–130
Länge 40 bis 60 cm (♂ 0,9 m, ♀ 1,5 m max.)

Der Hecht ist ein unverwechselbarer Süßwasserfisch, der auch ins Brackwasser geht. Seine Seitenlinie ist mehrfach unterbrochen. Die Färbung ist je nach Aufenthaltsort und Alter sehr unterschiedlich. Die am Ufer zwischen Pflanzen lebenden Fische sind wesentlich bunter gefärbt als die des freien Wassers oder der Tiefe.

Lebensweise: In nicht zu trüben stehenden und langsam fließenden Binnengewässern lebt der

zu 66

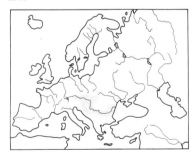

Hecht als stationärer Uferfisch. Nahezu bewegungslos zwischen Pflanzen stehend lauert er auf Beutefische, um plötzlich pfeilschnell mit einem kräftigen Schlag seines aus Rükken-, Schwanz- und Afterflosse gebildeten Ruderblattes vorwärts zu schießen. Zu langer Verfolgung der Beute und ausdauerndem Schwimmen ist er nicht befähigt. Bevorzugt werden vor allem schlanke Fische (z. B. Plötze, Rotfeder), er frißt aber auch Frösche, Wasservögel und Kleinsäuger. Als gefräßiger Raubfisch vergreift er sich zuweilen an zu großer Beute, die infolge der nach hinten gerichteten Zähne nicht wieder ausgespieen werden kann und ihm dann zum Verhängnis wird, da er allmählich daran erstickt. Schon nach 2 bis 3 Jahren bei 20 bis 40 cm

Länge werden Hechte laichreif und legen von II bis V ihren Laich vorzugsweise auf überschwemmten Wiesen oder an seichten verkrauteten Uferpartien ab. Aus den klebrigen 2,5 bis 3,3 mm dicken Eiern schlüpfen die Larven nach 10 bis 30 Tagen (120 bis 140 Tagesgrade) mit großem Dottersack und Klebedrüsen am Kopf, mit deren Hilfe sie sich an Pflanzen festheften. Nach Aufzehren des Dottersackes ernähren sich die 10 bis 15 mm langen Jungen von Kleinkrebsen und Insektenlarven, bevorzugen aber schon nach wenigen Tagen die jeweils größte zu bewältigende Beute und fressen sich bei zu enger Haltung in Aquarien, Anfütterungströgen oder in den sogenannten Vorstreckteichen gegenseitig auf. Infolge ihrer Gefräßigkeit

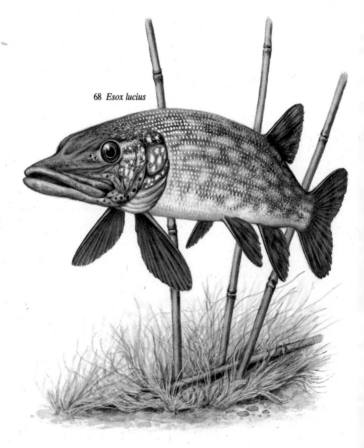

68 *Esox lucius*

können sie schon im ersten Lebensjahr 30 cm lang werden.

Vor Zander, Barsch und Aal ist der Hecht in vielen Binnengewässern Europas der wichtigste Raubfisch, nur im Südosten macht ihm der Wels diese Rolle streitig. Da er ebenso wie der Wels imstande ist, schon vom 3. und 4. Jahre an auch größeren Nutzfischen, insbesondere seinen etwas kleineren Artgenossen, gefährlich zu werden, läßt man ihn in gut bewirtschafteten Gewässern nicht zu groß werden. Der dadurch und infolge des Rückgangs geeigneter Laichplätze z. T. ausfallenden natürlichen Vermehrung wird durch Aussetzen von Hechtbrut (H_o), vorgestreckten Hechten (H_v) von 2 bis 3 cm Länge und Hechtsetzlingen (5 bis 10 cm lang) begegnet, die in Fischzuchtanlagen herangezogen werden. Die weitgehende Regulierung der Binnengewässer und das starke Verfolgen dieses attraktiven Fisches hat trotz dieser Maßnahmen zum Rückgang der Hechtbestände in dichtbesiedelten Gebieten geführt.

ORDNUNG
Cypriniformes Karpfenartige

Echte Knochenfische mit einer Reihe von kleinen Knochen, die das Labyrinth mit der Schwimmblase verbinden (Weber'sche Knöchelchen, Weber'scher Apparat). Mit Hilfe dieser Einrichtung können die Angehörigen dieser Fischordnung die Druckschwankungen ihrer Umgebung besser wahrnehmen. Weißfische, Schmerlen und Welse hören also besonders gut, weil ihre Schwimmblase als Schallempfänger und Verstärker dient. Fast alle in dieser Gruppe zusammengefaßten Fische sind Süßwasserbewohner. Außer den hier zu besprechenden Weißfischen, Schmerlen und Welsen gehören auch die in den tropischen Gewässern Südamerikas und Afrikas lebenden Salmler hierher. Insgesamt umfaßt die Ordnung etwa 5000 Arten. Viele haben eine große wirtschaftliche Bedeutung.

FAMILIE
Cyprinidae Weißfische, Karpfenfische

Mäßig gestreckte und abgeflachte Karpfenartige, die außer der Fettflosse alle übrigen Flossen besitzen. Diese sind gliederstrahlig, zuweilen sind durch Verschmelzung bei D, A und V Hartstrahlen vorhanden. Der nackte Kopf trägt ein zahnloses, vorstreckbares Maul. Auf der Schädelunterseite befindet sich der „Mahlstein". Ihm entgegen arbeiten die sogenannten Schlundzähne, die auf den durch Umwandlung des 5. Kiemenbogens gebildeten Schlundknochen sitzen. Sie sind in 1 bis 3 Reihen angeordnet und können mit zur Bestimmung der Fische dieser artenreichsten Familie herangezogen werden. Das Schuppenkleid besteht aus gleichmäßig angeordneten, festsitzenden Rundschuppen. Eine geteilte Schwimmblase mit Luftgang ist vorhanden.

Bis auf wenige anadrome Wanderformen sind alle Weißfische stationäre Süßwasserbewohner. Sie besiedeln alle Arten von Binnengewässern auf der ganzen Erde (außer in Australien, Neuseeland, Madagaskar, Südamerika und im hohen Norden). Dementsprechend sind ihr Erscheinungsbild, ihre Ernährungs- und Fortpflanzungsgewohnheiten sehr unterschiedlich. Die Weißfische sind mit 275 Gattungen und etwa 2000 Arten die artenreichste Fischfamilie der Erde. In europäischen Binnengewässern kommen 23 Gattungen mit etwa 80 Arten vor. Einige von ihnen sind wirtschaftlich sehr wertvoll und werden unter der Obhut des Menschen in Teichen und anderen Fischzuchtanlagen gehalten. Insgesamt werden jährlich auf der Erde ca. 600000 t gefangen bzw. produziert.

69 *Leuciscus leuciscus*
Hasel Häsling, Zinnfisch, Spitzalet
Kennzeichen: D 3/7; A 3/8–9; P 1/16–17; V 2/8; L.l. 47–52

Schlundzahnformel 2.5–5.2 (selten 3.5–5.3 oder 3.5–5.2)
Länge 15 bis 25 cm (max. 30 cm)
Der schlanke Körper hat einen fast runden Querschnitt. Der unterständige Mund reicht nicht bis an die Augen.
Lebensweise: Die geschickt schwimmenden Schwarmfische halten sich in Ufer- und Oberflächennähe fließender Gewässer der Äschen- und Barbenregion auf. Sie kommen auch in durchflossenen Seen und in stark ausgesüßten Teilen der Ostsee vor, bevorzugen aber immer Gewässer mit festen Gründen. Von III bis V werden die im Durchschnitt 2 mm großen Eier an Pflanzen abgelegt. Die ♂ haben dann einen feinkörnigen Laichausschlag auf dem ganzen Körper. Die nach 3 Jahren geschlechtsreif werdenden Fische ernähren sich von Kleintieren und Pflanzen.
Eine Reihe sehr ähnlicher und nahe verwandter Arten lebt in kleinen Beständen in Gewässern Jugoslawiens.

zu 69

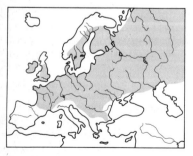

70 *Leuciscus souffia*
   Strömer
Kennzeichen: D 2/8; A 3/8–9; P 1/13–14; V 2/8
L. l. 50–56
Schlundzahnformel 2.5–5.2 oder 2.5–4.2
Länge 12 bis 18 cm (max. 25 cm)
Der spindelförmige Körper endet in einem unterständigen stumpfen Maul. Eine graurußig bis blaurote Längsbinde zieht sich vom Auge bis zur oberen Schwanzflossenbasis, sie ist besonders zur Laichzeit ausgeprägt.
Lebensweise: Die in schnellfließenden Gewässern des Rhône- sowie des oberen Donau- und Rheingebiets lebenden Fische ernähren sich von Bodentieren und Plankton. In Seen halten sie sich in tieferen Schichten des freien Wassers auf und laichen auf Kiesboden von III bis V.

71 *Leuciscus cephalus*
   Döbel Aitel, Dickkopf, Alet

zu 70

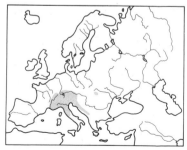

Kennzeichen: D 3/8–9; A 3/7–9; P 1/16–17;
V 2/8
L.1. 44–46
Schlundzahnformel 2.5–5.2 (Enden ge-
bogen)
Länge 30 bis 40 cm (max. 60 cm)

Einzelgängern mit festen Standplätzen an
Brückenpfeilern, Wehren, hinter Sandbänken
oder an Buhnen. Sie fressen nahezu alles, von
Pflanzen und Fischeiern über alle Arten von
Kleintieren bis zu Fischen, Krebsen und
Fröschen. Von IV bis VI werden die Eier an
Steinen und Wasserpflanzen abgelegt, die ♂
tragen dann Laichausschlag. Da Döbel in
Gewässern bis in 1 500 m Höhe vorkommen

71 *Leuciscus cephalus*

Der fast walzenförmige Körper trägt einen
großen, dicken Kopf mit einem endständigen
stumpfen Maul, das fast bis zu den Augen
gespalten ist. Größere Exemplare haben
dunkel gerandete Schuppen, so daß insgesamt
eine Netzzeichnung entsteht.
Lebensweise: In fließenden und seltener in
stehenden Gewässern leben Döbel in der Jugend gesellig in Oberflächennähe. Mit zunehmendem Alter werden sie zu räuberischen

und auch die Forellen- und Äschenregion
bewohnen, können sie unter den dort lebenden
Salmoniden durch Laich-, Brut- und Jung-
fischräuberei Schaden anrichten. Besonders
in begradigten Bächen ohne ausreichende
Unterschlupfmöglichkeiten kann die For-
ellenwirtschaft durch sie in Frage gestellt

zu 71

zu 72

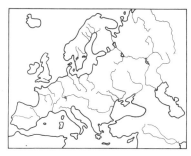

werden. Sie werden deshalb, vor allem mit Hilfe der Elektrofischerei, in solchen Gewässern unnachsichtig verfolgt.

72 Leciscus borysthenicus
Bobyrez
Kennzeichen: D 3/8–9; A 3/7–9; V 2/8
L. l. 36–40
Schlundzahnformel 2.5–5.2
Länge 15 bis 35 cm (max. 40 cm)
Der dem Döbel in Aussehen und Lebensweise ähnliche Fisch bewohnt Flüsse und durchflossene Seen, die ins Schwarze Meer münden.

73 Leuciscus idus
Aland Orfe, Nerfling, Jeese, Geese
Kennzeichen: D 3/8–9; A 3/9–10; P 1/15–16; V 2/8
L. l. 55–60
Schlundzahnformel 3.5–5.3 (Enden leicht gebogen)
Länge 30 bis 40 cm (max. 80 cm)
Die langgestreckten Fische sind seitlich stark abgeflacht. Das kleine endständige Maul steht etwas schief. Jungfische bis 20 cm Länge ähneln der Plötze, haben aber ein Netzmuster wie Döbel. Ältere Exemplare sind dunkler gefärbt. Eine orangerote Farbvarietät ist die Goldorfe (vgl. Abb. S. 13).
Lebensweise: Wie die Hasel sind Orfen Ufer- und Oberflächenfische der Fließgewässer von der Barben- bis zur Brackwasserregion und kommen auch in Flußseen und Haffen vor. Zur Laichzeit von III bis V steigen die Fische aus dem Brackwasser und den Seen in großen Scharen in ruhige Flußgebiete, um an Steinen und Pflanzen die im Durchmesser 1,5 mm großen Eier abzulegen. Die ♂ haben Laichausschlag.

Goldorfen werden in Teichwirtschaften als Nebenfische vermehrt. Sie werden den üblichen „Goldfischen" (vgl. 116, S. 186) als Besatzfische für tiefere Garten- und Zierteiche deshalb vorgezogen, weil sie als lebhafte Oberflächenfische besser und häufiger zu sehen sind als jene. Sie stellen aber an die Wasserqualität ihres höheren Sauerstoffbedarfs wegen größere Ansprüche. Auch ihre Überwinterung ist deshalb wesentlich schwieriger als die der Goldfische, die in einem Wasserbehälter im kalten Keller ohne Belüftung und Fütterung den Winter über aushalten.

74 Rutilus rutilus
Plötze Rotauge
Kennzeichen: D 3/9–11; A 3/9–11; P 1/15; V 2/8
L. l. 41–46 (43)
Schlundzahnformel 6–5 (oft auch 6–6)
Länge 20 bis 35 cm (max. 44 cm)
Je nach Wachstum kommen hochrückige Exemplare (schnellwüchsige Palmplötzen) neben schlanken Fischen (langsamwüchsige Spitzplötzen) vor. Eine Verwechslung mit der ähnlichen Rotfeder verhindert neben der roten Iris die nur wenig schrägstehende Mundöffnung und die gerundete Bauchkante zwischen Bauch- und Afterflossen. Die Rückenflosse beginnt über der Basis der Bauchflossen.
Lebensweise: In langsam fließenden und stehenden Gewässern ist die Plötze einer der häufigsten Fische. Sie geht auch ins Brackwasser und bildet dort anadrome Wanderformen. Die in Schwärmen lebenden Fische ernähren sich von Pflanzen und Kleintieren des Ufers und der Freiwasserregion. Um auch bei Größen über 20 cm Länge weiter gut zu

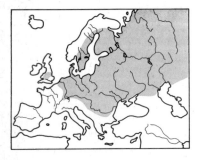

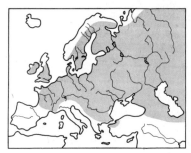

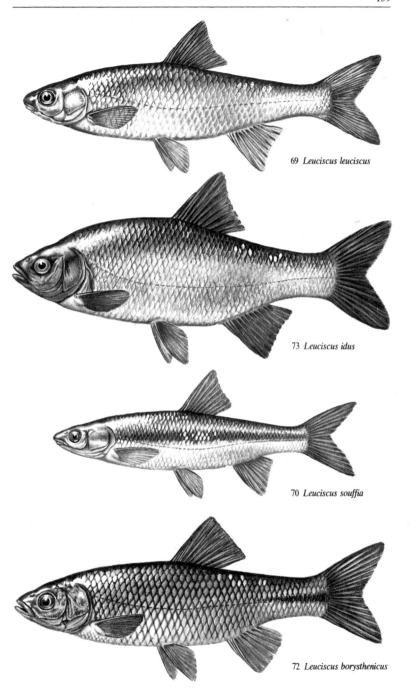

69 *Leuciscus leuciscus*

73 *Leuciscus idus*

70 *Leuciscus souffia*

72 *Leuciscus borysthenicus*

160

wachsen, benötigen Plötzen Schnecken (Plötzenschnecke *Valvata piscinalis*), kleine Muscheln und große Zuckmückenlarven (Chironomiden). Extrem trübe Seen ohne Unterwasservegetation und dementsprechend ohne diese Nahrungskomponenten haben deshalb schlechtwüchsige Spitzplötzen-Bestände. Kommt dazu noch ein geringer Raubfischbestand, so besteht die Gefahr der Übervölkerung, und es tritt die sogenannte Verbuttung ein. Klare, nicht zu tiefe Seen mit reichem Unterwasserpflanzwuchs sind dagegen oft von gutwüchsigen Palmplötzen-Populationen bewohnt. Vom IV bis V findet in Schwärmen das meist geräuschvolle Ablaichen der Plötzen an seichten Ufern statt. Fließgewässer-Plötzen unternehmen dann kurze Laichzüge stromaufwärts. Die an Pflanzen haftenden Eier (Durchmesser 1 mm) sind eine bevorzugte Nahrung der Aale und anderer Laichfresser. Nach 5 bis 10 Tagen schlüpfen die Larven, die sich zunächst von ihrem Dottersack, später von Kleinplankton ernähren. Im Alter von 3 Jahren werden die Fische geschlechtsreif.

zu 75

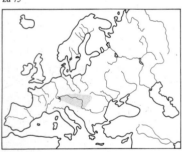

zu 76

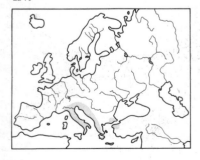

Die örtlich in großen Mengen gefangenen Plötzen sind wichtige Wirtschaftsfische der Binnenfischerei. Aber auch als Nahrungsfisch für wertvollere Wirtschaftsfische wie Hecht, Aal, Zander und Barsch haben die Plötzen Bedeutung.

Einschließlich mehrerer Unterarten, die im Gebiet des Schwarzen Meeres auftreten, werden jährlich etwa 20000 t (Gattung *Rutilus* insgesamt) gefangen.

75 *Rutilus pigus virgo*
Frauenfisch Frauennerfling
Kennzeichen: D 3/9–12; A 3/10–12; P 1/16–17; V 2/8–9
L.l. 44–49
Schlundzahnformel 6–5 (oft auch 5–5)
Länge 20 bis 30 cm (max. 45 cm)
Der langgestreckte, seitlich abgeflachte Körper endet in einem leicht unterständigen Mund. Die derben, großen Schuppen haben einen blaugrünen metallischen Glanz. Während der Laichzeit opaleszieren Kiemendeckel und Schuppen prachtvoll, so daß der Frauenfisch als einer der schönsten Weißfische gelten kann.
Lebensweise: Als Bodenfisch ernährt sich der Frauennerfling von Würmern, Mollusken, Insektenlarven und Kleinkrebsen. Er kommt nur zur Laichzeit von IV bis V in die oberen Wasserschichten.
Die im oberen und mittleren Donaugebiet verbreitete Unterart ist wirtschaftlich ebenso unbedeutend wie die Stammart *Rutilus pigus*, die vor allem in den oberitalienischen Seen und Flüssen beheimatet ist.

76 *Rutilus rubilio*
Südeuropäische Plötze
Kennzeichen: D 3/9–11; A 3/8–11; P 1/16–17; V 2/8
Schlundzahnformel 5–5
Länge 20 bis 25 cm (max. 30 cm)
Der mäßig gestreckte, gedrungen wirkende Körper hat auf den silberglänzenden Seiten eine schmale graue Binde. Die Seitenlinie beschreibt einen Abwärtsbogen.
Lebensweise: R. rutilus sehr ähnlich; kommt in Italien und in den stehenden und fließenden Gewässern der Adria-Küstenregion vor (vgl. auch 76a, S. 162)

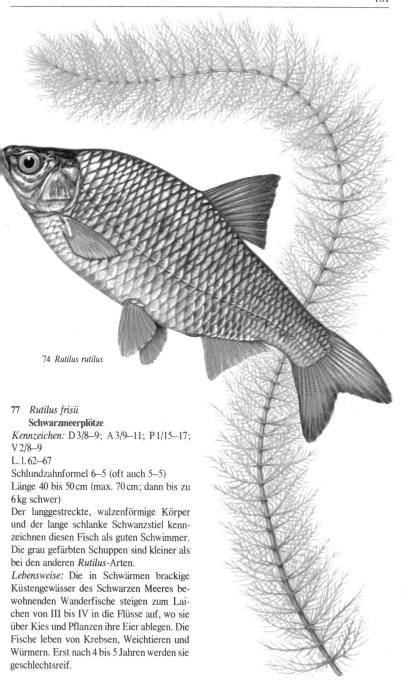

74 *Rutilus rutilus*

77 *Rutilus frisii*
Schwarzmeerplötze
Kennzeichen: D 3/8–9; A 3/9–11; P 1/15–17;
V 2/8–9
L. l. 62–67
Schlundzahnformel 6–5 (oft auch 5–5)
Länge 40 bis 50 cm (max. 70 cm; dann bis zu
6 kg schwer)
Der langgestreckte, walzenförmige Körper
und der lange schlanke Schwanzstiel kenn-
zeichnen diesen Fisch als guten Schwimmer.
Die grau gefärbten Schuppen sind kleiner als
bei den anderen *Rutilus*-Arten.
Lebensweise: Die in Schwärmen brackige
Küstengewässer des Schwarzen Meeres be-
wohnenden Wanderfische steigen zum Lai-
chen von III bis IV in die Flüsse auf, wo sie
über Kies und Pflanzen ihre Eier ablegen. Die
Fische leben von Krebsen, Weichtieren und
Würmern. Erst nach 4 bis 5 Jahren werden sie
geschlechtsreif.

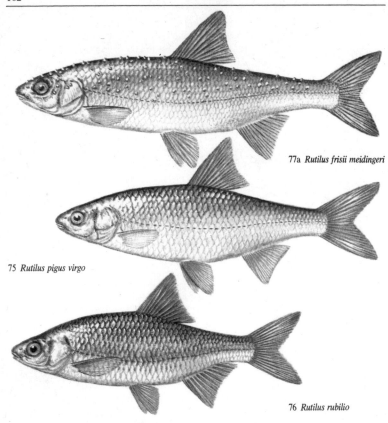

77a *Rutilus frisii meidingeri*

75 *Rutilus pigus virgo*

76 *Rutilus rubilio*

Bis ins Gebiet der oberen Donau kommt eine Unterart vor:

77a *Rutilus frisii meidingeri*
Perlfisch

Bis auf die Oberlippe reicht der bernsteinfarbige, perlartige Laichausschlag (Name!) der ♂ dieser in der Tiefe einiger Voralpenseen lebenden Fische (Chiem-, Atter-, Traun- und Mondsee), die im Mai (daher auch fälschlich Maifisch genannt) zum Laichen in die einmündenden Flüsse ziehen.

Von der Gattung Rutilus kommen weitere nur auf kleine Gebiete beschränkte Arten vor. Eine größere Verbreitung auf der iberischen Halbinsel haben

78 *Rutilus alburnoides*
(Calandino-Plötze)

79 *Rutilus lemmingii*
(Pardilla-Plötze) und

76a *Rutilus rubilio arcasii*.

Gemeinsam ist ihnen ein dunkles Längsband auf den Körperseiten, eine kurze Rückenflosse mit 10 bis 11 Strahlen und eine geringe Endgröße von 15 bis 25 cm.

80 *Mylopharyngodon piceus*
Schwarzer Amur

Kennzeichen: L. 1.39–42
Länge ± 80 cm

Der langgestreckte Körper trägt einen kleinen Kopf mit kleinen Augen und einem unterständigen Maul. Die dunkel gefärbten großen Schuppen verleihen dem Fisch ein düsteres Aussehen.

Lebensweise: Der ursprünglich nur in den

zu 77a

zu 81

Flüssen Chinas und des Amur-Gebietes beheimatete Fisch kommt heute bis in die westlichen Gebiete der UdSSR vor und gelangte von dort auch in Teichwirtschaften Mitteleuropas. Seine Verbreitung verdankt er dem Umstand, daß er mit Vorliebe Weichtiere (Mollusken) frißt. Er hält Teiche weitgehend schneckenfrei und vertilgt auch solche Arten, die als Zwischenwirt für verschiedene Krankheitserreger in Teichwirtschaften nicht gern gesehen werden.

81 *Ctenopharyngodon idella*
Graskarpfen Grasfisch, Weißer Amur
(fälschlich auch Amurkarpfen)
Kennzeichen: D 3/7; A 3/8

L. l. 43–45 $\frac{6-7}{5}$

Schlundzahnformel 2.5–5.2 (oft auch 2.4–4.2, selten 1.4–4.1)
Länge bis zu 1 m; dann über 50 kg schwer
Der langgestreckt-spindelförmige Körper ist mit großen, lose sitzenden Schuppen bedeckt.

Die hinteren freien Schuppenränder sind dunkel gesäumt, so daß eine Netzzeichnung wie beim Döbel entsteht, mit dem er verwechselt werden kann. Jener hat aber unter der Seitenlinie nur 3 bis 4 Schuppenreihen.
Lebensweise: In den Flüssen Chinas laichen die Graskarpfen bei Temperaturen von über 20 °C in schnellfließenden, kiesigen Flußabschnitten. Die 1 mm dicken Eier quellen bis zu einem Durchmesser von 5 mm auf und treiben mit der Strömung flußabwärts. Nach 1 bis 2 Tagen schlüpfen die Larven, die nach Aufzehren des Dottersackes zunächst von Kleinsttieren leben. Bereits ab 2,5 cm Länge gehen sie zur Pflanzennahrung über, die sie zeitlebens beibehalten. Eine nennenswerte Aufnahme von Wasserpflanzen beginnt bei 15 °C. Bei Temperaturen von 25 bis 30 °C wird täglich bis zu 120 % des Körpergewichts an Pflanzenmasse aufgenommen. Im Winter gehen die Fische auf den Gewässerboden und stellen die Nahrungsaufnahme ein. Das Klima Mitteleuropas ermöglicht keine natürliche Fortpflanzung.

81 *Ctenopharyngodon idella*

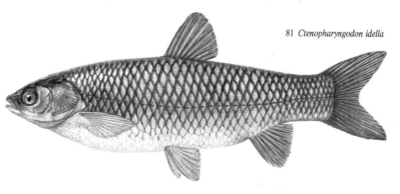

Graskarpfen wurden in Gewässern der UdSSR akklimatisiert und von dort 1965 und 1966 in Teiche und Fließgewässer der DDR und anderer europäischer Länder umgesetzt. Ausnutzung und Verwertung der pflanzlichen Substanzen im Wasser und damit auch die Beseitigung unerwünschten Pflanzenwuchses in den Gewässern waren die Gründe für ihre Einbürgerung. Vor allem für flache, stark erwärmte Fließgewässer eignet sich der Graskarpfen als biologischer Pflanzenbekämpfer und soll Maschinen und Arbeitskräfte ersetzen. Die Gewässer müssen wenigstens 30 cm tief sein. Die Vermehrung ist jedoch nur in Fischzuchtanlagen unter Obhut des Menschen möglich.

82 *Scardinius erythrophthalmus*

82 *Scardinius erythrophthalmus*
Rotfeder
Kennzeichen: D 2–3/8–9; A 3/9–12;
P 1/15–16; V 2/8
L.1. 40–42
Schlundzahnformel 3.5–5.3
Länge 15 bis 30 cm (max. 45 cm)
Die hochrückigen, gedrungen wirkenden Fische haben im Unterschied zur Plötze eine steilere Maulspalte, Kielschuppen an der Bauchkante, messinggrüne Schuppen und eine goldgelbe Iris. Die Rückenflosse beginnt weit hinter dem Bauchflossenansatz. Die paarigen Flossen wie After- und Schwanzflosse sind blutrot (Name).
Lebensweise: Rotfedern bewohnen stehende und langsam fließende Gewässer mit reichen Pflanzenbeständen und weichem Grund. In Rudeln durchstreifen sie die Uferregion, wo sie sich in stärkerem Maße von weichen Pflanzen als von Kleintieren ernähren. Zur Laichzeit von IV bis VII werden die klebrigen Eier an Pflanzen abgelegt. Die Männchen haben dann einen körnigen Laichausschlag. Oft laichen Rotfedern gleichzeitig am selben Ort mit Plötze, Güster und Ukelei. Bastarde (Blendlinge) zwischen diesen Arten sind deshalb nicht selten.
Als Futterfisch für Hechte und andere Raubfische ist die Rotfeder von nennenswerter Bedeutung.

83 *Phoxinus phoxinus*
Ellritze Ellerling, Pfrille, Bitterfisch
Kennzeichen: D 2–3/6–8; A 3/7–8; P 1/14–16;
V 2/7–8
L.1. 80–110
Schlundzahnformel 2.5–4.2 (oft auch
2.4–4.2)

Länge 6 bis 10 cm (max. 14 cm)
Der gestreckte Körper der Ellritze ist im Rumpfabschnitt fast rund, am Schwanzstiel leicht kompreß. Am kegelförmigen Kopf fallen der kleine endständige Mund und die großen Augen auf. Die zarten kleinen Schuppen sind fast rund, die Seitenlinie ist oft unvollständig. Beide Geschlechter zeigen in der Nackenregion Laichausschlag. Sie sind in allen Jahreszeiten zu schnellem Farbwechsel befähigt.
Lebensweise: Ellritzen bevorzugen als Schwarmfische flache Gewässer vom Brackwasser der Ostsee bis in Gebirgsbäche in über 2000 m Höhe, wenn sie klar und sauerstoffreich sind. Dort ernähren sie sich von niederen Bodentieren, aber auch von Anfluginsekten. Bei Gefahr verstecken sie sich unter Steinen oder im Wurzelwerk des Ufers (Erlen, Ellern – Name!). Der Laich wird nach kurzen Wanderungen zu kiesigen Stellen im fließenden Wasser im Schwarm abgelegt. Die langsam wachsenden Jungfische vereinen sich oft mit Jungforellen. Den heranwachsenden Forellen dienen die kleinbleibenden Fische als Nahrung.
zu 84

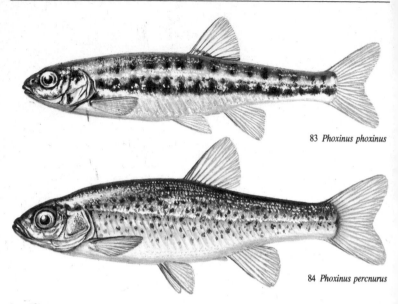

83 *Phoxinus phoxinus*

84 *Phoxinus percnurus*

84 *Phoxinus percnurus*
Sumpfellritze
Kennzeichen: D 3/7; A 3/7; P 1/12; V 1/7
Schlundzahnformel 2.5–4.2
Länge 5 bis 9 cm (max. 12 cm)
Der Körper ist wesentlich gedrungener als bei der vorigen Art, die Flossen sind mehr abgerundet. Außerdem fehlen alle Streifenmuster, dafür sind über den ganzen Körper braune bis schwarze Punkte verstreut. Die Seitenlinie ist unvollständig.
Lebensweise: Die ebenfalls gesellig lebenden Fische bewohnen verkrautete, stehende Gewässer, in denen sie sich von niederen Tieren ernähren. Der Laich wird im Sommer an Wasserpflanzen abgelegt. Bezüglich des Sauerstoffgehaltes ist die Sumpfellritze nur wenig anspruchsvoll.

85 *Aspius aspius*
Rapfen Schied
Kennzeichen: D 3/8; A 3/14; P 1/16; V 2/8–9
L. l. 65–73
Schlundzahnformel 3.5–5.3 (hakenförmig)
Länge 50 bis 60 cm (max. 1 m)
Der langgestreckte Körper ist seitlich nur wenig zusammengedrückt. Das Maul ist bis unter die Augen gespalten und wirkt durch das vorstehende, aufwärts gebogene Kinn etwas oberständig. Durch gebogene Schuppen entsteht eine stumpfe Bauchkante.
Lebensweise: Der einzige ausgesprochene Raubfisch unter den Weißfischen lebt in der Jugend gesellig in Oberflächennähe von Fließgewässern und durchflossenen Seen. Er kommt auch in den Haffen der Ostsee vor. Ältere Exemplare sind Einzelgänger und rauben Fische, Frösche, Kleinsäuger und ausnahmsweise sogar junge Wasservögel. Zur Laichzeit von IV bis VI ziehen Rapfen zu kiesigen Stellen rasch fließender Gewässer und legen dort unter lebhaften Paarungsspielen stark klebrige Eier ab. Die ♂ haben dann starken Laichausschlag.

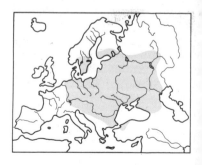

86 *Leucaspius delineatus*
Moderlieschen Zwerglaube, Schneiderkarpfen, Mutterloseken
Kennzeichen: D 3/8; A 3/11–13; P 1/13;
V 2/8
Sq. l. 44–50
Schlundzahnformel 4–5 oder 5–5 (sehr wech-
selnd, manchmal auch 2reihig)
Länge 6 bis 8 cm (max. 12 cm)
Die kleinen schlanken Fischchen haben einen
oberständigen Mund mit steil nach oben gerichteter Spalte. Die Augen wirken groß. Auf
den großen, nur lose sitzenden Schuppen ist
die Seitenlinie nur kurz (7 bis 12 Schuppen
lang).
Lebensweise: Als Schwarmfische in stehenden und langsam fließenden Kleingewässern
führen Moderlieschen ein oft übersehenes
Leben, so daß sie für selten gehalten werden.
Andererseits treten sie gelegentlich plötzlich
in Massen auf. Das führte zu dem Namen

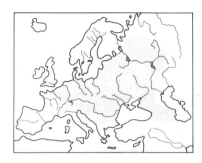

Mutterloseken, weil man an Urzeugung aus
dem Schlamm glaubte oder sie in Dänemark
mit dem Regen vom Himmel fallen sah
(„Regnlöje"). Die ♀ legen mit einer Ge-
schlechtspapille von IV bis V ring- oder spiral-
förmige Laichbänder um Wasserpflanzen-
stengel, die vom ♂ bewacht und durch Antip-
pen des Stengels mit Frischwasser versorgt
werden. Die Fische ernähren sich hauptsäch-

85 *Aspius aspius*

168

zu 87

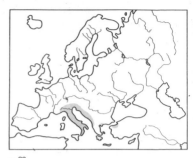

zu 88

lich von Kleinkrebsen und Anflugnahrung und werden bereits nach 1 Jahr geschlechtsreif. Sie spielen ihrerseits als Nährtiere von Raubfischen eine gewisse Rolle.

87 *Alburnus alburnus*
    Ukelei Laube, Ückelei, Blecke
Kennzeichen: D 3/8; A 3/17–20; P 1/15; V 2/8
L. l. 46–54
Schlundzahnformel 2.5–5.2 (gekerbt und leicht hakenförmig)
Länge 12 bis 15 cm (max. 25 cm)
Der je nach Gewässer mehr oder weniger langgestreckte Körper ist seitlich kompreß. Am Kopfe sind die steile Mundspalte und die großen Augen charakteristisch. Die Afterflosse beginnt noch unter der hinter den Bauchflossen stehenden Rückenflosse. Zwischen Bauch- und Afterflosse ist die scharfe Bauchkante schuppenlos. Ukeleis mit gedrungenem Körper und rötlichen Flossen deuten auf Bastarde mit anderen Weißfischen (Plötze, Rotfeder, Güster und Döbel) hin.
Lebensweise: Als gesellige Freiwasserfische sind Ukeleis in fast allen stehenden und langsam fließenden Gewässern an der Oberfläche bis in Ufernähe anzutreffen. Sie gehen auch ins Brackwasser der Ostsee. Sie ernähren sich sowohl von Plankton wie von Anflugnahrung und verschmähen auch Pflanzenkost nicht. Von IV bis VI laichen sie unter großem Geplätscher an Steinen und Wurzeln an flachen Stellen so ungestüm, daß sie von den Wellen zuweilen aufs Ufer geworfen werden oder mit einem Kescher leicht zu fangen sind. Während die riesigen Schwärme der Ukelei für andere Freiwassernutzfische Nahrungskonkurrenz

bedeuten, sind sie für Hecht, Zander, Barsch und Rapfen eine wichtige Nahrungsquelle. Als Planktonfresser infizieren sich Ukeleis leicht mit den in Ruderfußkrebsen lebenden Vorfinnen des Riemenwurms *(Ligula intestinalis).* Da sie als Oberflächenfische eine leichte Beute fischfressender Vögel werden, tragen sie zur Verbreitung dieses Parasiten bei, der als nudelförmige, weiße Vollfinne in der Leibeshöhle von Fischen und als geschlechtsreifer Bandwurm im Vogeldarm lebt.

Der nur im westlichen Jugoslawien und Süditalien vorkommende
88 *Alburnus albidus*
    Weißer Ukelei Alborella
unterscheidet sich nur durch die geringere Zahl von Strahlen in der Afterflosse (A 3/11–13) vom Ukelei. Auch seine Lebensweise ist ähnlich.

89 *Alburnoides bipunctatus*
    Schneider Alandblecke, Breitblecke
Kennzeichen: D 3/7–8; A 3/15–17; P 1/14; V 2/7–8
L. l. 45–54

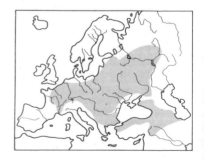

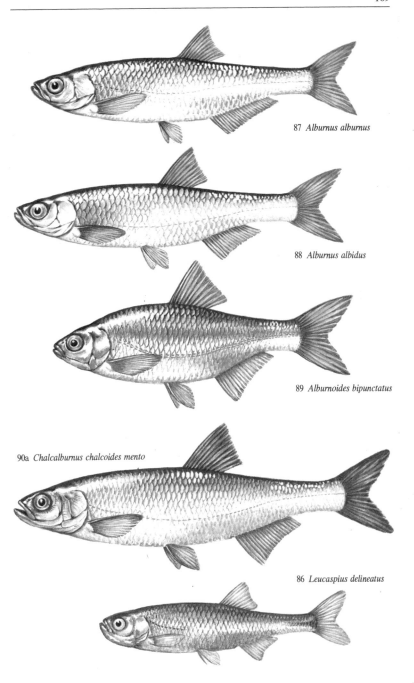

87 *Alburnus alburnus*

88 *Alburnus albidus*

89 *Alburnoides bipunctatus*

90a *Chalcalburnus chalcoides mento*

86 *Leucaspius delineatus*

Schlundzahnformel 2.5–5.2 (glatt)

Länge 10 bis 12 cm (max. 16 cm)

Die nach unten durchgebogene Seitenlinie ist von einer Doppelreihe dunkler Punkte wie von Nähten eingefaßt (Name). Außerdem zieht sich ein dunkles Band auf 3 Schuppenreihen über die Körperseiten. Das Maul ist endständig. Die Afterflosse beginnt erst hinter dem Ende der Rückenflosse.

Lebensweise: Wie der Ukelei bewohnt *A. bipunctatus* stehende und fließende Gewässer, bevorzugt jedoch letztere. Das Ablaichen erfolgt von V bis VI in strömendem Wasser auf kiesigem Grund. Da der Schneider sich weniger als der Ukelei in Oberflächennähe aufhält, unterscheidet sich sein Nahrungsspektrum durch einen größeren Anteil an Bodentieren deutlich von dem der vorigen Art. Weniger häufig als der Ukelei.

90 *Chalcalburnus chalcoides*
   Schemaja
Kennzeichen: D 3/8; A 3/14–16; P 1/15; V 2/8–9

L. l. 60–67

Schlundzahnformel 2.5–5.2 (lang, dünn und gekerbt)

Länge 15 bis 25 cm (max. 40 cm)

Der langgestreckte Körper ist kompreß und endet in einem oberständigen Mund.

Lebensweise: Die im Kaspischen Meer lebenden und als verschiedene Unterarten auch im Schwarzen und Asowschen Meer verbreiteten Schwarmfische wandern schon ab XI zum

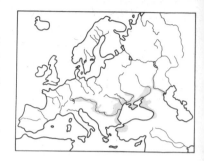

Laichen in die einmündenden Flüsse, wo sie von V bis VI die Eier auf Sand und Kies ablegen.

Im Donaugebiet und weiteren Zuflüssen des Schwarzen Meeres kommt eine Unterart vor:

90a *Chalcalburnus chalcoides mento*
   Mairenke

Als reine Süßwasserbewohner leben Mairenken auch in einigen bayrischen (Chiem-, Würm- und Ammersee) und österreichischen Seen (Traun-, Atter-, Mond- und Wolfgangsee). Dort bevorzugen sie die tieferen Schichten des freien Wassers und ernähren sich von Plankton. Zum Laichen von V bis VI ziehen sie ans Ufer oder in die Zu- und Abflüsse, um auf Steinen ihre Eier abzulegen.

91 *Abramis brama*
   Blei Brassen, Brachsen
Kennzeichen: D 3/9; A 3/23–28; P 1/15; V 2/8
L. l. 51–56; Schlundzahnformel 5–5

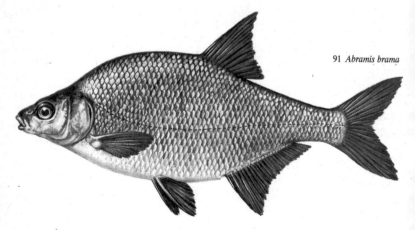

91 *Abramis brama*

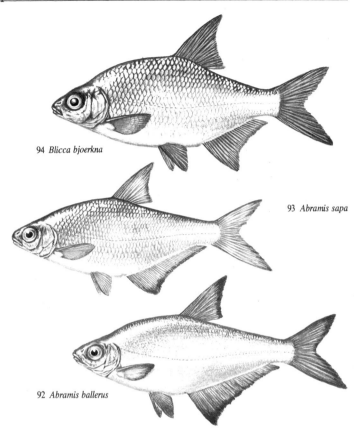

94 *Blicca bjoerkna*

93 *Abramis sapa*

92 *Abramis ballerus*

Länge 25 bis 40 cm (max. 75 cm; dann bis zu 6 kg schwer)

Der hochrückige, stark kompresse Körper ist stumpfgrau bis bleiern (Name) gefärbt, im Alter oft mit einem goldigen Schein. Gefangene Bleie haben häufig eine blutunterlaufene Haut. Im Unterschied zur Güster sind die Flossen niemals rötlich, das Auge klein (Durchmesser geringer als Schnauzenlänge), und die lange schmale Afterflosse hat eine größere Anzahl von Strahlen. Die Schuppen sind kleiner als bei der Güster.

Lebensweise: Als einer der häufigsten Weißfische bewohnt der Blei stehende und langsam fließende Gewässer und kommt auch im Brackwasser der Ostsee vor. Während sich die Jungfische am Ufer aufhalten, gehen die vorsichtigen größeren Exemplare ins Tiefe, wo

sie sich hauptsächlich von den Larven der roten Zuckmückenarten *(Chironomidae)*, von Schlammröhrenwürmern *(Tubificidae)* und Büschelmückenlarven *(Chaoborus)* ernähren.

Nachts kommen auch größere Bleie ins Flachwasser und suchen mit ihrem rüsselartig vorstreckbaren Maul (vgl. Abb. S. 15) im schlammigen Sand nach Nahrung, wobei sie kleine trichterförmige Gruben (Fraßtrichter) zurücklassen. In flachen Seen mit sommertrübem Wasser und geringer Unterwasservegetation kommt es durch Sauerstoffmangel in den vom älteren Blei bevorzugten Tiefenschichten zu Nahrungsmangel. Die Fische nehmen dann verstärkt Ufer- und Planktontiere als „Notnahrung" auf, infizieren sich dabei unter Umständen mit dem Riemenwurm (s. S. 168) und bleiben klein und mager. Es tritt Übervölkerung ein, denn Laichgebiete stehen in Flachseen meist ebenso reichlich zur Verfügung wie ausgedehnte Uferbezirke für Jungfische, so daß das beschriebene Übel immer größer wird, wenn nicht der Mensch durch verstärkten Fang regulierend eingreift. Unabhängig von ihrer Größe werden die Fische mit 4 bis 5 Jahren geschlechtsreif. Zur Laichzeit von V bis VII werden an pflanzenbewachsenen Uferpartien die im Durchmesser 1,5 mm großen Eier unter Geplätscher abgelegt. Bleie bewahren aber auch dabei ihr scheues, vorsichtiges Verhalten. Die ♂ zeigen starken Laichausschlag (vgl. Abb. S. 15). Die kalte Jahreszeit verbringen die Fische dichtgedrängt im Winterlager am Boden der Gewässer.

Die im Herbst, Winter und im Frühjahr oft in großen Mengen gefangenen Bleie sind wichtige Wirtschaftsfische der Binnenfischerei. Das kernige, wohlschmeckende Fleisch großer, gut gewachsener Exemplare wird von Kennern dem des Karpfens vorgezogen.

92 *Abramis ballerus*
Zope Spitzpleinzen, Schwuppe
Kennzeichen: D 3/8; A 3/36–43; P 1/15; V 2/8
L. l. 66–73
Schlundzahnformel 5–5
Länge 20 bis 30 cm (max. 35 cm)
Bleiähnlicher Fisch mit gestreckterem Körper und längerer Afterflosse. Der untere Lappen der Schwanzflosse ist deutlich länger als der obere. Auf Körper und Flossen können im Gegensatz zum Blei auch rötliche und gelbliche Farbtöne vorkommen.

Lebensweise: Ähnelt der des Bleis, die Zope bevorzugt jedoch die Unterläufe und Mündungsgebiete großer Flüsse und Ströme. Zur Laichzeit unternimmt sie in Schwärmen stromaufwärts gerichtete Wanderungen, um von IV bis V an flachen Stellen in strömendem Wasser zu laichen.

93 *Abramis sapa*
Zobel Scheibpleinzen, Halbbrachsen, Donaubrachsen
Kennzeichen: D 3/8; A 3/38–45; P 1/15; V 2/8
L. l. 50–52
Schlundzahnformel 5–5
Länge 15 bis 25 cm (max. 30 cm)
Bleiähnlicher Fisch mit stark kompressem Körper (Scheibpleinzen) und sehr langer Afterflosse. Der untere Lappen der Schwanzflosse ist gleichfalls sehr lang. Im Unterschied zur ähnlichen Zope ist die Schnauze hochgewölbt, dick und stumpf, das Maul unterständig.
Lebensweise: Die in den zum Schwarzen, Asowschen und Kaspischen Meer fließenden Strömen lebenden Fische ernähren sich von Wirbellosen aller Art. Ihre Laichgewohnhei-

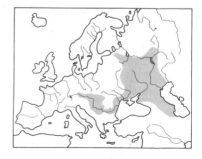

95 *Vimba vimba*

ten sind wie die der Zope. Brackwasser-populationen ziehen zum Laichen und Überwintern in die Flußunterläufe.

94 *Blicca bjoerkna*
     Güster Blicke, Pliete
Kennzeichen: D 3/8; A 3/19–23; P 1/14–14;
V 2/8
L. l. 45–50
Schlundzahnformel 2.5–5.2 (selten 3.5–5.3)
Länge 20 bis 30 cm (max. 35 cm)
Im Unterschied zum Blei sind die Afterflosse kürzer und breiter, Augen und Schuppen größer und wenigstens die Ansatzstellen der paarigen Flossen rot oder orange gefärbt.
Lebensweise: Die oft mit dem Blei zusammenlebenden Güstern sind ähnlich weit verbreitet und fast in allen stehenden und langsam fließenden Gewässern anzutreffen. Auch

bezüglich ihrer Ernährungs- und Fortpflanzungsgewohnheiten ähneln sie den großwüchsigeren Verwandten sehr. Ihr Nahrungsspektrum ist breit, so daß sie nicht nur für Bleie, sondern auch für Aale, Schleien, Plötzen und Barsche nennenswerte Konkurrenten darstellen. Da hochrückige Fische weniger gern von Raubfischen gefressen werden, ist auch bei der Güster die Gefahr der Übervölkerung und „Verbuttung" in flachen Seen groß, zumal sie schon bei Längen von 8 bis 10 cm (3. bis 4. Lebensjahr) geschlechtsreif werden kann.

95 *Vimba vimba*
     Zährte Rußnase, Seerüßling
Kennzeichen: D 3/8; A 3/17–20; P 1/15;
V 2/9–10; L. l. 55–61
Schlundzahnformel 5–5

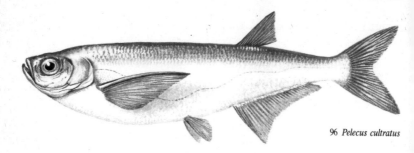

96 *Pelecus cultratus*

Länge 20 bis 30 cm (max. 50 cm)

Gestreckter, kompresser Fisch, der nicht so hochrückig ist wie Zope und Zobel und von diesen durch die kürzere Afterflosse und die nasenartig vorragende, stumpfkegelige Schnauze unterschieden werden kann. Der unterständige Mund hat auf der Unterlippe keinen hornigen Überzug wie die Nase. Zur Laichzeit sind beide Geschlechter auf dem Rücken und den Seiten tief schwarz und am Bauch orangerot gefärbt. In ihrem Verbreitungsgebiet, dem Einzugsgebiet der Nord- und Ostsee sowie des Schwarzen und Kaspischen Meeres kommt die Zährte in mehreren geografischen Rassen vor.

Lebensweise: Die geselligen Fische leben teils stationär in Unterläufen größerer Flüsse oder in Seen (Seerüßling *V. v. elongata* in Bayern und Österreich) oder anadrom zwischen Brackwasser und Fluß. Sie ernähren sich von wirbellosen Bodentieren. Von V bis VII werden die klebrigen Eier in strömendem Wasser an Pflanzen und Steinen abgelegt. Neben ihrem farbenprächtigen Hochzeitskleid haben die ♂ dann noch Laichausschlag.

zu 96

96 *Pelecus cultratus*
Ziege Sichling
Kennzeichen: D 3/7–8; A 3/26–29; P 1/15; V 2/7
L. l. 100–110
Schlundzahnformel 2.5–5.2
Länge 25 bis 35 cm (max. 60 cm)

Der messerförmige Körper mit dem fast geraden Rücken und dem durchgebogenen Bauch (Name), die tiefliegende, mehrfach gebogene Seitenlinie sowie die großen Brustflossen machen diese Art unverwechselbar.

Lebensweise: Gesellig lebend kommt diese Fischart im Brackwasser der Ostsee, des Schwarzen, Asowschen und Kaspischen Meeres und in den damit verbundenen Flüssen vor. Sie ernährt sich von Planktonkrebsen, Anfluginsekten und kleinen Fischen. Nach Laichwanderungen in großen Schwärmen werden von V bis VI im Wasser schwebende Eier abgelegt, die sich in 3 bis 4 Tagen entwickeln.

97 *Tinca tinca*
Schleie Schlei
Kennzeichen: D 4/8–9; A 3–4/6–7; P 1/15–17; V 2/8–9
Schlundzahnformel 4–5 (selten 5–5)
Länge 20 bis 40 cm (max. 60 cm)

Das äußere Erscheinungsbild der Schleie weicht stark von dem der übrigen Weißfische ab, eine Verwechslung ist deshalb nahezu unmöglich. Ihr mäßig gestreckter Körper ist von tief in der Haut steckenden kleinen Schuppen bedeckt und dunkeloliv gefärbt. Alle Konturen sind abgerundet, der ganze Fisch wirkt weich und schlüpfrig. Augen und Mundspalte sind klein, in den Mundwinkeln sitzt je ein Bartfaden. Vom 2. Lebensjahr an

97 *Tinca tinca*

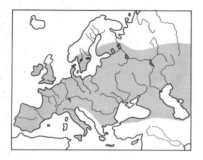

können die Geschlechter bei der Schleie auch außerhalb der Laichzeit daran deutlich erkannt werden, daß beim ♂ der 2. Strahl der Bauchflosse stark verdickt ist, außerdem bleiben sie kleiner als die ♀. Eine rot oder orangegelb gefärbte Varietät wird als „Goldschleie" mancherorts vermehrt und als Besatz für Zierteiche verwendet.

Lebensweise: Wie aus der Körperform schon hervorgeht, ist die Schleie ein ausgesprochener Grundfisch, der sich tagsüber meist zwischen Wasserpflanzen in stehenden und träge fließenden Gewässern aufhält. Obwohl durchwärmte Gewässer bevorzugt werden, halten Schleien auch im Brackwasser der östlichen Ostsee und im Gebirge bis in Höhen von 1600 m aus. Dementsprechend erstreckt sich die Laichzeit je nach Gewässer von IV bis VIII. Bei Wassertemperaturen von 18 bis 20 °C pendeln die Laichschleien in kleinen Trupps am Ufer umher und legen die im Durchmesser knapp 1 mm dicken Eier portionsweise in Abständen von 1 bis 2 Wochen an Wasserpflanzen ab. Die schon nach 3 bis 4 Tagen (60 bis 70 Tagesgrade) schlüpfenden Larven heften sich mit Klebdrüsen an den Pflanzen fest, bis sie schwimm- und freßfähig sind. Das Wachstum ist sehr unterschiedlich und stark abhängig von Temperatur, Nahrungsangebot und Siedlungsdichte. Einen großen Einfluß hat auch der Befall mit dem Kiemenkrebs *Ergasilus*, einem schmarotzenden Ruderfußkrebs, der auf den Kiemen der Fische an seinen weiß gefärbten Eiersäckchen gut zu erkennen ist. Schleien in Gewässern mit ausgedehnter Freiwasserzone sind dem Befall mit den planktonischen Larven dieses gefährlichen Schmarotzers eher ausgesetzt als Bestände in stark verkrauteten Flachgewässern. Die Nahrung der Schleie besteht aus Kleintieren der Uferregion. Bevorzugt werden von den größeren Fischen kleine Muscheln und Schnecken (deshalb auch der Name „Schleischnecke" *Bithynia tentaculata*). Im Winter hält sie im Schlamm der Gewässer „Winterruhe".

Die Unempfindlichkeit der Schleie gegenüber hohen und tiefen Wassertemperaturen und den damit verbundenen Schwankungen des Sauerstoffgehalts sowie ihr zartes, wohlschmeckendes Fleisch haben sie zu einem der wichtigsten Wirtschaftsfische flacher, natürlicher Gewässer gemacht (Aal-Hecht-Schlei-Seen). Aus den gleichen Gründen wurden Schleien zu einem Nebenfisch der Karpfenteichwirtschaft.

Gattung
Chondrostoma Nasen, Näslinge

Der langgestreckte spindelförmige Körper ist an der Kopfspitze nasenartig verlängert. Der Mund ist unterständig, Barteln fehlen. Auf der Unterlippe liegt ein scharfkantiger horniger Belag. Die Schlundzähne sind messerförmig in einer Reihe angeordnet. In der von einem schwarzen Bauchfell ausgekleideten Leibeshöhle liegt ein sehr langer Darm.

Nasen sind bodenorientierte Schwarmfische der Äschen- und Barbenregion fließender Gewässer, kommen aber auch in Seen mit einmündenden Bächen und Flüssen sowie im Brackwasser vor. Zur Laichzeit wandern sie in Scharen flußaufwärts und laichen an flachen kiesigen Stellen einmündender Nebenbäche. Beide Geschlechter zeigen dann Laichausschlag. Mit den hornigen Kiefern schaben die Nasen den Aufwuchs vom Untergrund, von Holz und Steinen und ernähren sich auf diese Weise vorwiegend von Algen und den zwischen diesen lebenden Kleintieren. Die scharfen Flächen der Schlundzähne zum Zerreiben der Nahrung und der lange Darm sind Voraussetzungen für die Verwertung des hohen Anteils pflanzlicher Bestandteile. Näslinge kommen nur örtlich in größeren Mengen vor. Sie sind in ihren Wohngewässern wichtige Nahrungsfische für wirtschaftlich wertvolle räuberische Arten (z. B. Huchen).

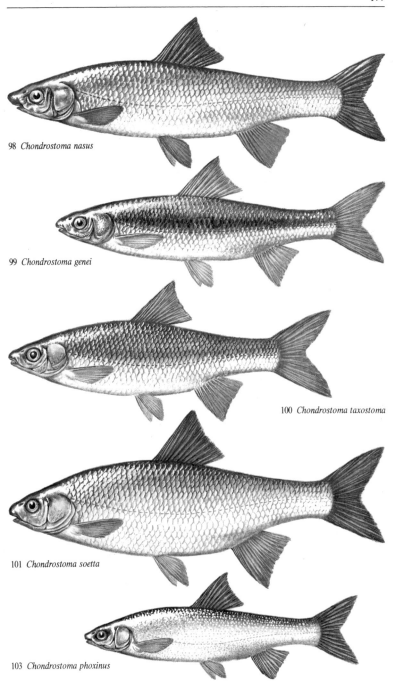

98 *Chondrostoma nasus*

99 *Chondrostoma genei*

100 *Chondrostoma taxostoma*

101 *Chondrostoma soetta*

103 *Chondrostoma phoxinus*

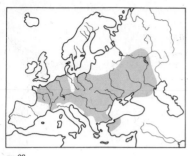

zu 98

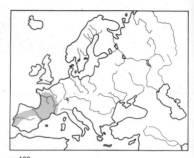

zu 100

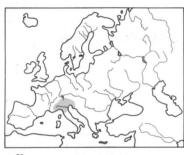

zu 99

zu 101

98 *Chondrostoma nasus*
   Nase
Kennzeichen: D 3/8–10; A 3/10–12; P 1/15–16;
V 2/8–9
L. l. 56–66
Schlundzahnformel 7–6 (oft auch 7–7)
Länge 25 bis 40 cm (max. 50 cm)
Mund quergespalten. Die verbreitetste Art,
aber nur im Rhein- und Donaugebiet von
gewisser wirtschaftlicher Bedeutung.

99 *Chrondrostoma genei*
   Lau
Kennzeichen: D 3/8; A 3/8–9; P 1/14–15;
V 2/9
L. l. 52–56
Schlundzahnformel 6–5 (oft auch 5–5)
Länge 15 bis 20 cm (max. 30 cm)
Über die Körperseiten verläuft ein schwarzes
Längsband. Die Mundspalte ist halbkreisför-
mig. Außer im Inn und Oberrhein lebt der
Lau hauptsächlich südlich der Alpen.

100 *Chondrostoma taxostoma*
   Südwesteuropäischer Näsling

Kennzeichen: D 3/8; A 3/9; P 1/13–14; V 2/9
L. l. 57–62
Schlundzahnformel 6–6
Länge 20 bis 25 cm (max. 30 cm)
Die Mundspalte ist klein und gebogen. Über
der Seitenlinie verläuft oft eine dunkle Längs-
binde. Die Fische leben in Flüssen Südwest-
frankreichs und im Nordosten Spaniens.

101 *Chondrostoma soetta*
   Italienischer Näsling
Kennzeichen: D 3/9; A 3/11–12; V 2/9

zu 103

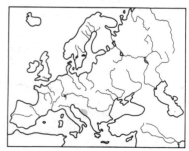

Schlundzahnformel 7–7 (selten 6–6)
Länge 25 bis 35 cm (max. 45 cm)
Der Körper ist hochrückiger als bei den anderen Arten der Gattung. Die Fische bewohnen die Flüsse Oberitaliens und haben dort lokale wirtschaftliche Bedeutung.

102 *Chondrostoma kneri*
Dalmatinischer Näsling
Kennzeichen: L. l. 52–54
Länge 15 bis 18 cm (max. 20 cm)

103 *Chondrostoma phoxinus*
Ellritzennäsling
Kennzeichen: L. l. 88–90
Länge 10 bis 12 cm (max. 15 cm)
Beide Arten bewohnen die Flüsse im Westen Jugoslawiens.

Gattung
Barbus Barben

Langgestreckte Fische, deren Bauchlinie fast gerade und deren Rücken nur mäßig gewölbt ist. Die Schnauze ist rüsselartig verlängert. An der dadurch unterständigen Mundöffnung sitzen 4 Barteln an der Oberlippe. Rücken- und Afterflosse sind nur kurz. Die Schlundzähne sind in 3 Reihen angeordnet und am Ende hakenförmig gebogen.

Barben sind gesellig lebende Grundfische fließender Gewässer. Sie bevorzugen klares Wasser und kiesig-sandige Gründe. Sie bewohnen demzufolge vorwiegend den Mittellauf der Flüsse, der deshalb auch als Barbenregion bezeichnet wird (vgl. S. 48). In dieser ausgedehnten Zone ziehen Barben zum Aufsuchen der Laichplätze, des Winterlagers und der nach Frühjahrs- und Sommerhochwässern durch Abdriften zuweilen verlorengegangenen Weideplätze oft weit hin und her. Sie stehen tagsüber an Stellen starker Strömung in Deckung und beginnen erst nach Eintritt der Dämmerung mit der Nahrungssuche. Ihr Nahrungsspektrum umfaßt kleinere Bodentiere, Pflanzen, Fischlaich und Kleinfische. Mit 3 bis 4 Jahren werden sie laichreif. Von V bis VII wandern sie in großen Schwärmen flußaufwärts und legen in strömendem Wasser auf flachen kiesigen Stellen ihren gelblichen Laich ab. Die ♂ zeigen während dieser Zeit starken Laichausschlag. Da Barben mit zu den größten Fischen ihrer Familie gehören und ihr Fleisch wohlschmeckend ist, sind sie in den

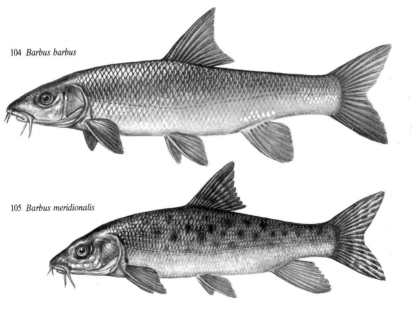

104 *Barbus barbus*

105 *Barbus meridionalis*

180

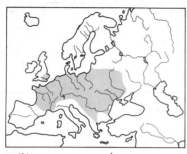

zu 104

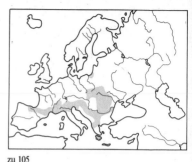

zu 105

von ihnen bewohnten Fließgewässern wichtige Fischereiobjekte. Beim Fang von Barben vor und während der Laichzeit ist zu beachten, daß ihr Laich und das umgebende Bauchfleisch nach Genuß beim Menschen Erbrechen, Durchfall und andere mehr oder weniger schwere Vergiftungserscheinungen hervorrufen kann. Von den 10 aus europäischen Gewässern beschriebenen Arten und ihren zahlreichen Unterarten werden nachstehend die verbreitetsten aufgeführt.

104 *Barbus barbus*
Barbe Flußbarbe
Kennzeichen: D 3/8–9; A 3/5; P 1/15–17; V 2/8
L. l. 55–65
Schlundzahnformel 2.3.5–5.3.2
Länge 25 bis 75 cm (max. 90 cm)
Die 4 Barteln an den wulstigen Lippen sind dick. Der 3. und längste Hartstrahl der Rückenflosse ist verstärkt und am Hinterrand gesägt.

Die Unterart
104a *Barbus barbus plebejus*
Südbarbe
ist in Italien verbreitet. Der Körper und die unpaaren Flossen dieses max. 33 cm langen Fisches sind mit feinen schwarzbraunen Punkten übersät.

105 *Barbus meridionalis*
Hundsbarbe
Kennzeichen: D 3/8; A 3/5; P 1/14; V 2/8
L. l. 55–60
Schlundzahnformel 2.3.5–5.3.2
Länge 20 bis 25 cm (max. 40 cm)

Der 3. und längste Strahl der Rückenflosse ist weder verstärkt noch gesägt. Auf dem Rücken und den Seiten befinden sich große, unregelmäßige dunkle Flecken, die auch auf Rücken- und Schwanzflosse übergreifen und dort dunkle Querbänder bilden.

Die Unterart
105a *Barbus meridionalis petenyi*
Semling
bewohnt die Stromgebiete von Wisła (Hohe Tatra), Donau (Karpaten), Dnestr und Wardha. Körper und Flossen sind mit braunroten Flecken bedeckt.

106 *Barbus cyclolepis*
Türkische Barbe
Kennzeichen: D 3/7–10; A 3/5–6; P 1/16–17; V 2/8
Länge 20 bis 30 cm (max. 35 cm)
Die Barteln sind kurz und reichen gerade bis zum Auge. Die Fische leben auch in Gewässern, die vom Nordwesten und Nordosten zum Schwarzen Meer fließen.

Zwei Wanderbarben
107 *Barbus capito* (max. 1 m) und
108 *Barbus brachycephalus* (max. 1,2 m)
leben im Kaspischen Meer und steigen zum Laichen in die von Norden einmündenden Flüsse auf. Als große Fische sind sie örtlich von wirtschaftlicher Bedeutung.

Gattung
Gobio Gründlinge

Kleine langgestreckte Fische, deren Körper vorn im Querschnitt rund, hinten kompreß und mit relativ großen Schuppen bedeckt ist. Der Kopf wirkt abgeplattet, die Augen liegen hoch. Am unterständigen Mund sitzt in den Winkeln je 1 Bartel. Rücken- und Afterflossen sind nur kurz. Beim ♂ sind die Brustflossen groß und reichen fast bis zur Basis der Bauchflosse.

Gründlinge leben gesellig in kleinen Scharen am sandigen Grunde fließender und stehender Gewässer und gehen auch ins Brackwasser. Sie ernähren sich von Kleintieren des Bodens und der Uferregion. Die nach 2 Jahren geschlechtsreif werdenden Fische legen von V bis VI den Laich in kleinen Klümpchen an Steinen und Wasserpflanzen ab. Zuweilen unternehmen Populationen aus Seen zu diesem Zwecke kurze Züge zu einmündenden Bächen. Die bläulich-weißen Eier sind 2 mm dick und werden in zeitlichen Abständen abgelegt. Die ♂ haben dann einen feinkörnigen Laichausschlag.

Die nur selten 20 cm lang werdenden Angehörigen der Gattung gelten nur örtlich als Speisefische, obwohl sie gebacken oder gebraten sehr wohlschmeckend sind. Als Futter- und Köderfische sind sie dagegen in ihrem gesamten Verbreitungsgebiet von Bedeutung.

zu 109

Die Gattung ist in den Gewässern Europas durch 5 Arten und mehrere Unterarten vertreten, von denen die verbreitetsten nachstehend aufgeführt werden.

109 *Gobio gobio*
  Gründling Grundel, Greßling
Kennzeichen: D 3/7; A 3/6; P 1/14–15; V 2/8
L. l. 40–45
Schlundzahnformel 3.5–5.3 (oft auch 2.5–5.2)
Länge 10 bis 15 cm (max. 20 cm)
Die kurzen Barteln reichen höchstens bis zur Augenmitte. Auf den Körperseiten befinden

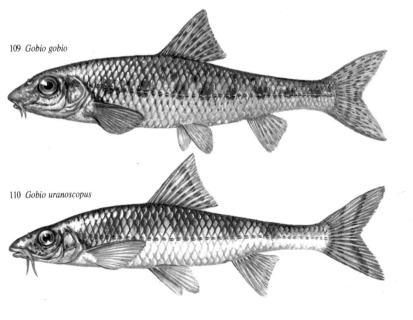

109 *Gobio gobio*

110 *Gobio uranoscopus*

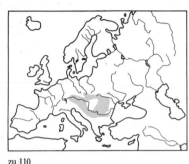

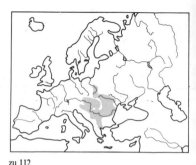

zu 110

zu 112

sich 7 bis 11 blauschillernde Flecken bzw. Querbinden.

110 *Gobio uranoscopus*
   Steingreßling
Kennzeichen: D 2/7; A 2/5–6; P 1/13; V 1/6
L. l. 40–42
Schlundzahnformel 3.5–5.3 (selten 2.5–5.2)
Länge 10 bis 12 cm (max. 15 cm)
Der Körper ist gestreckter als der des Gründlings, besonders der Schwanzstiel ist lang und fast rund. Die Barteln sind lang und reichen bis weit hinter die Augen. Diese sind sehr weit auf die Stirn gerückt und scheinen schräg nach oben gerichtet (Artname *uranoscopus* = Himmelsgucker). Auf Rücken und Seiten sind nur 4 bis 5 bräunliche Sattelbinden zu finden. Rücken- und Schwanzflosse haben 1 bis 2 dunkle Punktbinden.
Lebensweise: Der Steingreßling bevorzugt in stärkerem Maße als der Gründling schnellfließende, sauerstoffreiche Gewässer.

111 *Gobio albipinnatus*
   Weißflossengründling
Kennzeichen: D 2/8; A 3/5–6

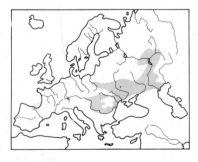

Länge 10 bis 12 cm (max. 13 cm)
Der langgestreckte Körper ähnelt dem des Steingreßlings. Die Barteln reichen bis zum Augenhinterrand. Die Kehle ist nackt. Rücken- und Schwanzflosse haben keine Flecken oder Streifen (Name).

112 *Gobio kessleri*
   Kessler-Gründling
Kennzeichen: D 2/8; A 3/6; P 1/13; V 2/6
Schlundzahnformel 3.5–5.2 (selten 2.5–5.2)
Länge 10 bis 12 cm (max. 15 cm)
Die langen Bartfäden reichen bis zum Augenhinterrand. Rücken- und Schwanzflosse haben 1 bis 3 dunkle Binden.

113 *Aulopyge huegeli*
   Barbengründling
Kennzeichen: D 2/8; A 2/5; V 2/7
Schlundzahnformel 4–4
Länge 9 bis 12 cm (max. 13 cm)
Auf dem seitlich abgeflachten, nackten Körper verläuft die Seitenlinie in Wellen. An der verlängerten, spitzen und schmalen Schnauze befinden sich 4 Barteln. Der längste Strahl der Rückenflosse ist gesägt. Die Geschlechter sind unterschiedlich gebaut. Beim ♀ beginnt die Afterflosse mit einem verwachsenen Kloakenrohr.
Der Barbengründling kommt nur in fließenden Gewässern Bosniens und Dalmatiens vor.

114 *Rhodeus sericeus amarus*
   Bitterling Bitterfisch, Schneiderkarpfen
Kennzeichen: D 3/9–10; A 3/9; P 1/10; V 2/6
Sq. l. 34–38
Schlundzahnformel 5–5
Länge 5 bis 6 cm (max. 9 cm)

zu 113   zu 114

Auf den Seiten des hochrückigen, stark kompressen Körpers ist die Seitenlinie nur über 5 bis 6 Schuppen verfolgbar. Zur Laichzeit ist das ♂ prächtig bunt gefärbt und schillert in allen Regenbogenfarben. Das ♀ zeigt eine 4 bis 5 cm lange Legeröhre vor der Afterflosse, die Ähnlichkeit mit einem kleinen Regenwurm hat.

Lebensweise: Bitterlinge leben gesellig in flachen, stehenden oder langsam fließenden Gewässern mit Pflanzenwuchs. Sie ernähren sich vorwiegend von pflanzlichen Stoffen,

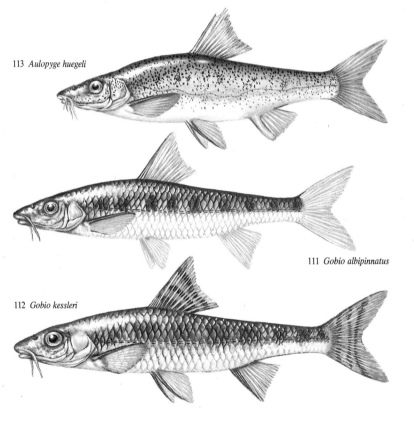

113 *Aulopyge huegeli*

111 *Gobio albipinnatus*

112 *Gobio kessleri*

daneben auch von Kleintieren. Mit der zur Laichzeit von IV bis VI beim ♀ vorhandenen Legeröhre werden die wenigen (40 bis 100), aber großen (3 mm Durchmesser) Eier in den Kiemenraum von Fluß- oder Teichmuscheln eingeführt. Die mit dem Vorderteil im Sand oder Schlamm steckenden Muscheln tragen an ihrem nach oben ins Wasser ragenden Hinterende 2 Öffnungen, in die Atemwasser und Nahrung eingesogen bzw. Wasser und Stoffwechselendprodukte ausgeschieden werden. Um das plötzliche Schließen dieser After- bzw. Atemöffnung durch die Muschel zu verhindern, berührt das ♀ vorher mehrfach die reizempfindlichen Partien um die Öffnungen, bis die Muschel nicht mehr durch Schließen reagiert. Dann gleiten durch die in die Afteröffnung eingeführte Legeröhre 1 bis 2 Eier zwischen die Kiemen der Muschel. Das ♂ ergießt seinen Samen über die Atemöffnung der Muschel ins Wasser, so daß dieser mit dem Atemstrom eingesogen wird und die zwischen den Kiemenblättchen festsitzenden Eier befruchtet. Dieser Vorgang wird mehrfach und mit verschiedenen Muscheln wiederholt. Zwischen den Muschelkiemen sind die Bitterlingseier geschützt und stets mit sauerstoffreichem Wasser versorgt. Die aus den zylinderförmigen Eiern schlüpfende Brut verbleibt bis zum Aufzehren des Dottersacks im Schutze der Muschel und verläßt sie als schwimmfähiges Fischchen von 11 mm Länge.

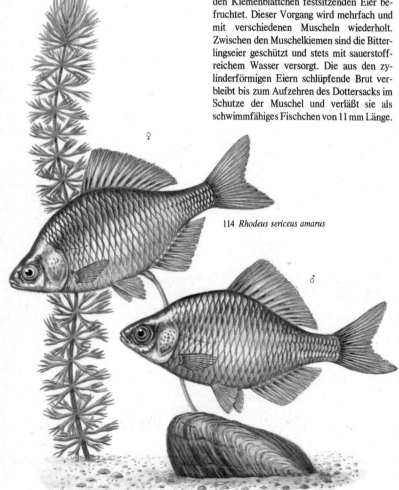

114 *Rhodeus sericeus amarus*

♀

♂

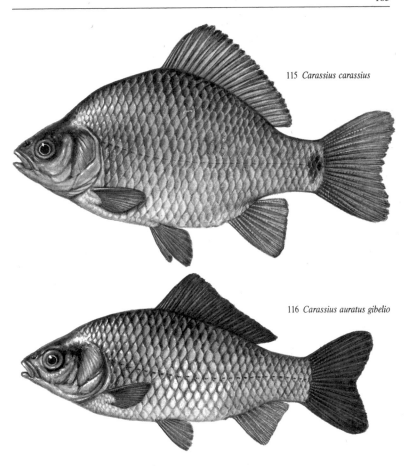

115 *Carassius carassius*

116 *Carassius auratus gibelio*

115 *Carassius carassius*
 Karausche Bauernkarpfen, Moorkarpfen
Kennzeichen: D 3/17–19; A 3/6–8; P 14–16; V 8–9
L.l. 32–35
Schlundzahnformel 4–4
Kiemenreusendornen 29 (25 bis 33)
Länge 15 bis 25 cm (max. 50 cm)
Der gedrungene, seitlich abgeplattete Körper wird mit zunehmendem Alter immer hochrückiger. Am endständigen Mund befinden sich keine Barteln. Die lange Rückenflosse ist leicht nach außen gewölbt, die Schwanzflosse nur wenig eingebuchtet. Im Gegensatz zum Giebel herrschen gelbbraune und grünliche Bronzetöne vor. Auf dem Schwanzstiel befindet sich vor allem bei jungen Exemplaren ein dunkler Fleck.
Lebensweise: Karauschen gehören zu den widerstandsfähigsten Fischen und kommen demzufolge auch noch in stark verkrauteten Tümpeln und Gräben mit Schlammablagerungen unter ungünstigen Sauerstoffverhältnissen vor. Da sie in solchen Flachgewässern oft konkurrenzlos und ohne Feinde leben, neigen sie dort zur Übervölkerung und Schlechtwüchsigkeit. In Seen und träge strömenden Flüssen können sie dagegen zu großen Speisefischen (Tellerkarausche) heranwachsen. Sie ernähren sich von Kleintieren und weichen bei Nahrungsmangel auf Pflanzenkost aus

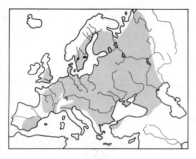 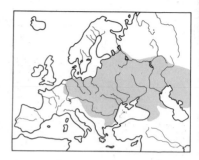

oder werden zu Kannibalen. Nach Eintritt der Geschlechtsreife im 2. Jahr wachsen die Geschlechter unterschiedlich schnell. Die ♀ legen von V bis VI zahlreiche klebrige Eier an Wasserpflanzen ab, aus denen nach wenigen Tagen (80 bis 90 Tagesgrade) die Jungen schlüpfen. Im Winter oder auch bei teilweiser Austrocknung ihres Wohngewässers im Sommer verfallen sie, im Schlamm eingegraben, in eine Art Dauerschlaf.

Durch die Verwertung aller Nahrungsreserven in Flachseen spielen die reichlich anfallenden Jungkarauschen als Futterfische für Hecht und Aal eine nicht unerhebliche Rolle.

116 *Carassius auratus gibelio*
Giebel Silberkarausche
Kennzeichen: D 3/17–19; A 2/5–7; P 15–16; V 7–9
L.l. 27–31
Schlundzahnformel 4–4
Kiemenreusendornen 35 bis 48
Länge 15 bis 25 cm (max. 45 cm)
Im Aussehen ähnelt der Giebel eher dem Karpfen als der Karausche, denn seine Rükkenflosse ist leicht eingebuchtet und die Schwanzflosse tiefer eingekerbt als bei der Karausche. Vom Schuppenkarpfen ist er durch das Fehlen der Barteln dennoch gut zu unterscheiden. Der schwarze Fleck auf dem Schwanzstiel fehlt immer, dafür ist das Bauchfell meist stark dunkel pigmentiert. Beim Normalgiebel überwiegen entweder blaugraue oder seltener bronzebraune Farbtöne. Grüne Farben auf dem Rücken oder rötliche Flossen kommen nicht vor. Bei Wegfall des schwarzen Pigments entstehen Gold- und Silbervarietäten. Stammvater des allgemein bekannten Goldfisches ist allerdings nicht der Giebel, sondern eine von den Chinesen als Wildform „Chi" genannte ostasiatische Unterart *(C. auratus auratus)*. Die zahlreichen Zuchtformen (z. B. Schleierfisch, Teleskopauge, Löwenkopf) wurden von China und Japan aus für Aquarien und Zierteiche über die ganze Erde verbreitet. Junge Goldfische sind anfangs wie die Stammform gefärbt und beginnen mit der Umfärbung je nach Aufenthaltsort und Ernährung erst nach einigen Monaten bis zu 2 Jahren.

Lebensweise: In seiner Lebensweise ähnelt der Giebel der Karausche sehr. Bezüglich seines Laichverhaltens bildet er insofern eine Ausnahme innerhalb der Familie, als es Giebel-Populationen gibt, die ausschließlich aus ♀ bestehen. Laichreife Giebelweibchen beteiligen sich deshalb an den Laichspielen verwandter Fische. Die artfremden Samenzellen bewirken dann jedoch keine eigentliche Befruchtung der Giebeleier, sondern geben nur einen Entwicklungsanstoß beim Eindringen in die Eizelle ohne Verschmelzung mit deren Kern. Diese Art der Fortpflanzung durch unbefruchtete Eier (sogenannte Gynogenese) ergibt wiederum nur weibliche Nachkommen. In den von Giebeln bewohnten, durch Sauerstoffmangel zuweilen „lebensfeindlichen" Gewässern kann auf diese Weise ein überlebender Fisch den Fortbestand der Art sichern.

Als Zuchtobjekt für die Haltung in Aquarien und in Zierteichen besitzt die Nominatform *C. auratus auratus* große Bedeutung. Die Lebenszähigkeit ist ähnlich der des Giebels und ermöglicht es den Goldfischen, selbst unter ungünstigen Verhältnissen auszuhalten. Über ihren Schauwert hinaus können Goldfische

117 *Cyprinus carpio* (Stammform)

117a *Schuppenkarpfen*

117b *Zeilkarpfen*

117c *Spiegelkarpfen*

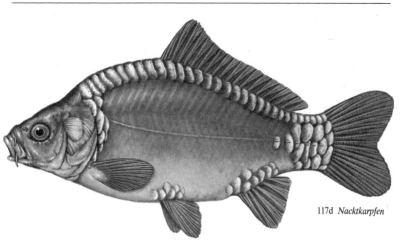

117d *Nacktkarpfen*

deshalb dazu beitragen, die lästigen Stechmücken in Gärten und Parks biologisch zu bekämpfen, indem sie durch ihre Haltung selbst in winzigen Gartengewässern (z. B. Springbrunnen, Wassertonnen) die Larven dieser gerade solche Kleinstgewässer bevorzugenden Mücken vertilgen. Die Überwinterung der Fische in einer Wanne im kühlen dunklen Keller bereitet überhaupt keine Schwierigkeiten, wenn gar nicht oder nur sehr mäßig gefüttert wird.

117 *Cyprinus carpio*
Karpfen
Kennzeichen: D 3–4/17–24; A 3/5–6; P 1/15–16; V 2/8–9
L. l. 35–39
Schlundzahnformel 1.1.3–3.1.1. (große Kauflächen)
Länge 30 bis 40 cm (max. 1,2 m)
Die Kennzeichen des Karpfens als Wildfisch einerseits und als Objekt jahrhundertelanger Tierzüchtung andererseits sind sehr unterschiedlich. Gemeinsame Merkmale aller Formen sind: 2 lange und 2 kurze Barteln am endständigen Mund, der zu einem Rüssel ausgestreckt werden kann. Der jeweils längste Strahl der langen Rückenflosse und der kurzen Afterflosse ist hinten gesägt. Während die Stammform gestreckt, nur wenig seitlich abgeflacht (Nudelholzkarpfen) und völlig beschuppt ist, sind die Zuchtformen mehr oder weniger gedrungen–hochrückig und kompreß. Hinsichtlich der Beschuppung werden folgende Formen unterschieden (vgl. Abb.):
a. Schuppenkarpfen, mit vollständigem Schuppenkleid
b. Zeilkarpfen, mit einer oder selten mehreren Reihen von gleichgroßen Spiegelschuppen auf den Körperseiten
c. Spiegelkarpfen, mit unregelmäßig verteilten, verschieden großen Spiegelschuppen. Vom Kopf bis zum Schwanz verläuft am Rücken meist eine kontinuierliche Reihe von Schuppen, und auch der Schwanzstiel ist stark beschuppt
d. Nacktkarpfen, ohne oder mit nur wenigen Schuppen, die sich dann meist unter der Rückenflosse oder an der Basis der anderen Flossen befinden.
Alle schwach beschuppten Fische werden auch als Lederkarpfen bezeichnet.
Lebensweise: Der ursprünglich in den Zuflüssen des Mittel-, des Schwarzen und des Kas-

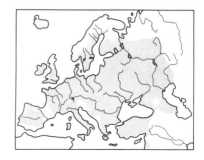

pischen Meeres sowie des Aralsees heimische Karpfen lebt dort auch heute als Wildform sowohl im Salz- wie im Süßwasser. In Mittel- und Westeuropa bestehen die Populationen auch außerhalb von Teichwirtschaften vorwiegend aus Zuchtformen. Sie bewohnen stehende und langsam fließende Gewässer mit Pflanzenbeständen. Dort halten sich die scheuen Fische tagsüber in größeren Tiefen oder an geschützten Stellen des Ufers auf und gehen hauptsächlich nachts auf Nahrungssuche. Sie leben von Kleintieren des Bodens und pflanzlichen Substanzen. In Mitteleuropa werden die Fische im 4. und 5. Sommer laichreif und legen an gut durchwärmten flachen Uferplätzen von V bis VII die zahlreichen 1,5 mm dicken, glashellen, gelblichen Eier an Pflanzen ab. Nach 3 bis 8 Tagen (70 bis 120 Tagesgrade) schlüpfen die Larven und füllen in den nächsten beiden Tagen durch Aufschwimmen zur Wasseroberfläche ihre Schwimmblase mit Luft, um dann voll schwimmfähig zu sein. Noch vor dem vollständigen Aufzehren des Dottersacks beginnen sie in der ersten Lebenswoche mit der aktiven Nahrungsaufnahme. Da die erforderlichen Temperaturen von 18 bis 20°C zum Ablaichen und Aufkommen der Brut nur selten in Wildgewässern für den erforderlichen Zeitraum konstant gegeben sind und die zahlreichen Feinde der Jungfische stark dezimierend wirken, können sich Karpfen unter den klimatischen Bedingungen der mittleren und nördlichen Teile Europas fast nie natürlich fortpflanzen. In den meisten Gewässern werden deshalb immer wieder aus Fischzuchtanlagen stammende Besatzfische ausgesetzt. Ihr Wachstum ist je nach Aufenthaltsort sehr unterschiedlich. Sie wachsen um so schneller, je länger hohe Wassertemperaturen und ausreichendes Nahrungsangebot vorliegen. Unter den klimatischen Verhältnissen vieler europäischer Länder werden ihre Wachstumsmöglichkeiten keinesfalls ausgenutzt. Ihr Organismus ist auf Grund der Bedingungen ihrer Urheimat nicht auf „Winterruhe" eingerichtet. Die kalte Jahreszeit verbringen die Karpfen deshalb nur „gezwungenermaßen" in der Tiefe, stellen die Nahrungsaufnahme jedoch im Gegensatz zu Karausche oder Giebel nicht vollständig ein.

118 *Hypophthalmichthys molitrix*
Silberkarpfen Tolstolob
Kennzeichen: D 3/7; A 2–3/12–14

L. l. 110–124 $\frac{28–33}{16–28}$

Länge max. 1 m, dann bis zu 35 kg schwer (in Heimatgewässern)

Die auffälligsten Merkmale dieses aus Ostasien eingeführten Fisches sind die noch unter dem oberständigen großen Mund sehr tief liegenden Augen und der sich über die ganze Bauchkante hinziehende Kiel. Bei diesen Kleinstpflanzenfressern sind die Kiemenreusendornen miteinander zu einem Netz verwachsen (Filterwirkung). Der Darm ist außerordentlich lang und erreicht etwa das 15fache der Körperlänge.

Lebensweise: Silberkarpfen leben in Flüssen und Strömen und den mit diesen verbundenen stehenden Gewässern. Je nach der Dichte des pflanzlichen Planktons wechseln sie diese Aufenthaltsorte. Bei Fangversuchen oder schon bei Beunruhigung durch plötzliche Beschattung oder Geräusche (Schritte am Ufer, Boot, Bootsmotoren) springen die Fische bis zu 2 m hoch aus dem Wasser heraus. Zuweilen fallen sie dabei in das vorüberfahrende Boot. Das Ablaichen im Sommer erfolgt in strömendem Wasser. Eier und ausschlüpfende Brut sind peiagisch. Nach dem Aufzehren des Dottersackes zieht die Brut in Nebengewässer, ernährt sich zunächst von Zooplankton und frißt ab 1,5 cm Länge Planktonalgen. Den Winter verbringen die Fische in den Flüssen.

Die 1967 und 1968 erstmals aus der UdSSR in die DDR eingeführten Fische haben in China große wirtschaftliche Bedeutung. Sie werden zu 118

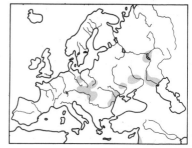

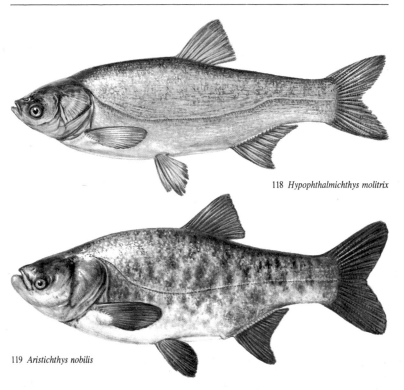

118 *Hypophthalmichthys molitrix*

119 *Aristichthys nobilis*

dort in Polykultur mit anderen Fischarten in Teichen aufgezogen. Ihr Fleisch ist mager und wohlschmeckend. An ihre Einbürgerung knüpft sich die Erwartung, daß sie bei Polykultur in Teichen besonders die Planktonalgen nutzen. Beim Einsatz in stark eutrophe Seen sollen sie das im Übermaß vorhandene Phytoplankton unterdrücken. Ihre natürliche Ausbreitung ist unter den klimatischen Ver-

zu 119

hältnissen Mitteleuropas ausgeschlossen. Unter menschlicher Obhut laichen sie hier von IV bis V.

119 *Aristichthys nobilis*
Marmorkarpfen
Kennzeichen: D 3/10; A 3/15–17; P 1/17; V 1/8
L. l. 114–120 $\frac{28–32}{16–28}$

Schlundzahnformel 4–4
Länge bis reichlich 1 m, dann ±40 kg schwer (in Heimatgewässern)
Marmorkarpfen ähneln dem Silberkarpfen, ihr Körper ist jedoch gedrungener und dunkel marmoriert. Die Brustflossen reichen im Unterschied zum Silberkarpfen bis hinter die Basis der Bauchflossen. Der Bauchkiel erstreckt sich nur von den Bauchflossen bis zur Afterflosse.
Lebensweise: Marmorkarpfen sind chinesische Flußfische, die nicht so weit nach Norden

vordringen wie Silber- und Graskarpfen. In der Vegetationsperiode betragen die Wassertemperaturen ihrer Heimatgewässer 22 bis 26 °C. Je nach den Temperaturen ihrer Wohngewässer werden sie im Alter von 3 bis 7 Jahren geschlechtsreif. Die Eier werden im Sommer ohne längere Laichwanderungen in mittleren bis bodennahen Wasserschichten abgelegt. Die Jungfische ernähren sich zunächst von tierischem Plankton und erweitern ihr Nahrungsspektrum zunehmend durch die Aufnahme von Planktonalgen. Ohne Wachstumsbeeinträchtigung können die Fische ausschließlich von Phytoplankton leben.

Die 1972 erstmals aus der UdSSR in die DDR eingeführten Marmorkarpfen sollen dazu beitragen, die in vielen Seen beobachtete sommerliche Vegetationstrübung zu beseiti-gen und diese bedeutende Pflanzenmasse in wertvolles Fischeiweiß umzuwandeln.

Weißfischbastarde

Bei Wildfischfängen werden verschiedentlich Formen gefunden, die vom Typ der reinen Arten abweichen. Aus den festgestellten Merkmalen (Flossenstrahlen, Schuppenzahlen, Schlundzahnformel) kann auf ihre Bastardeigenschaften geschlossen werden. In manchen Fällen wurden durch künstliche Kreuzungen diese Vermutungen bestätigt (+).

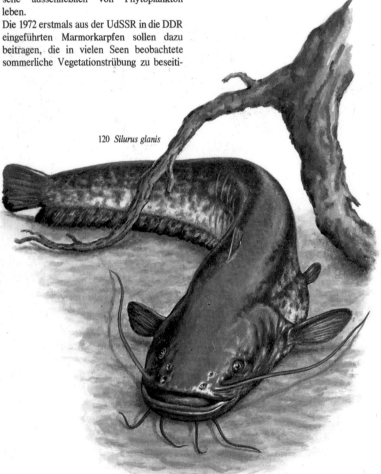

120 *Silurus glanis*

Im folgenden sind die bei Wildfängen zu erwartenden Kreuzungen aufgeführt:

Leuciscus cephalus x *Alburnus alburnus*
Rutilus rutilus x *Alburnus alburnus*
Rutilus rutilus x *Blicca bjoerkna* +
Rutilus rutilus x *Abramis brama* +
Rutilus rutilus x *Vimba vimba*
Scardinius erythrophthalmus x *Alburnus alburnus*
Scardinius erythrophthalmus x *Blicca bjoerkna* +
Scardinius erythrophthalmus x *Rutilus rutilus*
Scardinius erythrophthalmus x *Abramis brama* +
Alburnus alburnus x *Blicca bjoerkna* +
Alburnus alburnus x *Leucaspius delineatus* +
Abramis brama x *Blicca bjoerkna* +
Chondrostoma nasus x *Leuciscus souffia*
Chondrostoma nasus x *Leuciscus cephalus*
Carassius auratus gibelio x *Cyprinus carpio* +
Cyprinus carpio x *Carassius carassius* +

Die sichere Bestimmung dieser Bastarde ist schwierig und in der Regel nur von einem Spezialisten ausführbar!

FAMILIE
Siluridae Welse

Mäßig gestreckte Karpfenartige mit nackter Haut und einer sehr langen Afterflosse. Der große Kopf hat ein endständiges breites Maul mit Bartfäden und vielen kleinen Hechelzäh-

zu 120

nen. Eine vollständige Seitenlinie ist vorhanden. Welse sind bodenbewohnende Süßwasserfische und in Europa mit 1 Gattung und 2 Arten vertreten.

120 *Silurus glanis*
     Wels Waller
Kennzeichen: D 1/4; A 84–92; P 1/14–17;
V 11–13
6 Barteln, davon 2 sehr lange auf der Ober-, 4 kurze auf der Unterlippe
Länge 1 bis 1,5 m (max. 3 m; dann bis zu 150 kg schwer)
Die Rückenflosse ist sehr klein, die Afterflosse reicht bis zur Schwanzflosse.
Lebensweise: Welse leben am Grunde pflanzenreicher stehender und fließender Gewässer. Tagsüber unter überhängenden Ufern, zwischen Bülten oder in Kolken der Flüsse verborgen, gehen sie nachts bis ins Flachwasser auf Raubzüge. Mit ihrer weiten Maulspalte können sie auch größere Nutzfische, Frösche, Wasservögel und Kleinsäu-

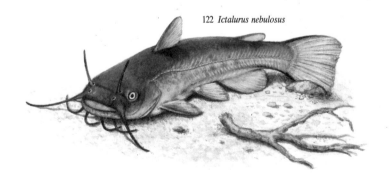

122 *Ictalurus nebulosus*

194

ger verschlingen. Als wärmebedürftige Fische laichen sie erst von V bis VI in dichten Pflanzenbeständen. Das flache Nest mit den gelblichen, klebrigen Eiern (Durchmesser etwa 3 mm) wird vom ♂ bewacht. Die kaulquappenähnlichen schwarzgefärbten Jungen schlüpfen schon nach 3 bis 10 Tagen und wachsen nach Aufzehren des großen Dottersackes schnell heran. Am Ende des 1. Sommers können sie bereits 500 g wiegen. Nach der Laichzeit sind Welse am gefräßigsten; im Winter stellen sie die Nahrungsaufnahme ein und halten an tieferen versteckten Stellen Winterruhe.

Der in Griechenland lebende
121 *Silurus aristotelis*
Aristoteleswels
hat am Unterkiefer nur 2 Bartfäden und wird maximal 2 m lang.

FAMILIE
Ictaluridae Zwergwelse

In Nord- und Mittelamerika beheimatete, den Welsen sehr ähnliche nackte Karpfenfische mit einer deutlichen Fettflosse und stachelähnlichen ersten Strahlen an Rücken- und Brustflosse.

122 *Ictalurus nebulosus*
Zwergwels Katzenwels
Kennzeichen: D 1/6; A 1/20–22; P 1/8; V 8
Länge 25 bis 35 cm (max. 45 cm)
Die Fettflosse sitzt über dem Ende der Afterflosse. Auf der nackten Haut sind sowohl die Seitenlinie als auch die Absätze der Körpermuskelsegmente zu erkennen. Die 8 Barteln sind nahezu gleich lang, die beiden läng-

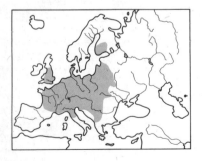

sten sitzen an der Oberlippe, 1 Paar an den hinteren Nasenöffnungen und 2 Paar am Unterkiefer.
Lebensweise: Die 1885 in Europa eingeführten Zwergwelse haben sich infolge ihrer Zählebigkeit und begünstigt durch planmäßiges oder auch zufälliges (Beifische in Schleien- oder Karpfenbesatzmaterial, Aquarianer) Aussetzen weit verbreitet. Als nachtaktive Grundfische führen sie eine verborgene Lebensweise in Tümpeln, Teichen, Seen und allen Arten von Fließgewässern, wo sie sich von Kleintieren, auch Kleinfischen ernähren. An den Sauerstoffgehalt des Wassers stellen sie keine hohen Ansprüche. Von III bis V legen beide Geschlechter flache Nestmulden aus Pflanzenmaterial an, in die klebrige, klumpige Eiballen abgelegt und vom ♂ bewacht werden. Die an Kaulquappen erinnernden Jungfische schlüpfen nach 4 bis 8 Tagen und verbleiben noch einige Zeit unter der Obhut des Vaters.

FAMILIE
Cobitidae Schmerlen

Kleine und langgestreckte walzenförmige Karpfenartige mit nackter oder von sehr kleinen Rundschuppen bedeckter Haut. Alle Flossen sind weichstrahlig, die Bauchflossen sind bauchständig, die Schwanzflosse meist gerundet. Am Kopfe sitzen die Augen hoch oben, der Mund ist unterständig und von 6 bis 12 Barteln umgeben. Zähne fehlen, der umgebildete 5. Kiemenbogen trägt eine Reihe von kleinen Schlundzähnen. Der Vorderteil der Schwimmblase liegt in einer Knochenkapsel. Manche Arten reagieren sehr empfindlich auf Luftdruckveränderungen und werden vor Gewittern sehr unruhig (Wetterfische). Schmerlen leben am Boden aller Arten von Binnengewässern. Wenn der Sauerstoffgehalt des Wassers zur Versorgung über die Kiemen nicht ausreicht, sind viele Vertreter der Familie zur akzessorischen Darmatmung befähigt. Sie steigen dann zur Oberfläche, schlucken atmosphärische Luft und nehmen Sauerstoff durch die Darmwand auf. Der unbrauchbare Rest wird durch den After ausgeschieden (aufsteigende Luftblasen, beim Anfassen außerhalb des Wassers Geräusche: „Piepaal"). Das Hauptverbreitungsgebiet der

zu 123

zu 124

Schmerlen liegt in Indien und Südostasien. In Europa kommen 3 Gattungen mit 12 Arten vor, die ihrer Kleinheit wegen nur örtlich gelegentlich genutzt werden.

123 *Noemacheilus barbatulus*
   Schmerle Bartgrundel
Kennzeichen: D 2–4/7–8; A 2–4/5–6; P 1/12; V 1/7
6 mittellange Barteln an der Oberlippe
Länge ± 10 cm (max. 16 cm)
Die Beschuppung des Vorderteils und die Seitenlinie sind unvollständig. Die vordere Nasenöffnung ist röhrenförmig.
Lebensweise: Schmerlen bewohnen als stationäre Grundfische steinige, klare Fließgewässer. Sie halten sich meist unter Steinen verborgen und legen dort an Pflanzen von III bis V ihren klebrigen Laich ab. An der Innenseite der Bauchflossen befindet sich während die-

ser Zeit ein Laichausschlag in Form von Hautwärzchen. Die im Alter von 2 bis 3 Jahren geschlechtsreif werdenden Fische ernähren sich von Kleintieren, gelegentlich auch von Fischlaich. Für die im gleichen Lebensraum vorkommenden größeren Forellen sind Schmerlen gute Futterfische.

124 *Misgurnus fossilis*
   Schlammpeitzger Schlammbeißer,
   Schlammschmerle, Wetterfisch
Kennzeichen: D 2–4/5–7; A 2–5/5; P 1/10; V 1/5–6
10 Barteln, davon 6 längere an der Ober-, 4 kurze an der Unterlippe
Länge ± 15 cm (max. 30 cm)
Der vorn drehrunde Körper ist hinten seitlich zusammengedrückt. Die schleimige Haut wird von sehr kleinen Schuppen bedeckt; die Seitenlinie ist rudimentär.

123 *Noemacheilus barbatulus*

Lebensweise: Schlammpeitzger bevorzugen flache, stehende Gewässer mit Schlammgrund und Pflanzenwuchs. In dieser nährstoffreichen Umwelt mit Sauerstoffmangelerscheinungen hilft ihnen die akzessorische Darmatmung beim Überleben. Darüber hinaus können sie sich bei Austrocknen des Gewässers oder zur Winterruhe bis zu 50 cm tief im Schlamm eingraben und so bis zu 1 Jahr in einem Dauerschlaf ausharren. Sie legen von IV bis VII an Wasserpflanzen zahlreiche bräunliche, 1,5 mm dicke Eier ab. An den ausschlüpfenden Larven sind die fadenförmigen äußeren Kiemen bemerkenswert, die später zurückgebildet werden. Die Fische sind hauptsächlich nachtaktiv und durchsuchen den Boden nach Weichtieren und Insektenlarven.

Schlammpeitzger werden infolge ihrer Lebensweise oft übersehen und ihrer aalähnlichen Gestalt wegen auch selten mit den üblichen Geräten gefangen. Als „Speilinge" gefangener Hechte (beim Hältern von Hechten nach dem Fang speien diese die nur halbverdauten Fische wieder aus), bei der Elektrofischerei mit der Tauchelektrode am Ufer von Seen oder in Kleingewässern und beim Ablassen von Teichen werden sie überraschend an Orten festgestellt, wo man sie nicht vermutet.

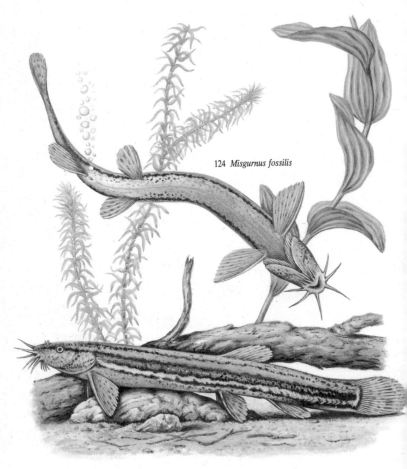

124 *Misgurnus fossilis*

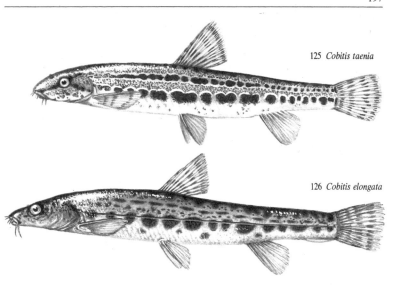

125 *Cobitis taenia*

126 *Cobitis elongata*

125 *Cobitis taenia*
Steinbeißer Dorngrundel, Steinpicker, Steinschmerle, Sandschmerle
Kennzeichen: D 2–3/6–7; A 2–3/5–6; P 1/6–8; V 1/5
6 sehr kurze Barteln, davon 4 an der Oberlippe, 2 in den Mundwinkeln
Länge 6 bis 8 cm (max. 13 cm)
Der seitlich zusammengedrückte Kopf trägt jederseits unter dem Auge einen zweispitzigen Dorn. Die sehr kleinen Schuppen bedecken den ganzen Körper. Eine Seitenlinie ist nur im vorderen Körperteil entwickelt. Unterhalb der Seitenlinie zieht sich eine Reihe von 10 bis 20 großen rechteckig-abgerundeten schwarzbraunen Flecken entlang.
Lebensweise: Steinbeißer leben auf und im Sandboden klarer Seenufer und Fließgewäs-

ser. Nachts durchsuchen sie den Boden lebhaft nach Kleintieren und organischen Resten, wobei sie Sand ins Maul nehmen, durchkauen und aus den Kiemenspalten wieder abgeben (Name). Von IV bis VII wird der Laich über Pflanzen, Wurzeln oder Sand abgelegt.

In Südosteuropa kommt eine Reihe sehr ähnlicher Verwandter mit gleicher Lebensweise vor. Am verbreitetsten davon sind:

126 *Cobitis elongata*
Balkansteinbeißer
Kennzeichen: Die dunklen Seitenflecken sind von einer braunschwarzen Längslinie durchzogen. Unter dem Schwanzstiel befindet sich ein Fettkiel.
Länge max. 16,5 cm

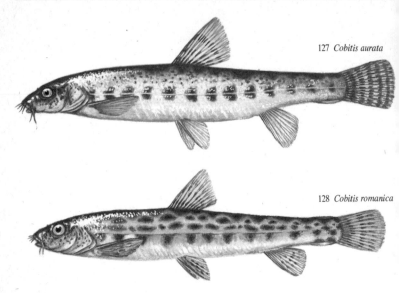

127 *Cobitis aurata*

128 *Cobitis romanica*

127 *Cobitis aurata*
Goldsteinbeißer
Kennzeichen: Körper mit schwachem Goldglanz. Unter dem Schwanzstiel ein schwacher Fettkiel.
Länge max. 14 cm

128 *Cobitis romanica*
Rumänischer Steinbeißer
Kennzeichen: Körper hell, wenig gefleckt. Oberhalb der Seitenflecken verläuft ein helles Band; Fettkiele am Schwanzstiel schwach entwickelt.
Länge max. 12 cm

ORDNUNG
Anguilliformes Aalartige

Schlangenähnliche Fische ohne Bauchflossen (daher oft auch als „Apodes" bezeichnet) mit sehr schleimiger Haut, die keine oder nur sehr kleine Schuppen enthält. Rücken-, Schwanz- und Afterflosse sind zu einem Flossensaum vereinigt, der wie die Brustflossen nur von Weichstrahlen gestützt wird.
Außer wenigen ins Süßwasser einwandernden Arten leben die meisten Aalfische im Meer, vorwiegend in tropischen und subtropischen Gebieten.

FAMILIE
Congridae Meeraale
Die Rückenflosse beginnt bereits in Höhe der Brustflossen. Die Haut ist schuppenlos. Das unterständige Maul ist stark bezahnt und reicht bis hinter die Augenmitte. Die Kiemenspalten sind verhältnismäßig groß und verlaufen bis auf die Bauchseite. Meeraale sind als Speisefische weniger geschätzt als Flußaale und Muränen. Der europäische Gesamtfang beträgt etwa 12 000 t jährlich. Die im Handel unter der Bezeichnung „Seeaal" angebotenen grätenlosen Räucherprodukte stammen nicht vom Meeraal, sondern sind Rückenteile vom Dornhai, erkennbar an der knorpeligen Wirbelsäule.

zu 127

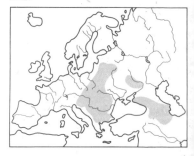

zu 128

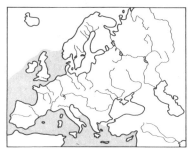

zu 129

129 *Conger conger*
Meeraal Seeaal

Kennzeichen: D 270–300; A 205–230; P 17–19

Länge max. 3 m (♀), dann bis zu 65 kg schwer bzw. 1,25 m (♂)

Der Fisch wirkt blaugrau und insgesamt heller als der Europäische Flußaal.

Lebensweise: Die vorwiegend an felsigen Küsten lebenden Meeraale sind nachtaktive Tiere, die sich räuberisch von Fischen, Krebsen und Kopffüßern ernähren. Bei Eintritt der Geschlechtsreife im Alter von 5 bis 15 Jahren stellen sie die Nahrungsaufnahme ein und ziehen in die Tiefe des Atlantiks und des Mittelmeeres, wo sie in noch unbekannten Tiefen mehrere Millionen Eier ablegen und danach sterben. Die pelagisch lebenden Larven haben die Weidenblattform der Fluß-aallarven, werden aber 160 mm lang, bis sie nach 1 bis 2 Jahren die typische Aalgestalt annehmen.

FAMILIE
Anguillidae Flußaale

Der Flossensaum beginnt erst weit hinter dem Brustflossenansatz. In der Haut sitzen sehr kleine, parkettartig angeordnete Schuppen. Das leicht oberständige Maul ist mit kurzen Bürstenzähnen ausgestattet. Die

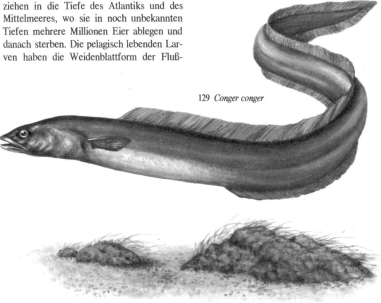

129 *Conger conger*

Kiemenöffnungen sind klein und liegen unmittelbar vor den Brustflossen.

Die Aale gehören zu den wirtschaftlich wichtigsten Objekten der Binnenfischerei. Auch in der Küstenfischerei spielen sie örtlich eine große Rolle. Der europäische Gesamtfang beträgt jährlich etwa 14 000 t.

130 *Anguilla anguilla*
Europäischer Aal

Kennzeichen: D 245–280; A 205–235; P 15–20
Wirbelzahl 110 bis 119 (im Durchschnitt 114,7)
Länge 40 bis 70 cm (♀ max. 1,5 m; dann bis zu 6 kg schwer, ♂ max. 0,5 m; 185 g)
Die auf dem Rücken dunkelbraungrün gefärbten Aale haben im Süßwasser einen gelblich gefärbten Bauch (Gelbaal), der beim Abwandern silbrigweiß wird (Blankaal).

Die sehr nahen Verwandten *Anguilla rostrata*, Amerikanischer Aal, und *Anguilla japonica*, Japanischer Aal, haben bei gleicher Gestalt und ähnlicher Lebensweise eine andere Wirbelzahl.

Lebensweise: Die in der Sargassosee (20 bis 30°N, 50 bis 60°W) aus pelagischen Eiern schlüpfenden Larven wandern als weidenblattförmige, durchsichtige Leptocephali mit dem Golfstrom im Verlaufe dreier Jahre nach Nordafrika und Europa, wobei sie sich vor Erreichen der Küsten zu etwa 65 mm langen Glasaalen umwandeln. Erst im Brackwasser oder beim Aufsteigen ins Süßwasser (Steigaale) entwickeln sich dunkle Pigmente. Während der folgenden sommerlichen Freß- und Wachstumsperioden in den Küsten- oder Binnengewässern bilden sie bei Körperlängen von 16 bis 18 cm Schuppen. Je nach Wassertemperatur und Nahrungsangebot wachsen

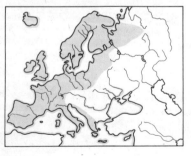

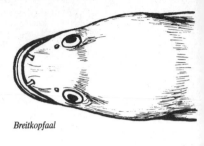

Breitkopfaal

Schmalkopfaal

die nachtaktiven Gelb- oder Freßaale sehr unterschiedlich schnell. Die sogenannten Schmal- und Spitzköpfe ernähren sich vorwiegend von niederen Tieren aller Art, während die Breitköpfe hauptsächlich Kleinfische und Krebse fressen. Die kalte Jahreszeit verbringen sie ohne Nahrungsaufnahme in Schlamm oder Sand eingegraben. ♂ verbleiben 5 bis 14 Jahre, ♀ 7 bis 18 Jahre im Süßwasser, bis sie die Nahrungsaufnahme einstellen, eine festere, auf dem Rücken dunklere, am Bauche silberglänzende Haut und größere Augen bekommen und dann ihre katadrome Laichwanderung beginnen. Die Verdauungsorgane bilden sich zurück und machen den sich kräftig entwickelnden Geschlechtsorganen (♂ Lappenorgan, ♀ Krausenorgan) Platz. Von August bis Oktober durchwandern die Blankaale die Ostsee und verschwinden nach der Passage der Nordsee in den Tiefen des Atlantiks. Wahrscheinlich ermöglichen es die reichen Fettreserven, daß die Europäischen Aale nach langer Wanderung geschlechtsreif die 5 000 bis 7 000 km entfernte Sargassosee erreichen, wo sie nach dem Laichen verenden.

Da ihre Aufwanderung in die Binnengewässer durch Wasserbau und -verunreinigung nicht mehr überall gewährleistet ist, werden Glas- und Steigaale an geeigneten Plätzen der Küste

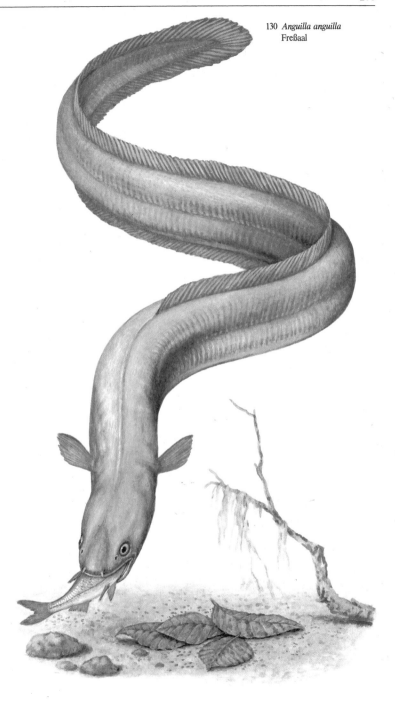

130 *Anguilla anguilla*
Freßaal

oder Flußunterläufe gefangen und in weit im Binnenlande gelegenen Seen und Flüssen ausgesetzt, mitunter auch in abflußlose Gewässer. Die schlangenartigen Bewegungen, eine stark schleimige Haut und die verdeckte Kiemenhöhle ermöglichen den Aalen längere Aufenthalte außerhalb des Wassers, allerdings nur in feuchter Umgebung. Der Wandertrieb veranlaßt sie manchmal, in regnerischen Nächten ein offenes Gewässer zur Abwanderung zu suchen. Solche über Land wandernden Aale haben schon immer zur Legendenbildung um diesen in vieler Hinsicht rätselhaften Fisch beigetragen. Stürmische und dunkle Nächte bewirken bei Aalen erhöhte Aktivität, infolgedessen sind dann die Fänge in Fischfallen aller Art besonders groß.

FAMILIE
Muraenidae Muränen

Nackte Aalfische, denen neben den Bauchflossen auch die Brustflossen fehlen. Ihr Flossensaum beginnt bereits vor der kleinen Kiemenöffnung. Das endständige Maul ist kräftig bezahnt.

Die fetten, zarten und wohlschmeckenden Muränen haben in einigen Mittelmeerländern örtlich eine gewisse wirtschaftliche Bedeutung.

zu 131

131 *Muraena helena*
Mittelmeermuräne
Kennzeichen: Länge max. 1,3 m
Der Körper ist seitlich zusammengedrückt, mehr oder weniger braun gefärbt mit gelblicher Marmorierung. Das mit je einer Zahnreihe am Ober- und am Unterkiefer ausgestattete Maul wird meist leicht offen gehalten.
Lebensweise: Die an felsigen Küsten in Spalten und anderen Hohlräumen lebenden Muränen ernähren sich von Fischen, Krebsen und Kopffüßern. Die tagsüber meist versteckt lebenden Tiere sind sehr bissig und verursachen schmerzhafte Reißwunden. Sie besitzen zwar keine Giftzähne, dagegen einen giftig wirkenden Mundhöhlenschleim, der je nach vorhandener Konzentration (bei jeder Mahl-

131 *Muraena helena*

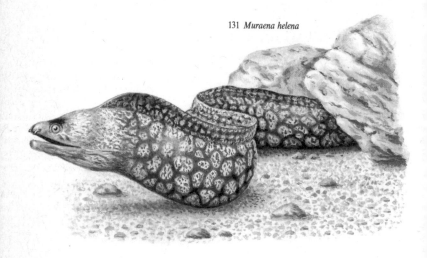

zu 132

zu 133

zeit wird er verbraucht und dann wieder neu gebildet) ähnliche Wirkung wie das Gift von Stachelrochen oder Drachenfischen hervorrufen kann.

ORDNUNG
Cyprinodontiformes Zahnkarpfenartige

Den Hechtartigen nahestehende Gruppe kleiner, weltweit (außer Australien) verbreiteter Fische, die nur in wärmeren Gewässern vorkommen. Am oben abgeplatteten Kopf befindet sich ein vorstreckbarer oberständiger Mund. Eine Seitenlinie fehlt. Die Schwimmblase ist ohne Verbindungsgang zum Darm. Die Flossen haben keine Stachelstrahlen. Bei den lebendgebärenden Arten ist die Afterflosse des ♂ zu einem Begattungsorgan (Gonopodium) umgebildet. Die Schwanzflosse ist abgerundet oder fahnenähnlich verlängert.

Auf den Kiefern und Schlundknochen sitzen feine Hechelzähne. Viele Arten der meist lebhaft gefärbten Fische sind als Aquarienfische von großer Bedeutung. Einige Arten wurden in manchen Ländern auch zur Bekämpfung der Malariamücken ausgesetzt. In Europa kommen einige Vertreter der Familie *Cyprinodontidae* (eierlegend) und ein aus Nordamerika eingeführter Fisch der Familie *Poecilidae* (lebendgebärend) vor.

132 *Aphanias fasciatus*
    Zebrakärpfling
Kennzeichen: D 10–13; A 9–12; P 14–15; V 6–7
Sq. l. 25–30
Länge max. 6 cm

Die Färbung bei ♂ und ♀ ist unterschiedlich.
Lebensweise: Die in den nördlichen Küstenländern des Mittelmeeres in stehenden und fließenden Kleingewässern lebende Art geht auch ins Brackwasser. Gegen Temperaturschwankungen und niedrigen Sauerstoffgehalt des Wassers sind die Fische ziemlich unempfindlich. Sie ernähren sich von wirbellosen Kleintieren. Während der ganzen warmen Jahreszeit werden Eier an Pflanzen abgelegt, aus denen nach 8 bis 14 Tagen die Jungen schlüpfen.
Die kleinen Fische haben keine direkte wirtschaftliche Bedeutung, sind dem Menschen aber durch Vertilgen der Mückenlarven in Tümpeln, Gräben und Sümpfen nützlich.

An der spanischen Mittelmeerküste leben 2 verwandte Arten mit ähnlicher Lebensweise und Bedeutung:

133 *Aphanias iberus*
    Spanienkärpfling
Kennzeichen: D 9–10; A 9–10
Sq. l. 26–28
Länge max. 5 cm

zu 134

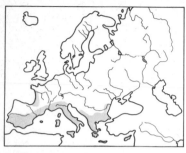

zu 135

134 *Valencia hispanica*
Valenciakärpfling
Kennzeichen: D 10–11; A 12–14; P 14; V 6
Sq. l. 29–32
Länge max. 8 cm

135 *Gambusia affinis*
Koboldkärpfling
Kennzeichen: D 7–9; A 9; P 13–14; V 6
Sq. l. 30–32
Länge max. 6 cm (♀) bzw. 3,5 cm (♂)
Die kleinen schlanken ♂ mit dem Gonopodium sind gut von den meist dickbäuchigen größeren ♀ zu unterscheiden. Beide Geschlechter sind gleich gefärbt (im Gegensatz zu vielen bekannten Aquarienfischen). Sie haben schwarze Flecken auf Rücken- und Schwanzflosse und eine dunkle Binde durch das Auge.
Lebensweise: In der Lebensweise ähneln sie den oben beschriebenen Zahnkarpfen. Sie zeichnen sich durch starke Vermehrung (3 bis 5 Würfe mit 10 bis 80 Jungen im Jahr) und große Widerstandsfähigkeit gegen Temperaturschwankungen (0 bis 30 °C) aus.
Aus den Südstaaten der USA stammend, wurde diese Art zur Malariamückenbekämpfung in Italien, Spanien, Südwest-Frankreich, Griechenland, in den Balkanländern und in den südlichen Republiken der UdSSR verbreitet.

ORDNUNG
Beloniformes Hornhechtartige

Eine vorwiegend marine Gruppe schlanker, langgestreckter Echter Knochenfische, deren Rückenflosse weit zurückversetzt über der Afterflosse steht. Die Bauchflossen sind bauchständig und haben wie alle anderen Flossen nur Weichstrahlen. Die Seitenlinie auf den kleinen bis mittelgroßen Rundschuppen verläuft weit unten in Nähe der Bauchkante. Die meisten Angehörigen der Ordnung sind räuberisch lebende Schwarmfische des Meeres, die zuweilen in Küstennähe angetroffen werden.

FAMILIE
Belonidae Hornhechte

Pfeilartig langgestreckte Fische mit langgezogenem Ober- und Unterkiefer. Bei Jungfischen wächst der Unterkiefer zunächst schneller als der Oberkiefer.

136 *Belone belone*
Hornhecht Hornfisch, Grünknochen
Kennzeichen: D 2/15–16; A 2/18–21; P 1/11–13; V 6–7
Länge 30 bis 50 cm (max. 90 cm, dann bis zu 1 kg schwer)
Der Körperquerschnitt ist fast rund. Hinter Rücken- und Afterflosse stehen keine Flössel. Alle Gräten sind auffällig grün gefärbt.
Lebensweise: Die während der kalten Jahreszeit im offenen Meer lebenden Fische kommen zur Laichzeit von IV bis VI in Küstennähe und legen ihre mit klebrigen Haftfäden versehenen Eier an Wasserpflanzen ab. Die Jungfische bleiben an der Küste und ernähren sich zunächst von Plankton, später von Fischbrut und Kleinfischen, bis sie nach 1 Jahr 25 cm lang sind. Sowohl die Jungfische wie die mit 45 cm Länge im 2. Jahr geschlechtsreif werdenden Erwachsenen jagen als vorzügliche Schwimmer vorwiegend dicht unter der

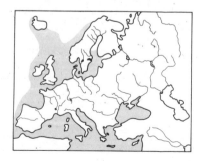

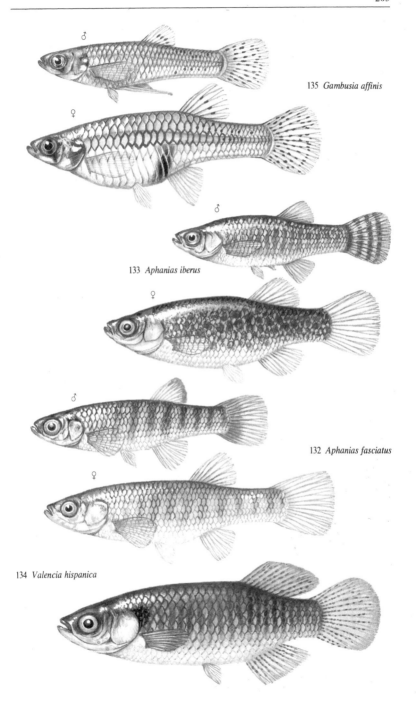

135 *Gambusia affinis*

133 *Aphanias iberus*

132 *Aphanias fasciatus*

134 *Valencia hispanica*

zu 137

zu 138

Wasseroberfläche Kleinheringe, Sprotten, Sandaale und Ährenfische. Sie selbst werden von Thunfischen und Zahnwalen verfolgt und springen auf der Flucht vor ihren Feinden oft weit aus dem Wasser heraus.

137 *Scomberesox saurus*
Makrelenhecht
Kennzeichen: D 2/9–10, dahinter 5 bis 6 Flössel; A 2/10, dahinter 6 bis 7 Flössel; P 12–13; V 6; Länge 25 bis 40 cm (max. 60 cm)
Der Körper ist seitlich stärker zusammengedrückt als beim Hornhecht. Am Schwanzstiel sitzen oben und unten Flössel. Die Knochen sind nicht grün gefärbt.
Lebensweise: In der Lebensweise ähneln die Makrelenhechte den Hornfischen. Da sie jedoch im offenen Meer pelagische Eier ablegen, werden sie an den Küsten seltener angetroffen.

FAMILIE
Exocoetidae Fliegende Fische

Diese im freien Meer lebenden planktonfressenden Schwarmfische können zuweilen von der Küste oder von Bord eines Schiffes aus beobachtet werden, wenn sie auf der Flucht vor Raubfischen Gleitflüge über die Wasseroberfläche bis zu 100 m unternehmen. Sie sind leicht an den sehr langen flügelartigen Brustflossen und dem verlängerten unteren Schwanzflossenteil zu erkennen. Während die Schwanzflosse durch schnelle Schläge die nötige Geschwindigkeit erzeugt, besorgen die unbewegt ausgebreiteten Brustflossen das Schweben. Im Atlantik bis zur Biscaya und im Mittelmeer kommen vor:

138 *Cypselurus heterurus*
Atlantischer Flugfisch und
139 *Exocoetis volitans*
Gemeiner Flugfisch
Ihr Fleisch ist wohlschmeckend. In tropischen Meeren werden beträchtliche Mengen (etwa 45 000 t jährlich) gefangen.

ORDNUNG
Gadiformes Dorschartige

Eine fast ausschließlich marine Gruppe Echter Knochenfische mit kehlständigen Bauchflossen. Alle Flossen haben nur Weichstrahlen. Kleine Rundschuppen bedecken den mehr oder weniger schlanken Körper. Die Vertreter dieser wirtschaftlich außerordentlich wichtigen Ordnung leben vorwiegend in kühlen Meeresgebieten.

FAMILIE
Gadidae Dorsche

Dorschartige mit gestrecktem Körper, dessen Querschnitt rund bis oval ist. Rücken- und

zu 140

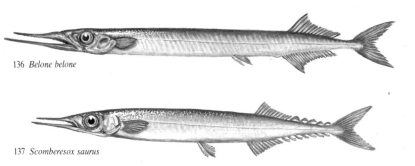

136 *Belone belone*

137 *Scomberesox saurus*

Afterflosse sind meist geteilt, die Schwanz-flosse ist nicht gegabelt. An der Unterkie-ferspitze sitzt oft ein unpaarer Bartfaden. Angehörige der Unterfamilie *Gadinae* haben eine dreigeteilte Rückenflosse.

140 *Gadus morrhua*
Kabeljau Dorsch
Kennzeichen: D_1 12–16; D_2 14–24; D_3 17–21; A_1 17–23; A_2 15–19; P 16–21; V 5–6
Länge 40 bis 70 cm (max. 1,5 m; dann bis zu 30 kg schwer)
Der Kabeljau hat 3 Rückenflossen, deren 1. oben stumpf abgerundet ist; die 2. und 3. stehen über den beiden Afterflossen. Die Schwanzflosse endet gerade. Am Kinn be-findet sich ein kräftiger Bartfaden. Das unter-ständige Maul trägt am Oberkiefer keine Zähne. Rücken und Seiten sind olivbraun bis

graugrün gefärbt und haben dunkle Tupfen. Bauch und Seitenlinie sind hell, letztere be-schreibt über der Brustflosse einen flachen Bogen. Die in der Ostsee lebenden Tiere der gleichen Art werden als Dorsch bezeichnet und bleiben kleiner (Länge 40 bis 50 cm, max. 1,2 m). Je nach Aufenthaltsort wechselt die Grundfarbe sehr, so unterscheiden die Fischer den Gold- oder Rotdorsch der Algenzone, den Grasdorsch der Seegraswiesen und den Sand-dorsch der Sandgründe und Tiefen.
Lebensweise: Die verschiedenen Stämme des Kabeljau leben meist in Bodennähe kühler Gewässer von der Küste bis in Tiefen von 500 m. Als räuberische Zugfische unterneh-men viele von ihnen weite Laich- und Nah-rungswanderungen. Sie laichen vorwiegend im Frühjahr bei Wassertemperaturen von 4 bis 6 °C. Je nach Weibchengröße werden bis zu

138 *Cypselurus heterurus*

208

5 Millionen 1,5 mm dicke, glasklare Eier pelagisch abgelegt. Die nach 2 bis 4 Wochen schlüpfenden 5 mm langen Jungen werden wie die Eier oft weit verdriftet. Die Jungfische ernähren sich von Plankton und fressen mit zunehmendem Alter vorwiegend Bodentiere, wie Würmer, Weichtiere und Krebse und schließlich auch andere Fische. Heringe und deren Laich, Lodden und Sandaale sind bevorzugte Beutetiere. Wachstum und Reife sind abhängig vom Aufenthaltsort und der Schwarmdichte, also von Temperatur, Salzgehalt und Nahrungsangebot und deshalb sehr unterschiedlich. So wird der Ostseedorsch bereits in 3 bis 5 Lebensjahren bei etwa 35 bis 40 cm laichreif, der atlantische Kabeljau jedoch erst mit 6 bis 9 Jahren.
Neuerdings noch vor dem Hering ist der Kabeljau das wichtigste Fischereiobjekt des Nordatlantiks, und auch im Weltmaßstab wird er mengenmäßig nur vom Alaskadorsch *(Theragra chalcogramma)* und der Lodde *(Mallotus villosus)* übertroffen.

141 *Melanogrammus aeglefinus*
  Schellfisch
Kennzeichen: D_1 14–16; D_2 20–24; D_3 19–23; A_1 23–27; A_2 20–25; P 19–21; V 6
Länge 40 bis 50 cm (max. 1 m)
Die erste der 3 Rückenflossen ist dreieckig-sichelförmig. Die Schwanzflosse ist leicht eingebuchtet. Am unterständigen Maul sitzt ein kurzer Kinnbartel. Unter der schwarzen Seitenlinie befindet sich über der Brustflosse ein deutlicher schwarzer Fleck.
Lebensweise: Schellfische kommen seltener in Küstennähe als Dorsche. Sie bevorzugen weichen Boden, über dem sie als Zugfische

in 30 bis 100 m Tiefe leben. Sie laichen von II bis VI bei 5 bis 7 °C an Plätzen mit hohem Salzgehalt. Das Brackwasser meiden sie, deshalb gelangen nur Irrgäste zuweilen in die westliche Ostsee. Bis zu einer Länge von 10 cm ernähren sich die Jungen von Plankton, später von Bodentieren. Fische werden kaum gefressen.

142 *Gadus luscus*
  Franzosendorsch
Kennzeichen: D_1 11–14; D_2 20–28; D_3 15–20; A_1 25–35; A_2 17–21; P 17–20; V 6
Länge 20 bis 30 cm (max. 40 cm)
Der verhältnismäßig kleine Fisch hat eine hohe, gedrungene Körperform. Die 1. Rükkenflosse ist spitz und sehr hoch. An der Bauchflosse fällt der sehr lange 2. Strahl auf. Der Kinnbartel ist lang und kräftig. Auf der Basis der Brustflosse befindet sich ein schwarzer Fleck. Unterhalb dieser Flosse liegt bereits die Afteröffnung vor der sehr ausgedehnten Afterflosse.
Lebensweise: Die vor allem an den französischen und spanischen Küsten des Atlantiks und des Mittelmeers lebenden Franzosendorsche laichen von V bis VIII im Freiwasser. Nach einmonatiger planktonischer Lebensweise nähern sich die 2 cm langen Jungfische den Küsten und nehmen dann Bodentiere auf.

143 *Pollachius pollachius*
  Pollack
Kennzeichen: D_1 11–14; D_2 15–21; D_3 15–20; A_1 24–34; A_2 16–21; P 16–20; V 6
Länge 30 bis 60 cm (max. 1 m)
Der weit vorstehende Unterkiefer trägt keinen

zu 142

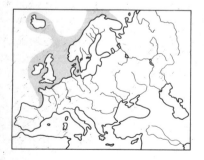

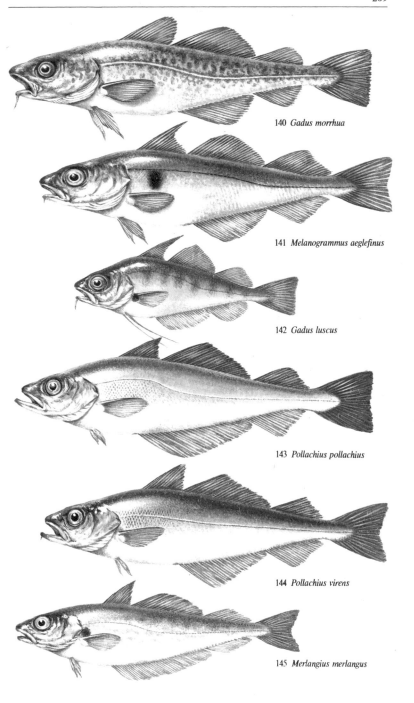

140 *Gadus morrhua*

141 *Melanogrammus aeglefinus*

142 *Gadus luscus*

143 *Pollachius pollachius*

144 *Pollachius virens*

145 *Merlangius merlangus*

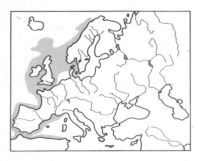

wasser lebenden Köhler laichen von I bis IV in 150 m Tiefe bei Wassertemperaturen von 6 bis 8 °C und hohem Salzgehalt. Nach anfänglicher Planktonnahrung gehen sie bald zur räuberischen Lebensweise über und folgen als gefräßige Schwarmfische hauptsächlich den Laichwanderungen der Heringe. Nach dem Kabeljau ist der Köhler der wirtschaftlich wichtigste Dorschfisch.

145 *Merlangius merlangus*
Wittling
Kennzeichen: D_1 13–16; D_2 18–25; D_3 19–22; A_1 30–38; A_2 20–25; P 19–22; V 6
Länge 20 bis 30 cm (max. 70 cm)
Der vom Oberkiefer überragte Unterkiefer trägt entweder einen winzigen oder keinen Bartfaden. Der After liegt unter dem vorderen Viertel der 1. Rückenflosse. An der Brustflossenbasis befindet sich ein schwarzer Fleck.
Lebensweise: Die nur zur Laichzeit in Schwärmen vorkommenden Wittlinge leben in Küstennähe und dringen auch ins Brackwasser von Flußmündungen ein. Ihre Laichzeit umfaßt eine erhebliche Zeitspanne, sie kann von XII bis VII dauern. Die Larven leben pelagisch. Jungfische von 2 bis 5 cm Länge halten sich oft unter den Glocken von Nesselquallen *(Cyanea)* auf. Nach einer längeren pelagischen Phase (8 bis 9 Monate) gehen die Fische zum Leben in Bodennähe über und ernähren sich dort von Garnelen und Kleinfischen.

Die folgenden Vertreter der Unterfamilie *Lotinae* unterscheiden sich von den *Gadinae* dadurch, daß sie nur 1 bis 2 Rückenflossen tragen und die Schwanzflosse abgerundet ist.

Bartfaden. Der After liegt unter der vorderen Hälfte der 1. Rückenflosse. Die Seitenlinie beschreibt über der Brustflosse einen Bogen nach oben. Die Mundhöhle ist nicht schwarz gefärbt.
Lebensweise: Die über felsigem Grund in mäßigen Tiefen lebenden Fische laichen von II bis V. Die Jungfische leben pelagisch bis etwa 5 cm Länge, dann gehen sie zur Bodennahrung im flachen Wasser über. Bei Eintritt der Geschlechtsreife gehen sie ins Freiwasser und ernähren sich von Heringsartigen und Sandaalen.

144 *Pollachius virens*
Köhler Seelachs
Kennzeichen: D_1 12–15; D_2 18–24; D_3 19–23; A_1 23–29; A_2 18–23; P 19–21; V 6
Länge 50 bis 70 cm (max. 1,3 m)
Der im Vergleich zum Pollack häufigere Köhler hat an seinem vorragenden Unterkiefer nur in der Jugend einen kleinen Bartfaden. Seine Mundhöhle ist oft schwarz gefärbt. Der After liegt unter dem Hinterende der 1. Rückenflosse. Die Seitenlinie ist hell und verläuft fast gerade.
Lebensweise: Die fast ausschließlich im Frei-

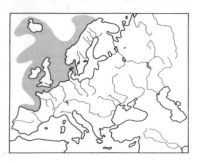

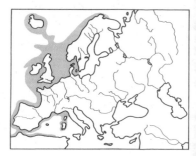

146 *Raniceps raninus*
Froschdorsch

Kennzeichen: D₁ 3; D₂ 61–67; A 55–61; P 21–23; V 6

$Kennzeichen:$ D_1 3; D_2 61–67; A 55–61; P 21–23; V 6

Länge max. 30 cm

Der große und breite Kopf trägt am unterständigen Maul einen Kinnbartel. Die beiden ersten Strahlen der Bauchflosse sind verlängert. Eine Seitenlinie fehlt. Der braunschwarze, schleimglänzende Körper hat nur an den Flossenrändern weiße Streifen.

Lebensweise: Die einzeln lebenden Grundfische bevorzugen die Tangregion mit steinigem Boden. Die ♀ legen von V bis IX planktonische Eier ab. Im Spätherbst gehen die dann 2 cm langen Jungfische zum Leben am Boden über, wo sie sich vorwiegend von Krebsen, Seesternen und kleinen Grundfischen ernähren.

147 *Onos tricirratus*
Dreibärtelige Seequappe

Kennzeichen: D_1 70–80; D_2 55–64; A 47–54; P 19–21; V 7–8

Länge 50 bis 60 cm (max. 90 cm)

Die Strahlen der ersten Rückenflosse sind rudimentär, der 1. ist fast doppelt so lang wie die übrigen. Die Fische haben einen im Querschnitt runden Körper, nur Kopf (depreß) und Schwanz (kompreß) sind abgeflacht.

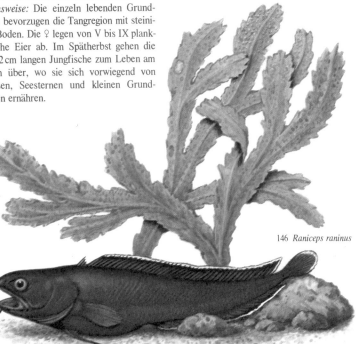

146 *Raniceps raninus*

Lebensweise: Die auf tangbewachsenem Steingrund und in Seegraswiesen gesellig lebenden Seequappen laichen im Sommer und ernähren sich nach anfänglicher pelagischer Lebensweise von Wirbellosen des Bodens und Kleinfischen.

148 *Onos mediterraneus*
Mittelmeerseequappe
Sie unterscheidet sich von der vorgenannten Art durch 15 bis 17 Strahlen in der Brustflosse.

149 *Onos cimbrius*
Vierbärtelige Seequappe
Kennzeichen: D_1 40–45; D_2 45–53; A 39–48; P 13–17; V 5–6
Länge 30 bis 35 cm (max. 50 cm)
Der erste Strahl der Rückenflosse ist länger als alle übrigen Strahlen. Auch bei diesem Fisch

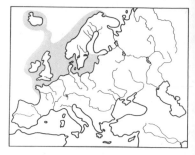

sind die Strahlen der D_1 rudimentär und nur als kleiner Saum ausgebildet, der am lebenden Tier ständig vibriert. Mund- und Kiemenhöhle sind blauschwarz gefärbt.
Lebensweise: Der einzeln lebende Grundfisch ist meist erst ab 10 m Tiefe anzutreffen und hat einen ähnlichen Lebenszyklus wie *O. tricirratus* (147).

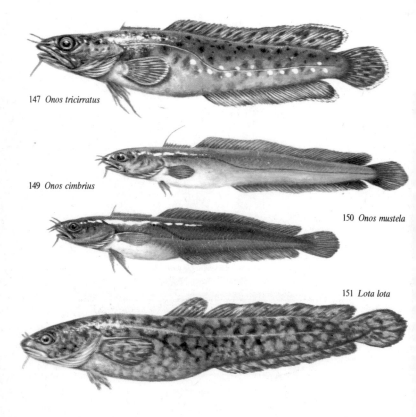

147 *Onos tricirratus*

149 *Onos cimbrius*

150 *Onos mustela*

151 *Lota lota*

150 *Onos mustela*
Fünfbärtelige Seequappe
Kennzeichen: D_1 50–60; D_2 45–56; A 40–46; P 14–17; V 6–8
Länge ± 20 cm (max. 30 cm)
Der vordere Strahl der 1. Rückenflosse ist länger als die übrigen rudimentär vorhandenen. Bei diesem Fisch sind Mund- und Kiemenhöhle hellgelb gefärbt.
Lebensweise: Als Standfisch auf algenbewachsenem Sand und Steingrund laicht sie von I bis IV im Flachwasser. Die planktonischen Larven und Jungfische gehen bei 3 bis 4 cm Länge zum Bodenleben in Strandnähe über, wo sie sich von Krebstieren und Kleinfischen ernähren.

151 *Lota lota*
Quappe Rutte
Kennzeichen: D_1 9–16; D_2 67–85; A 65–78; P 17–22; V 6–8
Länge 30 bis 50 cm (max. 80 cm)
Neben dem für die Dorschfische charakteristischen einfachen Kinnbartfaden trägt die Quappe 2 kurze Bärtel am Hinterrand der vorderen Nasenöffnung. Die helle Seitenlinie endet unter dem hinteren Abschnitt der D_2. Im 1. Lebensjahr sind die später grau bis gelbbraun dunkelmarmorierten Fische einfarbig schwarz gefärbt.
Lebensweise: Als einziger Süßwasserfisch unter den *Gadidae* lebt die Quappe vorwiegend in Fließgewässern bis in die Forellenregion und in durchflossenen Seen. In abgeschlossenen Seen ist sie selten. Sie bevorzugt klare, kühle Gewässer mit festem Grund, wo sie sich tagsüber versteckt hält. Quappen sind ausgesprochene Winterlaicher. Von XII bis III ziehen sie in Scharen stromaufwärts und legen auf harten Gründen zahlreiche etwa 1 mm dicke Eier ab. Nach 5 bis 8 Wochen schlüpfen die Larven. Die dunklen Jungfische können im Frühjahr und Sommer auch in sehr flachen Fließen und an Seeufern unter Steinen gefunden werden. Sie ernähren sich bis zur Länge von 20 cm von Kleintieren, später von Kleinfischen. Im Unterschied zu den meisten anderen Süßwasserfischen fressen sie vor allem während der kalten Jahreszeit intensiv, während sie bei starker Erwärmung des Wassers die Nahrungsaufnahme einschränken. Mit 3 bzw. 4 Jahren werden sie geschlechtsreif.

ORDNUNG
Perciformes Barschartige

In dieser umfangreichsten Ordnung der Echten Knochenfische sind viele Familien zusammengefaßt, deren Angehörige in zahlreichen Formen die verschiedenen Regionen der Meere und der Binnengewässer als höchstentwickelte Fische bevölkern. Alle Barschfische haben eine mehr oder weniger deutlich zweigeteilte Rückenflosse, deren 1. Teil stachelstrahlig ist. Die Bauchflossen sind brust- oder kehlständig. Meistens ist die Haut von Kammschuppen bedeckt. Die Schwimmblase hat keine Verbindung mit dem Darm.
Die ersten Barschartigen sind aus Ablagerungen der oberen Kreidezeit bekannt.

FAMILIE
Serranidae Sägebarsche, Zackenbarsche

Der Kiemendeckel dieser mäßig gestreckten Barschartigen trägt 2 bis 3 kräftige Stacheln.

zu 152

zu 153

Außer den Stachelstrahlen der 1. Rückenflosse haben die Fische 3 deutliche Stachelstrahlen in der Afterflosse. Die vorwiegend marinen Sägebarsche leben in Küstennähe.

152 *Dicentrarchus lupus*
Wolfsbarsch Seebarsch

Kennzeichen: D_1 IX; D_2 I/12–13; A III/8–11; P 17; V I/5
L. l. 50–55
Länge 40 bis 70 cm (max. 1 m; dann bis zu 12 kg schwer)

Am vollständig beschuppten Kopf reicht die leicht oberständige Mundöffnung bis unter die Augen. Der Hauptkiemendeckel trägt 2 starke Stacheln und einen großen schwarzen Fleck. Die Rückenflosse ist deutlich zweigeteilt, die Schwanzflosse gegabelt.

Lebensweise: Seebarsche jagen in Trupps an den wärmeren europäischen Küsten und dringen dabei auch ins Brack- und Süßwasser von Flußmündungen ein. Sie laichen von V bis VIII (sowohl im Süß- wie im Salzwasser), im Mittelmeer schon ab II. Während die Eier im Süßwasser auf den Sandgrund sinken, treiben sie im Seewasser pelagisch. Schon nach 6 Tagen schlüpfen die Jungen und wachsen infolge ihrer Gefräßigkeit schnell heran. Sie verfolgen vorwiegend Schwarmfische wie Heringsartige und Ährenfische.

153 *Serranus guaza*
Brauner Zackenbarsch Großer Sägebarsch

Kennzeichen: D XI/15–16; A III/8–9; P 16–18; V I/5–6
Länge ± 60 cm (max. 1,4 m)

Der massige Kopf endet in einem oberständigen Maul, dessen Unterkiefer Fangzähne trägt. Auf dem Kiemendeckel befinden sich 3 Dornen. Die Rückenflosse ist nicht geteilt, die Schwanzflosse abgerundet.

Lebensweise: Die standorttreuen Fische leben an felsigen Küsten dort, wo ihnen Spalten und Höhlen Unterschlupf bieten. Die meist als Einzelfische mit der Angel oder der Harpune erbeuteten Zackenbarsche haben wohlschmeckendes Fleisch und sind als Speisefische sehr begehrt. Der fragwürdige Ehrgeiz vieler Unterwasserjäger, große Sägebarsche zu erlegen, hat dazu geführt, daß die eindrucksvollen Begegnungen mit diesen stationären Bewohnern der Mittelmeerfelsküsten sehr selten geworden sind.

154 *Serranus scriba*
Schriftbarsch

Kennzeichen: D X/14–15; A III/7–8
L. l. 68–80
Länge 15 bis 20 cm (max. 25 cm)

Am Kopfe befinden sich blaue und rötliche Linien, die an Schriftzeichen erinnern. Der Hauptkiemendeckel trägt 2 Stacheln, der

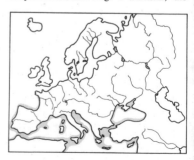

Vorkiemendeckel ist hinten gesägt. Die Rückenflosse ist ungeteilt.

Lebensweise: Schriftbarsche haben ihr gegen Artgenossen verteidigtes Revier in der algenbewachsenen Küstenzone auf Fels- oder Sandboden vom Seichtwasser an. Von den zwittrigen Fischen werden männliche und weibliche Geschlechtsprodukte entwickelt, so daß Selbstbefruchtung möglich ist. Von V bis VIII wird der klebrige Laich an Steinen abgelegt. Nach anfänglicher Kleintiernahrung leben Schriftbarsche räuberisch von Kleinfischen, denen sie aus ihren Verstecken heraus nachstellen.

FAMILIE
Percidae Barsche

Im Süßwasser der nördlichen Halbkugel lebende Barschartige, deren vordere Rückenflosse stets länger ist als die 2. und als die Afterflosse, die nur 2 Stachelstrahlen aufweist. Der große Kopf ist nackt oder nur teilweise beschuppt. Die vollständige Seitenlinie hat oft weniger Poren als Schuppen. Alle Barsche sind fleischfressende Räuber, die sich jedoch nur selten von anderen größeren Nutzfischen ernähren. Ihr Fleisch ist weiß und wohlschmeckend. Sie haben in vielen Ländern eine große wirtschaftliche Bedeutung und sind auch als Sportfische außerordentlich beliebt. Die Familie ist in Europa mit 6 Gattungen und 12 Arten vertreten.

155 *Perca fluviatilis*
Flußbarsch Barsch, Bars, Egli
Kennzeichen: D_1 XIII/XVII; D_2 I–II/13–15; A II/8–10; P 14; V I/5
L.l. 58–68
Länge ± 25 cm (max. 50 cm)

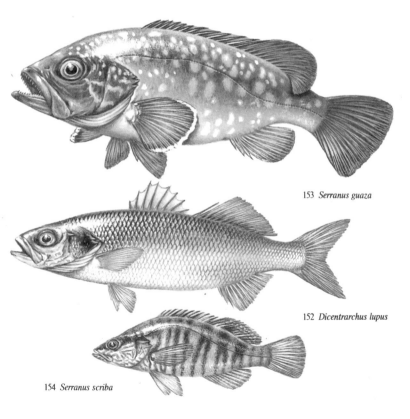

153 *Serranus guaza*

152 *Dicentrarchus lupus*

154 *Serranus scriba*

Der mäßig gestreckte Körper der Barsche trägt einen stumpfen Kopf mit großer Mundspalte. Die Kiemendeckel sind nach hinten zugespitzt. Auf dem sehr unterschiedlich gefärbten Körper befinden sich immer 5 bis 7 schwärzliche Querbinden und ein schwarzer Fleck auf dem Hinterende der D_1. Je nach Aufenthaltsort unterscheidet sich der bunte „Krautbarsch" der Uferregion vom hellen „Jagebarsch" des Freiwassers und dem dunklen „Tiefenbarsch". Auch das Wohlbefinden der Barsche wirkt sich auf ihre Färbung aus. Erschreckte, verletzte oder kranke Fische sind wesentlich weniger intensiv gefärbt. Beide Geschlechter sind gleichfarbig.

Lebensweise: Barsche kommen in fast allen Binnengewässern vor. Sie dringen auch ins Brackwasser der Ostsee ein und kommen im Gebirge noch in Höhen von 1000 m ü. N. N. vor. Da Jungbarsche in Scharen ohne Scheu in Ufernähe schwimmen, gehört die Art zu den am leichtesten zu beobachtenden Fischen der Binnengewässer. Zur Laichzeit von III bis VI werden die 1,5 mm bis 2 mm dicken Eier in netzartig verbundenen Gallertschnüren an Wasserpflanzen und anderen im Wasser liegenden Gegenständen angeheftet. Die Larven schlüpfen nach 2 bis 3 Wochen (120 bis 160 Tagesgrade) und leben zunächst von ihrem Dottersack. Bis zur Größe von 15 cm sind Barsche Kleintierfresser und Laichräuber. Danach fressen sie andere Fische, vor allem auch kleinere Artgenossen. Schon nach 2 bis 3 Jahren werden sie laichreif und sind dann oft erst 9 bis 12 cm lang. Infolgedessen kommt es bei dieser Art in manchen Gewässern zur Übervölkerung. Großwüchsige raubende Barsche von über 15 cm Länge kommen in solchen Beständen gar nicht mehr vor. Auf diese Weise fällt die Selbstregulierung durch Kannibalismus aus. Andererseits fressen auch Hecht und Zander gern Jungbarsche.

156 *Stizostedion lucioperca*
Zander Schill
Kennzeichen: D_1 XIV; D_2 I/19–23; A II/11–13; P 15–16; V I/5
L. l. 75–100
Länge 40 bis 50 cm (max. 1,3 m; dann bis zu 18 kg schwer)
Der spitze langschnauzige Kopf ist leicht depreß und hat dem Fisch die Artbezeichnung

Hechtbarsch eingebracht. Die Mundspalte
reicht bis unter die Augen. Die D_1 wirkt durch
sehr viele dunkle Punkte längsgestreift.
Während die 8 bis 10 Querstreifen auf dem
Körper bei Jungfischen deutlich hervortreten,

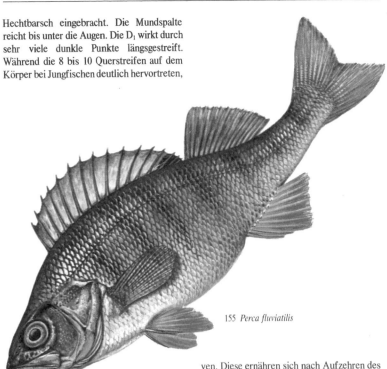

155 *Perca fluviatilis*

wirken sie bei Erwachsenen sehr verwaschen.

Lebensweise: Der Zander ist nicht so allgemein verbreitet wie der Barsch. Er bevorzugt trübe, flache Seen und Fließgewässer der
Ebene und geht auch ins Brackwasser der
Haffe und Bodden der Ostsee. Einzeln oder
in kleinen Trupps jagt er im Freiwasser die
dort lebenden Kleinfische wie Stint, Plötze,
Barsch und Ukelei. Im Uferbereich halten sich
große Zander nur zur Laichzeit von IV bis V
auf, um dort auf harten Gründen mit Wurzeln
in flachen Laichgruben die 1,5 mm dicken,
klebrigen Eier abzulegen. Aus dem vom ♂
bewachten Gelege schlüpfen nach 1 Woche
(110 Tagesgrade) die 5 bis 6 mm langen Lar-

ven. Diese ernähren sich nach Aufzehren des
Dottersacks von tierischem Plankton und
anderer Fischbrut, so daß sie am Ende des
1. Sommers 6 bis 12 cm lang sind. Solche
Satzzander werden auch in manchen Teichwirtschaften herangezogen, um geeignete
Seen neu zu besetzen oder die manchmal nur
schwachen Jungfischjahrgänge zu verstärken.
Nach 2 bis 5 Jahren werden Zander bei Längen
von 30 bis 45 cm geschlechtsreif. Sie sind
begehrte und wertvolle Wirtschaftsfische der
Binnenfischerei. Infolge der in vielen Gebie-

218

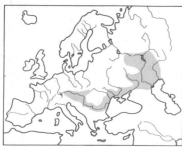

zu 157

ten fortschreitenden Eutrophierung der Gewässer, die fast immer mit zunehmender sommerlicher Trübung des Wassers einhergeht, sind die für Zanderwirtschaft geeigneten Wasserflächen in den vergangenen Jahrzehnten immer größer geworden, während sie z. B. für die Ansprüche der Maränen oder Hechte nicht mehr genügen. Darüber hinaus wurde der ursprünglich nur östlich der Elbe heimische Fisch in Mittel- und Westeuropa durch Besatzmaßnahmen weiter verbreitet.

Im Osten Europas hat der Zander 2 nahe Verwandte:

157 Stizostedion volgensis
Wolgazander
Kennzeichen: L. l. 70–73

Länge 25 bis 35 cm (max. 40 cm)
Die D_1 des schlankeren Wolgazanders ist höher als beim Zander. Im Maul fehlen die langen Fangzähne.

158 Stizostedion marinum
Seezander
Kennzeichen:
Länge 30 bis 50 cm (max. 60 cm)
Der am Kopfe stärker beschuppte Fisch hat große Fangzähne. Er lebt im Nordwesten des Schwarzen und im Südteil des Kaspischen Meeres und zieht von IV bis V zum Laichen in die Flußmündungen.

159 Gymnocephalus cernua
Kaulbarsch Rotzbarsch
Kennzeichen: D XII–XV/11–15; A II/5–6; P 13; V I/5; L. l. 35–40
Länge 10 bis 15 cm (max. 25 cm)
Am dicken, kegelförmigen Kopf sitzen die großen Augen sehr hoch. Der Kiemendeckel endet mit einem langen Dorn. Die ungeteilte Rückenflosse hat nur einen Einschnitt. Auf dem insgesamt dunkel wirkenden Fisch reicht die Seitenlinie nicht bis zur Schwanzflosse.
Lebensweise: Die in Scharen am Boden fließender und stehender Gewässer lebenden Kaulbarsche sind besonders zahlreich und

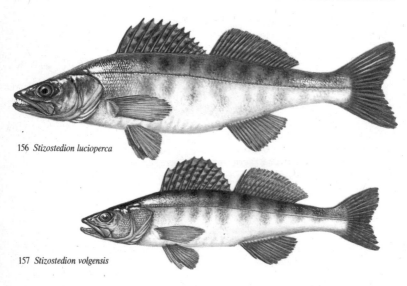

156 *Stizostedion lucioperca*

157 *Stizostedion volgensis*

159 *Gymnocephalus cernua*

großwüchsig in den Brackwassergebieten von Flußmündungen und Küstengewässern. Die schon mit 1 bis 2 Jahren geschlechtsreif werdenden Fische laichen in Schwärmen von IV bis V. In Schnüren und Klumpen werden die gelblichweißen Eier an Steinen in der Uferzone abgelegt. Nach Aufzehren des großen Dottersacks ernähren sie sich von allen Kleintieren der Uferregion, auch von Fischlaich und Fischbrut. Da Kaulbarsche in vielen Gewässern durch Übervölkerung zur Kleinwüchsigkeit neigen, können sie als Nahrungskonkurrenten für Nutzfische schädlich wirken und werden deshalb nicht durch Mindestmaße geschützt. In den Haffen der Ostsee und anderen Brackwassergebieten sind die dort großwüchsigeren Kaulbarsche recht beliebte Suppenfische. Ihrer Kleinheit wegen werden sie in den üblichen Geräten der Binnenfischerei kaum mitgefangen.

Weniger allgemein verbreitete Gattungsangehörige mit gleicher Lebensweise und geringer wirtschaftlicher Bedeutung leben in

Gewässern des Donaueinzugsgebietes und nördlich des Schwarzen Meeres. Es sind

Gymnocephalus schraetser
Schrätzer

Kennzeichen: D XVII–XIX/12–14; A II/6–7; P 13–14; V I/5
L. l. 55–62
Länge 15 bis 25 cm (max. 30 cm)
Körper und Kopf sind gestreckter als beim Kaulbarsch. Der Kiemendeckel hat wie bei jenem einen langen Dorn. Die Seitenlinie ist unvollständig. Da Rücken und Seiten gelblich gefärbt sind, wirkt die Art viel heller als der düstere Kaulbarsch. Im Unterschied zum gepunkteten Donkaulbarsch hat der Schrätzer 3 bis 4 schwarze, unterbrochene Längslinien auf den Seiten.

161 *Gymnocephalus acerina*
Donkaulbarsch
Kennzeichen: D XVII–XIX/12–14; A II/5–6
L. l. 50–55
Länge 12 bis 15 cm (max. 21 cm)

zu 159

zu 160

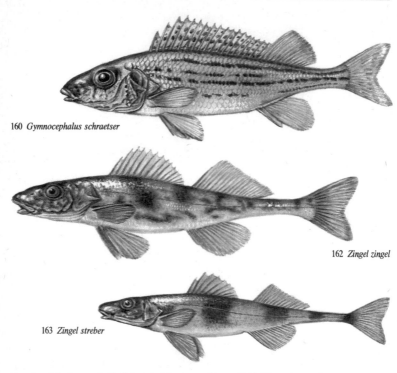

160 *Gymnocephalus schraetser*

162 *Zingel zingel*

163 *Zingel streber*

Der dem Schrätzer sehr ähnliche Fisch hat im Unterschied zu diesem einen noch spitzeren Kopf und auf dem ebenfalls hellen grünlich-gelben Körper statt der Linien schwarze Punkte.

162 *Zingel zingel*
   Zingel
Kennzeichen: D₁ XIII–XV;   D₂ I/18–20; A I–II/11–13; P 14; V I/5
L. l. 83–92

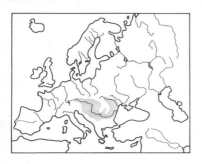

Länge 15 bis 25 cm (max. 45 cm)
Der spindelförmige Körper (daher auch Spindelbarsch genannt) hat einen runden Querschnitt. Am spitzen Kopf befindet sich ein unterständiger Mund. Im Unterschied zum Streber ist der Schwanzstiel kürzer als die Basis der D₂.
Lebensweise: Dieser Spindelbarsch lebt am Grunde seichter Fließgewässer des Donau- und Dnestrgebiets. Die nachtaktiven Fische leben von Kleintieren des Bodens sowie von Fischlaich und -brut. In der Laichzeit von III bis IV werden die 1,5 mm dicken Eier an stark strömenden Stellen über Kies abgelegt.

163 *Zingel streber*
   Streber
Kennzeichen: D₁ VIII–IX;   D₂ I/12–13; A I/10–12; P 14; V I/5
L. l. 70–80
Länge 12 bis 18 cm (max. 22 cm)
Der sehr ähnliche und im gleichen Verbreitungsgebiet wie der Zingel lebende Streber hat

FAMILIE
Centrarchidae Sonnenbarsche

Mäßig gestreckte bis gedrungene Barschartige mit nur unvollständig getrennter Rückenflosse. Die Afterflosse ist dem hinteren Teil der Rückenflosse sehr ähnlich. Maul und Augen sind groß. Im Maul befinden sich nur kleine Hechelzähne in breiten Bändern auf Kiefern und Gaumen. Die Jungfische vieler

einen längeren Schwanzstiel, der etwa ebenso lang wie die Basis der D_2 ist. Die 4 bis 5 dunklen Querbinden sind deutlich erkennbar und nicht so verwaschen wie die Flecken beim Zingel.

164 *Zingel asper*
Rhônestreber
Kennzeichen: D_1 VIII; D_2 I/11–12; A I/11–12
Länge 15 bis 20 cm (max. 22 cm)
Der nur im Rhônegebiet vorkommende Fisch hat einen kürzeren Schwanzstiel als der Streber und nur 3 dunkle Querbinden auf dem Körper.

165 *Micropterus salmoides*

Arten sind oft prächtig bunt gefärbt, im Alter lassen die Farben dagegen nach. Die in Nordamerika wichtige Familie umfaßt 10 Gattungen mit 30 Arten, von denen einige in Europa eingeführt wurden und z.T. weit verbreitet sind. Eine wirtschaftliche Bedeutung erlangten sie jedoch nicht.

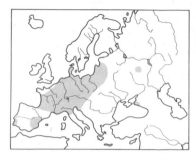

165 *Micropterus salmoides*
Forellenbarsch

Kennzeichen: D X/12–13; A III/10–12; P 17–19; V I/5
L.l. 65–70
Länge 20 bis 40 cm (max. 75 cm)
Am vollständig beschuppten Kopf steht der Unterkiefer vor. Die Maulspalte ist sehr groß und reicht bis hinter die Augen. Die Rückenflosse ist durch einen tiefen Einschnitt fast zweigeteilt.
Lebensweise: Die in Süßwasserseen Nordamerikas heimischen Fische legen im Flachwasser Laichgruben bis zu 1 m Durchmesser an, in denen von III bis VII die Eier abgelegt und von beiden Geschlechtern bewacht werden. Die Jungfische ernähren sich von wirbellosen Kleintieren, später von Kleinfischen. Im Alter von 3 bis 4 Jahren werden sie geschlechtsreif.

Die 1883 in Europa eingeführten Fische wurden in West-, Mittel- und Osteuropa stellenweise eingebürgert. Ursprünglich sollten sie als sogenannte Polizeifische in Teichwirtschaften das „Fischunkraut" vertilgen helfen, da sie trotz ihrer weiten Maulspalte unter den größeren Nutzfischen keinen Schaden anrichten können.

Ausgesetzte oder entwichene Exemplare verwilderten.

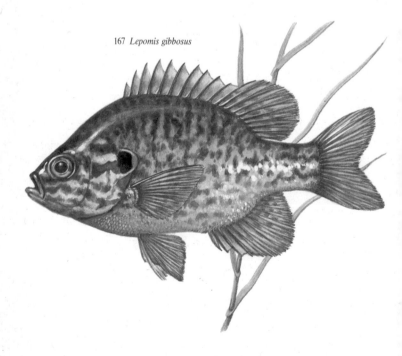

167 *Lepomis gibbosus*

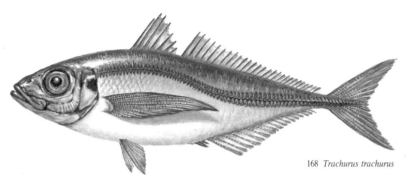

168 *Trachurus trachurus*

166 · *Micropterus dolomieu*
Schwarzbarsch
In Europa weitaus seltener als der Forellen-
barsch.

167 *Lepomis gibbosus*
Sonnenbarsch
Kennzeichen: D X/10–12; A III/8–12; P 11–14
L. l. 40–47
Länge 10 bis 15 cm (max. 30 cm)
Der hohe, seitlich stark zusammengedrückte
Körper ist schön bunt gefärbt. Die Mundspalte
ist klein und reicht nicht bis an die Augen. Auf
der Kiemendeckelhaut befinden sich ein
schwarzer und ein roter Fleck.
Lebensweise: Die im östlichen Nordamerika in
stehenden und langsam fließenden Binnenge-
wässern lebenden Fische bauen in sehr fla-
chem Wasser Laichmulden. Von V bis VI
werden die Eier abgelegt und von beiden
Geschlechtern bewacht. Kleintiere sind die
vorherrschende Nahrung dieser kleinmäuli-
gen Barsche.
Die 1887 eingeführte Art kommt in vielen
Gebieten Europas vor, hat aber wegen ihrer
Kleinwüchsigkeit keine wirtschaftliche Bedeutung erlangt.

FAMILIE
Carangidae Stachelmakrelen

Barschartige mit mäßig gestrecktem und
kompressem Körper, deren Seitenlinie am
Schwanzstiel durch gekielte Schuppen auffällig ist. Rücken- und Afterflosse sind
zweigeteilt, der vordere Teil jeweils stachelstrahlig. Die mit den Makrelen nicht näher
verwandte Familie umfaßt vorwiegend pelagische Schwarmfische wärmerer Meere,
deren Jugendstadien auch in Küstennähe
vorkommen.

168 *Trachurus trachurus*
Schildmakrele Stöcker, Bastardmakrele
Kennzeichen: D_1 VIII; D_2 I/28–34; A_1 II;
A_2 I/23–33; P 20–21; V I/5
L. l. 68–80
Länge 30 bis 40 cm (max. 50 cm)

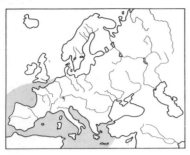

zu 170

zu 171

Der feinschuppige Körper trägt einen Streifen gekielter Platten längs der Seitenlinie, die unter dem Vorderende der D_2 einen scharfen Knick aufweist.

Auf dem Kiemendeckel befindet sich hinten oben ein schwarzer Fleck.

Lebensweise: Die in kleinen Schwärmen lebenden Schildmakrelen legen von V bis VIII pelagische Eier ab. Die Jungfische leben im 1. Jahr in Küstennähe von Plankton. Oft sind sie unter dem Schirm von Quallen zu finden, wo sie sich von deren Ovarien ernähren. Die im 2. Lebensjahr reif werdenden Fische jagen hauptsächlich Schwärme von Heringen, Sprotten und Ährenfischen.

Vor allem im südlichen Teil des Nordatlantiks, im östlichen Teil des Mittelatlantiks, im Mittel- und Schwarzen Meer werden in stetig steigenden Mengen Schildmakrelen gefangen.

Zur gleichen Familie gehört neben weiteren wirtschaftlich wichtigen Stachelmakrelen anderer Meeresgebiete auch

169 *Naucratus ductor*
   Lotsenfisch
Er begleitet oft Schiffe (und auch Haie) über weite Entfernungen.

FAMILIE
Sciaenidae Adlerfische, Umberfische
Seitlich zusammengedrückte, gestreckte Barschartige mit zweigeteilter Rückenflosse, deren hinterer Teil wesentlich länger ist als der vordere. Die Seitenlinie verläuft bis zur meist gerundeten Schwanzflosse. Mit Hilfe von Schwimmblasenanhängen und Muskeln zwischen Bauchfell und Hinterleib können ver-

schiedene Arten Brumm-, Grunz- oder Trommellaute hervorbringen, die besonders zur Laichzeit deutlich zu hören sind.

170 *Johnius hololepidotus*
   Adlerfisch
Kennzeichen: D_1 X–XI; D_2 I/26–28; A II/7; P 19; V I/5
L. l. 50–55
Länge 0,5 bis 1,2 m (max. 2 m)
Der Kopf des Adlerfisches ist vollständig mit Schuppen bedeckt. Seine Flossen sind rot gefärbt.

Lebensweise: Während die erwachsenen Adlerfische als pelagische Räuber den Herings- und Sardinenschwärmen folgen, leben die Jugendstadien auch in Küstennähe über felsigem Grund.

171 *Umbrina cirrhosa*
   Schattenfisch Bartumber
Kennzeichen: D_1 X–XI; D_2 I/21–22; A II bis III/6–8
L. l. 48–51
Länge 30 bis 40 cm (max. 70 cm)
Der Schattenfisch trägt am verkürzten Unterkiefer einen kurzen, dicken Bartfaden. Am Hauptkiemendeckel ist der hintere Rand schwarz gesäumt. Der Fisch ist durch die schrägen goldenen Wellenlinien auf den Körperseiten besonders gekennzeichnet.

Lebensweise: Die in Küstennähe lebenden Standfische bevorzugen Schlamm- und Sandgründe und dringen auch in ausgesüßte Gebiete von Flußmündungen ein.

Sie ernähren sich von Mollusken und kleinen Fischen. Ihre Laichzeit liegt in den Sommermonaten.

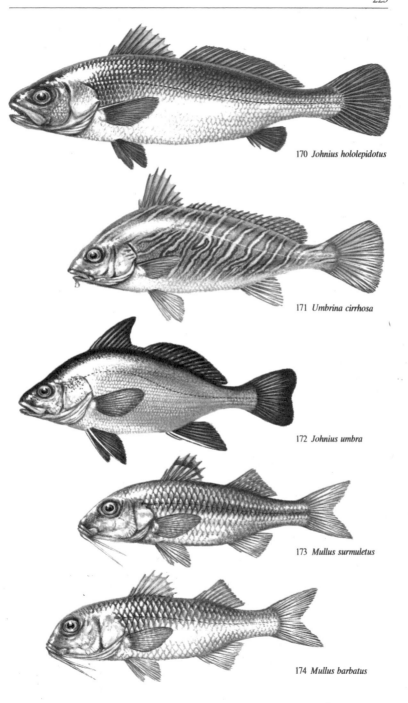

170 *Johnius hololepidotus*

171 *Umbrina cirrhosa*

172 *Johnius umbra*

173 *Mullus surmuletus*

174 *Mullus barbatus*

226

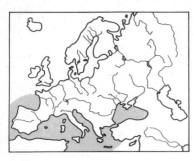

zu 172

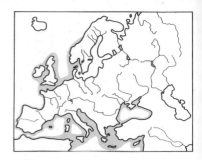

zu 174

172 *Johnius umbra*
    Seerabe Meerrabe, Rabenfisch
Kennzeichen: D X–XI/22–24; A II/60–65
L. l. 60–65
Länge 30 bis 50 cm (max. 70 cm)
Die durch einen tiefen Einschnitt geteilte Rückenflosse hat einen dreieckigen vorderen Teil. Die etwas gedrungenen Fische wirken von oben schwarz. Bauchflossen und Afterflosse haben weiße Vorderränder.
Lebensweise: In kleinen Trupps leben die Seeraben im Flachwasser im Bereich der Seegraswiesen über felsigem und steinigem Grund. Sie ernähren sich von Krebstieren und Mollusken. Im Mittelmeer sind sie Objekte der Unterwasserjagd und verbergen sich bei Verfolgung in Höhlen und Spalten.

FAMILIE
Mullidae Meerbarben

Barschartige mit mäßig gestrecktem, wenig kompressem Körper, der von großen cycloiden oder schwach ctenoiden Schuppen bedeckt ist. Auf dem steil ansteigenden Kopf

zu 173

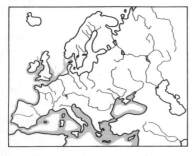

sitzen die Augen in Scheitelnähe. Unter dem endständigen Maul befindet sich ein Paar langer, beweglicher Bartfäden. Die beiden kurzen Rückenflossen sind weit getrennt, die Schwanzflosse ist gegabelt.
Vor allem im Mittelmeer werden die schmackhaften Rotbarben gefangen. Insgesamt beträgt der europäische Fang an Meerbarben jährlich etwa 40000 t.

173 *Mullus surmuletus*
    Streifenbarbe Gestreifte Meerbarbe
Kennzeichen: D_1 VII–VIII; D_2 I/8; A II/5–6; P 17–18
L. l. 35–40
Länge 30 bis 40 cm (max. 50 cm)
Auf dem zu raschem Farbwechsel fähigen rotgefärbten Körper sind seitlich immer 3 bis 4 gelbe Längsstreifen zu erkennen. Die 1. Rückenflosse trägt ein breites dunkles Längsband auf milchweißem Grunde.
Lebensweise: In kleinen Scharen halten sich die Streifenbarben über sandigen und steinigen Gründen auf. Mit ihren langen Barteln suchen sie nach Krebstieren und Würmern. Sie legen von VI bis IX in Ufernähe pelagische Eier ab, aus denen nach 3 bis 4 Tagen die Larven schlüpfen. Die anfänglich von Plankton lebenden Jungfische kommen mit 3 bis 5 cm Länge wieder in Küstennähe. Nach 2 Jahren werden sie bei etwa 20 cm Länge geschlechtsreif.

174 *Mullus barbatus*
    Rotbarbe Rote Meerbarbe
Kennzeichen: D_1 VII–IX; D_2 I/7–8; A II/5–7
L. l. 38–41
Länge 15 bis 30 cm (max. 40 cm)

Die Stirnlinie der Rotbarbe ist noch steiler als bei der Streifenbarbe. Der rotgefärbte Rücken hat einen grünlichen Schimmer. An den Seiten herrschen silbrigweiße Farbtöne vor. Streifen sind sehr undeutlich oder fehlen.

Lebensweise: Rotbarben leben gesellig auf Sand- und Schlammgründen, im Sommer in Küstennähe, vom Herbst bis zum Frühjahr im tieferen Wasser. Sie ernähren sich von wirbellosen Bodentieren. Der Laich wird von V bis IX in Ufernähe abgelegt.

zu 175/176

FAMILIE
Maenidae Schnauzenbrassen, Laxierfische

Barschartige mit seitlich zusammengedrücktem Körper und elliptischem Umriß. Das Maul mit den zarten Kiefern ist weit vorstreckbar. In der langen Rückenflosse befinden sich Stachel- und Weichstrahlen zu etwa gleichen Teilen. Die Schwanzflosse ist gegabelt. Auf den Seiten sitzt ein rechteckiger schwarzer Fleck.

Die Schnauzenbrassen leben in Küstennähe über Sand- und Hartboden, der von Algen oder Seegras bewachsen ist. Geschlechtsreif werden die zwittrigen Fische im Alter von

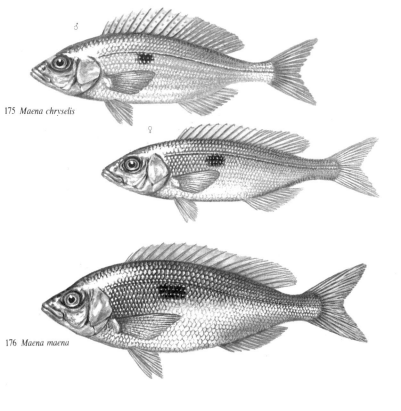

175 *Maena chryselis*

176 *Maena maena*

2 Jahren. Bis zu einer Länge von etwa 15 cm machen sie zunächst eine weibliche Phase durch und entwickeln sich danach zu Männchen. Diese bauen flache Gruben, in denen die Weibchen von VII bis IX die Eier ablegen. Die Jungen ernähren sich erst von Plankton, später von Kleintieren des Bodens wie Flohkrebsen und Borstenwürmern.

Da sich die Schnauzenbrassen oft in großen Mengen in Küstennähe aufhalten, haben sie lokal wirtschaftliche Bedeutung.

Im Schwarzen Meer trifft das für
175 *Maena chryselis* (D X–XII/10–12; A III/8–10)
und im Mittelmeer für
176 *Maena maena* (D IX/11; A III/9)
zu: Das Fleisch der selten über 20 cm langen Fische ist allerdings verhältnismäßig grätenreich. Der europäische Gesamtfang beträgt etwa 18 000 t jährlich.

FAMILIE
Sparidae Meerbrassen

Barschartige mit hohem Rücken und seitlich stark zusammengedrücktem Körper. Das wenig vorstreckbare Maul trägt ein kräftiges Gebiß mit verschiedenen Zahnformen (Schneide-, Reiß- und Mahlzähne). Die vordere Hälfte der langen Rückenflosse hat Stachel-, die hintere Flosse Weichstrahlen. Die meist langen Brustflossen sind zugespitzt, die Schwanzflosse ist geteilt. Wie die Schnauzenbrassen sind die Meerbrassen Zwitter. Die Vertreter der Gattungen *Diplodus* und *Sparus* durchlaufen zuerst die männliche, die der Gattungen *Spondyliosoma* und *Pagellus* zuerst die weibliche Phase. An den Küsten des Mittelmeeres und des Atlantiks bis zur Biscaya gehören die Meerbrassen mit zu den am häufigsten zu beobachtenden Fischen. Alle Meerbrassen sind als häufige Litoralbewohner Beobachtungs- und Jagdobjekte von Sporttauchern. Die meisten Arten sind standorttreue, gesellige und mehr in Bodennähe als an der Oberfläche lebende Fische. In der Regel halten sich die größeren Exemplare in tieferen Schichten als die kleinen auf. Ihre fischereiwirtschaftliche Bedeutung ist erheblich. Insgesamt werden von dieser arten-

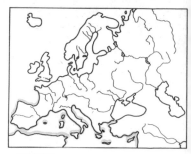

zu 177/178/179

reichen Familie im Schwarzen Meer und im Mittelmeer sowie im nördlichen und mittleren Atlantik jährlich über 300 000 t gefangen.

177 *Diplodus sargus*
Großer Geißbrassen
Kennzeichen: D XI–XII/12–14; A III/12–14; V I/5
L. l. 60–65
Länge 20 bis 35 cm (max. 45 cm)
Auffällig sind die schrägstehenden Schneidezähne auf den Kiefern. Die Stirnlinie verläuft gleichmäßig. Auf dem Schwanzstiel befindet sich ein schwarzer Halbring, der erst hinter den letzten Strahlen der Rücken- und Afterflosse beginnt.
Lebensweise: Geißbrassen bewohnen felsige Küsten bis ans Ufer und bevorzugen algenbewachsenen Grund Sie laichen von IV bis VI.

178 *Diplodus vulgaris*
Zweibindenbrassen Gemeiner Geißbrassen
Die Art hat neben der Schwanzstielbinde eine zweite schwarze Binde im Genick. In die Ringbinde auf dem Schwanzstiel sind das Ende der Rücken- und Afterflosse mit einbezogen. Die Stirnlinie ist über den Augen schwach eingebuchtet. *D. vulgaris* wird bis 40 cm lang.

179 *Diplodus annularis*
Ringelbrassen
Kennzeichen: D XI/12–13; A III/10–12
Länge max. 20 cm
Diese sehr häufigen, im gleichen Lebensraum wie 178 vorkommenden Fische haben ge-

radestehende Schneidezähne, gelbgefärbte Bauchflossen und eine weniger deutliche Querstreifung.

180 *Charax puntazzo*
Spitzbrassen
Kennzeichen: D X–XI/12–14; A III/11–13
L. l. 52–63
Länge 12 bis 20 cm (max. 45 cm)

Im Unterschied zu den Geißbrassen ist die Schnauze zugespitzt und die Stirn in Augenhöhe deutlich eingebuchtet. Auf den Kiefern stehen schräge Schneidezähne, dahinter Mahlzähne.
Lebensweise: Die Fische leben sowohl an felsigen wie an sandigen Küsten. Da sie viel Pflanzennahrung aufnehmen, bevorzugen sie algenbewachsene Steingründe und Seegras-

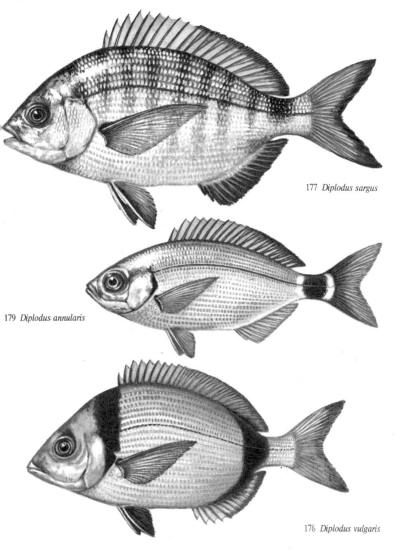

177 *Diplodus sargus*

179 *Diplodus annularis*

178 *Diplodus vulgaris*

zu 180

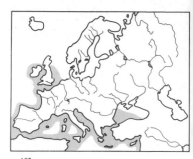

zu 183

wiesen. Sie laichen erst im Herbst (IX bis XI).

181 *Oblada melanura*
Brandbrassen Oblada
Kennzeichen: Länge 15 bis 20 cm (max. 30 cm)
Der grüngestreifte Körper hat am Schwanzstiel einen schwarzen Ring, der vorn und hinten weiß gerandet ist.

182 *Sparus auratus*
Goldbrassen
Kennzeichen: D XI/13; A III/11
L. l. 73–83
Länge 30 bis 50 cm (max. 60 cm)
Die Stirn ist steil gewölbt und trägt zwischen den Augen eine goldene Binde. Am Oberrand des Kiemendeckels und dahinter auf der Körperseite befindet sich ein großer schwarzbrauner Fleck. Die Kiefer tragen kleine Fang- und mächtige Mahlzähne. Der Schwanzstiel ist lang.
Lebensweise: Goldbrassen bewohnen felsige Küsten mit pflanzenreichen Sandgründen. Sie

können mit ihren kräftigen Mahlzähnen Muschel- und Schneckenschalen sowie Seepocken zertrümmern. Die Laichzeit liegt spät, von X bis XII.

183 *Pagellus erythrinus*
Rotbrassen
Kennzeichen: D XII/10; A III/8–10
Länge 20 bis 40 cm (max. 60 cm)
Die vorherrschende Farbe ist rot. Es fehlen schwarze Streifen und Flecken, nur die Mundschleimhaut ist schwarz. Die Stirnlinie verläuft gleichmäßig. Auf den Kiefern sitzen nur Bürsten- und Mahlzähne. Die Brustflossen sind spitz und lang, sie reichen bis hinter den Beginn der Afterflosse.
Lebensweise: Die Fische bewohnen Sand- und Schlammgründe vom Seichtwasser an. Sie laichen von VII bis VIII.

184 *Pagellus mormyrus*
Marmorbrassen
Kennzeichen: Länge max. 40 cm
Die Art hat 10 bis 12 schwärzliche Querbinden.

zu 182

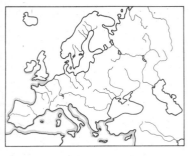

zu 185

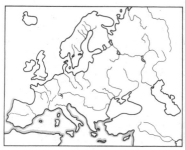

185 *Boops salpa*
Goldstriemen Ulvenfresser
Kennzeichen: D XI–XII/13–15; A III/14–15
L.l. 68–78
Länge 20 bis 30 cm (max. 40 cm)
10 bis 12 orangegoldene Längsstreifen haben dem elliptischen Fisch mit der geraden Stirnlinie den Namen gegeben.
Lebensweise: Die in Schwärmen die Brandungszone an felsigen und sandigen Küsten bewohnenden Fische schwimmen oft dicht unter der Oberfläche und dringen auch in Flußmündungen ein. Ihre Nahrung besteht vorwiegend aus Pflanzen (Meersalat *Ulva lactuca*) und Kleinkrebsen. Sie laichen sowohl im Frühjahr (III bis IV) wie im Herbst (IX bis X).

186 *Boops boops*
Gelbstriemen
Kennzeichen: D XIII–XV/15–16; A III/15–16
L.l. 70–78

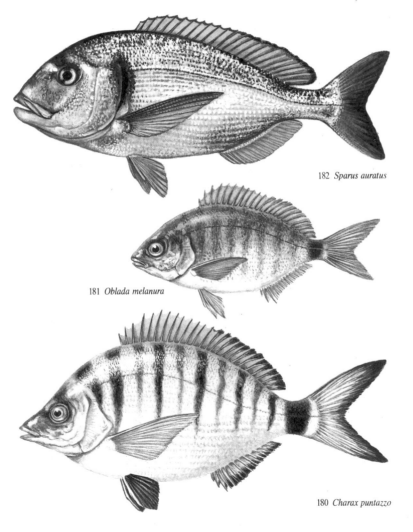

182 *Sparus auratus*

181 *Oblada melanura*

180 *Charax puntazzo*

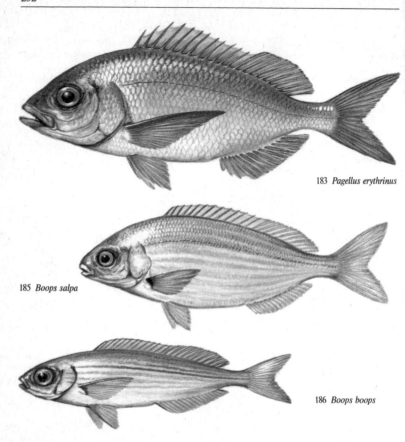

183 *Pagellus erythrinus*

185 *Boops salpa*

186 *Boops boops*

Länge 20 bis 30 cm (max. 35 cm)
Der Körper ist schlanker als beim Goldstriemen und hat 2 bis 3 gelbe Längsstreifen.

FAMILIE
Cepolidae Bandfische

Barschartige mit einem verlängerten, seitlich
zusammengedrückten Körper, der im Gegensatz zu verwandten Arten von Rundschuppen
bedeckt ist. Die mit der Schwanzflosse verbundenen Rücken- und Afterflosse haben
keine Stachelstrahlen.

187 *Cepola rubescens*
    Roter Bandfisch
Kennzeichen: Länge 30 bis 40 cm (max.
50 cm)

Am kurzen Kopf sitzt ein Paar großer Augen.
Das Maul ist oberständig. Der langgestreckte
Fisch hat einen hinten spitz zulaufenden
Körper.
Lebensweise: Bandfische leben küstennah auf
schlammigen Sandgründen in Seegraswiesen,

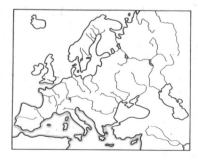

zu 188

nähren sich von Plankton. Die ♂ besetzen von Juli an Reviere in 1 bis 6 m Tiefe und pflegen den von den ♀ mit Haftfäden an Steinen befestigten Laich. Eine Paarbildung findet nicht statt.

FAMILIE
Labridae Lippfische

Barschartige mit vorstreckbaren, wulstig verdickten Lippen am endständigen Mund. Auf den Kiefern und den verschmolzenen unteren Schlundknochen sitzen kräftige Mahlzähne. Der elliptische, seitlich zusammengedrückte Körper ist von großen Cycloidschuppen bedeckt und endet in einer meist gerundeten Schwanzflosse. Der stachelstrahlige Vorder-

wo sie – auf den Schwanz gestützt – mit erhobenem Kopf auf Kleintiere lauern.

FAMILIE
Pomacentridae Riffbarsche Rabenfische

Barschartige mit ovalem, seitlich kompressem Körper und stark gegabelter Schwanzflosse. Die Seitenlinie reicht nur bis zum Ende der Rückenflosse. Die hinteren Weichstrahlen der Rückenflosse überragen die vorderen Stachelstrahlen. Von der in Korallenriffen durch zahlreiche Arten vertretenen Familie kommt im Mittelmeer nur eine Art vor, die sich für die Haltung im Meerwasseraquarium eignet.

188 *Chromis chromis*
 Mönchsfisch
Kennzeichen: D IV/9–10; A II/9–11
L. l. 26–29
Länge 7 bis 10 cm (max. 13 cm)
Die Gabelung der Schwanzflosse wird durch die weiße Färbung des Innenrandes noch verstärkt, da die Fische sehr dunkel, im Alter goldbraun bis blauschwarz, in der Jugend dunkelblauviolett gefärbt sind.
Lebensweise: Als häufig vorkommender Schwarmfisch bevölkern Mönchsfische alle steil abfallenden Küsten in Ufernähe von der Oberfläche bis in tiefere Schichten. Sie er-

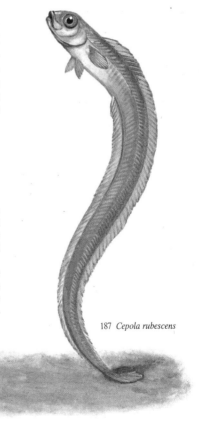

187 *Cepola rubescens*

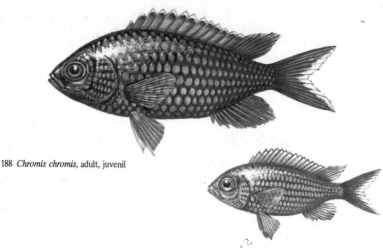

234

188 *Chromis chromis*, adult, juvenil

teil der Rückenflosse ist oft länger als der weichstrahlige hintere Teil. Mit diesem werden wellenförmige Bewegungen ausgeführt, die zusammen mit dem Schlagen der Brustflossen ein ruhiges Schwimmen ermöglichen. Nur bei Angriff oder Flucht wird die

zu 189

zu 190

Schwanzflosse gebraucht. Die meisten Arten bauen Nester und treiben Brutpflege. Die in großer Zahl vorkommenden kleinen bis mittelgroßen Fische sind sehr lebhaft gefärbt, haben aber selten wohlschmeckendes Fleisch. Ihr wirtschaftlicher Wert ist deshalb gering. Aussehen und Lebensweise machen sie jedoch zu interessanten Objekten der Unterwasserbeobachtung und Aquaristik. Der Gesamtfang beträgt jährlich etwa 8000 t.

189 *Labrus berggylta*
Gefleckter Lippfisch
Kennzeichen: D XIX–XXI/10–11; A III/8–10; P 14–15
L.l. 44–48
Länge ±30 cm (max. 50 cm)
Der Kopf ist klein und kaum länger als die Brustflossen. Bei grüner bis brauner Grundfärbung sind die großen Schuppen rotbraun gerandet, so daß eine Netzzeichnung entsteht. Die Färbung variiert erheblich; es gibt keine äußeren Unterschiede zwischen den Geschlechtern.
Lebensweise: Die Vertreter dieser Art leben an felsigen Küsten in Ufernähe über pflanzenbewachsenen Gründen. Sie ernähren sich von Würmern, Krebsen und Weichtieren, deren Schalen sie mit den starken, zu Kauplatten verbundenen Schlundzähnen zertrümmern. Die Laichzeit liegt zwischen V und VIII. Die Eier werden am Grunde einer vom ♂ gebauten

und mit Algen ausgekleideten Mulde abgelegt und bewacht.

190 *Labrus bimaculatus*
Streifenlippfisch
Kennzeichen: D XVI–XVIII/11–14; A III/10 –12; P 16
L.l. 55
Länge ±20 cm (♂ max. 40 cm, ♀ 30 cm)
Zwischen den Geschlechtern bestehen deutliche Farbunterschiede, die stark wechseln können. Die ♀ haben meist 3 schwarze Flecken auf dem Schwanzrücken. Bei älteren ♂

sind die welligen blauen Längsstreifen auffällig.
Die Lebensweise ähnelt der des Gefleckten Lippfischs.

191 *Ctenolabrus rupestris*
Klippenbarsch
Kennzeichen: D XVI–XVIII/8–10; A III/7–8; P 15
L.l. 38–40
Länge ±18 cm
Die schlanken Fische weisen je einen auffallenden schwarzen Fleck am oberen Ende

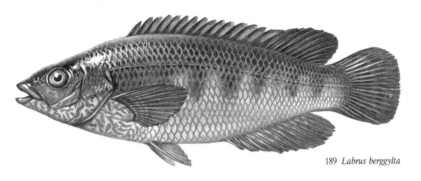

189 *Labrus berggylta*

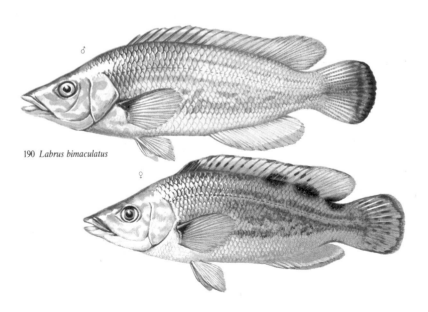

♂

190 *Labrus bimaculatus*

♀

236

zu 191

zu 192

des Schwanzstiels und am Grunde der ersten Hartstrahlen der Rückenflosse auf. Im Gegensatz zu den folgenden Arten der Gattung *Crenilabrus* haben sie 2 Zahnreihen auf den Kiefern. Der Vorderkiemendeckel ist am Rande fein gesägt.

Lebensweise: Klippenbarsche sind weniger an steinige Gründe gebunden. Sie bevorzugen pflanzenbewachsene ruhige Plätze in Ufernähe. Die frei schwebenden, ca. 1 mm dicken Eier werden von V bis VIII abgelegt. Sie entwickeln sich innerhalb von nur 2 Tagen zu ebenfalls pelagischen Larven.

Als einzige Art der Familie ist der Klippenbarsch auch in der westlichen Ostsee als Standfisch anzutreffen und kommt bis Bornholm, Rügen und in der Wismar-Bucht vor.

192 *Crenilabrus melops*
Goldmaid Schwarzäugiger Lippfisch
Kennzeichen: D XIV–XVII/8–10; A III/9–10; P 15
L. l. 34–36
Länge 15 bis 20 cm (max. 25 cm)
Wie bei allen Arten der Gattung *Crenilabrus* ist der Vorderkiemendeckel am Rande fein gesägt. Der Körper der Goldmaid wirkt gedrungener als bei den übrigen Arten. Die Färbung ist sehr veränderlich, immer aber ist ein dunkelbrauner bis schwarzer nierenför-

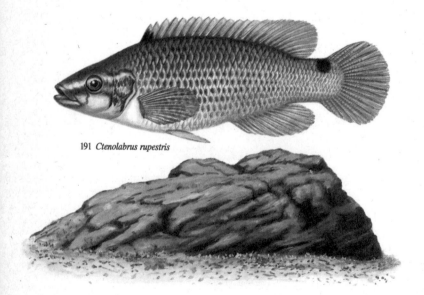

191 *Ctenolabrus rupestris*

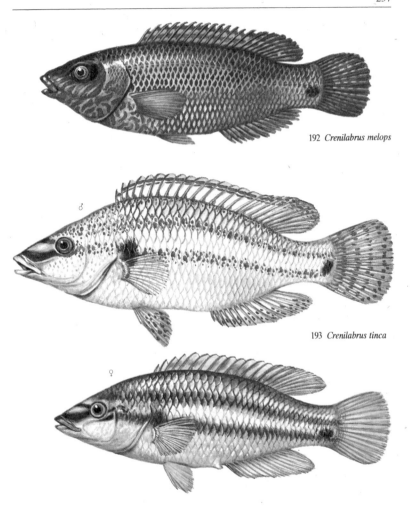

192 *Crenilabrus melops*

193 *Crenilabrus tinca*

miger Fleck am Augenhinterrand und ein schwarzer Fleck auf dem Schwanzstiel unterhalb der Seitenlinie vorhanden. Beide Geschlechter haben eine Genitalpapille, die beim ♀ größer und dicker ist.

Die Fische treten in der westlichen Ostsee vor allem im Herbst auf.

193 *Crenilabrus tinca*
Pfauenlippfisch
Kennzeichen: D XIV–XVI/10–11; A III/8–11; P I/13–15
L. l. 32–35

Länge 20 bis 25 cm (max. 30 cm)

Diese größte Art der Gattung *Crenilabrus* kann von den größeren *Labrus*-Arten durch ihre schwarzbraune Stirnmaske und je einen schwarzen Fleck über den Brustflossen und auf dem Schwanzstiel unterschieden werden.

Lebensweise: Im Gegensatz zu den scheuen *Labrus*-Arten, die sich vorwiegend in Höhlen aufhalten, schwimmen die Pfauenlippfische frei umher und werden so leichter die Beute von Unterwasserjägern. Zur Nahrungssuche nehmen sie ständig Sand auf und kauen ihn

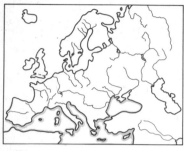

zu 194

durch. Oft werden sie dabei von den kleineren Augenlippfischen begleitet, für die kleine Beutetiere abfallen.

194 *Crenilabrus ocellatus*
Augenlippfisch
Kennzeichen: D XIII–XIV/9–11; A III/9–10; P 11–13
L. l. 32–34
Länge max. 12 cm (♂) bzw. 8 cm (♀)

Die sehr häufigen, aber nur kleinen Fische haben am Schwanzstiel einen kleinen schwarzen Fleck. Das ♂ hat am Unterrand des Kiemendeckels einen rotblau gerandeten Augenfleck mit blaugrün schimmerndem Kern.
Lebensweise: Augenlippfische sind sehr häufig und kommen schon im flachen Wasser von weniger als 0,5 m Tiefe vor. Die Brutpflege treibenden ♂ verteidigen ihre schüsselförmigen Nester durch Kiemendeckelspreizen und Vorzeigen der Augenflecken. Sie schlagen damit selbst Wolfsbarsche in die Flucht. Die kurzlebigen Fische werden bereits nach 1 Jahr geschlechtsreif.

195 *Crenilabrus cinereus*
Grauer Lippfisch
Kennzeichen: D XIV–XV/9–11; A III/8–11; P 12–13
L. l. 31–33
Länge 10 bis 12 cm (max. 14 cm)
Je 1 schwarzer Fleck befindet sich am unteren

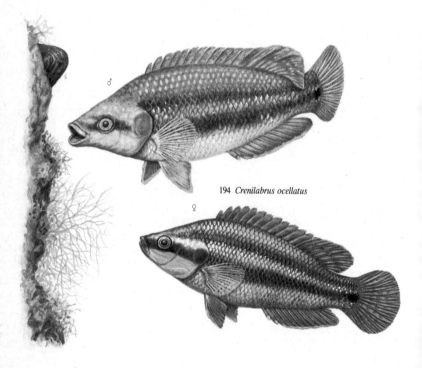

194 *Crenilabrus ocellatus*

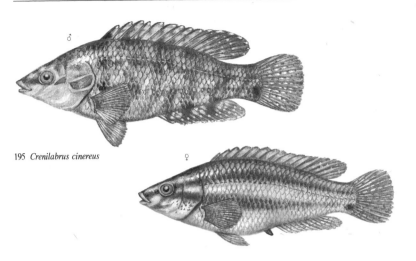

195 *Crenilabrus cinereus*

Rand des Schwanzstiels und an der Basis des
1. Strahls der Rückenflosse. Laichbereite ♀
haben eine schwarze 4 bis 5 mm lange Genitalpapille.
Lebensweise: Die brutpflegenden ♂ liegen mit
schräg aufgerichtetem Kopf im Nest und
greifen trotz ihrer Kleinheit auch größere
Laichräuber an.

196 *Crenilabrus quinquemaculatus*
Fünffleckiger Lippfisch
Kennzeichen: D XIV–XVI/8–9; A III–
IV/8–10; P I/13–14
L. l. 32–34
Länge max. 16 cm
5 Rückenflecken, davon 2 deutliche schwarze
im Bereich der Hartstrahlen und 3 weniger
markante im Bereich der Weichstrahlen kenn-

zeichnen den hochrückigen Fisch, dessen
Stirnlinie steiler ist als die der anderen Arten
der Gattung. Am Schwanzstiel befindet sich
ein weiterer schwarzer Fleck. Das ♀ hat eine
4 bis 5 mm lange zapfenförmige Genitalpapille.
Lebensweise: Die Fische sind frei schwimmend kaum anzutreffen, sondern schlüpfen
zwischen Felsspalten und Algen umher. In die
vom ♂ gebauten körperlangen Sandmulden
mit einem halbmondförmigen Stirnwall, der
mit Algen verfestigt wird, werden von IV bis
VI die gelblichen und verhältnismäßig großen
Eier (Durchmesser 0,82 mm) abgelegt. Große
♂ bauen mehrere Nester in einer Laichzeit. Sie
sind sehr ortstreu. Die interessante Brutpflege
macht die Fische zu lohnenden Aquarien-
insassen.

zu 195

zu 196

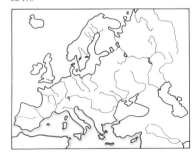

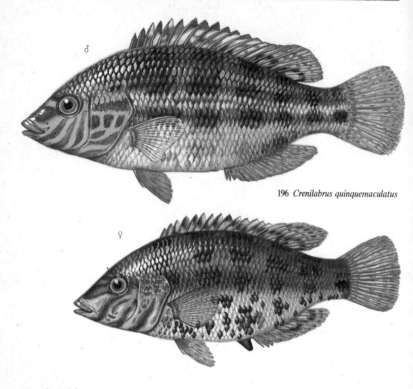

196 *Crenilabrus quinquemaculatus*

197 *Coris julis*
Meerjunker
Kennzeichen: Länge 15 bis 20 cm (max. 25 cm)
Langgestreckte Fische, deren Rückenflosse weniger als 13 Stachelstrahlen aufweist. Bei den ♂ sind die 1. Rückenflossenstrahlen deutlich länger als die folgenden und tragen 1 schwarzen Fleck. Außerdem haben sie 1 orangerotes gezacktes Längsband über den

ganzen Körper. Die ♀ sind weniger intensiv gefärbt und haben nur wie die ♂ 1 schwarzen Kiemendeckelfleck (vgl. Abb. 6, S. 16).
Lebensweise: Die einzeln oder in kleinen Trupps an der Felsenküste rastlos umherschwimmenden Meerjunker sind Zwitter, die nach einer reinen ♀-Phase und einer kurzen Übergangsphase in eine lange ♂-Phase übergehen. Eier und Jungtiere entwickeln sich pelagisch. Die erwachsenen Fische ernähren sich von Krebsen und Weichtieren. Die Fische schlafen in Seitenlage in den Sand eingewühlt.

FAMILIE
Trachinidae Drachenfische

Barschartige mit langgestrecktem, von Cycloidschuppen bedecktem Körper. Die zweigeteilte Rückenflosse und die Afterflosse sind sehr lang, die Bauchflossen kehlständig. Sowohl die Stachelstrahlen der 1. Rückenflosse als auch ein nach hinten gerichteter Dorn auf dem Kiemendeckel enthalten in tiefen Furchen ein giftiges Sekret, das bei Verwundung heftige Schmerzen und Schwellungen verursacht. Das Gift wirkt als Nerven- und Blutgift und kann zu größeren Komplikationen führen. Trotz ihrer Gefährlichkeit werden Drachenfische fischereiwirtschaftlich genutzt. Ihr Fleisch ist zart und wohlschmeckend und wird frisch und geräuchert angeboten. Vor dem Verkauf sollten Kopf und 1. Rückenflosse entfernt werden.

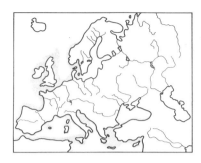

198 *Trachinus draco*
Petermännchen

Kennzeichen: D_1 V–VII; D_2 29–32; A II/30 bis 34; P 15–17
L. l. 78
Länge 20 bis 30 cm (max. 45 cm)
Am vorderen oberen Augenrand sitzen 2 bis 3 kleine Stacheln. Im Unterschied zu 199 und 200 verlaufen auf den Körperseiten schräge dunkle Streifen (Tigerzeichnung). Zuweilen wird fälschlich auch der Rote Knurrhahn (251) als Petermann bezeichnet.
Lebensweise: Tagsüber sind die Fische bis zu den Augen im Sandgrund eingegraben, während sie nachts umherschwimmen. Sie ernähren sich von kleinen Fischen und Garnelen. In den Sommermonaten leben sie in Ufernähe, im Herbst ziehen sie sich in tiefere Schichten zurück und werden noch in 100 m

Tiefe angetroffen. Zur Laichzeit von VI bis VIII werden pelagische Eier abgelegt.

199 *Trachinus araneus*
Spinnenqueise

Kennzeichen: D_1 VII; D_2 26–28
Länge max. 40 cm
6 bis 7 schwarze Punkte auf den Körperseiten.

201 *Trachinus vipera*

198 *Trachinus draco*

zu 201

zu 202

200 *Trachinus radiatus*
Strahlenkopfqueise
Kennzeichen: D₁ VI; D₂ 24–27
Länge max. 40 cm
Auf den Körperseiten mit ringförmigen schwarzen Flecken.

201 *Trachinus vipera*
Viperqueise
Kennzeichen: D₁ VI–VII; D₂ 21–24; A I/24 bis 25; P 14
L. l. 65
Länge max. 20 cm
Die kleinen Fische (deshalb auch Zwergpetermännchen) haben keine Stacheln über den Augen. Auf dem Körper befinden sich keine schwarzen Muster, dafür ist die 1. Rückenflosse fast schwarz und die Schwanzflosse schwarz gerandet.
Lebensweise: Da sich die Viperqueise im Gegensatz zu den vorgenannten Arten ständig im Flachwasser eingegraben aufhält und damit am häufigsten zu Verletzungen Anlaß gibt, ist

sie die am meisten gefürchtete Art. Wegen der Gefährlichkeit des Giftes sollte man die Wunden gut ausbluten lassen und ärztliche Hilfe (wie bei Rochenstichen) in Anspruch nehmen.
Nur während der Laichzeit von V bis IX ziehen die Viperqueisen in etwas größere Tiefen. Eier und Larven entwickeln sich pelagisch.

FAMILIE
Uranoscopidae Sterngucker

Barschartige, die den Drachenfischen sehr ähnlich sind, von diesen durch die kürzere 2. Rückenflosse und die Afterflosse sowie den breiten gepanzerten Kopf mit fast senkrechter Mundspalte und obenauf sitzenden Augen unterschieden. Während die Stachelstrahlen der 1. Rückenflosse keine Giftwirkung haben, soll der kräftige, nach hinten gerichtete Stachel auf dem Kiemendeckel gefährliche Verletzungen verursachen können.

202 *Uranoscopus scaber*

203 *Blennius pholis*

202 *Uranoscopus scaber*
Gemeiner Himmelsgucker Sternseher, Meerpfaff

Kennzeichen: D₁ IV; D₂ I/13–14; A 13–14; P 14–16

Länge 15 bis 25 cm (max. 30 cm)

Ein an der Innenseite des Unterkiefers sitzender zungenförmiger Fortsatz kann bis zu ¹/₃ der Kopflänge aus dem Maul gestreckt werden.

Lebensweise: Himmelsgucker leben eingegraben in Sand und Schlamm, so daß nur die Augen und die schlängelnde Schleimhautfalte aus dem Maul zum Nahrungserwerb herausragen. Vorwiegend werden Kleinfische und Krebse gefressen. Die Laichzeit liegt in den Sommermonaten, die Eier entwickeln sich pelagisch.

FAMILIE
Blenniidae Schleimfische

Kleine langgestreckte Barschartige mit schleimiger Haut, die entweder kleine Rund- oder Kammschuppen enthält oder nackt ist. Die After- und vor allem die Rückenflosse sind lang, oft bis zum Schwanz reichend. Dagegen bestehen die kehlständigen Bauchflossen aus nur 2 bis 5 Weichstrahlen (Unterschied zu den sehr ähnlichen Gobiiden, bei denen die Bauchflossen trichterförmig verwachsen sind und eine Haftscheibe bilden). Das Maul ist endständig. Auf der Stirn befinden sich bei vielen Arten fächerförmige Anhänge. Die Fische sind meist lebhaft gefärbt und mit Flecken und Streifen gezeichnet.

Schleimfische sind vorwiegend marine Fische, die in Küstennähe leben und auch im

204 *Blennius gattorugine*

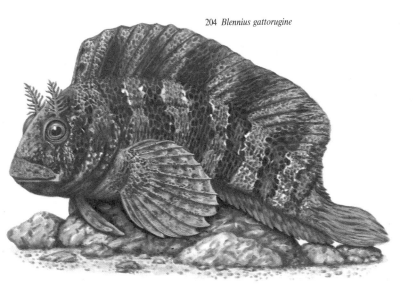

206 *Blennius galerita*

Brack- und Süßwasser vorkommen. Viele Arten bevorzugen die Gezeitenzone felsiger Küsten und bleiben bei Ebbe oft in wassergefüllten Tümpeln und Spalten zwischen Algen zurück. Einige Arten kriechen sogar vorübergehend aus dem Wasser heraus (z.B. 206 *Blennius galerita*). In der Regel schwimmen sie jedoch schlängelnd mit dem ganzen Körper, während sich die ähnlichen Grundeln rutschend vorwärtsbewegen. Am Boden liegend, stützen sie sich auf ihre fächerförmigen Bauchflossen. Sie ernähren sich vorwiegend von Kleintieren, manche Arten auch von Pflanzen. Die nicht sehr zahlreichen Eier werden in Nestern oder an Steinen abgelegt und von den ♂ bewacht.

Die meisten Schleimfische sind ohne wirtschaftliche Bedeutung. Nur wenige Arten werden als Köder- oder Speisefische verwendet.

zu 203

Im folgenden werden häufige europäische Schleimfische aufgeführt.

Schleimfische des Atlantiks:

203 *Blennius pholis*
   Schan
Kennzeichen: Länge 10 bis 15 cm (max. 18 cm)
Rückenflosse kurz vor der Mitte scharf eingekerbt, keine Stirnfühler.
Verbreitung: Nördlich bis zur Kanalküste, vorwiegend auf felsigem Grund.

204 *Blennius gattorugine*
   Gestreifter Schleimfisch
Kennzeichen: Länge 15 bis 20 (max. 25) cm
6 bis 8 dunkle Querstreifen, die sich auch auf After- und Rückenflosse fortsetzen. Letztere reicht bis zur Schwanzflosse. Über den Augen gefranste Stirnfühler.

zu 204

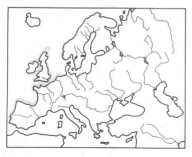

Verbreitung: Nördlich selten bis in die Nordsee, Bewohner der Felsküsten unterhalb der Gezeitenzone.

205 *Blennius ocellaris*
Seeschmetterling
Kennzeichen: Länge 12 bis 15 cm (max. 20 cm)
Vorderteil der Rückenflosse sehr hoch mit einem schwarzen, weiß gerandeten Augenfleck zwischen dem 5. bis 8. Strahl; gefranste Stirnfühler.
Verbreitung: Nördlich bis zum Kanal, auch in Tiefen bis zu 400 m vorkommend und dann sowohl auf Schlamm- als auch auf Felsboden (s. auch Abb. 8, S. 19).

Schleimfische, die vorwiegend im Mittel- und Schwarzen Meer vorkommen:

206 *Blennius galerita*
Montagui – Schleimfisch
Kennzeichen: D XII–XIII/17–18; A II/18–19
Länge max. 7 cm
Ohne Stirnfühler, auf dem Kopfe ein kleines Horn.
Verbreitung: Von der Kanalküste bis zum

zu 207

Schwarzen Meer, hauptsächlich in der Gezeitenzone.

207 *Blennius tentacularis*
Gehörnter Schleimfisch Läppchenschleimfisch
Kennzeichen: D XI–XIII/20–22; A II/21–23
Länge ±10 cm (max. 15 cm)
Rückenflosse ohne Einbuchtung, Stirnfühler lang und einseitig gefiedert (vgl. Abb. 7, S. 17).
Verbreitung: Von der Nordsee bis zum Schwarzen Meer, in den Algenbeständen von Felsküsten und in *Posidonia*-Wiesen.

207 *Blennius tentacularis*

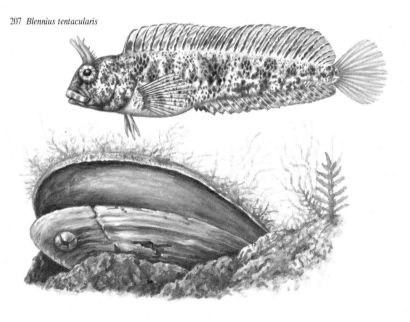

208 *Blennius sanguinolentus*

208 *Blennius sanguinolentus*
Blutstriemenschleimfisch

Kennzeichen: D XI–XIII/20–23; A II/20–23
Länge 12 bis 15 cm (max. 19 cm)
Zwischen den ersten Hartstrahlen der Rükkenflosse befindet sich ein hellblauer Fleck.
Die 4- bis 9fingrigen Stirnfühler sind sehr klein
($^1/_2$ Augendurchmesser).
Lebensweise: Die während der Laichzeit (IV

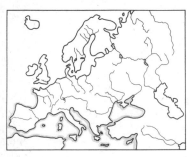

bis VIII) fast schwarz wirkenden ♂ (an der
Kehle und auf den Schuppen bläulich gefärbt)
bewachen die unter Steinen und in Felsspalten
abgelegten zahlreichen Eier (3 000 bis 10 000)
sowie die ausschlüpfende Brut.
Verbreitung: Atlantik bis zum Schwarzen
Meer, an Felsküsten unterhalb der Gezeitenzone.

209 *Blennius fluviatilis*
Flußschleimfisch Süßwasserschleimfisch

Kennzeichen: D XII/17–18; A II/16–18
Länge 10 bis 12 cm (max. 15 cm)
Stirnfühler sehr klein, dahinter auf dem Kopf
ein niedriger fleischiger Kamm.
Lebensweise: Um die zum Ablaichen geeigneten Hohlräume wird von den ♂ heftig gekämpft. Sieger und damit Revierbesitzer sind
tief braunschwarz gefärbt. Durch Nicken aus
der Wohnhöhle heraus veranlaßt das balzende

 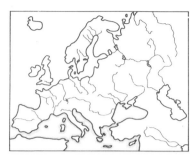

♂ die ♀ dazu, ihre Eier rückwärtsschwimmend am Dach der Höhle festzukleben. Das ♂ bewacht das Gelege, sorgt durch Schlängelbewegungen und Fächeln mit den Brustflossen für Frischwasserzufuhr und entfernt abgestorbene Eier. Bei ca. 20 °C schlüpfen die Jungfische nach 14 Tagen.
Verbreitung: Im Mittelmeer und seinen Zuflüssen von Spanien bis Kleinasien. Kommt auch isoliert vom Meer im Süßwasser vor.

210 *Blennius pavo*
Pfauenschleimfisch
Kennzeichen: D XII–XIII/21–23; A II/22–25
Länge 8 bis 10 cm (max. 12 cm)
Hinter den Augen ein hellblau umrandeter,

ovaler Augenfleck. Stirnfühler sehr kurz. Beim laichreifen ♂ ein helmartiger Hautkamm.
Lebensweise: An Molen und zwischen großen Steinen kommt die Art sehr häufig vor. Die laichreifen ♂ halten sich in Bohrmuschellöchern und in Steinspalten auf, wo sie von laichbereiten ♀ aufgesucht werden. Die Eier werden zunächst am Dach dieser Hohlräume festgeklebt. Da ein ♂ mehrere ♀ mit Bissen

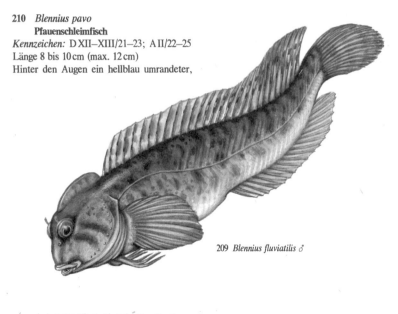

209 *Blennius fluviatilis* ♂

248

und Stößen in seine Wohnhöhle treibt, kann schließlich die ganze Innenwand von Eiern bedeckt sein.

Die brutpflegenden ♂ verlassen die Gelege auch dann nicht, wenn bei Ebbe die Eingänge trockenfallen. Ihre schleimige Haut bewahrt sie vor Austrocknung. Haut- und Kiemenatmung sind auch noch bei geringen Wasserresten gewährleistet.

Verbreitung: Mittelmeer, Schwarzes Meer.

211 *Blennius sphinx*
Sphinxschleimfisch
Kennzeichen: D XII–XIII/16–17; A II/17–19
Länge ±6 cm (max. 8 cm)
Rückenflosse eingekerbt, Vorderteil deutlich höher. Hinter den Augen ein blauer, rotgerandeter Fleck. Stirnfühler ungeteilt, so lang wie Augendurchmesser.
Lebensweise: Die Fische kommen häufig auf algenbewachsenen Felsbänken der Gezeitenzone vor. Die ♂ beseitigen aus der Umgebung des Nestes Algen, Muschelschalen und Sand. Ihr Ortsgedächtnis führt sie auch aus Entfernungen bis zu 50 m nach der Ebbe wieder zu ihrer Höhle zurück. Die brutpflegenden ♂ verlassen das Nest auch während der Ebbe nur selten.
Verbreitung: Mittelmeer und Schwarzes Meer.

zu 211

212 *Blennius zvonimiri*
Kennzeichen: D XI–XIII/16–19; A II/18–21
Länge 5 bis 7 cm (max. 7,5 cm)
Neben den gelblichen Überaugententakeln noch ein Paar geteilte Stirnfühler.
Verbreitung: Mittelmeer und Schwarzes Meer.

FAMILIE
Anarrhichadidae Seewölfe

Große schleimfischähnliche Barschartige mit einer langen stachelstrahligen Rückenflosse und einer schwanzlangen weichstrahligen Afterflosse. Bauchflossen fehlen. Der nackte Kopf trägt in dem schräg aufwärts gerichteten Maul ein ungewöhnlich kräftiges Gebiß, das

210 *Blennius pavo*

zu 213

aus gekrümmten Fang- und abgeflachten Mahlzähnen besteht. Eine Schwimmblase fehlt. Gefangene Seewölfe sind mit Vorsicht zu behandeln, da sie mit ihrem gefährlichen Gebiß selbst Besenstiele und Fischerstiefel

durchbeißen können. Ihr wohlschmeckendes Fleisch wird unter den Handelsnamen „Steinbeißer" oder „Karbonadenfisch" angeboten. Vor dem Verkauf werden sie abgezogen und geköpft. Der europäische Gesamtfang an Seewölfen beträgt etwa 30000 t im Jahr.

213 *Anarrchichas lupus*
Seewolf Kattfisch
Kennzeichen: D LXIX–LXXVII; A 43–48; P 19–21
Länge 50 bis 80 cm (max. 1,5 m)
Charakteristisch ist der rundliche, katzenähnliche Kopf. Der langgestreckte quergestreifte Körper ist von rückgebildeten, tief eingebetteten Rundschuppen bedeckt und hat nur eine kleine Leibeshöhle.
Lebensweise: Als Grundfisch auf steinigem

212 *Blennius zvonimiri*

211 *Blennius sphinx*

250

wie auch auf weichem Boden ernähren sich Seewölfe vorwiegend von hartschaligen Tieren, wie Muscheln, Schnecken, Krebsen und Seeigeln, die von ihrem kräftigen Gebiß zermalmt werden. Während der Laichzeit von XI bis I werden die auffallend großen, gelblichen Eier von 5 bis 6 mm Durchmesser in Klumpen am Boden abgelegt. In 2 Monaten entwickeln sich daraus 2 cm lange pelagische Larven.

FAMILIE
Pholidae Butterfische

Kleine schleimfischähnliche Barschartige mit gestrecktem, seitlich stark zusammengedrücktem Körper, in deren schleimiger Haut kleine Rundschuppen eingebettet sind. Eine Seitenlinie fehlt. Die sehr lange Rückenflosse und die ebenfalls lange Afterflosse sind von der gerundeten Schwanzflosse abgesetzt. Die Bauchflossen sind verkümmert.
Eine Nutzung der in Küstennähe häufigen Fische erfolgt nur selten. Sie sind jedoch eine wichtige Nahrung für größere Nutzfische.

214 *Pholis gunellus*
Butterfisch
Kennzeichen: D LXXV–LXXXII; A II/39–45; P 12; V I/I
Länge ±20 cm (max. 30 cm)
An der Basis der Rückenflosse befinden sich aufgereiht 9 bis 13 dunkle, weißgelblich gerandete Augenflecken, die fälschlich zur Bezeichnung „Neunauge" geführt haben.
Lebensweise: Butterfische leben im Flachwasser nördlicher Meere auf sandig-kiesigen, pflanzenbewachsenen Gründen. Sie ernähren sich von Kleintieren, vorwiegend von Flohkrebsen und Asseln. In der Laichzeit von XI

bis I werden die 1,2 mm dicken, glashellen Eier zwischen Steinen und in Muschelschalen in Klümpchen abgelegt und von beiden Eltern 2 Monate lang bewacht.

FAMILIE
Zoarcidae Gebärfische

Schleimfischähnliche Barschartige mit mäßig gestrecktem, seitlich wenig zusammengedrücktem Körper. In der schlüpfrigen Haut liegen kleine Rundschuppen, die sich nicht überdecken. Die sehr lange Rückenflosse und die gleichfalls lange Afterflosse bilden einen fortlaufenden Saum, der ohne eigentliche Schwanzflosse hinten spitz endet. Nur Vertreter dieser Familie besitzen im hinteren Viertel der Rückenflosse einen niedrigen Abschnitt, der von biegsamen Stachelstrahlen gestützt wird. Die kehlständigen Bauchflossen sind klein. Beide Geschlechter haben eine Analpapille, die beim ♂ größer ist und als Begattungsorgan dient. Die Fische sind lebendgebärend und außerhalb des Wassers sehr zählebig. Sie wurden früher oft für die Mutter der Aale (deren Herkunft war jahrhundertelang rätselhaft!) gehalten, zumal die Embryonen der ♀ äußerlich deutlich sichtbar sind.
Ihr Wert als Speisefisch ist weitaus geringer als der des Aales. Der Gesamtfang im Nordatlantik beträgt jährlich etwa 8 000 t.

215 *Zoarces viviparus*
Aalmutter Aalquappe
Kennzeichen: D 72–85 + 0–XVII + 16–24; A 80–95; P 16–22; V 3
Länge ±30 cm (max. 50 cm)

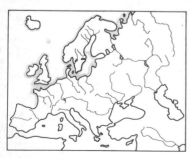
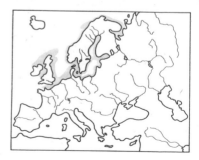

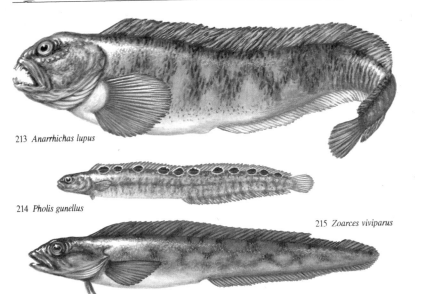

213 *Anarrhichas lupus*

214 *Pholis gunellus*

215 *Zoarces viviparus*

Der plumpe, leicht abgeplattete Kopf trägt auffällig dicke Lippen. Die im Trivialnamen bereits angedeuteten Verwechslungsmöglichkeiten mit Aal *(Anguilla anguilla)* oder Quappe *(Lota lota)* sind ausgeschlossen, da jenen die Bauchflossen fehlen und diese einen unpaaren Bartfaden am Kinn tragen.

Lebensweise: Die Aalmutter gehört zu den häufigen Grundfischen der Seegrasregion an flachen Küsten. Sie ist auch im Brackwasser anzutreffen. Ihre Nahrung besteht aus Krebsen, Weichtieren, Würmern und Kleinfischen. Die große Analpapille des ♂ ermöglicht die Begattung der ♀, die im Zeitraum von VIII bis IX erfolgt. Von XII bis II werden 20 bis 400 Junge geboren, die ohne Larvenstadium sofort als 4 bis 5 cm lange Grundfische leben. Da auch die Erwachsenen als seßhafte Standfische leben, tritt diese Art in zahlreichen lokalen Stämmen auf, die sich durch die Zahl der Flossenstrahlen in D und A unterscheiden.

FAMILIE
Ammodytidae Sandaale, Sandspierlinge

Langgestreckte Barschartige mit schwach ovalem bis rundlichem Querschnitt. Der spitze Kopf endet in einem kinnartig verlängerten Unterkiefer. Den langen Rücken- und Afterflossen fehlen die Stachelstrahlen. Bauchflossen sind nicht vorhanden. Durch die tief in der Haut liegenden, sehr kleinen Rundschuppen sind die Muskelsegmente sichtbar. Die Seitenlinie liegt sehr hoch und verläuft parallel zur Rückenkante. Eine Schwimmblase fehlt.

Sandaale leben an den Küsten kalter und gemäßigter Meere. Bei ruhigem Wetter bewegen sich ihre großen Schwärme oft nahe der Oberfläche. Bei Sturm oder in Gefahr bohren sich die Fische mit ihrem zugespitzten Unterkiefer schnell in lockeren Sand ein. Ihre Nahrung besteht aus tierischem und pflanzlichem Plankton, darunter auch Fischlarven. Sie laichen in Küstennähe, und ihre in großen Mengen auftretenden Larven sind – wie auch die erwachsenen Stadien – eine wichtige Nahrungsbasis vieler Fische (Kabeljau, Köhler, Wittling, Heilbutt, Scholle, Flunder und Steinbutt) und Seevögel.

Die gemeinsam in Schwärmen auftretenden Arten werden mit engmaschigen Grundschleppnetzen und Strandwaden erbeutet. Seit alters sind sie wichtige Köderfische

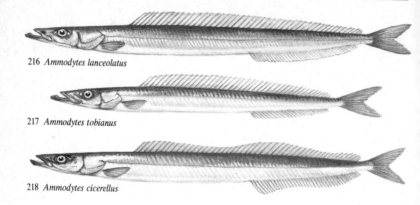

216 *Ammodytes lanceolatus*

217 *Ammodytes tobianus*

218 *Ammodytes cicerellus*

für die Angelfischerei. Ihr Fang ist besonders in den letzten Jahrzehnten intensiviert worden, weil sie zunehmend als Industriefische verwertet werden. Der europäische Gesamtfang beträgt etwa 800 000 t jährlich.

216 *Ammodytes lanceolatus*
Großer Sandaal

Kennzeichen: D 52–61; A 28–33; P 12–14
Sq. l. 175–195
Länge 20 bis 30 cm (max. 40 cm)
Die Brustflossen erreichen nur knapp den Ansatz der Rückenflossen. Über der Mitte des Oberkiefers befindet sich ein schwarzer Fleck.

217 *Ammodytes tobianus*
Kleiner Sandaal Tobiasfisch

Kennzeichen: D 49–58; A 24–32; P 10–14
Sq. l. 120–138
Länge ±15 cm (max. 20 cm)
Die Brustflossenspitzen reichen bis hinter den Ansatz der Rückenflosse. Am Kopf befinden sich keine schwarzen Flecken vor den Augen. Beim Öffnen des Mundes gleitet der Zwischenkiefer weit nach vorn.

218 *Ammodytes cicerellus*
Mittelmeersandaal Nacktsandaal

Kennzeichen: D 54–58; A 27–31; P 14–17
Länge max. 18 cm
Rücken- und Afterflosse sind leicht gewellt. Die Haut ist schuppenlos. Am Kopf befinden sich dunkelblaue Flecken.

FAMILIE
Callionymidae Leierfische

Barschartige mit abgeflachtem Kopf und einem langgestreckten, unbeschuppten Körper. Die vordere der beiden getrennten Rückenflossen hat 3 bis 4 über die Flossenhaut hinaus verlängerte biegsame Stachelstrahlen. Die Bauchflossen sind kehlständig. Auf jeder

zu 216/217

zu 218

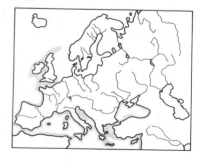

Seite verlaufen 1 bis 2 vollständige Seiten-
linien. Am Kopf sind die großen Augen schräg
nach oben gerichtet. Die Kiemenöffnung ist
klein und befindet sich am oberen Rand des
Kiemendeckels, der in einen mit Widerhaken
versehenen Stachel ausgezogen ist.
Leierfische leben am Grunde des Litorals der
Meere gemäßigter und tropischer Breiten,
vorzugsweise auf Sand. Dort ernähren sie sich
von Kleintieren. Dabei gleiten sie auf den wie

Kufen abgespreizten Bauchflossen über den
Boden. Auf der Flucht schießen sie meterweit
vorwärts oder graben sich schnell in den Sand
ein. Die Geschlechter sind unterschiedlich
groß und verschieden gefärbt; die Laichzeit
kann sich von I bis VIII erstrecken. Eier und
Larven sind pelagisch. Ab einer Länge von
1 cm leben die Jungfische am Boden.
Die auch als Spinnen- oder Giftfische bezeich-
neten Leierfische können mit ihren Kie-
mendeckelstacheln sehr schmerzhafte und
schlecht heilende Rißwunden verursachen.
Giftigkeit wurde aber bisher nicht nachgewie-
sen. Als Grundfische werden sie häufig in
Schleppnetzen mitgefangen und dann als Industriefische verwendet.

219 *Callionymus lyra*
Gestreifter Leierfisch
Kennzeichen: D_1 IV; D_2 9; A 9; P 18–20

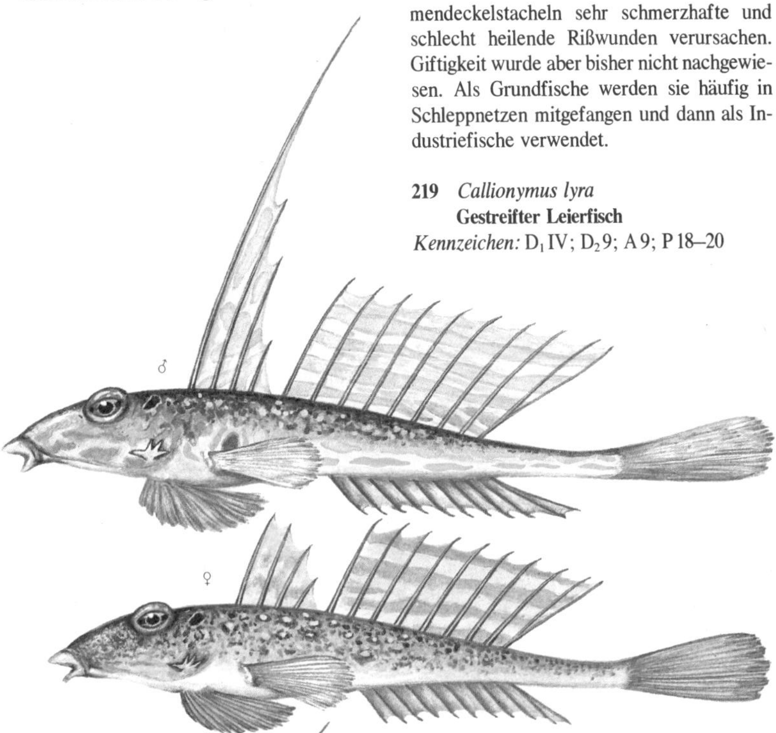

219 *Callionymus lyra*

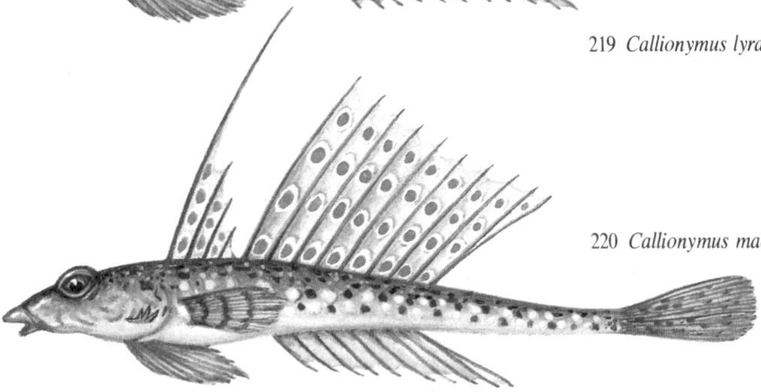

220 *Callionymus maculatus*

254

zu 219

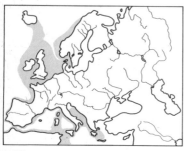

zu 220

Länge max. 30 cm (♂) bzw. 25 cm (♀)
Die verlängerten 1. Strahlen der Rückenflosse
des ♂ reichen zurückgelegt bis zur Mitte der
Schwanzflosse. Der Kiemendeckelstachel
endet in 4 Spitzen.

220 *Callionymus maculatus*
Gefleckter Leierfisch
Kennzeichen: D₁ IV; D₂ 9; A 8–9; P 18–19
Länge max. 16 cm (♂) bzw. 13 cm (♀)
Der verlängerte 1. Strahl der Rückenflosse
reicht zurückgelegt höchstens bis zum Anfang
der Schwanzflosse.

Im Schwarzen Meer und im Mittelmeer leben
3 weitere Arten von Leierfischen, die nur
maximal 8 bis 14 cm lang werden und keine
wirtschaftliche Bedeutung haben. Dazu gehört beispielsweise
221 *Callionymus festivus*
Leierfisch
(mit nur 6 bis 7 Strahlen in D₂)
Die auf feinem Sand in 1 bis 3 m Tiefe lebenden Fische laichen von VII bis VIII. Laichbereite ♀ bewegen ruckartig ihre 1. Rücken-

flosse und locken damit das ♂ an. Dieses
spreizt Flossen und Kiemendeckel, stülpt die
gelben Lippen vor und umschwimmt das ♀ in
einer Spirale (vgl. Abb. S. 61). Mit seiner
Bauchflosse schiebt das ♂ die des ♀ hoch, und
eng aneinandergeschmiegt steigen beide Fische langsam schräg nach oben, wobei das
Ablaichen erfolgt. Die Eier sind wie bei den
anderen Arten der Gattung planktonisch.

FAMILIE
Scombridae Makrelen

Barschartige mit mäßig gestrecktem, spindelförmigem Körper. Die Haut ist nackt oder
von kleinen Rundschuppen bedeckt, die zuweilen in der Brustregion einen Panzer bilden.
Hinter der zweigeteilten Rückenflosse und der
Afterflosse sitzen auf dem Schwanzstiel vor
der großen gegabelten oder halbmondförmigen Schwanzflosse sogenannte Flössel oder
Flößchen. Obwohl die Angehörigen dieser
Familie vorwiegend pelagische Schwarmfische des offenen Meeres sind, kommen einige Arten zuweilen in Küstennähe vor.
Die Makrelen sind für die Weltfischerei
außerordentlich bedeutsam, denn insgesamt
beläuft sich der Fang auf jährlich 4 bis
5 Millionen Tonnen.

222 *Scomber scombrus*
Atlantische Makrele
Kennzeichen: D₁ X–XV; D₂ I/10–13, dahinter
5 bis 6 Flössel; A II/8–13, dahinter 4 bis
6 Flössel
Länge 30 bis 40 cm (max. 60 cm)
Die 1. Rückenflosse kann in einer Längsfur-
che der Rückenkante niedergelegt werden.
Eine Schwimmblase fehlt. Die im Leben
leuchtend grünblau und an den Seiten rötlich

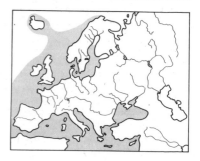

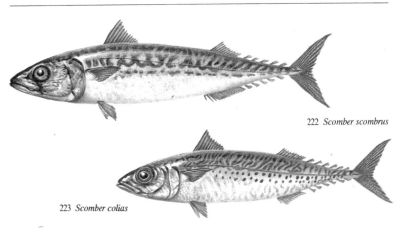

222 *Scomber scombrus*

223 *Scomber colias*

bis perlmuttern glänzenden Fische sind im Tode blausilbern.

Lebensweise: Im Sommer während der Laichzeit von V bis VII kommen die gewandt in großen Schwärmen schwimmenden Fische an die Oberfläche und in Küstennähe. Sie werden vor allem nach dem Ablaichen (planktonische Eier) sehr gefräßig. Während sie sich im Frühjahr vorwiegend von Planktonkrebsen und Flügelschnecken ernähren, fressen sie nach der Laichzeit hauptsächlich Kleinfische (Heringe, Sprotten, Wittlinge, Sandaale). Die pelagischen Jungfische sind nach 2 Jahren 20 cm lang und nach 3 bis 4 Jahren mit ca. 30 cm Länge geschlechtsreif.

223 *Scomber colias*
Thunmakrele Blasenmakrele, Mittelmeermakrele, Kolios
Kennzeichen: D_1 VIII–X; D_2 I/9–12; A II/9–12
Länge ±30 cm (max. 40 cm)
Im Gegensatz zur Atlantischen Makrele be-

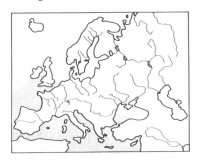

finden sich auch unterhalb der Seitenlinie Reihen von graublauen Flecken. Die Augen und die Schuppen an der Brust sind größer. Durch die ganze Leibeshöhle verläuft die Schwimmblase; sie ist mit der Speiseröhre verbunden.

Lebensweise: Die Freßgewohnheiten sind wie bei der Atlantischen Makrele. Bereits von II bis III werden die pelagischen Eier abgelegt. Dabei kommt es oft zur Bildung riesiger Schwärme.

Die Stammform dieser mehr die wärmeren Meere bevorzugenden Art wird besonders von Japan im Pazifik in großen Mengen (jährlich etwa 2 Millionen Tonnen) gefangen.

FAMILIE
Cybiidae Pelamiden

Makrelenähnliche Barschartige mit kaum getrennten Rückenflossen. Auf dem Schwanzstiel befinden sich lange deutliche Seitenkiele.

Die wertvollen Speisefische werden meist als Frischfische auf den Markt gebracht. Ihr Fleisch wird noch höher als das der Thunfische bewertet. Der europäische Gesamtfang beträgt etwa 15000 t jährlich.

224 *Sarda sarda*
Pelamide
Kennzeichen: D_1 XXI–XXIV; D_2 II/13–15, dahinter 7 bis 10 Flössel; P II/21–22; A II/11–13, dahinter 5 bis 8 Flössel

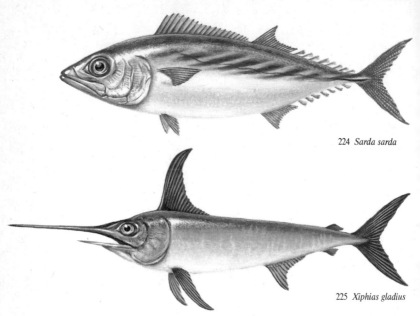

224 *Sarda sarda*

225 *Xiphias gladius*

Länge 30 bis 50 cm (max. 70 cm)
Auf dem blaugrünen Rücken verlaufen 7 bis
9 schwarze Schrägstreifen.
Lebensweise: Die in Schwärmen nahe der
Oberfläche jagenden Fische haben ihre
Hauptverbreitung westlich von Gibraltar, im
östlichen Mittelmeer und im Schwarzen Meer.
Sie ernähren sich in der Jugend von Zooplankton, später von Heringsartigen, Stachelmakrelen, Makrelen und Meeräschen. Von IV bis
VI werden in großen Schwärmen Laichwanderungen unternommen. Nach der Laichzeit lösen sich die Schwärme auf, und die
Fische suchen wieder küstennahe Bereiche
auf.

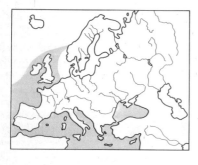

FAMILIE
Xiphiidae Schwertfische

Makrelenähnliche Barschartige mit spitz ausgezogenen Kiefern. Vor allem der schwertar-
tig verlängerte Oberkiefer ist typisch für die
Familie, deren einziger Angehöriger außerdem durch die unbeschuppte Haut, das Fehlen
der Bauchflosse und eine halbmondförmige
Schwanzflosse gekennzeichnet ist.
Die weltweit in allen warmen Meeren vorkommenden wehrhaften Großfische sind begehrte Sportfische der Hochseeangelei. Den
Berufsfischern fügen sie durch Zerreißen der
Netze oft Schaden zu. Sie werden vorwiegend
mit Schlepp- und Treibangeln, mit Spezialnet-
zen und auch mit Harpunen gefangen. Der
europäische Gesamtfang beträgt jährlich etwa
12 000 t.

225 Xiphias gladius
Schwertfisch
Kennzeichen: Länge 2 bis 3,5 m (max. 4,5 m;
dann ±150 kg schwer)
Schwert bei Erwachsenen etwa ¹/₃ der Ge-
samtlänge
Lebensweise: Als Hochseebewohner kommen
Schwertfische auf ihren ausgedehnten Wan-

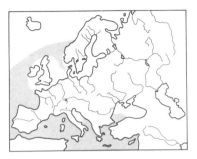

derungen zur Laichzeit auch in Küstennähe. Sie jagen nahe der Oberfläche Heringe, Makrelen und Makrelenhechte. Im Mittelmeer laichen sie von VI bis VIII pelagisch.

FAMILIE
Thunnidae Thunfische

Große makrelenähnliche Barschartige, die durch das Vorhandensein eines Hautgefäßnetzes ausgezeichnet sind, das mit den Ge-

fäßen der intensiv rot gefärbten Seitenmuskeln verbunden ist. Sie haben als hervorragende Schwimmer im Gegensatz zu allen anderen Fischen eine höhere Temperatur als das umgebende Wasser. Die Differenz kann bis zu 9°C betragen. Die unscheinbaren Schuppen erreichen nur an der Brust auffällige Größe. Sie bilden dort eine Art Panzer, das sogenannte Corselett.

Thunfische erreichen Schwimmgeschwindigkeiten bis zu 50 km/h mit Hilfe ihrer halbmondförmigen Schwanzflosse, die fast wie eine Schiffsschraube bewegt werden kann.

Der Fang dieser kräftigen und wild um sich schlagenden Fische ist oft nicht einfach. Im Mittelmeer werden sie in großen Strandreusen, den sogenannten Tonnaren, gefangen, wenn sie zum Laichen an die Küste kommen. In den nördlichen Meeren werden Thunfische mit Ringwaden, Kiemennetzen, Schleppangeln und Harpunen erbeutet. Das vorzügliche, fettreiche, rotgefärbte Fleisch muß schnell verwertet werden. Es kommt frisch und vor

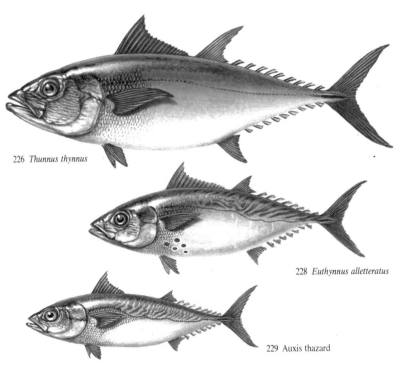

226 *Thunnus thynnus*

228 *Euthynnus alletteratus*

229 Auxis thazard

zu 226

zu 228

allem zu Konserven verarbeitet auf den Markt. Der europäische Gesamtfang beträgt etwa 50000 t jährlich.

226 *Thunnus thynnus*
Roter Thun Thunfisch
Kennzeichen: D_1 XIII–XIV; D_2 I–II/13–15, dahinter 8 bis 10 Flössel; A II/12–14, dahinter 7 bis 10 Flössel
Länge 1 bis 1,4 m (max. 4 m)
Beide Rückenflossen stehen unmittelbar hintereinander. Die geschweiften, lang ausgezogenen Brustflossen reichen im Gegensatz zum Weißen Thun nicht bis zum Ende der 1. Rückenflosse. Der Schwanzstiel ist gekielt.
Lebensweise: Die mit zu den besten Schwimmern unter den Fischen gehörenden Thune wurden in den vergangenen Jahrzehnten stärker als früher auch in Nord- und Ostsee beobachtet. Im Mittelmeer kommen sie zur Laichzeit (IV bis VI) in Schwärmen an die Küste. Danach unternehmen sie ausgedehnte Nahrungswanderungen bis Norwegen und ziehen erst im September wieder aus dem nördlich Atlantik ab. Sie ernähren sich sowohl von Fischlarven (mit Hilfe ihres Kiemenfilters) als auch räuberisch von größeren Schwarmfischen.

227 *Thunnus alalunga*
Weißer Thun
Kennzeichen: Hinter D_2 7 Flössel; hinter A 8 Flössel
Länge 50 bis 70 cm (max. 1,1 m)
Die sehr langen Brustflossen reichen bis an das Ende der 2. Rückenflosse. Das Fleisch ist weiß.

Der pelagische Hochseefisch bevorzugt wärmere Gewässer mit Temperaturen von mehr als 15 °C und Salzgehalte um 35‰ und kommt deshalb kaum nördlich der Biscaya vor.

228 *Euthynnus alletteratus*
Kleiner Thun Thonine
Kennzeichen: D_1 XV–XVI; hinter D_2 8 bis 9 Flössel, hinter A 6 bis 8 Flössel
Länge 40 bis 70 cm (max. 1,25 m)
Im Unterschied zur Fregattmakrele stehen die Rückenflossen nahe beieinander. Unter den Brustflossen befinden sich 5 schwarze, hell umrandete Flecken.

229 *Auxis thazard*
Fregattmakrele Unechter Bonito, Makrelenthunfisch
Kennzeichen: D_1 X–XI; D_2 9–10, dahinter 7 bis 9 Flössel; A 8–10, dahinter 7 Flössel
Länge 30 bis 40 cm (max. 60 cm)
Die beiden Rückenflossen sind weit voneinander getrennt. Der Schwanzstiel ist deutlich gekielt. Das stark entwickelte Corselett läuft bis zur Körpermitte spitz aus.

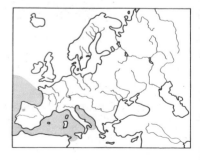

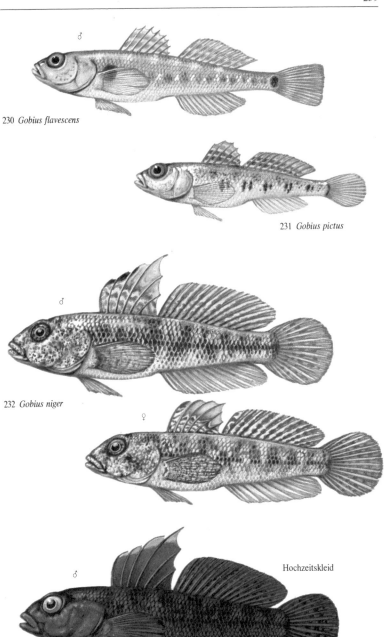

230 *Gobius flavescens*

231 *Gobius pictus*

232 *Gobius niger*

Hochzeitskleid

Lebensweise: Die meist in tieferen Schichten lebenden Fische kommen nur zur Laichzeit (VI bis VII) an die Küste. Sie ernähren sich von Sardinen, Sardellen und Krebsen.

FAMILIE
Gobiidae Meergrundeln

Kleine Barschartige von gedrungener Gestalt mit 2 getrennten Rückenflossen, von denen die vordere stachelstrahlig und immer kürzer ist als die hintere (und die dieser ähnlichen Afterflosse). Die brustständigen Bauchflossen stehen dicht beisammen und sind durch Flossenhäute an ihren hinteren Strahlen in ganzer Länge miteinander verwachsen, so daß eine trichterförmige, vorn offene Saugscheibe entsteht. Kleine Kammschuppen und eine Seitenlinie sind nicht immer vorhanden. Großer Kopf mit auffallenden Augen; der dadurch keulenförmig wirkende Körper hat zu der für manche Arten gebrauchten niederdeutschen Bezeichnung Küling (Keulchen) geführt.

Grundeln leben vorwiegend als Bodenfische im Flachwasser aller Meere. Viele Arten gedeihen auch im Brackwasser und dringen ins Süßwasser ein. Sie bewegen sich im Gegensatz zu den oft im gleichen Lebensraum lebenden Schleimfischen ruckartig gleitend knapp über dem Boden. Kräftige Brust- und Schwanzflossenschläge helfen bei diesem Rutschen mit gestrecktem Körper über meist nur wenige Meter (Schleimfische bewegen sich schlängelnd). Mit Hilfe des Bauchflossentrichters heften sie sich immer wieder am Untergrunde fest. Sie ernähren sich von Kleintieren des Bodens wie Krebsen, Würmern, Weichtieren und Kleinfischen. Die an Wasserpflanzen, Steinen oder Muschelschalen meist im Sommer abgelegten birnenförmigen Eier werden vom ♂ bewacht. Beide Geschlechter haben eine wohlentwickelte Genitalpapille. Ansonsten weisen sie oft ausgeprägte Unterschiede auf.

Obwohl Meergrundeln in vielen Arten und häufig auch in großen Individuenzahlen vorkommen, werden nur wenige größere Arten wirtschaftlich genutzt. Der europäische Gesamtfang beträgt nur etwa 7500 t/Jahr und wird vor allem in der UdSSR und Bulgarien

zu 230

angelandet. Als Nahrungstiere für Nutzfische haben sie jedoch große Bedeutung. Andererseits treten sie auch als Nahrungskonkurrenten für wichtigere Fischarten und als Vertilger von Fischbrut schädigend auf. Als Flachwasserbewohner können sie vom Taucher gut beobachtet werden, darüber hinaus sind viele Arten lohnende Objekte für die Haltung im Aquarium.

Die Bestimmung der zahlreichen und einander sehr ähnlichen Arten ist schwierig. Es werden deshalb nur häufige, gut erkennbare und wirtschaftlich wichtige Arten, gegliedert nach ihrem Vorkommen, aufgeführt.

Meergrundeln des Atlantiks, einschließlich der Nord- und Ostsee:

230 *Gobius flavescens*
Schwimmgrundel Schnappküling,
Fleckgrundel
Kennzeichen: D_1 VII–VIII; D_2 I/9–11; A I/10–11; P 16–18
Länge 4 bis 6 cm (max. 10 cm)
Auf der Basis der Schwanzflosse befindet sich jederseits ein schwarzer, gelb gesäumter Fleck.
Lebensweise: Eine der wenigen Grundeln, die freischwimmend (Name) in großen Schwärmen nahe der Wasseroberfläche über Pflanzen angetroffen wird.

231 *Gobius pictus*
Bändergrundel
Kennzeichen: D_1 VI; D_2 I/8–9
Länge max. 5 cm
Auf den Rückenflossen verlaufen 2 Längsbänder (Name) schwarzer Flecken.
Verbreitung: Ostwärts nur bis zum Großen

zu 231

Belt und nicht im Brack- und Süßwasser vorkommend.

Grundeln des Atlantiks (einschließlich Nord- und Ostsee) und des Mittelmeeres (einschließlich des Schwarzen Meeres):

232 *Gobius niger*

Schwarzgrundel Schwarzküling

Kennzeichen: D_1 VI; D_2 I/11–13; A I/10–13

Länge ±10 cm (max. 15 cm)

Beide Rückenflossen stoßen aneinander. Über die vorwiegend dunkle Färbung der Fische mit schwarzer Fleckenzeichnung hinaus färben sich bei den ♂ während der Laichzeit die Bauchflossentrichtermembran und die Kiemenhaut tiefschwarz.

Die Schwarzgrundel ist auch in Mündungen von Flüssen und in Brackwasserlagunen anzutreffen.

233 *Gobius microps*

Strandgrundel Strandküling

Kennzeichen: D_1 V–VI; D_2 I/8–10; A I/7–10

Länge 4 bis 5 cm (max. 7 cm)

Der Rücken ist bis zum Hinterende der

zu 232

1. Rückenflosse und die Kehlregion bis zum Ansatz der Bauchflossen ohne Schuppen.

Lebensweise: Strandgrundeln bevorzugen Sandgrund bis ins Flachwasser und leben dort häufig mit der Garnele *Crangon vulgaris* vergesellschaftet. Sie gehen gern ins Brackwasser und in die Unterläufe kleiner Süßwasserzuflüsse.

234 *Gobius minutus*

Sandgrundel Sandküling

Kennzeichen: D_1 VI–VII; D_2 I/10–11; A I/9–12

L. l. 61–73

Länge 6 bis 8 cm (max. 11 cm)

Der leicht gedrückt wirkende Kopf ist wesentlich länger als hoch. Der Vorderrücken ist voll beschuppt, die Schuppen über der dadurch deutlich erkennbaren Seitenlinie sind schwarz gesäumt.

235 *Aphia minuta*

Weißgrundel Glasküling

Kennzeichen: D_1 V; D_2 I/11–13; A I/12–14

Länge max. 6 cm

zu 234

zu 233

zu 235

zu 236

zu 237

Der Körper ist glasartig durchscheinend (Name) und zur Laichzeit mit feinen schwarzen und rotbraunen Punkten übersät. Beide Rückenflossen sind weit voneinander getrennt. Die Kehle, der Bauch und der Vorderrücken sind nackt.

Lebensweise; Weißgrundeln leben freischwimmend und treten in großen Schwärmen unterhalb 3 m Tiefe auf. Sie werden schon nach 1 Jahr geschlechtsreif und sterben nach dem ersten Laichen ab.

236 *Crystallogobius linearis*
Kristallgrundel
Kennzeichen: $D_1 II$ (♂) bzw. I–II (♀); $D_2 I/18$–20; A I/20–22
Länge max. 5 cm
Der glasartig durchscheinende Körper (Name) hat nur an der unteren Seitenkante und an den Kiefern dunkle Punkte. Die 1. Rückenflosse ist stark reduziert.
Lebensweise: Die meist freischwimmenden Schwarmfische sterben schon nach einmaligem Ablaichen ab.

Grundeln des Mittelmeeres und des Schwarzen Meeres:

237 *Gobius cobitis*
Große Meergrundel
Kennzeichen: $D_1 VI$–VII; $D_2 I/12$–14; A I/10–12
Länge 15 bis 20 cm (max. 28 cm)
Am großen Kopf fallen die dicken Lippen auf, während die hochsitzenden Augen verhältnismäßig klein sind.
Lebensweise: Die Große Meergrundel bevorzugt algenbewachsene Gründe vom Flachwasser an. Sie kommt auch im Atlantik bis zur Biscaya vor.

238 *Gobius ophiocephalus*
Schlangenkopfgrundel
Kennzeichen: $D_1 VI$; $D_2 I/13$–16; A I/12–15
Sq. l. 57–70
Länge 18 bis 22 cm (max. 25 cm)
Der Kopf ist höher als breit, wie überhaupt der Körper seitlich zusammengedrückt ist und daher der ganze Fisch leicht kantig wirkt.
Lebensweise: Aus den Küstengewässern des nördlichen Mittelmeeres und des Schwarzen

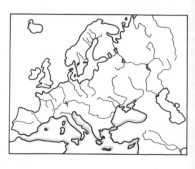

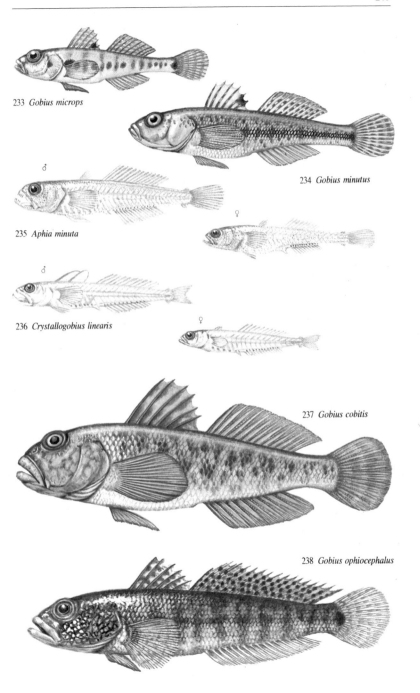

233 *Gobius microps*

234 *Gobius minutus*

♂

235 *Aphia minuta*

♀

♂

236 *Crystallogobius linearis*

♀

237 *Gobius cobitis*

238 *Gobius ophiocephalus*

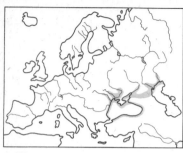

zu 239

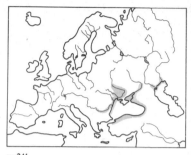

zu 241

Meeres geht die Schlangenkopfgrundel nur selten ins Brack- und Süßwasser. Die auf pflanzenreichen Gründen lebenden verhältnismäßig großen Fische werden örtlich mit Netzen gefischt.

Grundeln des Schwarzen Meeres:

239 *Gobius melanostomus*
Schwarzmundgrundel
Kennzeichen: D_1 VI; D_2 I/12–17; A I/11–15
Sq. l. 45–54
Länge 18 bis 22 cm (max. 25 cm)
Der Oberkopf trägt keine Schuppen. Auf den Körperseiten befinden sich Reihen länglicher dunkler Flecken.
Lebensweise: Aus den großen Eiern schlüpfen bodenbewohnende Larven. Die auf steinigen Gründen lebenden Fische ernähren sich vorwiegend von Weichtieren und Krebsen. Sie dringen auch in die Unterläufe der Flüsse ein.
Im Schwarzen und Asowschen Meer haben die Schwarzmundgrundel und ihre Verwandten eine gewisse wirtschaftliche Bedeutung. Auch als Nährtiere für größere

Raubfische sind die häufig vorkommenden Fische wichtig.

240 *Gobius batrachocephalus*
Krötengrundel
Kennzeichen: D_1 VI; D_2 I/16–18; A I/14–16
Sq. l. 73–84
Länge 25 bis 30 cm (max. 35 cm)
An dem abgeflachten Kopf stehen die Unterkiefer und Augen vor. Die Lippen sind dick. Auf allen Flossen (außer D) befinden sich braune Streifen.
Lebensweise: Größte Grundel des Schwarzen Meeres, dringt nur selten in Flüsse ein.

241 *Gobius fluviatilis*
Flußgrundel
Kennzeichen: D_1 VI; D_2 I/15–18; A I/13–16
Sq. l. 58–65
Länge 15 bis 18 cm (max. 20 cm)
Die 2. Rückenflosse wird nach hinten niedriger. Der Nacken ist beschuppt.
Lebensweise: Diese Art ist vorwiegend in den Zuflüssen des Schwarzen und Asowschen Meeres (seltener an den Küsten) zu finden.

zu 240

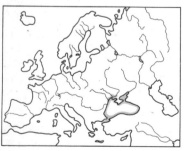

zu 242

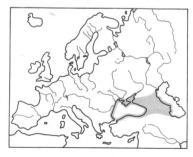

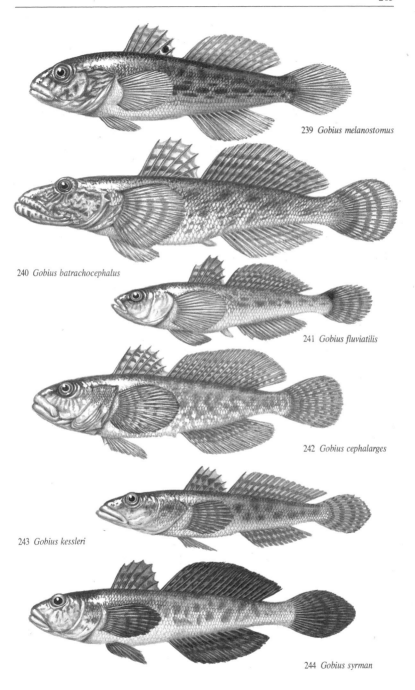

239 *Gobius melanostomus*

240 *Gobius batrachocephalus*

241 *Gobius fluviatilis*

242 *Gobius cephalarges*

243 *Gobius kessleri*

244 *Gobius syrman*

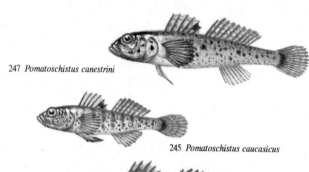

247 *Pomatoschistus canestrini*

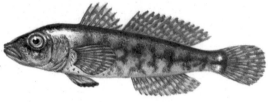

245 *Pomatoschistus caucasicus*

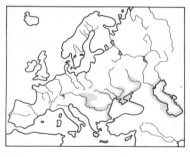

246 *Proterorhinus marmoratus*

242 *Gobius cephalarges*
Großkopfgrundel
Kennzeichen: D₁ VI; D₂ I/15–19; A I/11–15
Sq. l. 55–67
Länge 18 bis 22 cm (max. 24 cm)
Die großen Brustflossen reichen bis zur Afterflosse. Die 2. Rückenflosse steigt nach hinten an. Außer an der Vorderbrust ist der Körper voll beschuppt.
Lebensweise: Großkopfgrundeln leben in flachen, steinigen Küstenregionen, eine Unterart sogar bis hinauf in steinige Gebirgsflüsse.

243 *Gobius kessleri*
Kessler-Grundel
Kennzeichen: D₁ V–VI; D₂ I/16–18; A I/11–15
Sq. l. 64–79

zu 246

Länge 15 bis 20 cm (max. 22 cm)
Der große abgeflachte Kopf trägt einen vorstehenden Unterkiefer. Oberkopf und Kiemendeckel sind beschuppt.
Lebensweise: Die an der Küste lebenden Fische wandern auch in die Flüsse ein.

244 *Gobius syrman*
Syrman-Grundel
Kennzeichen: D₁ V; D₂ I/16–17; A I/12–14
Sq. l. 58–71
Länge 18 bis 20 cm (max. 25 cm)
Die Augen stehen sehr hoch.
Lebensweise: Die Fische leben in sandig-steinigen Küstenbereichen und den Flußunterläufen.

Außer diesen Arten kommen vor allem im Gebiet des Schwarzen und Kaspischen Meeres zahlreiche weitere vor, die meist unter 10 cm Länge bleiben, z. B.:
245 *Pomatoschistus caucasicus*
Kaukasische Grundel
246 *Proterorhinus marmoratus*
Marmorierte Grundel

Grundeln des Süßwassers:
247 *Pomatoschistus canèstrini*
Canestrini-Grundel
Kennzeichen: D₁ VI; D₂ I/8–9; A I/8–9
Sq. l. 34–38

Länge 4 bis 5 cm (max. 6 cm)
Diese Grundel kommt nur im Süßwasser Jugoslawiens und bei Venedig vor.

Unterordnung
Cottoidei Panzerwangen

Barschartige Fische mit einer Verbindung des Augenringknochens (Suborbitale) mit dem Kiemenvordeckel. Sie haben einen kantigen, gepanzerten Kopf mit Dornen und Stacheln auch auf dem Kiemendeckel. Der Körper ist kräftig beschuppt und zuweilen gepanzert. Die Flossen haben Stachelstrahlen, aber niemals freistehende Stacheln wie die Stichlinge. Bezüglich ihres Vorkommens, ihrer Ernährungs- und Fortpflanzungsgewohnheiten unterscheiden sich die einzelnen Arten teilweise erheblich voneinander. Unter ihnen gibt es wichtige Fischereiobjekte.

FAMILIE
Scorpaenidae Drachenköpfe

Der gedrungene Körper dieser panzerwangenähnlichen Barschartigen ist von Kammschuppen bedeckt. Die Stacheln der Flossen sind z. T. mit Giftdrüsen verbunden. Zu den Drachenköpfen gehören so „berühmte" Giftfische wie der bizarre Rotfeuerfisch und der „häßliche" Steinfisch tropischer Meere. Andererseits umfaßt die Familie auch wirtschaftlich wichtige Fische, wie den Großen und Kleinen Rotbarsch (jährliche Fangmenge etwa 400 000 t), die im tiefen Wasser des Nordatlantiks vorkommen und lebendgebärend sind.

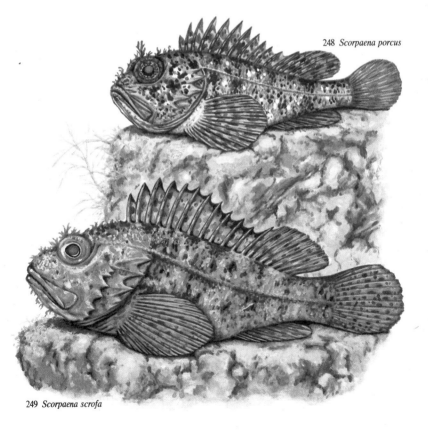

248 *Scorpaena porcus*

249 *Scorpaena scrofa*

zu 248

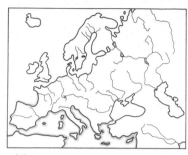

zu 249

248 *Scorpaena porcus*
  Brauner Drachenkopf Kleine Meersau,
  Meerkröte, Kleiner Drachenkopf
Kennzeichen: D XI–XII/9–10; A III/5;
P I/15–16; V I/5
Länge 15 bis 25 cm (max. 30 cm)
Neben einigen Hautanhängen trägt der Kopf
einen großen Überaugententakel. Der Unter-
augenknochen endet in 3 Stacheln. Die Sta-
chelstrahlen der Rückenflossen dieser Fische
führen Gift.
Lebensweise: Die Braunen Drachenköpfe
lauern am algenbewachsenen Stein- und Fels-
boden auf Beute, vorwiegend auf Krabben.
Die pelagischen Eier werden im Frühjahr und
Sommer abgelegt. Auch die Larven leben
zunächst freischwimmend, bis sie zu trägen
Bodenbewohnern werden. Es ist eine Be-
sonderheit dieser Fische, daß ihr Wachstum
von periodischen Häutungen begleitet wird.
Die obere Hautschicht wird je nach Intensität
der Nahrungsaufnahme bis zu zweimal im
Monat abgeworfen und durch eine neue ersetzt.

249 *Scorpaena scrofa*
  Roter Drachenkopf Großer Drachenkopf, Große Meersau
Kennzeichen: D XI–XII/8–9; A III/5–6
Länge 30 bis 40 cm (max. 50 cm)
Auch am Unterkiefer befinden sich Haut-
fransen. Die Stachelstrahlen der Rückenflosse
führen Gift.
Lebensweise: Sowohl auf felsigem Boden wie
auf pflanzenbedeckten Sand- und Schlammgründen lauern die Roten Drachenköpfe auf

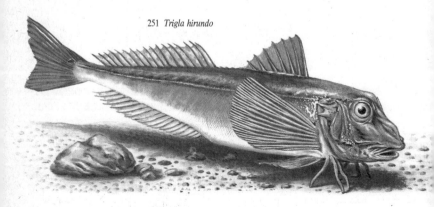

251 *Trigla hirundo*

zu 250

Beutefische. Mit ihrem großen Maul können sie auch sehr große Nährtiere verschlingen.

FAMILIE
Triglidae Knurrhähne

Panzerwangenähnliche Barschartige mit vorn schräg abgestutztem, gepanzertem Kopf und bestachelten Kiemendeckeln. Die 1. Rückenflosse ist kürzer, aber höher als die 2. Die 3 unteren Strahlen der Brustflossen sind ohne Flossenhaut, fingerartig beweglich und dienen als Tast- und Schreitorgane. Knurrhähne können mit Hilfe der zweigeteilten Schwimmblase knurrende Geräusche erzeugen.
Der europäische Gesamtfang, der überwiegend aus Angehörigen der Art *Trigla*

hirundo besteht, beläuft sich auf etwa 13 000 t/ Jahr und wird hauptsächlich in Spanien angelandet.

250 *Trigla gurnardus*
Grauer Knurrhahn
Kennzeichen: D_1 VIII–IX; D_2 19–20; A 17–21; P 10–11 + 3; V I/5
L. l. 73–76
Länge 20 bis 30 cm (max. 50 cm)
Die Brustflossen reichen nicht bis zum Anfang der Afterflosse. Die Seitenlinie ist rauh durch gekielte Knochenhöcker.
Lebensweise: Der Graue Knurrhahn kann auf sandigen Gründen vom Seichtwasser an, aber auch freischwimmend bis in Tiefen von 150 m angetroffen werden. Im Sommer leben die Fische in Küstennähe. Sie legen von V bis VIII

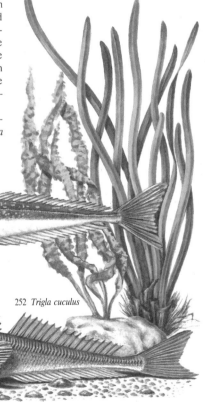

250 *Trigla gurnardus*

252 *Trigla cuculus*

zu 251

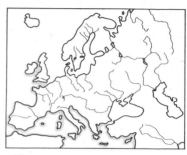

zu 253

pelagische Eier ab. Die freischwimmenden Larven ernähren sich von Plankton und gehen dann zum Leben am Boden über. Dort fressen sie Garnelen, Krabben, Weichtiere und Kleinfische.

251 *Trigla hirundo*
   Roter Knurrhahn Seeschwalbenfisch
Kennzeichen: D_1 IX–X; D_2 16; A 14–16; P 10–11 + 3; V I/5
Länge 30 bis 60 cm (max. 75 cm)
Die langen Brustflossen reichen bis über den Ansatz der Afterflosse hinaus. Die Seitenlinie ist glatt, die Schuppen sind dort nicht vergrößert.
Lebensweise: Ähnelt der des Grauen Knurrhahns. In der Nahrung überwiegen Fische, die er als gewandter Schwimmer erbeutet.

252 *Trigla cuculus*
   Seekuckuck
Kennzeichen: D_1 VIII–IX; D_2 18; A 16–17; P 10–11 + 3; V I/5
L. l. 73–76
Länge 20 bis 30 cm (max. 40 cm)

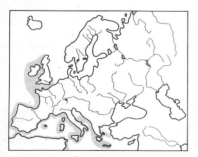

Die Brustflossen reichen bis zur Afterflosse. In der Seitenlinie stehen lange verknöcherte Schildchen, die querstehende Rippen bilden und bis zu den Rückenflossen reichen.
Lebensweise: Der nicht so weit nach Norden vordringende Fisch lebt ähnlich wie die vorbeschriebenen Arten.

FAMILIE
Dactylopteridae Flughähne

Panzerwangenähnliche Barschartige, die den Knurrhähnen in Aussehen und Lebensweise ähneln.

253 *Dactylopterus volitans*
   Flughahn
Kennzeichen: D_1 VIII; D_2 8–9
Länge 30 bis 40 cm (max. 50 cm)
Der Kopf ist mit helmartigen Knochenplatten gepanzert, die in 2 lange Schulterstacheln auslaufen. Die Brustflossen sind flügelähnlich vergrößert und reichen fast bis zur Schwanzflosse.
Lebensweise: Flughähne gleiten mit ihren ausgebreiteten Brustflossen über Sand- und Schlammgründe. Sie können damit auch kurze Flugsprünge über die Wasseroberfläche hinaus machen.

FAMILIE
Cottidae Groppen

Panzerwangenähnliche Barschartige mit breitem Kopf und schuppenlosem keulenförmigem Körper, der wie der Kopf mit Platten und Stacheln bedeckt sein kann. Von den beiden Rückenflossen ist die vordere

zu 254

stachelstrahlig; auch die großen Brustflossen weisen freie Strahlenspitzen auf. Die kleinen Grundfische haben keine Schwimmblase und bewohnen die Litoralzone gemäßigter und arktischer Meere sowie stehende und fließende Gewässer der nördlichen Halbkugel.

254 *Cottus gobio*
Westgroppe Mühlkoppe, Koppe, Groppe
Kennzeichen: D_1 V–IX; D_2 13–19; A 10–15; P 12–16; V I/4
Länge 10 bis 15 cm (max. 18 cm)
Die Seitenlinie mit 30 bis 35 Porenkanälchen reicht bis zur Basis der Schwanzflosse. Die Bauchflosse ist nicht quergestreift, ihr innerer Gliederstrahl ist mehr als halb so lang wie der längste Strahl.

Lebensweise: Die Koppe ist ein stationärer Grundfisch in klaren Bächen und Flüssen (Forellenregion), kommt auch am steinigen Ufer klarer Seen und im stark ausgesüßten Brackwasser der östlichen Ostsee vor. Sie schwimmt ruckartig nur kurze Strecken und verbirgt sich meist unter Steinen und Holz. Dort werden auch von III bis V 100 bis 300 orangefarbene, bis 2,5 mm dicke Eier in Klumpen abgelegt und vom ♂ bewacht. Die Fische ernähren sich von Kleintieren, Fischlaich und Jungfischen. In bewirtschafteten Forellengewässern wird die Westgroppe daher nicht gern gesehen, tritt sie hier doch als unerwünschter Nahrungskonkurrent der Nutzfische und als Laich- und Bruträuber auf.

255 *Cottus poecilopus*
Ostgroppe Buntflossenkoppe, Sibirische Groppe
Kennzeichen: D_1 VIII–IX; D_2 16–20; A 12–15; P 13–15; V I/4
Länge 8 bis 10 cm (max. 13 cm)
Die Seitenlinie mit 20 bis 25 Porenkanälchen reicht nur bis zur Mitte der D_2. Die Bauchflosse hat 5 bis 10 schwärzliche Querbinden, ihr innerer Gliederstrahl ist nicht halb so lang wie der längste Strahl.
Lebensweise: Ähnlich der der Westgroppe; die Ostgroppe scheint aber noch sauerstoff-

253 *Dactylopterus volitans*

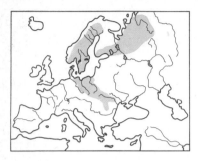 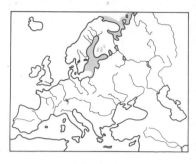

bedürftiger zu sein und ist auch noch in Tiefen bis zu 20 m zu finden. In Teilen Mittel- und Osteuropas kommen beide Arten nebeneinander vor. Westlich der Elbe fehlt die Ostgroppe (nördlich der Newa sowie östlich der Wolga die Westgroppe).

Die seltene Art ist in ihrem Fortbestand an vielen Orten ihres Vorkommens stark gefährdet – in der DDR z. B. existieren nur noch im Feldberger Seengebiet Restbestände. In Mitteleuropa sind Schutzmaßnahmen dringend erforderlich!

256 *Myoxocephalus quadricornis*
Vierhörniger Seeskorpion
Kennzeichen: D₁ VII–IX; D₂ 13–16; A 14–16

Länge 15 bis 25 cm (max. 40 cm)

Auf dem Kopf fallen 4 schwammig-knöcherne Auswüchse (Name) auf. Über der Mundöffnung sitzen 2 kleine Stacheldornen, auf dem Vorkiemendeckel 4 Dornen, von denen der oberste am längsten ist. Die Maximalgröße der Brackwasserformen beträgt selten über 25 cm; in isolierten Süßwasser-

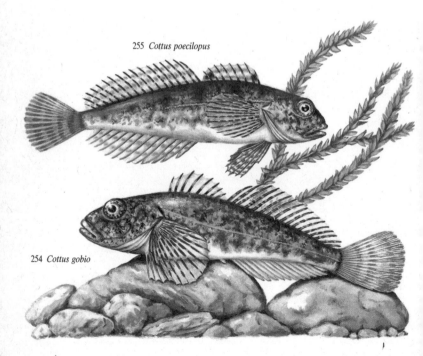

255 *Cottus poecilopus*

254 *Cottus gobio*

vorkommen sind die Fische meist noch kleiner.

Lebensweise: Die zirkumpolar an den arktischen Küsten verbreiteten Fische laichen im Winter von XI bis I. Sie kommen in Europa als Eiszeitrelikte nur in der östlichen Ostsee westwärts bis Rügen und in einigen Binnenseen vor und verdienen dort unbedingten Schutz. In der Ostsee ernähren sie sich vorwiegend von Asseln und Würmern.

Nur an manchen arktischen Küsten hat diese Fischart eine gewisse wirtschaftliche Bedeutung.

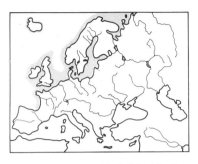

257 *Myoxocephalus scorpius*
Seeskorpion Seeteufel
Kennzeichen: D₁ VII–XI; D₂ 14–17; A 10–15; P 16–17; V I/5

Länge 20 bis 25 cm (max. 40 cm, in der Arktis sogar bis 60 cm)

Über den 35 Knochenhöckern der Seitenlinie befindet sich noch eine 2. Reihe von Knochenhöckern. Der Hinterrand des Vorkiemendeckels hat 3, seltener 4 kurze Stacheln. Der Bauch der ♂ ist während der Laichzeit hochrot gefärbt und mit weißen Flecken versehen.

Lebensweise: Auf mit Seegras und Blasentang bewachsenen steinigen Gründen lauern die gefräßigen Räuber auf Beute. Während der Laichzeit von X bis III werden die 2 bis 2,5 mm dicken Eier in Klumpen abgelegt und vom ♂ bewacht. Die nach 5 Wochen schlüpfenden Larven leben bis zu einer Länge von 15 mm pelagisch.

Dieser häufigste Vertreter der *Cottidae* fügt der Fischerei wegen seiner Gefräßigkeit als

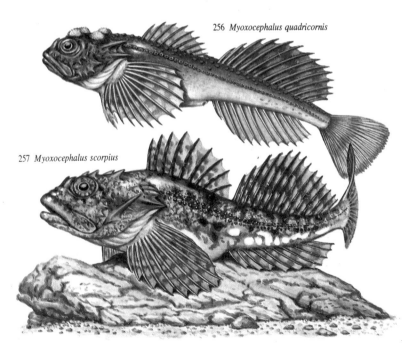

256 *Myoxocephalus quadricornis*

257 *Myoxocephalus scorpius*

Nahrungskonkurrent für andere Arten und als Raubfisch Schaden zu. Beim Herausnehmen aus dem Wasser geben die fälschlich auch „Knurrhahn" genannten Fische anhaltende knurrende Töne von sich, die durch Muskelvibrationen erzeugt werden.

258 *Taurulus bubalis*
Seebulle
Diese Art unterscheidet sich vom Seeskorpion durch das Vorhandensein kleiner Barteln in den Mundwinkeln und von 4 Stacheln − darunter einem sehr langen − am Vorkiemendeckel. Der Seebulle ist weniger häufig und bleibt kleiner als 257.

FAMILIE
Agonidae Panzergroppen

Panzerwangenähnliche Barschartige mit großem Kopf und langem Schwanzstiel. Der gepanzerte keulenförmige Körper wirkt durch in Reihen angeordnete Knochenschilder kantig. Am kleinen unterständigen Mund und an der Kehle sitzen zahlreiche Bartfäden.
Panzergroppen leben am Grunde kalter Meere vom Flachwasser bis in große Tiefen, sie haben keine Schwimmblase.

259 *Agonus cataphractus*
Steinpicker
Kennzeichen: D₁ IV–VI; D₂ 6–8; A 5–7; P 15–17; V I/2
L.l. 32–34
Länge max. 20 cm
Die Panzerung des Rumpfes besteht aus 8 paarigen, die des Schwanzes aus 4 paarigen und 2 unpaaren Längsreihen von Kno-

chenschildern. Der Mund ist unterständig, auf der Schnauzenspitze sitzen 2 Paar Stacheln. Der After liegt den Bauchflossen näher als der Afterflosse.
Lebensweise: Steinpicker leben auf weichem Boden vom Flachwasserbereich an. Besonders häufig sind sie im Wattenmeer. Sie legen von II bis IV ihre gelben Eier in Klumpen an den unteren Teilen der Tange ab. Die Eientwicklung dauert ungewöhnlich lange. Erst nach 10 bis 11 Monaten schlüpfen die bis zu einer Länge von 2 cm pelagischen Larven. Kleintiere des Bodens werden als Nahrung aufgenommen.

FAMILIE
Cyclopteridae Lumpfische

Panzerwangenähnliche Barschartige mit gedrungenem, plumpem, beschupptem Körper. Die Bauchflossen sind zu einer Saugscheibe umgebildet. Eine Schwimmblase fehlt.
Nur der Seehase hat wirtschaftliche Bedeutung. Sein mit Salzlake sowie Farb- und Geschmacksstoffen behandelter Rogen wird als begehrter Kaviarersatz auf den Markt ge-

259 *Agonus cataphractus*

bracht und unter verschiedenen Handelsnamen (Deutscher Kaviar, Limfjordskaviar,
Perles du Nord) angeboten.

260 *Cyclopterus lumpus*
Seehase
Kennzeichen: D_1 VI–VII (nicht sichtbar, da
von schwartiger Haut überwachsen);
D_2 10–11; A 10–11; P 20–21; V I/4 (Haftscheibe)
Länge 30 bis 40 cm (♀ max. 60 cm, ♂ 35 cm)
Auf dem Rücken mit einer, auf den Seiten mit
je 3 Reihen von Knochenwarzen, die den
Jungfischen anfangs noch fehlen. Der schwar-
tige Hautkamm im Bereich der D_1 ist bei den
♀ höher, ihre Flossen sind grau gefärbt. Die
♂ haben rote Flossen; während der Laichzeit
färbt sich auch ihr sonst weißlicher Bauch
rot.

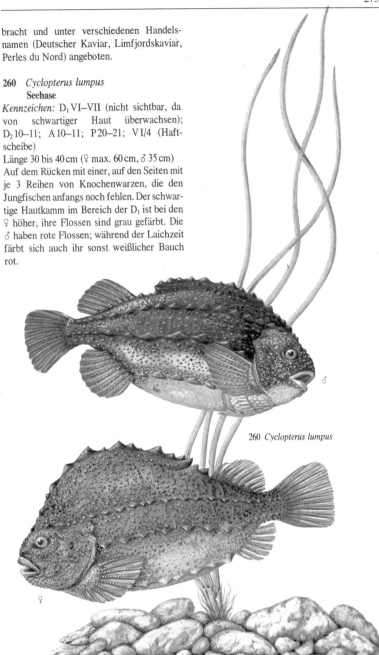

260 *Cyclopterus lumpus*

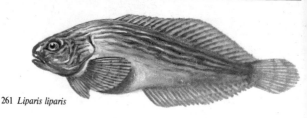

261 *Liparis liparis*

Lebensweise: Während der Laichzeit von II bis IV kommen die Seehasen paarweise in Küstennähe. Die zahlreichen, 2,5 mm dicken Eier werden vom ♂ 60 bis 70 Tage bewacht. Die kaulquappenförmigen Larven sind 7 mm lang; sie saugen sich mit ihrer Haftscheibe an Pflanzen fest und werden so oft weit verdriftet. Größere Tiere sind u. U. erstaunlich fest mit der Unterlage verbunden: Als Beifang im Grundschleppnetz werden Seehasen zuweilen mit dem Stein an Bord gehievt, an dem sie sich festgesaugt hatten. An einem 25 cm langen Tier blieb beim Hochheben sogar ein 12 kg schwerer Stein haften!

Den Herbst und Winter verbringen die Fische in größeren Tiefen. Sie ernähren sich von Kleintieren, u. a. auch von Rippenquallen.

261 *Liparis liparis*
Großer Scheibenbauch
Kennzeichen: D VI–XV/25–28; A 26–31; P 32–42; V I/5 (Haftscheibe)
Länge max. 15 cm
Der kaulquappenförmige Körper ist von einer dünnen, schlaffen, völlig nackten Haut eingehüllt. Rücken- und Afterflosse sind mit der Schwanzflosse verbunden.

Sehr ähnlich:
262 *Liparis montagui*
Kleiner Scheibenbauch
Kennzeichen: Verbindung der Rücken-, Schwanz- und Afterflosse fehlt, wird nur max. 12 cm lang.

ORDNUNG
Pleuronectiformes Plattfischartige

Echte Knochenfische, deren abgeflachte Körpergestalt durch Asymmetrie stark verändert ist. Während die pelagischen Larven noch in Normallage schwimmen, tritt in Anpassung an das Bodenleben eine Seitenlage ein, die zur Verlagerung der Augen, zur

zu 260

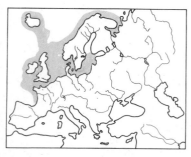

zu 261

zu 263

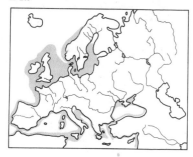

Asymmetrie des Mundes und zu Unterschieden in der Färbung und Beschuppung der beiden Körperseiten führt. Über den ganzen Rücken und vom After an verlaufen Flossensäume bis zur Schwanzflosse. Plattfische leben auf oder im Boden vorwiegend flacher Meeresgebiete. Sie gehören zu den wichtigsten Nutzfischen. Weltweit werden jährlich über 1 Million Tonnen Plattfische gefangen.

FAMILIE
Bothidae Butte

Plattfische mit oberständigem Mund und weiter Mundspalte bis unter die Augen, die auf der linken Kopfseite stehen. Der Hinterrand des Vorkiemendeckels ist deutlich sichtbar. Die Rückenflosse beginnt vor dem oberen Auge auf der Blindseite des Kopfes.

263 *Psetta maxima*
Steinbutt
Kennzeichen: D 57–72; A 42–56; P 11–12
Länge 40 bis 60 cm (max. 1 m; dann bis zu 12 kg schwer; in der Ostsee max. 50 cm)
Anstelle der Schuppen ist der fast kreisrunde Körper mit isoliert stehenden, flach kegelförmigen Knochenhöckern (Name) vorwiegend auf der Augenseite besetzt. Bauch- und Afterflosse sind getrennt.

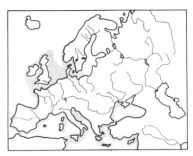

zu 264/265

Lebensweise: Die auf sandigem Boden, aber auch im freien Wasser lebenden Fische bevorzugen flache Küstengewässer und dringen dabei auch ins Brackwasser ein. Von IV bis VIII werden bis zu 15 Millionen planktonische Eier abgelegt, aus denen in 7 bis 10 Tagen pelagische Larven schlüpfen. Bei 12 mm Länge beginnt die Aufwärtswanderung des rechten Auges, ab 25 mm Länge gehen sie zum Grundleben über. Außer in früher Jugend ernährt sich der Steinbutt hauptsächlich von Fischen wie Grundeln, Sandaal, Sprotte, Junghering und -dorsch.

264 *Scophthalmus rhombus*
Glattbutt Kleist
Kennzeichen: D 63–85; A 50–63; P 10–12

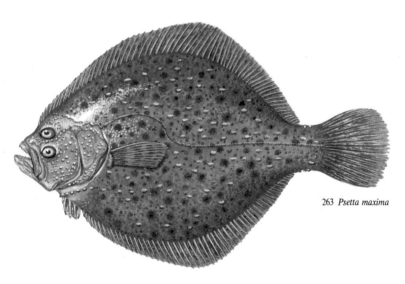

263 *Psetta maxima*

Länge 25 bis 40 cm (max. 70 cm; in der Ostsee max. 35 cm)

Kopf und Körper sind dicht mit kleinen, glatten Rundschuppen besetzt (Name). Bauch- und Afterflossen sind getrennt. Die ersten Strahlen der Rückenflosse sind mehrfach geteilt.

Lebensweise: Ähnlich der des Steinbutts, geht jedoch nicht ins Brackwasser und ist deshalb in der westlichen Ostsee auch nur bis Rügen anzutreffen.

265 *Arnoglossus laterna*
Lammzunge
Kennzeichen: D 82–98; A 59–75; P 8–12
Länge 12 bis 15 cm (max. 19 cm)
Der gestreckte, seezungenähnliche Körper ist von leicht gesträubten, lose sitzenden Schuppen bedeckt; Bauch- und Afterflosse sind getrennt. Vor der Afterflosse stehen 2 Stacheln.

Lebensweise: Die auf sandig-schlammigen Böden lebenden Grundfische ernähren sich von Kleinfischen und niederen Tieren.

FAMILIE
Pleuronectidae Schollen

Plattfische mit endständigem Mund, der in der Regel nicht bis unter die Augen reicht, die meist auf der rechten Kopfseite stehen. Der Hinterrand des Vorkiemendeckels ist sichtbar. Die Rückenflosse beginnt über oder hinter dem oberen Auge. Es handelt sich um eine arten- und individuenreiche Familie, zu der z. B. auch große Fische wie der Heilbutt in küstenfernen Gewässern gehören.

266 *Limanda limanda*
Kliesche Scharbe
Kennzeichen: D 65–80; A 50–62; P 9–12
Länge 20 bis 30 cm (max. 60 cm)

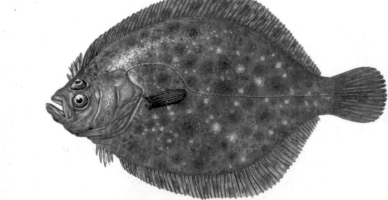

264 *Scophthalmus rhombus*

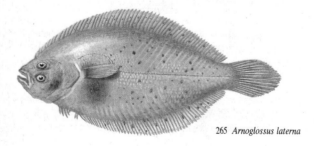

265 *Arnoglossus laterna*

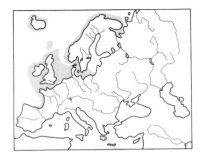 

Die Haut ist beim Streichen von hinten nach vorn rauh; das bewirken die auf dem ganzen Körper vorhandenen Kammschuppen. Über der Brustflosse beschreibt die Seitenlinie einen halbkreisförmigen Bogen.

Lebensweise: Wie Scholle und Flunder lebt auch die Kliesche in Scharen auf weichem oder sandigem Boden. Sie ist jedoch im Unterschied zu ihnen ein Standfisch, unternimmt also keine Laichwanderungen und ist deshalb an einen bestimmten Salzgehalt gebunden. Die sehr kleinen planktonischen Eier (0,6 bis 0,9 mm im Durchmesser) werden von III bis VII abgelegt. Schon während der Augenwanderung suchen die 14 mm langen Larven den Boden auf, wo sie sich wie Schollen ernähren. In Gebieten ihrer stärksten Verbreitung (z. B. südliche Nordsee) sind sie ein Nahrungskonkurrent der wertvolleren Scholle.

267 *Pleuronectes platessa*
Scholle Goldbutt
Kennzeichen: D 57–82; A 42–61; P 8–14
Länge 25 bis 40 cm (max. 90 cm; in der Ostsee max. 45 cm)

Die glatte Haut ist von Rundschuppen bedeckt und weist auf graubraunem Grund rotgelbe Flecken auf. Manchmal haben geschlechtsreife ♂ der Ostseeschollen rauhschuppige Körperpartien. Zwischen den Augen beginnt ein Kamm mit 4 bis 9 Knochenhöckern auf dem Kopfe. Die Seitenlinie verläuft fast gerade.

Lebensweise: Die in Schwärmen lebenden Grundfische bevorzugen salzreicheres Wasser als die Flunder. Jungfische werden in unmittelbarer Strandnähe angetroffen, mit zunehmendem Wachstum ziehen sie sich in immer größere Tiefen zurück. Zur Laichzeit

unternehmen die Schollen zum Teil weite Wanderungen zu den Laichplätzen. Dort legen sie von XI bis III bis zu 500 000 planktonische Eier ab. Ein Schweben der ca. 2 mm dicken Eier und ihre ausreichende Befruchtung ist nur bei Salzgehalten von mindestens 12 bis 15 ‰ möglich. Schollen ernähren sich von niederen Tieren des Bodens, vor allem von Weichtieren, häufig aber auch von Borstenwürmern, Krebstieren und Stachelhäutern.

Während aus früheren Zeiten 50jährige Schollen bis zu 1 m Länge und 7 kg Stückmasse bekannt sind, gingen die Bestandsdichten und Durchschnittsgrößen infolge starker Befischung zurück, so daß Schonmaßnahmen eingeführt wurden.

268 *Platichthys flesus*
Flunder Graubutt, Rauhbutt
Kennzeichen: D 49–71; A 33–48; P 7–13
Länge 25 bis 30 cm (max. 50 cm; in der Ostsee max. 35 cm)

Die Haut ist im Gegensatz zur Scholle wenigstens längs der Flossensäume, am Kopfe und am Anfang der Seitenlinie durch dornige Hautwarzen rauh. Diese umgebildeten Schuppen sind zuweilen auch über die ganze Augen-

266 *Limanda limanda*

267 *Pleuronectes platessa*

268 *Platichthys flesus*

seite zerstreut. Die Knochenleiste zwischen den Augen setzt sich bis zum Beginn der nur schwach gebogenen Seitenlinie ohne größere Knochenhöcker fort. Neben den vorherrschenden rechtsäugigen Exemplaren sind 20 bis 40% linksäugig. Alle anderen Plattfischarten sind bezüglich der Seitenlage wesentlich konstanter.

Lebensweise: Als Schwarmfische küstennaher Flachwassergebiete leben Flundern auch im Brackwasser und wandern vor Eintritt der Geschlechtsreife gelegentlich auch in Flüssen aufwärts, in der Elbe z. B. bis Magdeburg. Im Winter ziehen sie in tieferes und salzhaltigeres Wasser und laichen je nach Aufenthaltsort von I bis V in Zonen mit einem Salzgehalt von wenigstens 10‰. Von den im Durchschnitt 1 mm dicken pelagischen Eiern werden bis zu 2 Millionen abgelegt. Auf manchen Laichplätzen laichen Schollen und Flundern gleichzeitig; dann können Bastarde (Blendlinge) entstehen, die Merkmale beider Fischarten vereinen. Flundern ernähren sich wie Schollen, und wie diese sind sie vorwiegend nachtaktiv. Vor allem die großen Flundern sind tagsüber im Sand eingegraben.

Die Flundern (in mehreren geografischen Rassen) sind wichtige Wirtschaftsfische; in der Ostsee sind sie der wichtigste Plattfisch. Um Überfischung zu verhindern, waren auch für die Flundern Schutzmaßnahmen notwendig (Mindestmaße, Schonzeiten).

FAMILIE
Soleidae Seezungen

Plattfische mit unterständigem, gebogenem Mund. Von den auf der rechten Körperseite befindlichen Augen steht das obere vor dem unteren. Der Hinterrand des Vorkiemendeckels ist in der Haut verborgen. Die Rückenflosse beginnt bereits vor dem Auge nahe der Schnauzenspitze.

Wegen ihres wohlschmeckenden, festen weißen Fleisches gehören Seezungen zu den begehrtesten Speisefischen.

269 *Solea solea*
Seezunge
Kennzeichen: D 70–87; A 54–74; P 6–10
Länge 20 bis 35 cm (max. 50 cm)
Der gestreckt-elliptische Körper ist rauhschuppig und dunkel gefärbt. Auf der Brustflosse der Augenseite befindet sich außen immer ein großer schwarzer Fleck. Die Seitenlinie ist gerade.

Lebensweise: Seezungen leben im pflanzenfreien sandig-schlickigen Boden vom Seichtwasser bis in 40 m Tiefe (Sommer), bzw. bis 100 m Tiefe (Winter). Sie legen in Küstennähe von IV bis VIII planktonische Eier ab. Die Jungfische beginnen im Alter von etwa 2 Monaten bei 15 mm Länge ihr Bodenleben und bleiben bis zum 2. Lebensjahr in Strandnähe, zuweilen wandern sie auch ins Brack- oder Süßwasser einmündender Flüsse ein. Seezungen fressen hauptsächlich Krebstiere, Borstenwürmer, kleine Weichtiere und Kleinfische.

270 *Monochirus luteus*
Zwergzunge
Kennzeichen: D 65–77; A 50–63; P 3–5
Länge ±10 cm (max. 13 cm)
Die rauhen Schuppen sind verhältnismäßig groß. Jeder 6. oder 7. Strahl der Rückenflosse

zu 269

zu 270

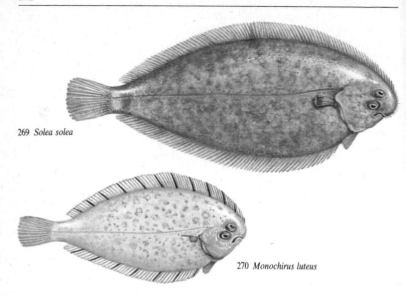

269 *Solea solea*

270 *Monochirus luteus*

und Afterflosse ist tiefschwarz gefärbt. Die Brustflossen sind sehr klein. Die Seitenlinie verläuft gerade.

Lebensweise: Zwergzungen leben oft vergesellschaftet mit der Seezunge, meiden jedoch Brack- und Süßwasser. Fortpflanzung und Ernährung sind ähnlich wie bei der vorigen Art.

Im Mittelmeer leben weitere kleine Seezungen, die gut zu erkennen sind:

271 *Monochirus ocellatus*
Augenfleckseezunge
Kennzeichen: Länge max. 20 cm;
4 bis 5 weißgelblich gerandete Augenflecken auf der hinteren Körperhälfte

zu 273

272 *Monochirus hispidus*
Pelzige Seezunge
Kennzeichen: Länge max. 15 cm;
Mit rauhem, pelzig wirkendem Schuppenkleid; der weißlichen Bauchseite fehlt die Brustflosse.

ORDNUNG
Gasterosteiformes Stichlingsartige

Echte Knochenfische mit nackter oder mit von Knochenschildern bedeckter Haut. Die kleinen, gestreckten Fische tragen vor der Rückenflosse freistehende Stacheln, und auch die bauchständigen Bauchflossen beginnen mit einem kräftigen Stachelstrahl. Eine geschlossene Schwimmblase ist vorhanden. Sie kommen in küstennahen Meeresteilen und im Süßwasser gemäßigter Breiten vor. In Europa leben nur drei Arten, die alle zu einer Familie gehören.

FAMILIE
Gasterosteidae Stichlinge

273 *Gasterosteus aculeatus*
Dreistacheliger Stichling
Kennzeichen: D III/8–14; A I/6–11; P9–12;
V I/1

Länge 4 bis 8 cm (Süßwasser max. 8 cm, Salzwasser max. 11 cm)
Auf der Rückenlinie zwischen Kopf und dem
gliederstrahligen Teil der Rückenflosse befinden sich 6 Knochenplatten, deren 3., 4. und
6. je einen Stachel tragen (seltener 3. bis 6.).
Die Beschilderung des Körpers beginnt bei
einer Körperlänge von 13 mm auf den Brust-
seiten, am Schwanzstiel und über der Anal-
region. Nach der Art der Panzerung werden
unterschieden:

1. Form *trachurus*
   mit Schildern längs der ganzen Seitenlinie
2. Form *leiurus*
   mit Schildern nur an den Seiten der Brust
3. Form *semiarmatus*
   Kreuzungsprodukt aus 1. und 2. Form mit
   Schildern an den Rumpfseiten und am
   Schwanzstiel

Am Schwanzstiel sind die Schilder gekielt.

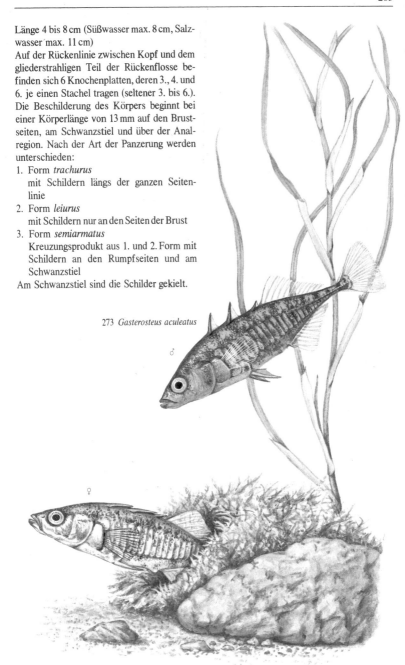

273 *Gasterosteus aculeatus*

Beschilderungsarten von
Gasterosteus aculeatus (273)
1. f. *trachurus*
2. f. *leiurus*
3. f. *semiarmatus*

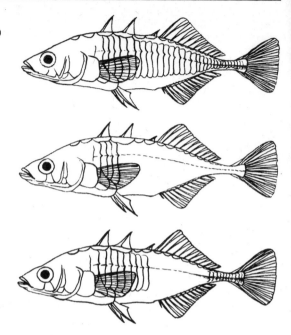

Lebensweise: Beim Dreistacheligen Stichling wird eine marine Wanderform von einer stationären Süßwasserform unterschieden. Die wandernden Schwärme bestehen aus Fischen aller 3 Beschilderungsformen. Sie ziehen im Frühjahr aus den Küstengewässern ins Süßwasser, um dort von III bis VII zu laichen. Eltern und Jungfische verlassen im Laufe des Sommers die Binnengewässer wieder. Sie haben im Gegensatz zur stationären Süßwasserform einen lebhaften Silberglanz. Die nur aus *leiurus*-Fischen in isolierten Binnengewässern lebenden Populationen sind grau- bis olivgrün gefärbt. Die ♂ aller Formen tragen ein prächtiges Hochzeitskleid mit blaugrünem Rücken, roter Kehle und funkelnder silberblauer Iris. Sie bauen aus Pflanzenfasern ein am Boden liegendes Nest, in das sie mehrere ♀ nacheinander zur Eiablage hineintreiben. Eier und ausschlüpfende Jungfische werden vom Vater durch Fächeln mit den Brustflossen gepflegt und bewacht. Zur Nahrung dienen alle Kleintiere, auch Fischbrut und Fischlaich. Die örtlich (z. B. in den Haffen und Bodden der Ostsee) in Massen auftretenden Wanderformen können durch Nahrungskonkurrenz und Räuberei Schaden anrichten.

zu 274

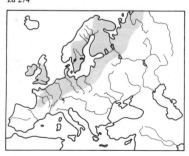

274 *Pungitius pungitius*
Kleiner Stichling Zwergstichling, Neunstacheliger Stichling
Kennzeichen: D IX–XI/9–12; A I/8–13; P 9–11; V I/1
Länge 4 bis 6 cm (max. 7 cm)
Der im Unterschied zum Dreistacheligen Stichling schlankere Fisch hat außer 10

zu 275

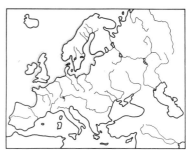

zu 276

schwach gekielten Schildern auf dem Schwanzstiel eine nackte Haut. Die 9 bis 11 Stacheln auf dem Rücken sind wesentlich kleiner als beim großen Verwandten.

Lebensweise: Der seltenere, unscheinbarere Zwergstichling lebt in kleinsten Binnengewässern und kommt auch in flachen Brackwassergebieten vor. Zur Laichzeit von IV bis VIII bauen die ♂ im Süßwasser ein Nest aus Pflanzenteilen über dem Grunde. Sie sind dann am Bauche intensiv schwarz gefärbt. Die Fische ernähren sich wie ihre größeren Verwandten.

Die kleinen, weniger wehrhaften Fische sind in stärkerem Maße Nahrungsfische und weniger Konkurrenten von Nutzfischen.

275 *Pungitius platygaster*
Südlicher Zwergstichling
Kennzeichen: 8 bis 9 Stacheln auf dem Rücken und unauffällige Knochenschilder auf den Seiten.

Diese Art kommt im Gebiet des Schwarzen, Asowschen und Kaspischen Meeres vor, wo sie stärker als die nördliche Art das Salz- und Brackwasser bevorzugt.

276 *Spinachia spinachia*
Seestichling
Kennzeichen: D XIV–XVII/5–8; A I/5–8; P 9–11; V I/1–2
Länge 10 bis 15 cm (max. 20 cm)
Auf dem sehr langgestreckten Körper ver-

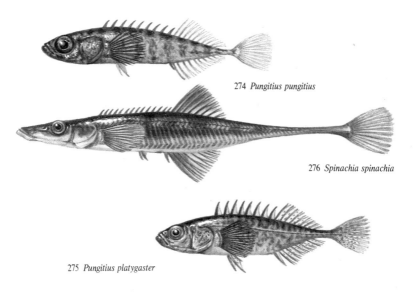

274 *Pungitius pungitius*

276 *Spinachia spinachia*

275 *Pungitius platygaster*

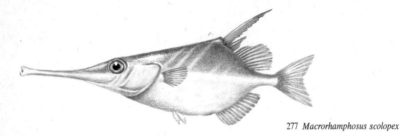

277 *Macrorhamphosus scolopex*

laufen 5 Kanten, 1 auf der Rückenmitte, je 1 auf den Körperseiten und je 1 jederseits am Bauch. Die Schnauze ist lang und spitz und der Schwanzstiel lang und dünn. Die ♂ tragen kein ausgeprägtes Hochzeitskleid, ihre Brustflossen sind jedoch größer als die der ♀.

Lebensweise: Die einzeln in der Seegras- und Blasentangregion lebenden Seestichlinge bauen zur Laichzeit von IV bis VI ein Nest zwischen hochwachsenden Algen bis etwa 1 m unter der Wasseroberfläche, das vom ♂ bewacht wird. Sie meiden Salzgehalte unter 5 bis 6‰ und gehen im Winter auch in größere Tiefen hinab. Ihre Nahrung besteht aus Wirbellosen und kleinen Fischen.

ORDNUNG
Syngnathiformes Büschelkiemerartige

Echte Knochenfische mit einer röhrenförmig verlängerten Schnauze. Rippen sind nicht vorhanden, der Körper wird durch Knochenringe gestützt. Bauchflossen fehlen. Die Schwimmblase ist geschlossen.

FAMILIE
Macrorhamphosidae Schnepfenfische

277 *Macrorhamphosus scolopax*
Schnepfenfisch
Kennzeichen: Länge max. 15 cm
Der abgeplattete gepanzerte Körper trägt einen Kopf mit langem Röhrenmaul und am Beginn der 1. Rückenflosse einen langen gesägten Stachel.
Lebensweise: Schnepfenfische bewohnen Schlamm- und Sandgründe der Küstenregion. Sie bewegen sich beutesuchend schräg kopfunter über dem Boden.

FAMILIE
Syngnathidae Seenadeln
Büschelkiemer mit langgestrecktem, schuppenlosem Körper, der von knöchernen Hautplatten bedeckt ist, die durch Querverbindungen zu Knochenringen verwachsen sind. Am Rumpf bilden jeweils 7 und am Schwanz jeweils 4 Platten einen Ring. Längskiele auf den Platten ergeben 3 Paar Seitenkanten und 1 Bauchkante am Rumpf sowie 2 Paar Seitenkanten am Schwanz. Die Afterflosse ist verkümmert. Die röhrenförmige Schnauze endet in einer kleinen zahnlosen Mundöffnung.

Lebensweise: Seenadeln bewohnen die Seegraswiesen und Algenzonen der Meeresküsten und gehen z. T. auch ins Brack- und Süßwasser. Gestalt und Färbung lassen sie in ihrem Lebensraum fast verschwinden. Sie bewegen sich durch wellenförmige Schwingungen der Brust- und Rückenflossen fort. Der Schwanz mit der sehr kleinen Schwanzflosse ist Steuer- und Greiforgan und wird nur auf der Flucht schlängelnd bewegt. Mit dem wie eine Pipette wirkenden röhrenförmigen Maul werden die Beutetiere, vor

zu 277

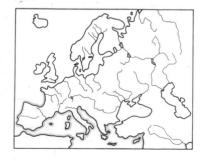

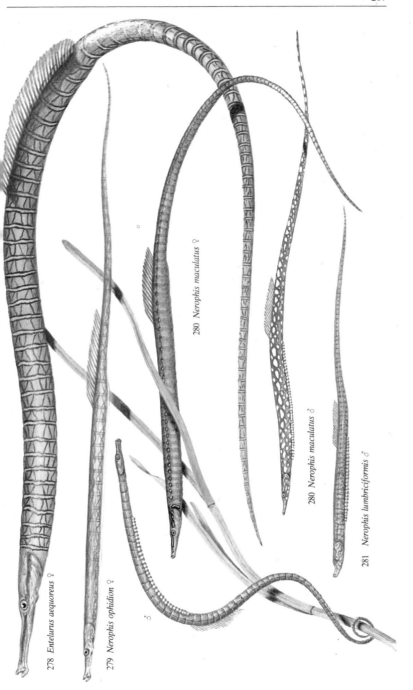

278 *Entelurus aequoreus* ♀

279 *Nerophis ophidion* ♀

♂

280 *Nerophis maculatus* ♀

280 *Nerophis maculatus* ♂

281 *Nerophis lumbriciformis* ♂

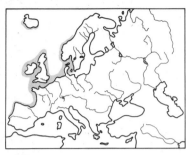

zu 278

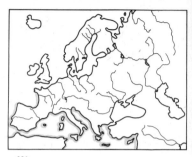

zu 280

allem Kleinkrebse, eingesogen. Die ♀ legen im Sommer nach Balzspielen die Eier in einer Bruttasche des ♂ ab, die sich am Bauche oder an der Schwanzunterseite befindet. Die ausschlüpfenden pelagischen Larven kehren nicht in die Bruttasche des Vaters zurück.

Gattungen
Entelurus und Nerophis Schlangennadeln

Seenadeln ohne Brust- und Schwanzflossen. Eier an der Unterseite des Rumpfes der ♂.

278 *Entelurus aequoreus*
Große Schlangennadel
Kennzeichen: D 37–47; C 4–9 (verkümmert); Rumpfringe 28 bis 31; Schwanzringe 60 bis 69
Länge max. 40 cm (♂) bzw. 60 cm (♀)
Von der Schnauzenspitze durch das Auge bis zur Kiemenöffnung zieht sich ein dunkler Streifen.
Lebensweise: Die Fische leben sowohl zwischen Pflanzen als auch freischwimmend im offenen Meer. Das ♀ heftet die zahlreichen Eier an die Bauchseite mehrerer ♂.

zu 279

279 *Nerophis ophidion*
Kleine Schlangennadel
Kennzeichen: D 33–44; Rumpfringe 28 bis 32, Schwanzringe 68 bis 77
Länge max. 20 cm (♂) bzw. 30 cm (♀)
Der fast fadenförmige Körper endet in einem zugespitzten Wickelschwanz.
Lebensweise: Die weit verbreitete Kleine Schlangennadel lebt in Ufernähe zwischen hochwüchsigen Algen, auch im Brackwasser. Besonders bevorzugt wird die Meersaite *(Chorda filum),* zwischen deren Beständen der Fisch kaum bemerkbar ist, wenn er sich mit dem Wickelschwanz anklammert.

Im wärmeren Wasser des Atlantiks südlich des Kanals und im Mittelmeer leben weitere Schlangennadeln, z. B.:
280 *Nerophis maculatus*
Gefleckte Schlangennadel
Länge max. 20 cm (♂) bzw. 26 cm (♀)

281 *Nerophis lumbriciformis*
Krummschnauzige Schlangennadel
Länge max. 14 cm (♂) bzw. 17 cm (♀)

zu 281

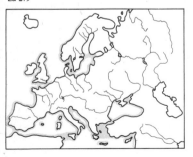

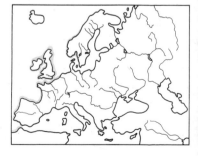

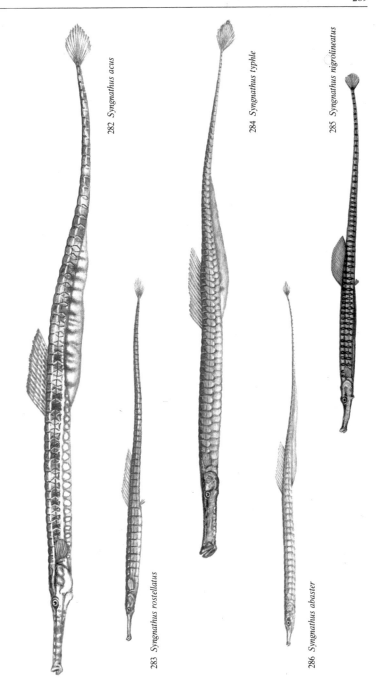

282 *Syngnathus acus*

284 *Syngnathus typhle*

285 *Syngnathus nigrolineatus*

283 *Syngnathus rostellatus*

286 *Syngnathus abaster*

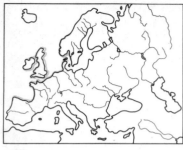

zu 282

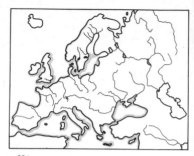

zu 284

zu 283

Gattung
Syngnathus Seenadeln

Mit Brust-, After- und Schwanzflosse,
Bruttasche der ♂ an der Schwanzunterseite.

282 *Syngnathus acus*
Große Seenadel
Kennzeichen: D 36–45; A 3; P 11–13
Rumpfringe 19 bis 21; Schwanzringe 43 bis 46
Länge max. 45 cm
♂ ab 30 cm brutfähig. Die Bruttasche des ♂
befindet sich auf den vorderen 25 bis
28 Schwanzringen. Die Schnauze ist dünn und
rund, scharf von der Stirn abgesetzt und
doppelt so lang wie der übrige Kopf.
Lebensweise: Große Seenadeln leben in der
Pflanzenregion, werden aber auch freischwimmend im offenen Wasser angetroffen;
sie meiden Brackwasser.

283 *Syngnathus rostellatus*
Kleine Seenadel
Kennzeichen: D 36–45; A 2–3; P 10–13
Rumpfringe 13 bis 15; Schwanzringe 37 bis 42
Länge max. 17 cm

♂ ab 10 cm brutfähig. Die dünne runde
Schnauze ist scharf von der Stirn abgesetzt.
Sie ist aber kaum so lang wie der übrige Kopf.
Lebensweise: Die im gleichen Lebensraum wie
ihre Verwandten vorkommenden Fische
halten sich vorwiegend am Boden auf und
schwimmen kaum frei umher.
Sie gehen auch ins Brackwasser der Flußmündungen.

284 *Syngnathus typhle*
Grasnadel
Kennzeichen: D 29–41; A 2–4; P 12–16
Rumpfringe 16 bis 18; Schwanzringe 33 bis 39
Länge max. 28 cm
♂ ab 13 cm Länge brutfähig. Die Bruttasche
der ♂ befindet sich an den vorderen 18 bis
24 Schwanzringen. Die Schnauze ist mes-
serklingenförmig zusammengepreßt und fast
ebenso hoch und doppelt so lang wie der
übrige Kopf.
Lebensweise: Grasnadeln halten sich meist in
vertikaler Stellung in der Seegrasregion auf
und gehen auch ins Brackwasser.

zu 285

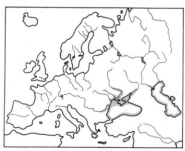

zu 286

285 *Syngnathus nigrolineatus*
Schwarzmeerseenadel
Kennzeichen: D 29–39; A 3; P 12–13
Rumpfringe 15 bis 17; Schwanzringe 37 bis 41
Länge max. 18 cm
Die Bruttasche des ♂ befindet sich auf den vorderen 17 bis 23 Schwanzringen. Die kurze

runde Schnauze wirkt leicht zusammengedrückt.
Lebensweise: Die an den Küsten des Schwarzen und Asowschen Meeres vorkommende Art geht auch ins Süßwasser.

An den Küsten des nordwestlichen Mittelmeeres kommt
286 *Syngnathus abaster* vor, eine weitere ähnliche Art, die sich auch in den Sand eingräbt und ins Süßwasser geht.

287 *Hippocampus punctulatus*
Langschnauziges Seepferdchen
Kennzeichen: D 18–22; A 3–5; P 15–18
Rumpfringe 11; Schwanzringe 35 bis 40
Länge 10 bis 12 cm (max. 15 cm)
Die Bruttasche des ♂ befindet sich an den vorderen 7 bis 8 Schwanzringen. Der Kopf ist beweglich und bildet mit der Längsachse des

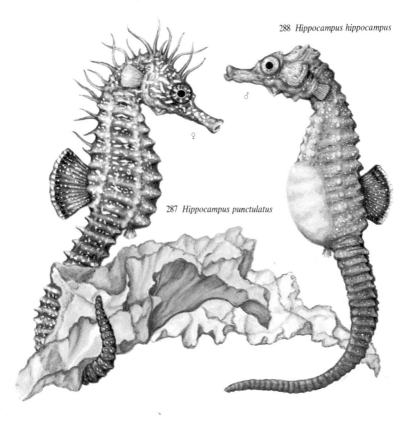

288 *Hippocampus hippocampus*

287 *Hippocampus punctulatus*

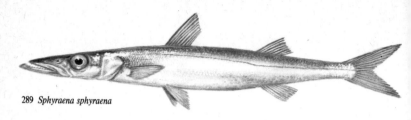

289 *Sphyraena sphyraena*

Körpers einen Winkel (Pferd). Die Schnauze ist länger als der übrige Kopf. Der flossenlose Greifschwanz kann bauchwärts eingerollt werden. Kopf und Rumpf sind mit Hautläppchen besetzt.

Lebensweise: Seepferdchen halten sich mit ihrem Greifschwanz an Algen oder Tangen fest, können aber auch geschickt schwimmen. Durch Verlagern des Gases in den beiden Schwimmblasenabschnitten können sie sich sowohl in gerader Haltung schnell vorwärts wie auch senkrecht nach oben, kopfabwärts und in Spiralen bewegen.

Bei der Paarung werden die Eier vom ♀ mit der Genitalpapille in die Bruttasche des ♂

zu 287

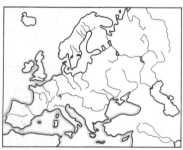

zu 288

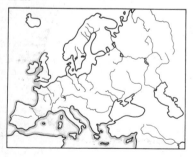

gespritzt. Dabei pressen beide Geschlechter die Bäuche aneinander und umklammern sich mit den Schwänzen.

288 *Hippocampus hippocampus*
Kurzschnauziges Seepferdchen
Kennzeichen: Die Schnauze ist kürzer als der übrige Kopf.
Hautläppchen an Rumpf und Kopf fehlen.
Lebensweise: Ähnlich der von *H. punctulatus.* Die Übertragung der Eier in die Bruttasche des ♂ erfolgt mit zurückgebogenen Schwänzen ohne Umklammerung.

ORDNUNG
Mugiliformes Meeräschenartige

Echte Knochenfische mit gestrecktem, seitlich wenig zusammengedrücktem Körper. Die weit auseinanderstehenden Rückenflossen sind kurz, die 1. ist stachelstrahlig, die 2. hat nach 1 Stachelstrahl weiche Strahlen und steht der ähnlichen Afterflosse gegenüber. Die Bauchflossen sind bauchständig, die Schwanzflosse ist gegabelt.

FAMILIE
Sphyraenidae Pfeilhechte

Meeräschenartige mit hechtähnlichem, langgestrecktem Körper und spitzem Kopf mit weiter Mundöffnung und kräftigen Zähnen. Auf den Rundschuppen verläuft eine gut ausgebildete Seitenlinie. Unter den in wärmeren Meeren lebenden großen Raubfischen gibt es Arten, die wie der Barracuda auch dem Menschen gefährlich werden können.
Das zarte Fleisch der Pfeilhechte ist schmackhaft und wird hoch bewertet.

289 *Sphyraena sphyraena*
Gemeiner Pfeilhecht
Kennzeichen: $D_1 V$; $D_2 I/8–9$; $A I–II/8$;
$P 12–13$
Länge 30 bis 50 cm (max. 1 m)
Der Unterkiefer steht vor. Die großen Augen
nehmen mehr als die halbe Kopfhöhe ein.
Lebensweise: Die in kleinen Trupps über
Sand- und Schlammgründen jagenden Raub-
fische kommen auch in Küstennähe. Sie ver-
folgen vorwiegend kleinere Schwarmfische.
Im Mittel- und Schwarzen Meer legen sie von
VII bis IX pelagische Eier ab.

FAMILIE
Mugilidae Meeräschen

Meeräschenartige mit spindelförmigem Kör-
per, deren abgerundeter Kopf oben abgeplat-
tet ist. Der endständige kleine Mund hat feste
Lippen und ist nur schwach bezahnt. Die
Augen haben oft eine Fettdecke. Die großen
Rundschuppen bedecken auch den Kopf.
Eine Seitenlinie ist nicht erkennbar.
Meeräschen ziehen in Trupps oder Schwär-
men in Küstengewässern umher und gehen
dabei auch ins Brack- und Süßwasser der
Lagunen und Flußmündungen. Sie schaben

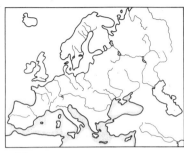

zu 289

mit ihren Lippen den Aufwuchs von Pfählen
und Steinen, rupfen Algenbüschel aus und
nehmen die obere Bodenschicht mit kleinsten
pflanzlichen und tierischen Organismen auf.
Ein dichtes Kiemenfilter, Schlundzähne, der
muskulöse Kaumagen und ein langer Darm
befähigen sie zu solcher Ernährungsweise.
Die Laichzeit liegt in den Sommer- und
Herbstmonaten. Es werden pelagische Eier
abgelegt.
Meeräschen sind geschätzte Speisefische. Für
die Fischerei im Mittel-, Schwarzen und
Kaspischen Meer sind sie von großer Bedeutung. Sie werden vor allem auf ihren
Wanderungen im Frühjahr und Herbst ge-

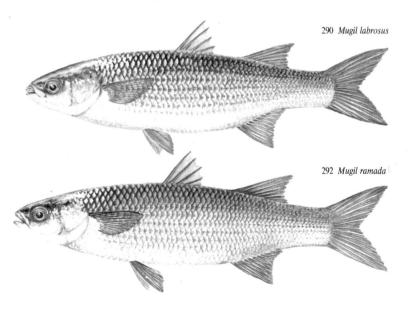

290 *Mugil labrosus*

292 *Mugil ramada*

fangen. Mancherorts werden sie in abgesperrten Meeresbuchten und Lagunen gehalten und gefüttert, wie z. B. in Comacchio bei Venedig, auch zusammen mit Aalen. Der europäische Gesamtfang beläuft sich auf mehr als 40 000 t jährlich.

290 *Mugil labrosus*
   Dicklippige Meeräsche
Kennzeichen: D_1 IV; D_2 I/8–9; A III/9–10
Länge 30 bis 50 cm (max. 90 cm)
Die Oberlippe wirkt wie geschwollen und ist mit kleinen Hautwarzen besetzt.

291 *Mugil labeo*
   Graue Meeräsche
Kennzeichen: D_1 IV; D_2 I/8; A III/11
Länge 15 bis 20 cm (max. 25 cm)
Der vorigen Art sehr ähnlich, aber ohne Hautwarzen auf den glatten, ebenfalls dicken Lippen.

292 *Mugil ramada*
   Dünnlippige Meeräsche
Kennzeichen: D_1 IV; D_2 I/7–8; A III/9

zu 290

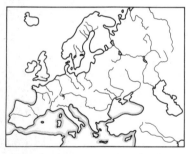

zu 292

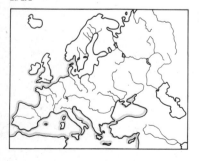

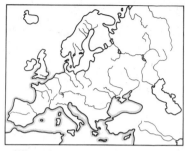

zu 293

Länge 25 bis 40 cm (max. 50 cm)
Die kurze, dicke Schnauze trägt auf der Oberlippe feine Borsten.

293 *Mugil auratus*
   Goldmeeräsche
Kennzeichen: D_1 IV; D_2 I/8; A III/9
Länge 20 bis 35 cm (max. 50 cm)
Hinter dem Auge und auf dem Kiemendeckel befindet sich jeweils ein goldener Fleck (Name). Die Augen haben eine kleine Fettdecke.

zu 294

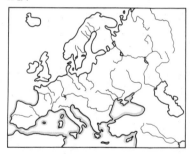

zu 295

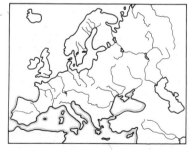

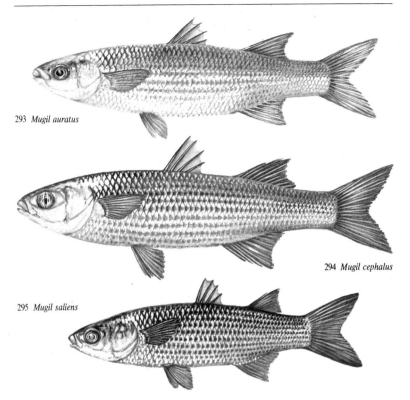

293 *Mugil auratus*

294 *Mugil cephalus*

295 *Mugil saliens*

294 *Mugil cephalus*
Gewöhnliche Meeräsche
Kennzeichen: D₁ IV; D₂ I/8; A III/8
Länge 30 bis 60 cm (max. 70 cm; dann bis zu
6 kg schwer)
Die Augen werden von einer großen Fettdecke
bis zur Pupille bedeckt.

295 *Mugil saliens*
Springmeeräsche
Kennzeichen: D₁ IV; D₂ I/8; A III/9
Länge 20 bis 30 cm (max. 40 cm)
Das Maul ist zugespitzt. Auf den Kiemendek-
keln befinden sich mehrere goldene Flek-
ken.

FAMILIE
Atherinidae Ährenfische

Kennzeichen: Schlanke, zylindrische Meeräschenartige, die zart und durchscheinend

wirken. Eine Seitenlinie ist nur schwach
entwickelt, an den Körperseiten findet sich
aber immer ein schwarz unterlegtes silbriges
Längsband. Der endständige Mund ist schräg
aufwärts gerichtet und hat nur winzige
Zähne.

Ährenfische bevölkern in Schwärmen die
Küstengebiete wärmerer Meere und dringen
auch ins Brack- und Süßwasser ein. Von den
ebenfalls in Oberflächennähe ziehenden Sar-
dinen- oder Sprottenschwärmen unterscheiden sie sich dadurch, daß sie oft lange Zeit am
gleichen Platze verharren. Sie ernähren sich
vorwiegend von Plankton. In Ufernähe werden von IV bis VIII Eier abgelegt, die haar-
ähnliche Anhänge haben (ähnlich wie die Eier
des Hornhechts, s. Abb. S. 21) und damit beim
Absinken an Pflanzen hängenbleiben.

Die wohlschmeckenden Ährenfische haben
ihrer geringen Größe wegen im Mittel- und
Schwarzen Meer nur örtlich eine gewisse

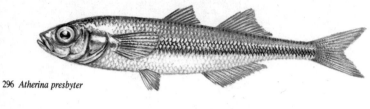

296 *Atherina presbyter*

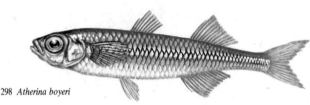

298 *Atherina boyeri*

fischwirtschaftliche Bedeutung. Der europäische Gesamtfang beträgt jährlich etwa 3 500 t.

296 *Atherina presbyter*
Streifenfisch Priesterfisch
Kennzeichen: D₁ VII–VIII; D₂ I/12–14; A I/14–16
L.l. 60
Länge 10 bis 13 cm (max. 15 cm)
Der Augendurchmesser entspricht etwa der Schnauzenlänge.

297 *Atherina hepsetus*
Großer Ährenfisch
Kennzeichen: D₁ VII–X; D₂ I/8–11; A I/12
L.l. 58–62
Länge 10 bis 12 cm (max. 15 cm)
Der Augendurchmesser entspricht etwa der Schnauzenlänge.

zu 296

298 *Atherina boyeri*
Kleiner Ährenfisch
Kennzeichen: D₁ VII–VIII; D₂ I/11; A I/11–15
L.l. 45
Länge 8 bis 12 cm (max. 14 cm)
Die im Mittelmeer heimische Art hat eine stumpfe Schnauze und eine schwarze Punktlinie unterhalb des Seitenstreifens.

ORDNUNG
Lophiiformes Armflosserartige

Echte Knochenfische mit muskulöser, armartiger Verlängerung der Brustflossenbasis (Name), die den Fischen das Kriechen und Graben ermöglicht. Zu dieser Ordnung gehören u. a. auch die an tropischen Küsten lebenden Fühlerfische und die zahlreichen Anglerfische der Tiefsee.

zu 298

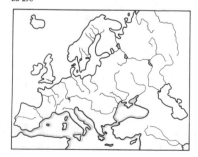

FAMILIE
Lophiidae Seeteufel

Armflosser mit großem, froschähnlichem Kopf. Über dem breiten Maul steht der zu einem Angelorgan umgebildete 1. Strahl der Rückenflosse.

Seeteufel werden wegen ihres abschreckenden Aussehens ohne Kopf und Haut auf den Markt gebracht. Der verwertbare feste, weißfleischige Anteil beträgt dann zwar nur noch etwa $^1/_4$ der Gesamtmasse, ist aber sowohl gebraten wie geräuchert sehr schmackhaft. Seeteufel werden unter dem Handelsnamen „Forellenstör" oder auch als „Karbonadenfisch" verkauft. Aus der Bauchspeicheldrüse dieses Fisches wurde das erste Insulin gewonnen. Der europäische Gesamtfang beträgt jährlich 40 000 bis 50 000 t.

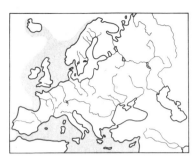

299 *Lophius piscatorius*
Seeteufel Angler, Froschfisch
Kennzeichen: D$_1$ III + III; D$_2$ 11–13; A 9–11; P 23–26
Länge 30 bis 80 cm (max. 1,8 m)
Die kleine Kiemenöffnung liegt hinter dem Brustflossenansatz. Am Kopf und auf der nackten Haut befinden sich weitere lappige Hautanhänge.

Lebensweise: Obwohl der Seeteufel als Grundfisch bis in Tiefen von 600 m vorkommt, sind die Jugendstadien nahe der Wasseroberfläche und auch in Küstennähe anzutreffen. Er lauert am oder halb im Boden eingegraben auf Beute, die durch die 2 gefransten Hautlappen an dem Angeltentakel angelockt und durch blitzschnelles Öffnen des riesigen Maules verschlungen wird. Große, nach hinten niederlegbare Zähne verhindern jedes Entkommen. Der gefräßige Räuber überwältigt so Fische und Tauchvögel bis zur eigenen

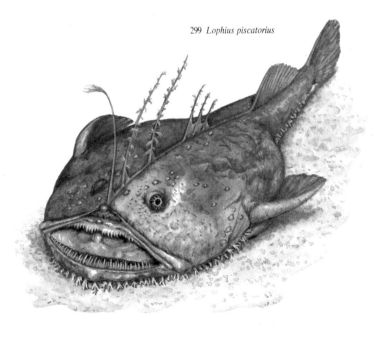

299 *Lophius piscatorius*

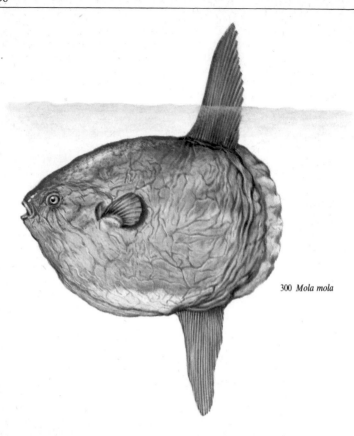

300 *Mola mola*

Größe. Die kugeligen Eier mit einem Durchmesser von über 2 mm werden in 50 bis 60 cm langen grauvioletten Schleimbändern abgelegt (III–V), die auftreiben und in den oberen Wasserschichten zerfallen. Die sehr eigentümlich gestalteten Larven leben pelagisch und gehen, wenn sie ca. 8 cm Länge erreicht haben, zum Grundleben über.

ORDNUNG
Tetraodontiformes Haftkieferartige

Echte Knochenfische mit stark verkürztem, hohem Körperbau, so daß rundliche bis kugelige Formen überwiegen. Durch Verwachsen von Ober- und Zwischenkiefer entstehen schildkrötenschnabelartige Mundpartien. Zu dieser Ordnung gehören auch die an den tropischen Korallenküsten zahlreich vertretenen Drücker-, Koffer- und Kugelfische.

FAMILIE
Molidae Mondfische

zu 300

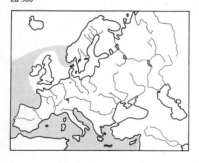

300 *Mola mola*
Mondfisch

Kennzeichen: D 16–20; A 14–18; P 11–13
Länge 0,6 bis 2 m (max. 3 m; Stückmasse dann
1 t und darüber)

Der auch als „Schwimmender Kopf" bezeichnete Fisch hat einen schuppenlosen, scheibenförmigen, scheinbar schwanzlosen Körper. Die hohen und spitzen Rücken- und Afterflossen sind nur seitlich beweglich und nicht nach hinten niederlegbar. Sie gehen in die durch einen Hautsaum ohne echte Flossenstrahlen gebildete Schwanzflosse über. Bauchflossen fehlen, die Brustflossen stehen neben der kleinen Kiemenöffnung.

Lebensweise: Die weltweit in warmen Meeresgebieten verbreiteten Hochseefische können entweder bei ruhigem Wetter an der Oberfläche treibend beobachtet werden oder geraten gelegentlich auch als Irrgäste in die Fanggeräte der Küstenfischer. Sie ernähren sich von tierischem Plankton, Kopffüßern und von kleinen Fischen.

Manche Tiere stranden infolge ihrer Größe.

Aus den überaus zahlreichen Eiern (bis 300 Millionen) entwickeln sich merkwürdige Larven mit langen Stacheln, die früher als eigene Fischart beschrieben wurden. Sie leben in großen Tiefen des freien Meeres.

ABC der Fachausdrücke

Abstreichen Herausdrücken der Laichprodukte (Rogen und Milch) durch sanften Druck auf den Bauch und die Seiten des Fisches (künstliche Fischzucht)

Abyssal Tiefenzone der Meere unterhalb 2000 m

akzessorisch zusätzlich (z. B. bei Darmatmung)

anadrom aus dem Meer zum Laichen ins Süßwasser aufsteigend

anal am After befindlich

Anflugnahrung auf oder dicht über der Wasseroberfläche befindliche Fischnährtiere

Anhauen s. Anhieb

Anhieb ruckartiges Anziehen der Angelschnur nach dem vermuteten Anbiß eines Fisches

Anomalie des Wassers Wasser hat seine größte Dichte nicht bei ±0°C, sondern bei +4°C. Jeder zwischen ±0 und +4°C auftretende Dichtegrad kommt oberhalb von +4°C noch einmal vor

Assimilation Umwandlung aufgenommener anorganischer Nährstoffe in körpereigene (organische) Substanzen durch die Pflanzen

Ausstickung Tod eines großen Teiles der Fischpopulation eines Gewässers durch Ersticken infolge von Sauerstoffmangel

Benthal Bodenzone eines Gewässers (Ufer und Grund)

Biotop Lebensstätte mit einer Summe von Umweltbedingungen, in der eine bestimmte Lebensgemeinschaft (Biozönose) lebt

Bodden flache Bucht der südlichen Ostseeküste

caudal am Schwanze befindlich

Chromatophoren Pigmentzellen mit der Fähigkeit zur Gestaltveränderung, so daß Farbwechsel eintreten kann

Ctenoidschuppe Schuppe mit gekämmtem Rand

Cycloidschuppe Schuppe mit glattem, gebogenem Rand

Detritus fein verteilte, im Wasser schwebende und sich ablagernde tote organische Teilchen

Devon Erdzeitalter vor 400 bis 350 Millionen Jahren

dorsal am Rücken befindlich

dorsoventral sich vom Rücken zum Bauche erstreckend

Epilimnion turbulente Oberflächenwasserschicht eines Sees ohne bleibende Schichtung

euryhalin große Schwankungen des Salzgehaltes im Wasser vertragend

eutroph Gewässer mit reicher Nährstoffzufuhr und hoher organischer Produktion

Floß in die Angelschnur eingebundener Schwimmkörper, der das Absinken der Schnur verhindern, den Köder in einer bestimmten Tiefe halten und alle Vorgänge am Haken melden soll

Gaff Landehaken, Stock mit spitzem Stahlhaken zum Herausziehen größerer geangelter Fische

Glazialrelikte Restbestände eiszeitlicher Lebewesen, die nach Verdrängung aus ihrem ursprünglichen Verbreitungsgebiet während der Eiszeit in klimatisch geeigneten Gebieten überdauerten

Guaninkristalle Silberglanz verleihende Kristalle in der Haut von Fischen, die bei der Eiweißzersetzung entstehen

Haff flaches Küstengewässer, das durch vorgelagerte Inseln oder Nehrungen vom Meer weitgehend getrennt ist

Hamen verankertes, sackartiges Fanggerät, das durch die Wasserströmung in Fangstellung gebracht wird. Das Netz wird entweder durch Rahmen (Pfahl- und Ankerhamen) oder durch Scherbretter (Scherbretthamen) offengehalten

Harpune Wurfspieß mit Widerhaken und langer Leine, von Hand oder von kleinem Geschütz abgeschossen. Mit der Leine wird die Beute eingeholt

Homothermie Temperaturgleichheit im gesamten Gewässer

Hypolimnion gegen Einwirkungen der Oberfläche abgegrenzte, in Ruhe lagernde Tiefenwasserschicht

ICES International Council for the Exploration of the Sea = Internationaler Rat für Meeresforschung. Sitz Kopenhagen. Zuständig für Fischereiprobleme im NO-Atlantik (einschließlich Ostsee)

IFP industriemäßige Fischproduktion

Industriefisch als Speisefische ungeeignete Klein- oder Jungfische, die industriell zu Fischmehl und -öl verarbeitet werden

katadrom aus dem Süßwasser zum Laichen ins Meer abwandernd

Kosmopolit über die ganze Erde verbreitete Art

Kriebelmücken (Simuliidae) kleine blutsaugende (♀) Mücken, deren Larven in Fließgewässern leben

lateral an der Seite befindlich

Lagune durch Sandanschwemmung abgetrennter Meeresteil

Liman im Schwarzmeergebiet übliche Bezeichnung für Küstengewässer, die zum offenen Meer hin nur geringe Verbindung haben (Strandsee, Lagune, fast abgeschlossene Bucht)

Limnologie Binnengewässerkunde

Litoral Flachwasserzone am Gewässerrand

marin zum Meere gehörend

Metalimnion = Sprungschicht, zwischen Epi- und Hypolimnion gelegene Wasserschicht, in der vertikal innerhalb weniger Meter die größten Temperatur- und Sauerstoffunterschiede auftreten. Sie liegt zu verschiedenen Zeiten in verschiedenen Seen verschieden tief

Metamorphose Entwicklung einer Tierart über ein oder mehrere Larvenstadien; neben dem Größenwachstum erfolgt ± starker Formwechsel

Mollusken = Weichtiere, Stamm der wirbellosen Tiere, zu dem u. a. die Muscheln, Schnecken und Kopffüßer (fälschlich Tintenfische) gehören

NEAFC North-East Atlantic Fisheries Commission = Nordost-Atlantik Fischereikommission

Nehrung durch Meeresströmungen entstandene, meist langgestreckte Landzunge vor der Küste (dazwischen Haff)

Netzkäfige in natürliche Gewässer eingehängte Käfige aus Netzmaterial, die mit Leichtmetallstangen aufgespannt und an Stegen befestigt sind

Obersimm = Oberleine, obere Begrenzung einer Netzwand, meist mit Schwimmkörpern versehen

oligotroph Gewässer mit geringem Nährstoffgehalt und niedriger organischer Produktion

Osmose Konzentrationsausgleich (Diffusion) ungleich starker Lösungen durch feinporige Wände. Halbdurchlässige (semipermeable) Scheidewände sind nur für das Lösungsmittel, nicht aber für gelöste Stoffe durchlässig

Otolith Kalkkörperchen im inneren Ohr der Fische

ovipar eierlegend

pelagisch im freien Wasser lebend

Phototaxis Bewegung von Organismen auf Grund von Lichtreizen

Phytoplankton schwebende Kleinstpflanzen, meist Algen

Plankton passiv treibende Lebensgemeinschaft des freien Wassers

Population Gesamtheit aller Individuen einer Tier- oder Pflanzenart in einem umgrenzbaren Lebensraum

Pose s. Floß

Potamon Lebensgemeinschaft der sommerwarmen sandig-schlammigen Zone eines Fließgewässers

Profundal Tiefenregion der Gewässer unterhalb der lichtbedingten Grenze des Pflanzenwachstums

Rekrutierungsdefizit Populationsstärke verringert sich, da Vermehrungsrate nicht ausreicht, um die durch intensive Nutzung bedingten Abgänge auszugleichen. Gegenteil: Rekrutierungsüberschuß *rheophil* strömungsreiche Zonen bevorzugend

Rhitron Lebensgemeinschaft der ausgeglichen kühlen steinig-kiesigen Zone eines Fließgewässers

Rinnenanlage Wasserbecken aus Beton oder Plast zur intensiven Aufzucht von Fischen, die mit Wasser optimaler Qualität versorgt werden

Scharkante Grenze zwischen Schar = Uferbank und Halde (Abfall zum Gewässerboden)

Schlammröhrenwürmer (Tubificidae) rötliche dünne Ringelwürmer, die im Schlamm von Süßgewässern Röhren bauen; wertvolle Fischnahrung

Senknetz ins Wasser hinabgelassenes muldenförmiges Netz, über dem sich angelockte Fangobjekte sammeln. Durch rasches Herausziehen erfolgt der Fang

Sichttiefe Wassertiefe, bis zu der eine versenkte weiße Scheibe von 30 cm Durchmesser (Secchi-Scheibe) gesehen wird

Silur Erdzeitalter vor 440 bis 400 Millionen Jahren mit reich entwickelter mariner Fauna

Sprungschicht s. Metalimnion

Stagnation (hier:) Zeitraum einer durch die Anomalie des Wassers bedingten Dichteschichtung, die eine Durchmischung verhindert

stagnophil Stillwasserzonen bevorzugend

stationär ortsgebunden

Statolith s. Otolith

stenohalin an bestimmte Salzgehalte des Wassers gebunden

tektonisch durch Bau und Bewegung der Erdrinde verursacht

Tonnare im Mittelmeer eingesetzte lange Sperrnetze mit Fangkammern

Trommelsucht Auftreiben der Leibeshöhle und evtl. Austritt von Organen aus dem Maul eines Fisches infolge Überdehnung der Schwimmblase bei schnellem Heraufziehen gefangener Fische aus großen Tiefen

Turbulenz ungeordnete, wirbelnde Bewegung

Untersimm = Unterleine, untere Begrenzung einer Netzwand, meist beschwert (Metall, Steine)

Vegetationsfärbung Veränderung der Wasserfarbe durch pflanzliche Organismen

ventral am Bauche befindlich

Verbuttung Kleinwüchsigkeit in Fischpopulationen infolge zu großer Bestandsdichte

vivipar lebendgebärend

Vorstreckteich Teich für Brutfische, die (durch Fütterung) unter Obhut des Menschen zu Setzlingen heranwachsen sollen

Wanderfisch zur Fortpflanzung vom Meer ins Süßwasser bzw. vom Süßwasser ins Meer überwechselnder Fisch

Zirkulationsperiode Zeitraum, in dem durch Temperaturausgleich die Dichteschichtung aufgehoben wird und eine Durchmischung des Wassers stattfindet

zirkumpolar um einen Pol herum vorkommend

Zirren rankenartige Körperanhänge (hier:) an der Mundscheibe von Neunaugen

Zooplankton schwebende Kleinsttiere, vorwiegend niedere Krebse, Weichtiere und ihre Larven sowie Larvenstadien zahlreicher anderer Tiergruppen (auch Fische)

Zuckmücken (Chironomidae) Name von zuckenden Bewegungen der Vorderbeine bei ruhenden Mücken. Artenreiche Mückenfamilie, deren Larven im Litoral und Profundal wichtige Fischnährtiere sind

Kleines Fischwörterbuch

In der folgenden Übersicht sind landessprachliche Bezeichnungen für vorwiegend aus
wirtschaftlicher Sicht bedeutungsvolle Fische
zusammengestellt. Berücksichtigt wurden
89 Arten (einschließlich *Salmo trutta* f. *fario*)
mit ihren Trivialnamen in deutsch, englisch,
französisch, spanisch, italienisch, russisch,
niederländisch und schwedisch.

Nicht immer konnten alle landessprachlichen
Bezeichnungen angegeben werden, weil entweder manche Arten in den betreffenden
Ländern nicht vorkommen (und deshalb dort
auch nicht benannt wurden) oder aber ihre
landessprachliche Bezeichnung nicht zu er-
mitteln war.

Nr.	wissenschaftlicher Name	deutscher Name	englischer Name
2	*Petromyzon marinus*	Meerneunauge	Sea lamprey
4	*Lampetra fluviatilis*	Flußneunauge	Lampern
8	*Mustelus mustelus*	Glatthai	Smooth hound
9	*Galeorhinus galeus*	Hundshai	Tope
10	*Lamna nasus*	Heringshai	Poobeagle shark
13	*Squalius acanthias*	Dornhai	Picked dogfish
15	*Torpedo torpedo*	Marmorzitterrochen	Electric ray
20	*Raja batis*	Glattrochen	Common skate
24	*Dasyatis pastinaca*	Stachelrochen	Common stingray
28	*Acipenser sturio*	Stör	Sturgeon
34	*Clupea harengus*	Hering	Herring
35	*Sprattus sprattus*	Sprotte	Sprat
36	*Sardina pilchardus*	Sardine	Pilchard
43	*Engraulis encrasicholus*	Sardelle	Anchovy
46	*Salmo salar*	Lachs	Salmon
47	*Salmo trutta*	Forelle	Sea trout
47b	*Salmo trutta f. fario*	Bachforelle	Brown trout
48	*Salmo gairdneri*	Regenbogenforelle	Rainbow trout
52	*Salvelinus alpinus*	Wandersaibling	Char
56	*Osmerus eperlanus*	Stint	Smelt
58	*Coregonus albula*	Kleine Maräne	White fish
65	*Thymallus thymallus*	Äsche	Grayling
68	*Esox lucius*	Hecht	Pike
71	*Leuciscus cephalus*	Döbel	Chub
73	*Leuciscus idus*	Aland	Orfe
74	*Rutilus rutilus*	Plötze	Roach
82	*Scardinius erythro-phthalmus*	Rotfeder	Rudd
83	*Phoxinus phoxinus*	Ellritze	Minnow
87	*Alburnus alburnus*	Ukelei	Bleak

91	*Abramis brama*	Blei	Common bream
94	*Blicca bjoerkna*	Güster	White bream
97	*Tinca tinca*	Schleie	Tench
98	*Chondrostoma nasus*	Nase	–
104	*Barbus barbus*	Barbe	Barbel
109	*Gobio gobio*	Gründling	Gudgeon
115	*Carassius carassius*	Karausche	Crucian carp
117	*Cyprinus carpio*	Karpfen	Common carp
120	*Silurus glanis*	Wels	Wels
129	*Conger conger*	Meeraal	Conger eel
130	*Anguilla anguilla*	Europäischer Aal	Eel
136	*Belone belone*	Hornhecht	Garfish
140	*Gadus morrhua*	Kabeljau	Cod
141	*Melanogrammus aeglefinus*	Schellfisch	Haddock
144	*Pollachius virens*	Köhler	Coalfish
145	*Merlangius merlangus*	Wittling	Whiting
151	*Lota lota*	Quappe	Burbot
152	*Dicentrarchus lupus*	Wolfsbarsch	Bass
153	*Serranus guaza*	Brauner Zackenbarsch	Grouper
155	*Perca fluviatilis*	Barsch	Perch
156	*Stizostedion lucioperca*	Zander	Pikeperch
168	*Trachurus trachurus*	Schildmakrele	Horse mackerel
173	*Mullus surmuletus*	Streifenbarbe	Striped mullet
177	*Diplodus sargus*	Großer Geißbrassen	Striped snapper
182	*Sparus auratus*	Goldbrassen	Gilt-head-bream
189	*Labrus berggylta*	Gefleckter Lippfisch	Ballan (wrasse)
192	*Crenilabrus melops*	Goldmaid	Corkwing (wrasse)
198	*Trachinus draco*	Petermännchen	Graeter weever
203	*Blennius pholis*	Schan	Shanny
213	*Anarrhichas lupus*	Seewolf	Catfish
214	*Pholis gunellus*	Butterfisch	Butterfish
215	*Zoarces viviparus*	Aalmutter	Eel pout
216	*Ammodytes lanceolatus*	Großer Sandaal	Greater sandeel
219	*Callionymus lyra*	Gestreifter Leierfisch	Dragonet
222	*Scomber scombrus*	Atlantische Makrele	Mackerel
226	*Thunnus thynnus*	Roter Thun	Tunny
228	*Euthynnus alletteratus*	Kleiner Thun	Little tunny
230	*Gobius flavescens*	Schwimmgrundel	Two-spotted goby
232	*Gobius niger*	Schwarzgrundel	Black goby
238	*Gobius ophiocephalus*	Schlangenkopfgrundel	–
249	*Scorpaena scrofa*	Roter Drachenkopf	Scorpionfish
250	*Trigla gurnardus*	Grauer Knurrhahn	Grey gurnard
254	*Cottus gobio*	Westgroppe	Bull head
257	*Myoxocephalus scorpius*	Seeskorpion	Father lasher
260	*Cyclopterus lumpus*	Seehase	Lumpsucker
263	*Psetta maxima*	Steinbutt	Turbot
264	*Scophthalmus rhombus*	Glattbutt	Brill
266	*Limanda limanda*	Kliesche	Dab
267	*Pleuronectes platessa*	Scholle	Plaice
268	*Platichthys flesus*	Flunder	Flounder

269	*Solea solea*	Seezunge	Sole
273	*Gasterosteus aculeatus*	Dreistacheliger Stichling	Stickleback
278	*Entelurus aequoreus*	Große Schlangennadel	Snake pipefish
282	*Syngnathus acus*	Große Seenadel	Great pipefish
287	*Hippocampus punctulatus*	Langschnauziges Seepferdchen	Sea-horse
289	*Sphyraena sphyraena*	Gemeiner Pfeilhecht	–
294	*Mugil cephalus*	Gewöhnliche Meeräsche	Grey mullet
296	*Atherina presbyter*	Streifenfisch	Sandsmelt
299	*Lophius piscatorius*	Seeteufel	Angler, Monkfish
300	*Mola mola*	Mondfisch	Sunfish, Moonfish

Nr.	russischer Name	niederländischer Name	schwedischer Name
2	Morskaja minoga	Zeeprik	Havsnejonöga
4	Retschnaja minoga	Rivierprik	Flodnéjonöga
8	Kunja akula	Toon haai	Glatthaj
9	Seraja akula	Rube haai	Gråhaj
10	Seldewaja akula	Haring haai	Håbrand
13	Nokotniza	Doorn haai	Pigghaj
15	Elektritscheski skat	Sidderrog	Marmorerad darrocka
20	Gladki skat	Vleet	Slätrocka
24	Morskoi kot	Pijlstaartrog	Stingrocka
28	Baltiski osetr	Steur	Stör
34	Atlantitscheskaja seld	Haring	Sill
35	Schprot	Sprot	Skarpsill
36	Sardina	Pelser	Sardin
43	Chamsa	Ansjovis	Ansjovis
46	Losos	Zalm	Lax
47	Kumscha	Zeeforel	Öring
47b	Rutschowaja forel	Beekforel	Bäcköring
48	Raduschnaja forel	Regenboogforel	Regubäge
52	Golez	Beekridder	Röding
56	Korjuschka	Spiering	Nors
58	Jewropejskaja rjapuschka	–	Siklöja
65	Charius	Vlagzalm	Harr
68	Schtschuka	Snoek	Gädda
71	Golawl	Meun	Färna
73	Jas	Winde	Id
74	Plotwa	Blankvoorn	Mört
82	Krasnoperka	Rietvoorn	Sarv
83	Retschnoi Goljan	Elrits	Kvidd
87	Ukleja	Alver	Löja
91	Leschtsch	Brasem	Braxen
94	Gustera	Kolblei	Björkna
97	Lin	Zeelt	Sutare
98	Podust	Sneep	–
104	Ussatsch	Barbeel	–

109	Peskar	Reviergrondel	Sandkrypare
115	Obyknowenny karas	Kröescarper	Ruda
117	Sasan	Karper	Karp
120	Som	Meerval	Mal
129	Morskoi ugor	–	Havsål
130	Retschnoi ugor	Aal	Ål
136	Sargan	Geep	Horngädda
140	Atlantitscheskaja treska	Kabeljauw	Torsk
141	Pikscha	Schelvis	Kolja
144	Saida	Koolvis	Grasej
145	Merlang	Wijting	Vitling
151	Nalim	Kwabaal	Lake
152	Morskoi wolk	Zeebaars	Havsabborre
153	Meroi	–	–
155	Okun	Baars	Aborre
156	Sudak	Sanner	Gös
168	Stawridka	Horsmakreel	Taggmakrill
173	Polosataja barabulka	Koninkje	Gulstrimmig barb
177	Karas	–	–
182	–	Goud brasem	–
189	–	Gevlekte lipvis	Berggylta
192	Zelenutschka	Zwartoog lipvis	Skärsnultra
198	Morskoi drakontschik	Groote pieterman	Fjärsing
203	Masljuk	Slijmvis	Skyggfisk
213	Polosataja subatka	Zeewolf	Havkatt
214	Obyknowenny masljuk	Botervis	Tejstefisk
215	Jewropejskaja beldjuga	Poitaal	Tånglake
216	Bolschaja pestschanka	Smelt	Sandål
219	–	Pitvis	Sjökock
222	Makrel	Makreel	Makrill
226	Tunez	Tonijn	Tonfisk
228	Malenki tunez	–	Tunnina
230	–	Ruthenspars grondel	Sjustrålig smörbult
232	–	Grondel	Svart smörbult
238	Trawleny bytschok	–	–
249	Morskoi jersch	–	–
250	Morskoi petuch	Grauwe poon	Knorrhane
254	Podkamenschtschik	Rivierdonderpad	Stensimpa
257	Kerschak	Zeedonderpad	Rötsimpa
260	Pinagor	Snotdolf	Sjurygg
263	Bolschoi romb	Tarbot	Piggvar
264	Gladki romb	Griet	Slätvar
266	Limanda	Schar	Sandskädda
267	Morskaja kambala	Schol	Rödspätta
268	Retschnaja kambala	Bot	Flundra
269	Jasyk	Tong	Tunga
273	Trechiglaja Koljuschka	Stekel baars	Storspigg
278	Zmejewidnaja igla-ryba	Adder zeenald	Stor havsnål
282	Bolschaja igla-ryba	Groote zeenald	Stor kantnål
287	–	Zeepaardje	–
289	Morskaja schtschuka	–	–

294	Loban	Harder	Tjockläppad multe
296	Aterina	Koornaarvis	Prästfisk
299	Morskoi tschort	Zeeduivel	Marulk
300	Luna ryba	Maanvis	Klumpfisk

Nr.	französischer Name	spanischer Name	italienischer Name
2	Lamproie marine	Lamprea de mar	Lampreda di mare
4	Lamproie de rivière	Lamprea de rio	Lampreda di fiume
8	Emissole commune	Musola	Palombo comune
9	Milandre	Mozuella	Canesca
10	Loutre de mer	Marrajo	Smeriglio
13	Aiguillat	Jerròn	Spinarolo
15	Torpille marbrée	Tremolina	Torpedine marezzata
20	Pocheteau blanc	Raja fina	Razza liscia
24	Pastenague	Pastinaca	Ferracia pastinaca
28	Esturgeon	Esturion	Storione
34	Hareng	Arengue	–
35	Esprot	Espadin	Sarda papalina
36	Sardine	Sardina	Sarda
43	Anchois	Anchoa	Acciuga
46	Saumon	Salmón	Salmo
47	Truite de mer	Trucha marina	Salmo trota
47b	Truite de rivière	Trucha común	Trota fario
48	Truite arc-en-ciel	Trucha arco iris	Trota iridea
52	Omble chevalier	–	Salmerino alpino
56	Eperlan	–	–
58	Petite Marène	–	–
65	Ombre commun	–	Temolo
68	Brochet	Lucio	Luccio
71	Chevaine	Cacho	Cavedano
73	Ide mélanote	–	–
74	Gardon	–	–
82	Rotengle	–	Scardda
83	Vairon	Piscardo	Sanguinerola
87	Ablette	–	–
91	Brême	–	Brama
94	Brême bordelière	–	Blicca
97	Tanche	Tenca	Tinca
98	Hotu	–	Savetta
104	Barbeau fluviatile	–	Barbo
109	Goujon	Gobio	Gobione
115	Carassin	Carpin	Carassio
117	Carp	Carpa	Carpa
120	Silure glane	–	Siluro
129	Congre	Congrio	Grongo
130	Anguille	Anguila	Anguilla
136	Orphie	Aguja	Aguglia
140	Morue	Bacalao	–

141	Eglefin	Eglefino	–
144	Lien noir	Bacalao perro	–
145	Merlan	Lechera	–
151	Lote de rivière	–	Botta trice
152	Bar	Robalo	Spigola
153	Serran	Mero	–
155	Perche fluviatile	–	Pesce persico
156	Sandre	–	Sandra
168	Chinchard	Chincharro	Sorello
173	Rouget de roche	Salmonete rayado	Triglia di scoglio
177	Sargue	Sargo burdo	Sargo rigato
182	Dorade	Orada	Orata
189	Vieille	Margota	–
192	Crénilabre taureau	Porredana	Paraza
198	Grande vive	Araña vera	Trachino dragone
203	Blennie	–	–
213	Loup de mer	–	Lupo marino
214	Gonelle	–	–
215	Loquette	–	Blennio viviparo
216	Lançon	Lanzón	Ammodite
219	Grand dragonet	Dragón	Dragonello
222	Maquereau	Sarda	Scombro
226	Thon	Atun	Tonno
228	Thonine	Tonina	Tonno tonnina
230	Gobie	–	–
232	Gobie noir	Borriquet	Ghiozzo nero
238	Gobie lote	–	Ghiozzomaggiore
249	Rascasse rouge	Rascacio	Scorpena rossa
250	Grondin gris	Cuehillo	Capone gorno
254	Chabot	Cavilat	Scazzone
257	Sculpin	–	Scazzone scorpione
260	Lompe	Libre de mar	Lompo
263	Turbot	Rodaballo	Rombo chiodato
264	Barbue	Remoballo	Rombo liscio
266	Limande	Gallo	Limanda
267	Plie	Platija	Passera
268	Flet	Platuja	Passera pianuzza
269	Sole	Lenhuado	Sogliola
273	Epinoche	Espinoso	Spinarello
278	Entelure	Aguja	–
282	Grand syngnathe aiguille	Aguja magor	Pesce ago
287	Hippocampe	Caballito de mar	Cavalluccio marino
289	Sphyrène	Espeton	Luccio marino
294	Mulet cabot	Mujol	Cefalo vero
296	Prêtre	Sula, Juclet	Latterino capoccione
299	Baudroie	Pez sabo, Rape	Boldro
300	Mole, Poisson lune	Pez luna	Pesce luna

Literaturverzeichnis

Anwand, K.; Die Schleie; Die Neue Brehm-Bücherei 343. Wittenberg Lutherstadt: A. Ziemsen Verlag 1965

Arndt, E. A.; Zwischen Düne und Meeresgrund. Leipzig, Jena, Berlin: Urania-Verlag 1969

Bauch, G.; Die einheimischen Süßwasserfische. 4. Aufl. Radebeul und Berlin: Neumann Verlag 1961

Bensch, H.; Wo, wann, wie fängt man Fische? Radebeul und Berlin: Neumann Verlag 1974

Berg, L. S.; System der rezenten und fossilen Fischartigen und Fische. Berlin: VEB Deutscher Verlag der Wissenschaften 1958

Brandt, A. v.; Fish Catching Methods of the World. London: Fishing News (Books) Ltd. 1964

Deckert, K., und G. Sterba; Urania Tierreich, Fische. Leipzig, Jena, Berlin: Urania-Verlag 1967

De Haas, W., und F. Knorr; Was lebt im Meer an Europas Küsten? 2. Aufl. Stuttgart: Franck'sche Verlagshandlung 1966

Duncker, G.; bearb. von *Ladiges, W.;* Die Fische der Nordmark. Hamburg: Kommissionsverlag Cram, De Gruyter & Co. 1960

Finnern, D.; Wissensspeicher Fischereifachkunde. Berlin: transpress, VEB Verlag für Verkehrswesen 1979

Frey, H.; Bunte Welt im Glase. 2. Aufl. Radebeul und Berlin: Neumann Verlag 1955

Frey, H.; Das Aquarium von A bis Z. 6. Aufl. Radebeul und Berlin: Neumann Verlag 1964

Grimpe, G., und Wagler, E. (Hrsg.); Die Tierwelt der Nord- und Ostsee, Teil XII. Leipzig: Akademische Verlagsgesellschaft 1926–1933

Harder, W.; Anatomie der Fische. In: Handbuch der Binnenfischerei Mitteleuropas, Bd. II A. Stuttgart: E. Schweizerbart'sche Verlagsbuchhandlung 1964

Heuschmann, O.; Die Hechtartigen. In: Handbuch der Binnenfischerei Mitteleuropas, Bd. III. Stuttgart: E. Schweizerbart'sche Verlagsbuchhandlung 1941

Heuschmann, O.; Die Weißfische *(Cyprinidae).* In: Handbuch der Binnenfischerei Mitteleuropas, Bd. III. Stuttgart: E. Schweizerbart'sche Verlagsbuchhandlung 1941

Klapper, H.; Flüsse und Seen der Erde. Leipzig, Jena, Berlin: Urania-Verlag 1980

Ladiges, W., und W. Vogt; Die Süßwasserfische Europas. 2., neubearb. Aufl. Hamburg und Berlin: Verlag Paul Parey 1979

Luther, W., und K. Fiedler; Die Unterwasserfauna der Mittelmeerküsten. Hamburg und Berlin: Verlag Paul Parey 1961

Maitland, S.; Der Kosmos-Fischführer. Die Süßwasserfische Europas. Stuttgart: Frank'sche Verlagshandlung 1977

Müller, H.; Die Aale; Die Neue Brehm-Bücherei 471. Wittenberg Lutherstadt: A. Ziemsen Verlag 1975

Muus, B. J., und P. Dahlström; Süßwasserfische Europas. München: BLV Verlagsgesellschaft 1968

Muus, B. J., und P. Dahlström; Meeresfische der Ostsee, der Nordsee, des Atlantiks. 4. Aufl. München, Bern, Wien: BLV Verlagsgesellschaft 1978

Nikolski, G. W.; Spezielle Fischkunde. Berlin: VEB Deutscher Verlag der Wissenschaften 1957

Norman, J. R.; Die Fische. Hamburg und Berlin: Verlag Paul Parey 1966

Piechocki, R.; Der Goldfisch. 2. Aufl.; Die

Neue Brehm-Bücherei 460. Wittenberg Lutherstadt: A. Ziemsen Verlag 1974

Pigulewski, S.; Giftige und für den Menschen gefährliche Fische; Die Neue Brehm-Bücherei 443. Wittenberg Lutherstadt: A. Ziemsen Verlag 1974

Piper, M.; Der vielseitige Angler. 10. Aufl. Radebeul und Berlin: Neumann Verlag 1967

Rauther, M.; Das Tierreich IV, Fische. Leipzig: G. J. Göschen'sche Verlagshandlung 1907

Reichenbach-Klinke, H.-H.; Der Süßwasserfisch als Nährstoffquelle und Umweltindikator. Stuttgart: Gustav Fischer Verlag 1974

Reinsch, H.-H.; Köhler und Steinköhler; Die Neue Brehm-Bücherei 496. Wittenberg Lutherstadt: A. Ziemsen Verlag 1976

Riedl, R.; Fauna und Flora der Adria. Hamburg und Berlin: Verlag Paul Parey 1963

Schäperclaus, W., H. Kulow und K. Schrekkenbach; Fischkrankheiten. 4., bearb. u. wesentl. erweiterte Aufl. Berlin: Akademie-Verlag 1979

Steche, O.; Die Fische. In: Brehms Tierleben, Bd. 3. Leipzig und Wien: Bibliographisches Institut 1914

Steffens, W.; Der Karpfen. 4. neubearb. u. erw. Aufl.; Die Neue Brehm-Bücherei 203. Wittenberg Lutherstadt: A. Ziemsen Verlag 1975

Steffens, W.; Industriemäßige Fischproduktion. Berlin: VEB Deutscher Landwirtschaftsverlag 1979

Sterba, G.; Süßwasserfische aus aller Welt. Berchtesgaden: Verlag Zimmer und Herzog 1959

Sterba, G.; Die Neunaugen (Petromyzonidae). In: Handbuch der Binnenfischerei Mitteleuropas, Bd. III. Stuttgart: E. Schweizerbart'sche Verlagsbuchhandlung 1962

Suworow, J. K.; Allgemeine Fischkunde. Berlin: VEB Deutscher Verlag der Wissenschaften 1959

Wheeler, A.; Das große Buch der Fische. Stuttgart: Verlag Eugen Ulmer 1977

Wundsch, H. H.; Fischereikunde. 2. Aufl. Radebeul und Berlin: Neumann Verlag 1963

Zeiske, W., und J. Plomann; Fisch- und Gewässerkunde. Berlin: Sportverlag 1978

Ribite w Tscherno More. Warna: Dershawno Isdatelstwo 1963

Yearbook of Fishery Statistics Catches and Landings Vol. 48. Rom: FAO 1980

Register

318